中南财经政法大学会计·财务系列教材

KUAIJIXUE YUANLI

会计学原理

（第四版）

唐国平　主　编

中国财经出版传媒集团
中国财政经济出版社

图书在版编目（CIP）数据

会计学原理 / 唐国平主编 . -- 4 版 . -- 北京：中国财政经济出版社，2020.2（2023.4重印）
中南财经政法大学会计·财务系列教材
ISBN 978 - 7 - 5095 - 7710 - 3

Ⅰ.①会… Ⅱ.①唐… Ⅲ.①会计学 - 高等学校 - 教材 Ⅳ.①F230

中国版本图书馆 CIP 数据核字（2020）第 023605 号

责任编辑：樊清玉　　　　　　　责任校对：张　凡
封面设计：陈宇琰

中国财政经济出版社 出版

URL：http：//www.cfeph.cn
E - mail：cfeph @ cfeph.cn

（版权所有　翻印必究）

社址：北京市海淀区阜成路甲 28 号　邮政编码：100142
营销中心电话：010 - 88191537
北京鑫海金澳胶印有限公司印刷　各地新华书店经销
710×1000 毫米　16 开　20.5 印张　405 000 字
2020 年 5 月第 4 版　2023 年 4 月北京第 3 次印刷
定价：69.00 元
ISBN 978 - 7 - 5095 - 7710 - 3
（图书出现印装问题，本社负责调换）
本社质量投诉电话：010 - 88190744
打击盗版举报热线：010 - 88191661　QQ：2242791300

推 荐 说 明

本系列教材为财政部教材编审委员会推荐教材。

财政部教材编审委员会
2006年1月

中南财经政法大学会计·财务系列教材编审委员会（2018）

主　任： 郭道扬

副主任： 张敦力　王雄元　王　华

委　员：（按姓氏笔画排序）

　　　王　华　王昌锐　王清刚　王雄元　汤湘希　杨汉明

　　　何威风　沈　烈　张　琦　张龙平　张志宏　张敦力

　　　陈　辉　罗　飞　袁天荣　郭　飞　郭道扬　唐国平

　　　黄洁莉　詹　雷

会计学原理（第四版）
编 写 组

主　　编：唐国平
副 主 编：张　琦　吴德军
参编人员：邓春华　王清刚　龚　翔

总　序

"教材建设是事关未来的战略工程、基础工程，教材体现国家意志"。新时代对会计、审计和财务管理的人才要求越来越高，因此，进一步深化会计、审计、财务管理教育改革，培养满足新时代需求的高素质会计、审计、财务管理的人才，是我国高校教育当前的紧迫任务。我们一直努力探索会计学专业和财务管理专业的教育改革，尤其是教材改革问题。早在1982年，我们便对会计学专业主干课程教材进行了改革，提出了一套系统改革方案，经财政部批准后作为财政部部属院校的两套会计学专业教改方案之一实施，并进行了中南财经政法大学（时名湖北财经学院）系列教材建设。

课程改革是关键，教材改革是基础。1993年为了适应《企业会计准则》《企业财务通则》和行业会计制度与行业财务制度改革，我们改革了会计学专业主干课程体系，启动并出版了第一轮"中南财经大学会计系列教材"。该系列教材在1994年第六届全国书市上被评为最佳畅销套书。各教材也分别获得第二届财政部优秀教材奖，受到广大读者、使用单位和出版界的好评与欢迎。此后，我们于1996年至1997年修订出版了第二版，在社会上产生了广泛和良好的影响。

2000年启动了第二轮"中南财经政法大学会计·财务系列教材"的建设工作，确定出版了十一门课程的教材，其中增加了为非会计学专业和非财务管理专业的本科生组织编写的《会计学概论》《公司财务管理概论》等两种教材，从2001年起陆续由中国财政经济出版社出版发行。

从2005年起，我们启动了第三轮"中南财经政法大学会计·财务系列教材"的建设工作。教材编审委员会审定通过并确定了十八门核心课程的教材，从2006年起陆续由中国财政经济出版社出版发行。

从 2018 年起，我们启动了第四轮"中南财经政法大学会计·财务系列教材"的建设工作。教材编审委员会审定通过并确定了课程体系由主干课程、特色课程、实践实验课程、外专业课程四个模块构成。主干课程的教材包括《会计学原理》《中级财务会计》《高级财务会计》《财务管理》《高级财务管理》《成本会计》《审计学》《财务分析》八种；特色课程的教材包括《会计史》《管理会计》《会计理论》《会计制度设计》《政府会计》五种；实践实验课程的教材包括《会计案例》《财务管理案例》《审计案例》《会计信息系统》四种；外专业课程的教材包括《会计学概论》《公司财务管理概论》两种。这套系列教材从 2018 年起陆续由中国财政经济出版社出版发行。

在本轮教材建设中，我们继续坚持多年教材建设"理论与实务并重、兼容并蓄、立足我国、放眼世界、务实创新"的原则，该系列教材具有"科学性、先进性、实用性和易教易学性"等四个特点：(1) 系统论述会计学科、审计学科和财务管理学科的基本知识、基本理论和基本技能，全面反映我国经济改革和会计、审计、财务管理改革及研究的最新成果，体现教材的科学性；(2) 立足现实，面向未来，体现教材的先进性；(3) 既同国际趋同，又与中国实际相结合，体现教材的实用性；(4) 充分尊重教学规律的要求，体现教材的易教易学性。

需要特别说明的是，2018 年起新出版的"中南财经政法大学会计·财务系列教材"，继续得到了中国财政经济出版社以及许多兄弟院校和广大读者的热情支持与帮助，在此一并表示衷心的感谢！同时，我们也真诚地希望会计界、审计界、财务界的专家、学者和广大读者，以及实务界的朋友，提出宝贵的意见和建议，以便再版时修订、完善。

中南财经政法大学会计·财务系列教材编审委员会

2018 年 6 月

前 言

现代会计已经发展成为社会经济制度和经济资源配置方式的重要组成部分。就功能而言，现代会计不仅为社会各方提供了管理控制、资源配置、利益分配等所需的基本信息，而且实现了对微观经济实体财务资源配置过程与结果的有效控制，并成为政府控制宏观经济运行的重要手段。就学科发展而言，现代会计发展已经分化并形成了以提供信息为目的的会计学（财务会计）、以实现控制功能为目的的会计学（财务管理与管理会计）和审计学等既相互联系又相对独立的学科。其中，以提供信息为目的的会计学及其理论和方法是整个现代会计体系形成与发展的基础。以提供信息为目的的会计学主要研究经济实体（如企业）如何为其利益相关者提供于决策有用的信息，也就是研究会计信息系统的结构与运行方式。作为一个以提供会计信息为目的的经济信息系统，会计运行过程包括会计确认、会计计量、会计记录和会计报告等四个基本环节。

经济环境的变迁与会计科学的发展，深刻影响着大学会计教育的变革与创新，其中，包括大学会计学课程体系的改革。纵观国内外大学会计教育现状，按"会计学原理（或初级会计学、会计学基础）——中级会计学——高级会计学"模式确定会计学专业课程体系，似乎已经成为一种惯例。但是，如何界定会计学原理、中级会计学、高级会计学各课程的基本内容，国内外学者却持不同看法。我们认为，就大学本科教学来看，会计学原理课程主要阐述会计确认、会计计量、会计记录和会计报告的基本原理与基本方法；中级会计学课程主要以特定经济实体（如工商企业）为对象阐述其正常经济交易与事项（即符合会计基本假设的经济行为）的确认、计量、记录与报告的具体方法；高级会计学课程则主要阐述企业特殊的经济交易与事项

(如外币折算、物价变动）或特殊企业（如清算企业、合并企业）的经济交易与事项（即突破会计基本假设框架的经济行为）的确认、计量、记录和报告的具体方法。基于此，本教材立足于会计作为一个经济信息系统，以会计确认、计量、记录和报告为主线来系统阐述会计学的基本原理与基本方法。

本教材尝试在以下方面有所突破与创新：

（1）教材逻辑结构。本教材以提供信息为目的的会计信息系统为基础，围绕会计确认、计量、记录和报告主线，来界定教材的体系框架及其逻辑结构，而摒弃了围绕"证——账——表"操作过程来安排教材内容的传统做法。我们认为，会计要素的确认与计量是会计的核心内容，记录与报告是会计的表现形式，这种"内容与形式的完美结合"是会计学原理教材逻辑结构形成的标志。教材的第一章"会计概述"，从总体上描述现代会计所涉及的主要问题；第二章"企业经济活动与会计要素"和第三章"账户与复式记账"，阐述会计确认与计量对象（客体）的具体内容和基本规律，以及会计记录的基本方法；第四章"会计确认与会计计量原理"和第五章"资产计价与收益决定"，阐述会计确认、计量的基本原理与基本方法；第六章"会计记录（上）——分录记录"和第七章"会计记录（下）——账户记录"，阐述会计记录的基本原理、基本程序与基本技能，并以生产性企业为例介绍了基本经济交易与事项的会计确认和计量问题，以及根据会计确认和计量结果编制会计分录的基本方法；第八章"会计报告"，阐述企业以财务报表方式披露会计信息的基本原理以及我国企业编制财务报表的基本方法；第九章"会计循环"，从整个会计信息系统运行的角度，综合说明了会计确认、计量、记录和报告方法的内在联系，并以案例形式描述了我国企业会计实务中会计确认、计量、记录和报告方法的具体应用；第十章"会计规范"，阐述我国会计规范体系及其结构，特别是我国企业对经济交易与事项进行会计确认、计量、记录和报告应当遵循的主要规范及其内容。

（2）教材内容界定。教材内容取决于本课程的教学目标与教学内容要求。在内容安排上，本教材注重吸收国内外会计学研究领域中关于会计确认、计量、记录与报告的最新研究成果，以体现教材的"前沿性"；注意结合经济学、管理学等相关学科知识来阐述会计现象、理解会计的性质与功能，力求体现会计学与经济学、管理学等相关学科的交融，以突出教材的

"新颖性";在承认中外会计记录和报告程序与方法差异的基础上注意融合中外会计记录和报告程序与方法的共性,以体现教材的"国际化",但又不脱离我国实际。比如,本教材系统总结了国内、国外企业会计记录方式与方法的基本规律,并在重点阐述我国企业会计记录过程与方法的基础上,以美国企业为例介绍了国外企业的具体做法。

与此同时,我们认真思考了教材内容与现行会计准则规定之间的关系。我们一直认为,会计学教材不应该是对现行会计准则的"解读",而应该成为现行会计准则的"支撑"。会计准则作为一种会计行为规范,其实只是制定者的一种认知,这种认知本身的差异必然会导致不同准则制定机构所制定的会计准则之间存在差异。会计学教材在描述会计准则本身的同时,应该试图说明这种差异并尽可能阐述形成这种差异的原因,更何况"会计学原理"教材!比如本教材中对会计要素与会计账户设立的逻辑关系、利润形成来源与利润信息披露方式之间的内在联系的阐述等等。

(3) 教材的理论性。就会计学专业而言,大学本科层面的教材应当体现理论与实务的有机结合。尽管会计学是一门技术性很强的学科,但没有"理论明灯的指引",会计学就会沦为一种简单的工具而已。"不可去名上理会。须求其所以然。"会计学原理课程教材亦不例外。本教材在教材结构与教材内容定位上,力求体现本科层次高级会计人才培养所需专业理论素养的基本要求。因此,全书以会计信息的形成过程为核心,将会计确认、计量、记录和报告的基本理论贯穿于会计信息系统运行、会计基本方法运用的全过程。这种思路得益于我校承担的省级教学研究项目——"会计专业学生理论素养与科研能力培养模式的创新研究"课题的阶段性研究成果,同时,本教材也是该课题研究成果应用于会计专业本科人才培养实践的一种体现。

本教材第四版由唐国平教授任主编,张琦教授、吴德军教授任副主编。第一、九、十章由唐国平撰写,第二章由唐国平、张琦共同撰写,第三章由邓春华撰写,第四、五章由王清刚、唐国平共同撰写,第六章由龚翔、张琦共同撰写,第七章由龚翔撰写,第八章由张琦撰写。张琦教授、吴德军教授共同完成了教材第四版修改稿初稿,唐国平教授最后审定。中南财经政法大学会计原理教研室全体教师就教材定位、教材结构、内容安排、写作风格等进行了多次讨论,会计学院教材编审委员会的各位专家对教材大纲及教材编写工作提出了许多宝贵意见,汤湘希教授、孙贤林副教授等审阅了书稿全文并提供了宝贵的修改建议,在此一并致谢!同时,十分感谢中国财政经济出版社及其会计分社对本教材出版给予的支持和关心!

作　者

2020年4月于武昌南湖

目　录

第一章　会计概述 …………………………………………………………（ 1 ）
　　第一节　会计与企业 ……………………………………………………（ 1 ）
　　第二节　会计信息 ………………………………………………………（ 12 ）
　　第三节　会计的基本内容与规范 ………………………………………（ 27 ）
　　第四节　会计的产生与发展 ……………………………………………（ 31 ）

第二章　企业经济活动与会计要素 …………………………………………（ 40 ）
　　第一节　企业经济活动与资金运动 ……………………………………（ 40 ）
　　第二节　会计要素 ………………………………………………………（ 45 ）
　　第三节　经济交易与事项的含义与类型 ………………………………（ 66 ）
　　附录1　会计要素的国际视角 …………………………………………（ 72 ）
　　附录2　关于会计等式 …………………………………………………（ 74 ）

第三章　账户与复式记账 ……………………………………………………（ 81 ）
　　第一节　会计科目与账户 ………………………………………………（ 81 ）
　　第二节　复式记账 ………………………………………………………（ 91 ）
　　第三节　账户与复式记账的应用 ………………………………………（100）

第四章　会计确认与会计计量原理 …………………………………………（107）
　　第一节　会计确认原理 …………………………………………………（107）
　　第二节　会计计量原理 …………………………………………………（125）

第五章　资产计价与收益决定 ………………………………………………（136）
　　第一节　资产计价 ………………………………………………………（136）
　　第二节　收益决定 ………………………………………………………（159）

第六章 会计记录（上）——分录记录 ……………………………………… (168)
第一节 会计记录的基本程序 …………………………………………… (168)
第二节 会计凭证 ………………………………………………………… (170)
第三节 企业基本经济交易与事项的会计分录 ………………………… (177)

第七章 会计记录（下）——账户记录 ……………………………………… (202)
第一节 账簿的体系结构与登记方法 …………………………………… (202)
第二节 账簿记录的调整 ………………………………………………… (207)
第三节 账簿记录的核对与结算 ………………………………………… (211)

第八章 会计报告 ……………………………………………………………… (223)
第一节 财务报告与财务报表 …………………………………………… (223)
第二节 资产负债表 ……………………………………………………… (228)
第三节 利润表 …………………………………………………………… (233)
第四节 现金流量表 ……………………………………………………… (236)
第五节 财务报表信息的初步利用 ……………………………………… (239)

第九章 会计循环 ……………………………………………………………… (248)
第一节 会计循环过程 …………………………………………………… (248)
第二节 综合案例 ………………………………………………………… (251)
附 录 国外企业会计循环过程——以美国企业为例 ………………… (272)

第十章 会计规范 ……………………………………………………………… (286)
第一节 会计规范体系 …………………………………………………… (286)
第二节 会计法 …………………………………………………………… (290)
第三节 企业财务会计报告条例 ………………………………………… (293)
第四节 会计准则与会计制度 …………………………………………… (295)
第五节 会计基础工作规范 ……………………………………………… (303)

第一章

会计概述

现代会计已经发展成为社会经济制度和经济资源配置方式的重要组成部分。科学技术进步、管理控制、资源合理配置、经济利益分配制度优化等均离不开现代会计及其方法。本章以公司制企业为背景，立足于会计作为一个"经济信息系统"的基本观念，简要阐述现代会计的基本功能、基本目标和基本内容，描述和分析会计信息的使用者及其对会计信息的质量要求，并简要介绍现代会计发展的基本架构与发展趋势。

第一节　会计与企业

企业（Enterprise）是一种以营利（即获取经济利润）为目的的经济组织。在市场经济条件下，市场竞争规律决定了利润是企业生存与发展的基础，因此，企业必须有效利用其控制的有限经济资源，使其获得的经济收益大于其发生的成本。现代经济学理论认为，企业本质上是"一种资源配置的机制"[①]，其能够实现整个社会经济资源的优化配置，降低整个社会的"交易成本"。从会计发展的历史过程看，会计被广泛地应用于政府和企业。但就现代会计而言，应用于企业组织的会计基本理论与方法更具典型意义。本节以企业组织的会计为例，阐述会计的基本功能与基本目标。

一、企业组织形式

企业的组织形式分为三类，即独资、合伙和公司。从数量上看，独资企业占了绝大多数，但从资产规模、技术力量、销售额以及企业对政治与社会经济的影响来看，公司制企业占据主导地位。如美国大约有80%的企业属于独资，但其销售额仅占全部企业的8%左右，而公司制企业的销售额却占到85%。

独资、合伙和公司等三种不同的企业组织形式，实际上代表三种不同的企业制

[①] 高程德：《现代公司理论》，北京大学出版社2000年版，第40页。

度。从产权角度看,独资企业制度和合伙企业制度无法代表现代企业制度的产权特征,而公司企业制度则是现代企业制度的典型代表①。

(一) 独资企业与合伙企业

1. 独资企业

独资企业(Sole Proprietorship)是由一个人出资并由其拥有和经营的企业。从产权②关系来看,独资企业只存在一种单一主体所有的产权结构,业主(即投资者)拥有全部的产权,包括剩余索取权、经营决策权和监督管理权等。在法律上,独资企业是一种自然人企业。

在独资企业,业主的投资者身份与企业经营管理者身份融为一体,因此,企业的收益与风险完全由业主个人来享有和承担。业主全权处理独资企业的经营活动及其财务活动,企业获得的利润由业主个人完全享有。并且,独资企业的利润构成业主个人收入的一部分,交纳个人所得税,而不需要交纳企业所得税,即从纳税的角度看,独资企业的收入等同于业主个人的收入。同时,业主对独资企业的债务承担无限责任。也就是说,业主对独资企业债务的责任并不限于其对企业的投资额,债权人有权依法要求追索除业主投资以外的其他业主个人财产。例如,某独资企业的业主出资为10万元,企业的债务为15万元,如果该企业破产,当业主的全部投资尚不能抵偿债务时,债权人可以依法要求以业主的其他个人财产(如业主个人的房产、汽车等)偿债,直到债权人的求偿要求得到满足为止。业主亲自经营企业和业主对企业负债承担无限责任,是独资企业的重要特征。

独资企业的最大优点是设立简单。业主仅需在工商行政管理部门注册登记,即可合法经营。同时,企业经营活动的内容与方式等可以根据市场需求的变化而相应改变,具有较大的灵活性。然而,独资企业也受到许多因素的限制。首先,由于业主对企业的负债需要承担无限责任,因而增加了业主的风险。其次,业主个人的自有资金毕竟有限,从而使得独资企业的规模难以扩大。最后,独资企业的生存与发展受制于业主自身的各种条件,比如业主的死亡可能会导致企业的终止。

2. 合伙企业

合伙企业(Partnership)是由两个或两个以上的个人(即合伙人)共同出资并共同拥有和经营的企业。与独资企业不同的是,由于合伙企业的出资人、收益享有人以及企业经营者是两人或多人,因此,合伙企业在注册登记前,业主们必须签订协议,在协议中确定各业主的出资方式及数额、收益分享方式及份额等。合伙人签订的合伙协议可以是正式的,也可以是非正式的。该协议应当在工商行政管理部门

---

① 正因如此,除非特别说明,对会计问题的阐述都是以公司制企业为对象。

② 产权即"财产权利"。财产权利有多种形式,如物权(包括所有权)、债权、股权、知识产权等,其中,物权即所有权是一切其他财产权利的基础。我国民法通则规定,所有权是财产所有人在法律规定的范围内对其财产所享有的占有、使用、收益、处分的权利。实际上,对产权定义的看法存在许多争议。参见魏杰著《现代产权制度辨析》(首都经济贸易大学出版社2000年版,第5—11页)。

备案，具有法律效力。在法律上，合伙企业也是一种自然人企业。

合伙企业可以有两种形式，即普通合伙企业①和有限合伙企业。在普通合伙企业中，各业主即合伙人的地位相同，拥有同等的经营决策权，并共同承担企业的经营风险。同时，合伙人共同对合伙企业的负债承担无限责任。一旦合伙企业资不抵债，则其差额应当按一定比例在合伙人之间进行分摊，以决定各合伙人的个人财产赔偿数额。并且，当其他合伙人无力偿付债务时，则某一合伙人必须承担全部赔偿责任。因此，合伙企业的业主在选择合伙人时，应当特别谨慎。在有限合伙企业中，业主被分为承担无限责任的合伙人和承担有限责任的合伙人两种，而且，有限合伙企业应当至少有一个普通合伙人和一个承担有限责任的合伙人。承担无限责任的合伙人同普通合伙企业的合伙人一样，充分享有企业的经营决策权，并对企业负债承担连带赔偿责任。而承担有限责任的业主则不同，这种合伙人通常无权参与企业的经营管理，其对企业负债所应当承担的责任仅以其出资额为限，其享有的企业利润按投资份额的一定比例确定。

合伙企业在设立登记、业主责任、纳税等方面与独资企业有相似之处。但相对而言，合伙企业的融资能力明显强于独资企业，因为合伙人通常拥有更多的自由资金。由于在合伙企业中，合伙人共同控制企业的经营活动，同时企业的经营能力与融资能力扩大，因此，相对于独资企业，合伙企业的竞争能力大大提高。尽管如此，合伙企业的经营规模扩大还是十分有限，而且，合伙人个人对企业的影响至关重要，如果某一合伙人离去或死亡则会导致"企业重组"或终止解散。

（二）公司制企业

公司是在财产所有权与其经营权分离的前提下，由投资者出资、职业经理人员进行经营管理的企业。公司制企业是一种以法人财产制度为核心，以科学规范的法人治理结构为基础，从事大规模生产经营活动，具有法人资格并依法设立的经济组织。

1. 公司制企业的特征

作为现代经济社会的一种主要的企业组织形式，公司制企业具有如下特征：

（1）公司具有法人资格。与独资企业、合伙企业等自然人企业不同，公司在法律上是一个具有民事行为能力与资格的主体。作为一个法人实体，公司拥有独立的财产并自主经营、自负盈亏，其能够以自身的名义，享有法律赋予的权利，履行法律规定的义务。

（2）公司投资者（股东）对企业债务承担有限责任。对企业所负债务，公司股东仅以其投资入股的金额为限承担有限责任，而无须像独资企业业主和一般合伙人那样承担连带无限清偿责任。

---

① 我国于1997年颁布、2006年修订的《中华人民共和国合伙企业法》规定，我国可以设立特殊的普通合伙企业。

（3）公司严格依照法律规定设立。由于公司股东人数可能众多，公司的行为可能影响多数社会成员的利益，因此，各国政府都出台了相关法规（如我国的《公司法》等）对公司进行严格管制。公司的登记注册、股权转让、资本变更、分立与合并等必须遵循相关法律规定。

相对于独资与合伙企业，公司具有明显的融资优势（如向社会公开发行股票、债券等），因而可以快速扩大企业生产经营规模；由职业经理人进行企业的经营决策和日常管理控制，可以极大地提高管理效率；财产所有权与其经营权分离以及公司资本的稳定性，使得公司制企业的寿命可以不断延续。由于公司制企业具有这些优势，因而其能够适应市场经济条件下社会化大生产的需要，并成为占主导地位的一种企业组织形式。

2. 公司制企业的主要类型

依照我国《公司法》规定，公司制企业主要包括有限责任公司和股份有限公司。

（1）有限责任公司。它是指股东以其出资额为限对公司承担责任，公司以其全部资产对公司债务承担责任的股份公司。其主要特点如下：一是股东人数具有严格的数量界限[①]。如我国规定"有限责任公司由五十个以下股东出资设立"。而且，公司一经成立，非经全体股东同意不能随意增加新的股东。二是公司股权（或股票）转让比较困难。有限责任公司的资本（股本）一般不划分为等额的股份，股东各自的出资额由股东协商确定，股东在交付股金后由公司出具"出资证明书"（股份证明），作为股东在公司中拥有权益的凭证。在有限责任公司，股东向现有股东以外的人转让其股权时，必须经半数以上股东同意。三是相对于股份有限公司而言，有限责任公司的设立程序比较简单。如有限责任公司可以由一人或几人（自然人或法人）发起，公司成立时无须发布公告等。四是股东承担有限责任。

（2）股份有限公司。它是指其全部资本分为等额股份，股东以其所持有股份为限对公司承担责任，公司以其全部资产对公司债务承担责任的股份公司。其主要特点如下：一是公司股东人数不得少于法定数量。如我国规定股份有限公司的发起人"应当有二人以上二百人以下"。二是公司的资本总额分为金额相等的股份，以便计算股东拥有的股份数及其权利。三是发行股票。股份有限公司可以公开发行股票以募集股份，部分股份有限公司的股票还可以在证券交易所挂牌交易（这种公司被称为"上市公司"）。四是股东承担有限责任。

二、公司制企业中的会计

（一）公司治理与管理组织体系

1. 公司治理结构

公司治理（Corporate Governance）是英、美等国家或地区广泛使用的概念。我

[①] 我国允许成立由一个自然人或一个法人出资的"一人有限责任公司"。

国基于推进现代企业制度和规范公司企业制度基础的需要，也于 2002 年发布了《上市公司治理准则》。财产所有权与其经营权分离、股份公司的产生等，使得企业所有者（投资者或股东）与经营者之间形成了一种"委托-代理"关系。由于财产经营者与所有者之间不可避免地会出现利益冲突，因此，规范这种委托-代理关系便成为公司运行与发展的基础。公司治理就是指公司股东大会、董事会、监事会、管理层（也称经理层）之间的分权结构与制衡关系及其运行机制。一般来讲，公司治理包括公司治理结构和公司治理机制两方面内容。

公司治理结构就是企业所有者与经营者之间的权利与利益关系在体制或制度方面所做的一种制度安排，其目的是为了解决财产所有权与其经营权分离后产生的委托-代理问题。公司治理结构包括企业内部股东大会、董事会、监事会之间分权结构与内部制衡关系的制度安排，还可包括董事会与企业经理层之间经营决策权与执行权的分权结构与内部制衡关系的制度安排。公司治理结构明确了企业内部股东大会、董事会、监事会以及经理人员的职责与功能，从而也决定了公司的目标和行为，决定了公司控制权的实施主体与方式以及公司风险与收益的分配机制等重大问题。公司治理机制则主要包括董事和监事的产生规则与程序，外部董事或独立董事的产生机制，董事、监事和公司高层管理人员的薪酬计划以及相应的激励与约束机制等。

公司治理结构的一般模式①如图 1-1 所示。

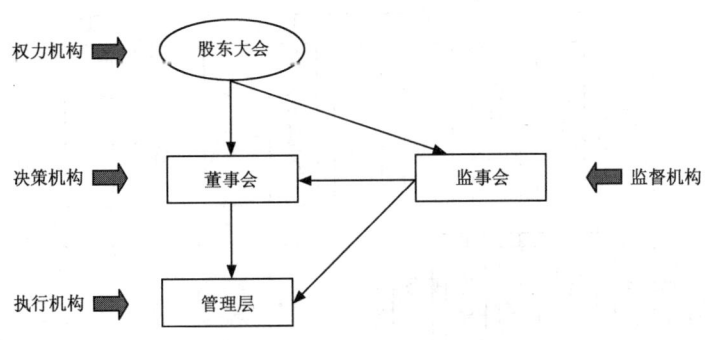

图 1-1 公司治理结构的一般模式

股东大会是公司的"权力机构"，其主要职责是决定公司的重大问题，如公司经营方针与投资计划、财务预算与决算方案、利润分配方案、注册资本变动以及董事与监事的选举和更换等。董事会对公司的股东大会负责，是公司经营活动的"决策机构"，其主要职责是执行股东大会的决议，制定公司的基本管理制度，决定公司内部管理机构并聘任或解聘公司（总）经理，制定公司的经营计划、投资方案、财务预算与决算方案、利润分配方案、资本变动方案等。监事会是针对公司董事会和管理层的"监督机构"，其受股东大会委托，对董事会、管理层以及公司财务与

---

① 我国《上市公司治理准则》还规定，上市公司董事会应下设薪酬委员会、审计委员会、提名委员会等专门委员会。

经济活动的合法性、合理性和有效性进行监督、检查,直接对股东大会负责。以公司(总)经理为首的管理层是管理和控制公司日常经营活动的"执行机构",其主要职责是将董事会所确定的经营计划与投资方案等加以具体化,并有效地组织实施,同时确保企业日常生产经营活动有序、高效地进行。

公司治理结构直接影响企业经营管理体系的正常运行、内部控制制度的建立与实施、财产安全与会计信息质量,并进而影响企业经济资源的配置效益。

2. 公司管理组织体系

企业日常生产经营活动的有序进行,以建立科学、合理的管理组织体系为前提。公司管理组织体系包括企业管理目标导向下的管理机构设置、内部控制制度的建立与运行、权利划分与责任约束、管理信息沟通等。其中,公司管理组织机构的设立及其权责区分是基础。

经济环境、经济活动特征、管理理念、管理目标、内部产权规制等,均会影响企业的管理组织机构模式。其基本模式如图1-2所示。

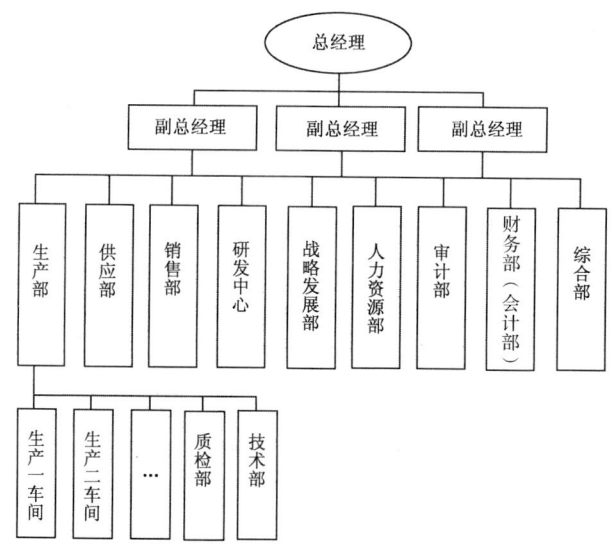

图 1-2 公司管理组织机构一般模式

(二)企业会计的功能定位

在企业总体目标的约束下,企业的各个职能管理部门既有明确的管理内容与具体的管理目标,并充分拥有相应的管理权限和承担相应的管理责任,又相互协调。其中,财务部门(会计部门)[①] 是每个公司制企业必须设立的关键管理部门之一,

---

① 在我国,"财务部门"和"会计部门"都是指企业的会计工作机构,一般称为"财务部(处、科)"。严格地讲,"财务"侧重于企业资本与资金等的管理,而"会计"侧重于向外部提供企业的财务信息。在美、英等国家,部分大中型企业会单独设置财务部和会计部,并明确分工,各司其职。

其负责整个企业的会计工作。企业的会计工作主要包括"会计信息提供"和"会计信息分析利用"两方面内容。会计信息的提供就是通过会计方法对企业经济活动情况进行反映,即通常所说的"财务会计"或"会计核算"。财务会计(或会计核算)是指记录和报告企业的经济活动特别是财务活动(或资金运动)情况,计算确定企业的经营成果(财务业绩),为企业外部的投资者、债权人等以及企业内部的经营管理者提供关于企业经济活动过程及其结果的相关信息。会计信息的分析利用就是通过分析和利用会计信息以及其他相关信息,对企业的有关经济活动进行控制,包括"财务管理"和"管理会计"。财务管理是指利用会计信息和其他相关信息,借助于外部资本市场,对企业的资本与资金等财务资源进行合理配置和有效利用,实现企业价值最大化,也就是对企业的财务活动进行规划、组织、协调和控制。在市场经济特别是资本市场环境中,企业的财务管理具有特别重要的意义。管理会计则是利用会计信息和其他相关信息,借助其特有的会计方法(如作业成本法),通过将价值管理活动与供、产、销等生产经营活动有机融合,实现企业内部经济资源的优化配置。就企业会计工作的内容而言,现代会计具有对经济活动过程及其结果进行反映和对经济活动进行控制的功能。

在市场经济条件下,企业会计机构的主要功能之一是借助于货币形式将企业的经济活动过程及其结果予以信息化[①]。按特定会计程序加工、处理而产生的货币化的经济活动信息被称为"会计信息"或"财务信息"。因此,企业会计的基本功能之一就是向信息使用者提供有关企业经济活动过程及其结果的会计信息。这些会计信息,必须能够满足企业外部及内部信息使用者进行有关经济决策的需要。

企业外部的信息使用者,是指企业的利益相关者,主要包括企业的投资者、债权人、政府及其经济监管机构以及社会公众等。外部信息使用者主要关心企业获利能力、偿债能力和发展能力以及与此相关的企业财务状况、经营业绩和现金流量情况。这些信息可以减少行动方案选择的不确定性,帮助投资者、债权人等信息使用者做出正确的判断和决策。为满足企业外部信息使用者的需要,企业通常为其提供可以全面反映企业经济活动情况的"财务报告(含财务报表)"。

企业内部的信息使用者是指企业内部的经营决策与管理者,即决策层与各管理层及其人员。作为企业内部生产经营活动的决策者与管理者,其需要的会计信息包括两个部分:一是有关企业在一定期间经济活动过程及其结果的信息,包括企业的财务状况、经营业绩和现金流量等信息。这部分会计信息的内容与企业提供给其外部信息使用者的会计信息是一致的[②],它们可以帮助企业决策与管理人员进行经营决策、评估和考核各级主体或责任人的经营与管理业绩;二是用于企业内部特定的

---

① 并不是企业所有的经济活动及其结果都能够以货币形式予以信息化,如企业的管理能力、创新能力、技术优势、市场份额、顾客满意度等。企业经济活动及其结果的信息还包括非货币化的信息。

② 就企业对外提供的会计信息而言,企业内部员工(包括决策层与管理层及其人员)也是其信息使用者之一。

决策需要与管理要求的会计信息,例如投资决策、生产决策、市场决策、成本控制以及资源分配决策等所需的会计信息,这些会计信息是企业内部决策与管理者对生产经营活动等进行规划、控制、评价与考核的重要依据①。企业用于内部决策与管理的会计信息由管理会计系统提供,企业管理会计系统具有信息提供的功能,同时也具有对生产经营活动等进行控制的功能。

尽管"财务会计(financial accounting)"和"管理会计(managerial accounting)"都具有信息提供的功能,但两者存在本质差别。企业的财务会计系统主要是为企业外部的信息使用者(如企业投资者、债权人、政府及其经济监管机构和社会公众等)提供对其经济决策有用的会计信息。由于企业对外提供的财务报告(会计信息)涉及"多数人的利益",因此,政府(如我国财政部)或政府授权的相关职业机构(如美国财务会计准则委员会)会对财务报告的产生程序、方法以及格式和内容等做出严格的规定,其目的在于保护企业产权所有者以及社会公众的利益,维护社会的公平与效率。企业的管理会计系统主要是为企业内部管理者的特定决策提供相关信息,由于企业内部不同经营决策的具体环境、目标、内容等存在较大差异,因而其所需会计信息也不相同。正因如此,管理会计信息的产生程序及其信息披露方式等具有特殊性②。

企业财务会计与管理会计的特征比较如表1-1所示。

表1-1 财务会计与管理会计比较

比较内容	财务会计	管理会计
(1)会计目标	为企业外部信息使用者提供对其经济决策有用的会计信息	为企业内部信息使用者提供对其经济决策有用的会计信息
(2)会计信息使用者	企业外部信息使用者如投资者、债权人、政府及其经济监管机构、社会公众等和企业内部决策层与各级管理人员	企业内部决策层与各级管理人员
(3)会计信息的主要内容	企业在特定会计期间的财务状况、经营业绩和现金流量	特定的投资决策、生产决策、市场决策、成本控制、资源分配决策等所需信息
(4)会计程序与方法的使用	严格依照会计准则与会计制度的规定	灵活,不强求统一
(5)会计信息披露方式	财务报告(含财务报表)	灵活,不强求统一
(6)会计准则	政府或政府授权的职业组织制定统一、详尽的会计准则(或制度)	没有统一的会计准则,少数国家有引导性的"指引"或"指南"
(7)政府管制的程度	政府管制严格	没有明确的管制要求或管制不严格

---

① 这些信息不提供给企业外部的利益相关者。

② 本书以后章节均以"财务会计"为对象来探讨相关会计问题。管理会计问题在专门的"管理会计"著作中予以论述。

三、企业财务会计的目标

（一）会计是一个经济信息系统

在企业，会计部门是企业重要的管理部门。现代经营管理理论之父、法国工业家亨利·法约尔在1916年出版的《工业管理与一般原理》一书中，就将会计列为工业企业经营的六种职能活动之一①。

企业管理过程中的会计功能，首先体现在会计作为一种经济信息系统的特征上。从信息论、系统论和控制论②的角度看，企业管理是一个信息与控制系统。由于会计信息是企业管理信息的主要来源，因而企业会计是企业管理信息系统的一个主要子系统。就本质而言，会计是一个经济信息系统。会计信息系统的主要功能是提供企业经济活动过程及其结果的价值信息，以便于企业内部及外部信息使用者进行经济决策。依照信息论与系统论的基本观点，信息系统包括信息输入、信息转换和信息输出等基本运行环节。会计信息系统的基本框架如图1-3所示。

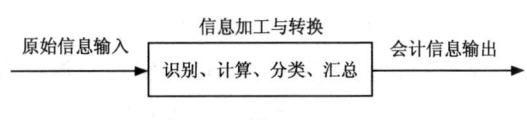

图1-3　会计信息系统的基本框架

就会计信息系统而言，"原始信息输入"是指将企业有关经济活动的原始数据，经会计确认后使其进入会计系统；"信息加工与转换"是指会计系统按其内在机制（即会计特有的程序与方法）将原始数据予以加工、处理，使其转换成符合系统目标（即会计信息使用者要求）的会计信息；"会计信息输出"是指企业以特定方式（如财务报告）向投资者、债权人等信息使用者提供其所需要的会计信息。

会计作为一个信息系统，其主要特征是将企业经济活动的各种数据转换为货币化的会计信息（即价值信息），这些信息是企业内部管理者和企业外部的利益相关者进行相关经济决策的主要依据。

将会计的本质界定为一个信息系统，是国际会计界较为一致的看法。例如，美国会计学会（AAA）在1966年发表的《基本会计理论说明》中认为，会计是为"信息使用者进行有根据的判断和决策而进行确认、计量和传递经济信息的过程"；美国注册会计师协会（AICPA）所属会计原则委员会（APB，1959—1972年）于1970年发布的《企业财务报表编制的基本概念和会计原则》认为："会计是一项服

---

① ［美］哈罗德·孔茨、海因茨·韦里克著，郝国华等译：《管理学》（第九版），经济科学出版社1993年版，第34—35页。

② 在20世纪90年代，信息论、系统论、控制论与协同论、突变论、耗散结构论等曾被称为"老三论"和"新三论"，它们都是自然科学领域的研究成果。

务活动,其职能是提供有关经济实体的数量信息(主要是财务信息)以便于决策";美国著名会计学家西德尼·戴维森(Sidney Davidson)于1977年主编的《现代会计手册》认为,"会计是一个信息系统——一个旨在向利益关系人传输关于一个企业或其他实体有意义的经济信息的系统,这个经济信息的传输过程包括输出者和接受者两个方面。"

在我国的会计基本理论研究中,学者们曾经就"会计本质"问题进行了深入的讨论,并主要形成了"会计信息系统论""会计管理活动论""会计控制论"[①] 等代表性观点。

(二)会计目标与企业目标

作为企业管理系统的子系统,企业会计部门与销售管理、人力资源管理等部门一样,具有特定的管理对象和管理内容,因而其行为具有各自特定的目标(即直接目标)。例如,企业销售管理部门的直接目标是不断扩大产品的市场占有份额,增加销售收入;人力资源管理部门的直接目标是合理配置企业人力资源,满足企业发展的人才需要。对于企业的会计部门而言,会计作为一个信息系统的基本特征,决定了其直接目标是"提供于决策有用的会计信息"。

从企业管理的一般原理看,企业的目标是通过实现资源配置的优化,达到企业价值最大化(或股东财富最大化)。对企业生产经营活动的管理与控制,是一个复杂的过程,特别是在大中型企业。因此,在既分工又协作的基础上,企业的各个职能管理部门必须使其管理行为服从于企业整体的管理目标。从这种意义讲,企业会计的目标必须服从整个企业管理的目标。也就是说,企业会计的终极目标就是企业目标。

企业会计目标的完整含义包括两个方面:一是企业会计的终极目标(企业目标),即优化企业资源配置,实现企业价值最大化;二是企业会计的直接目标,即为信息使用者提供对其经济决策有用的信息。从会计学及其研究来看,企业会计的直接目标是分析和阐述其他会计问题的起点。

会计目标[②]是会计理论研究面临的重大问题。现代财务会计理论体系的构建往往以会计目标为起点(如美国财务会计准则委员会发布的"财务会计概念公告"、国际会计准则委员会发布的《编报财务报表的框架》等),足见会计目标之重要。20世纪70年代初期,美国注册会计师协会还专门成立"特鲁布拉德(Trueblood)研究小组",开展"财务报表的目标"研究。在美国会计中,市场导向意识促使早

---

① 在20世纪80年代至90年代初期,我国著名学者葛家澍教授等认为会计的本质是一个"以提供财务信息为主的经济信息系统";杨纪琬、阎达五教授等认为会计的本质是一种"管理活动",会计工作本身就是一种管理工作;郭道扬教授等认为会计的本质是一种"控制活动",现代会计是对经济活动的全面控制或全方位控制。

② 在会计理论研究中,会计目标其实是指"财务会计目标",即企业向外部利益相关者提供财务会计信息的目的与要求。由于会计信息的主要载体是财务报告(含财务报表),因此也称为"财务报告目标""财务报表目标""财务会计与报告目标"等。

期的会计学者将研究重心移至会计信息的使用者及其需要（包括向谁提供信息、为何提供信息、提供什么信息、如何提供信息等问题），因而使得会计研究表现出明显的"目标导向"特征。由于在会计实务中服务于信息使用者决策需要的会计信息主要是通过"财务报表"来提供的，因此，会计目标也被广泛地称为"财务报表目标（the Objective of Financial Statements）"。

美国财务会计准则委员会（FASB）在其1978年发布的第1号"财务会计概念公告"（SFAC）——《企业编制财务报告的目标》中认为，企业编制财务报告（含财务报表）应该提供以下信息：（1）对投资和信贷决策有用的信息；（2）对估量现金流量前景有用的信息；（3）关于企业资源、资源上的权利及其变动情况的信息。包括企业的资产、负债、业主权益[①]信息，收益或企业业绩信息，变现能力、偿债能力和资金流转信息，企业管理者责任与业绩信息等。

国际会计准则委员会（IASC）[②]在1989年发布的《编报财务报表的框架》中认为，"财务报表的目标是提供在经济决策中有助于一系列使用者的关于企业财务状况、经营业绩和财务状况变动的信息"，"还反映企业管理层对交付给它的资源的经营成果或受托责任"。

我国财政部在2006年2月发布的《企业会计准则——基本准则》（2014年7月修改）中所确定的会计目标是："向财务会计报告使用者提供与企业财务状况、经营成果和现金流量等有关的会计信息，反映企业管理层受托责任履行情况，有助于财务会计报告使用者作出经济决策"。

国际会计准则理事会（IASB）与财务会计准则委员会（FASB）于2010年11月正式发布了《财务报告概念框架》（也称"联合概念框架"），2018年3月，国际会计准则理事会再次发布了修订后的《财务报告概念框架》（简称"2018框架"）。其认为："通用财务报告的目标是向现有和潜在投资者、贷款人和其他债权人提供有关报告主体的财务信息，以利于其作出向主体提供资源相关的决策"。它强调了财务报告信息主要是为了满足投资者与债权人这两类主要信息使用者的需求；强调了财务报告信息不仅要满足"既成事实"的投资者和债权人的决策需要，也要满足将来可能成为企业投资者和债权人的信息使用者的决策需要；强调了财务报告信息主要用来"作出资源分配决策"和评价"企业管理层是否有效率和有效地使用了所接受的资源"。

总体上看，上述不同会计准则制定机构对会计目标的界定具有一致性，即认为会计的目标首先应该是"提供于决策有用的信息"。理论上，将基于会计是一个信息系统而把会计目标定位于向使用者提供于决策有用信息的观点，称为会计目标的

---

① 我国称之为"所有者权益"。
② 国际会计准则委员会于2001年开始按重组后的新模式运行，其英文缩写由IASC改为IASB。

"决策有用观"[1];将基于委托-代理关系而把会计目标定位于资源受托者向资源委托者解释、说明其受托责任履行情况的观点,称为会计目标的"受托责任观"[2]。显然,我国《企业会计准则——基本准则》所确立的会计目标兼顾了"决策有用观"和"受托责任观"。

第二节 会 计 信 息

一、会计信息的含义与特征

（一）会计信息的含义

会计信息（Accounting Information）是企业从会计视角所揭示的经济活动情况,包括企业的财务状况、经营业绩和现金流量等。财务状况是指企业在某一时日资产、负债和所有者权益等的分布与结构状况。它主要说明企业在某一时日有多少资产,有哪些资产（如现金、应收账款、固定资产等）；企业有多少负债,有哪些负债（如短期银行借款、应付账款、应交税金、长期银行借款等）；企业有多少所有者权益,其如何构成（如实收资本、盈余公积等）。经营业绩是指企业在一定会计期间所取得的经营成果。它主要说明企业在特定期间所取得的收入和所发生的费用,以及各项收入和各项费用的数额,如主营业务收入、其他业务收入以及主营业务成本、税金及附加、销售费用、管理费用、财务费用等。现金流量是指企业在特定会计期间从事经营活动、投资活动和筹资活动所发生的现金流入、现金流出及现金净流量情况,如企业从事产品生产与销售所产生的现金流量情况,企业购入和转让股票或债券所产生的现金流量情况,企业借款和还款所产生的现金流量情况等。从会计角度所揭示的企业经济活动情况,并不是企业经济活动的全部内容,而仅仅是企业经济活动中与价值、资本等相关的内容,即企业的价值运动或资本运动。与企业的价值变动或资本变动相关的经济活动,实际上是指企业的财务（或理财）活动。因此,会计信息也被称为"财务信息（Financial Information）"。

"会计信息"概念是自然科学（如通信、信息技术等）研究成果被引入会计研究领域的具体体现。一般意义上所讲的会计信息,是一个宽泛的概念,包括两层含义：其一是指会计信息所意欲说明的企业经济活动情况,或财务活动情况；其二是指"财务报表信息",即借助于财务报表这种物质形式所披露的信息。实质上,财务报表仅仅是企业经济活动信息的"载体"。

---

[1] 决策有用观认为,会计的基本目标是向经济实体的管理层和外部利益相关者提供对其进行经济决策有用的会计信息。该观点建立在"会计是一个经济信息系统"的认识基础上。

[2] 受托责任观认为,会计的根本目标是完成和认定受托责任,而提供会计信息是为了判明受托人是否完成了受托责任、是否值得继续信任；提供会计信息是会计所具有的职能而非目标。该观点与代理理论相呼应。

（二）会计信息的特征

企业为投资者、债权人等外部信息使用者提供的会计信息，具有以下特征：

1. 主要是以货币计量的价值信息

在商品经济条件下，衡量企业经济活动中数量关系的量度单位，可以是实物量、劳动量，也可以是价值量。实物量度如公斤、米、件、台、栋等，劳动量度如以小时计量的工作时间，价值量度如人民币、美元等。对企业而言，企业所拥有或控制的不同财产物资具有不同的实物量度，同时，企业有"价值"的财产物资均可以通过货币形式来反映其数量。会计对企业经济活动的记录和报告，主要是借助于货币量度来进行的。也就是说，会计信息系统对经济活动信息的处理，主要是针对经济活动的价值信息（货币信息）。就现行会计模式来看，非货币信息不是会计信息系统处理的重点。在现行会计实务中，企业仅仅在对原材料、商品等存货的明细记录、对人工成本的计算等方面辅之以实物量度和劳动量度进行计量。

2. 综合性

企业拥有的现金、材料、商品、机器设备等财产物资，均具有不同的实物量度，其实物数量不能汇总，但其货币数量可以加总。这充分说明了货币量度作为计量尺度的综合性特征。由于会计信息系统主要是借助于货币形式来反映企业的经济活动，因此，企业经济活动的状况、过程和结果等都可以以货币化的数量信息予以表达。例如，企业期末时所拥有的各种财产物资的总数（即资产总额），企业在一定期间生产及销售产品的总量，企业在一定期间实现的收入以及发生的费用，企业在一定期间所获得的经营成果总数，等等。会计信息的综合性特征，决定了会计信息的使用者既可以在企业与企业之间、同一企业的不同会计期间将经济活动效果的单项指标进行比较，也可以将总量指标进行比较，以作出相关决策。同时，政府宏观经济管理部门还可以将不同企业、不同地区的会计信息指标层层汇总，以作为国民经济宏观调控的依据。

3. 连续性

只要企业处于持续经营状态，会计信息系统对企业经济活动的记录和报告就不会中断。会计信息对企业经济活动反映的连续性特征，主要表现在以下三个方面：一是企业每日所发生的能够以货币计量的经济活动，都必须依照会计的程序和方法进行记录，不得遗漏；二是企业会计系统对某一特定会计期间经济活动及其结果的记录和报告，必须以上一会计期间的结果为基础，并同时报告至少前后两个期间的比较情况；三是会计系统对企业在前后期间就同一问题的计算与处理，要求采用同样的会计方法，而不得随意变更。会计信息的连续性特征，为系统地了解某一企业经济活动的历史发展轨迹提供了依据。

二、会计信息的使用者及其基本信息需求

谁需要会计信息、他们需要什么信息等，一直是会计研究面临的最基本也是最重要的问题。原则上讲，企业的"利益相关者"都需要企业的会计信息。国际会计准则理事会认为，会计信息的使用者包括"现有的和潜在的投资者、雇员、贷款人、供应商和其他商业债权人、顾客、政府及其机构和公众"。实际上，企业的会计信息使用者主要包括投资者、债权人、政府及其经济监管机构、社会公众和企业管理层等五大群体。

（一）投资者

出于获利的目的，投资者将其资金投入企业，作为企业从事生产经营活动的"本钱"（资本）。因而，从产权关系上看，投资者成为企业主要的产权所有者。由于财产所有权与经营权的实质性分离，也导致了投资者与企业之间"委托－代理关系"的产生。作为委托方的投资者，将其财产委托给企业经营者去经营管理，以期实现财产价值的保值与增值；作为受托方的企业及其经营者，则承担了一种合理利用与配置企业资源、最大限度使其保值与增值的责任。正是由于财产所有权与其经营权的分离，使得作为财产所有人的投资者无法对其财产进行"日常监管"，而只能借助于履行受托责任的企业定期提供的财务报告及其会计信息来了解企业的经济活动情况。

从投资行为的角度看，投资者主要关心其投资风险与投资报酬（收益）。在投资活动中，投资风险与投资报酬呈正相关关系，低风险的投资行为只能获得低报酬，高报酬往往伴随高风险。作为企业的投资者，其主要通过了解企业的获利能力、股利支付能力、未来现金流量等情况来判断投资风险与投资报酬。因此，投资者需要企业提供营业收入、净利润、总资产、净资产、股本（实收资本）等会计信息，并通过分析每股收益、每股净资产、净资产收益率、销售净利率、资产负债率、利息保障倍数、流动比率、速动比率、每股经营活动现金流量等财务指标，来进行其投资决策。

（二）债权人

企业的债权人主要包括向企业提供贷款的银行与非银行金融机构（如财务公司）和向企业提供商品或劳务的供应商（即商业债权人）。从广义的产权角度看，债权人也是企业的产权所有者之一，因为它们提供了企业生产经营活动所需的部分财产。只是这种"债权人产权"与"投资者产权"在法律等方面具有一定差别。

作为向企业提供贷款的银行以及类似银行的金融机构，主要关心其提供给企业的贷款本金与贷款利息能否按期得到偿还和支付；作为向企业提供商品或劳务的供应商等商业债权人，主要关心企业所欠款项能否如期偿还。作为企业的债权人，其主要通过了解企业的偿债能力、债务支付能力等情况来判断其债权受偿程度。因此，债权人需要作为债务人的企业提供短期负债、长期负债、现金资产、流动资产、负债总额、所有者权益总额、资产总额、所得税、净利润等会计信息，并通过分析流动比率、速动比率、现金比率、资产负债率、产权比率、利息保障倍数等财务指标，来进行其信贷及债权决策。

（三）企业管理层

企业管理层包括企业的高级管理人员和一般员工。企业的高级管理人员群体被称为企业的"高管层"，包括企业的总经理和副总经理等。以总经理为首的企业管理层的主要职责是实施董事会做出的有关经营、投资与筹资活动的重大决策，并负责管理企业日常的生产经营活动。企业管理人员的素质、能力与行为直接影响企业的经济活动，影响经济资源的配置效率，从而影响企业的经济收益和企业价值的提升。

从理论上讲，企业管理层的目的在于通过企业的生产经营活动而获得盈利，以确保企业的生存与发展，实现企业价值最大化或股东财富最大化的目标。因此，企业管理层必须对企业的全面情况"了如指掌"。这些情况包括企业的财务状况、经营业绩、现金流量，企业的获利能力、偿债能力、资金营运能力，企业未来的发展能力与前景等。

（四）政府及其经济监管机构

对于企业，政府可能具有"双重身份"。一是政府作为一种"社会管理者"，为确保整个国家的社会与经济活动的正常秩序，其必须履行社会管理的职能；二是如果政府为企业出资，则成为企业的投资者，此时，政府便以企业的投资者身份而享有投资者的一切权益并承担相应的义务。对于政府没有出资的企业，政府仅仅具有"社会管理者"身份，而不享有投资者的权益（如分得利润或股利）。

就企业而言，政府的社会管理职能主要体现在：基于整个社会经济资源优化配置的需要而对企业经济活动实施有效的调节、控制和监督。因此，政府及其经济监管机构需要了解企业经济活动的整体情况，包括企业的获利能力、偿债能力、资金运营能力等。通过企业提供的有关经济活动的全部会计信息，政府及其经济监管部门可以判别企业的经济行为是否合法、是否有效。除监管企业的经济活动以外，企业提供的会计信息还可以作为政府决定经济政策（如税收政策）、统计国民收入等的信息基础。

（五）社会公众

对企业而言，社会公众主要作为其潜在的投资者或债权人，因而，社会公众会关注企业的盈利能力和偿债能力等情况。同时，作为上市公司的企业，其是否严守国家政策与法律、是否积极履行社会责任等，都会成为社会公众重点关注的内容。因此，社会公众会通过企业提供的财务报告以及社会媒体，了解和关注企业的发展状况与潜力，并据此作出相应的经济决策。

按照会计信息使用者与企业的关系，可以将会计信息的使用者分为外部使用者和内部使用者两类。投资者、债权人、政府及其经济监管机构、经济分析机构（如证券分析师）以及社会公众等属于企业会计信息的外部使用者，而企业管理层等则属于企业会计信息的内部使用者。会计信息外部使用者主要通过企业公开披露的会计信息（如财务报表）来了解企业的经济活动情况，因此，为了保证企业提供的会计信息的真实性，企业公开披露的财务报表必须经由具有执业资格的注册会计师进行审计并认可。作为会计信息的内部使用者，企业管理层通过财务报表所了解的企业经济活动情况，只是其管理活动所需信息的一部分内容。除此以外，企业的经营决策与管理活动还需要大量的其他相关信息，如产品成本降低幅度、材料消耗定额的执行情况、产品的边际贡献率等。

三、会计信息的质量特征

（一）会计信息质量特征的含义

会计信息的质量特征（Qualitative Characteristics）是指企业所提供的会计信息的质量标准，其表现为会计信息对于信息使用者决策有用的那些性质（或特性），也称为"会计信息质量要求"。

企业生产的实物产品（或商品）必须达到既定的产品质量标准[①]，才能进入商品市场。未达到质量标准的产品，不仅不能给消费者带来应有的效益，而且还会损害消费者的利益甚至威胁到消费者的生命安全。因此，没有达到质量要求的产品不应该进入商品市场参与商品的交换和流通。同实物产品一样，会计信息也是企业向社会提供的一种"产品"。只不过这种特殊的信息产品，其进入资本市场后会为投资者等市场参与者带来效益。企业（特别是上市公司）提供的会计信息，是资本市场存在与正常运行的信息基础。作为一种运用于资本市场、具有公共属性的产品，企业提供的会计信息必须达到既定的质量标准。不合格的会计信息甚至是"假冒伪劣"的会计信息进入市场，无疑会损害作为会计信息产品消费者的投资者、债权人等会计信息使用者的切身利益。

不同国家或地区的会计信息质量特征由其会计准则制定机构来设定并颁布。例如，美国财务会计准则委员会作为美国财务会计准则的制定机构，其于1980年5月专门发布了第2号"财务会计概念公告（SFAC）"——《会计信息的质量特征》，提出了企业提供会计信息应当达到的质量标准。作为国际财务报告准则的制定机构，国际会计准则理事会在与美国财务会计准则委员会于2010年共同发布的《财务报告概念框架》中，进一步界定了"有用财务信息的质量特征"及其具体内容。我国财政部2006年2月发布的《企业会计准则——基本准则》，明确提出了八项"会计信息质量要求"。

会计信息质量特征的主要功能体现在以下方面：

1. 会计信息质量特征是实现会计目标的基础。会计的目标在于向投资者等信息使用者提供对其决策有用的会计信息。什么样的会计信息才能对投资者、债权人的经济决策有用，就涉及会计信息的质量问题。会计信息质量特征的设定，是保证会计目标顺利实现的基础。

2. 会计信息质量特征是会计确认、计量、记录和报告行为的指南。会计信息质

---

① 产品质量标准一般分为国际标准、国家标准、行业标准、企业标准等类别。

量特征提出了对企业会计信息质量的具体要求,因此,企业对经济活动进行会计确认、计量、记录和报告必须以此为"行动指南"。在一定程度上,会计信息质量特征实质上是会计确认、计量和报告经济交易与事项的原则性依据。

3. 会计信息质量特征是评价会计信息质量的依据或标准。从投资者与企业之间的委托-代理关系来看,"两权分离"使得投资者只能借助于企业提供的财务报表及其会计信息了解企业的经济活动情况,因而,设定会计信息的质量标准就十分重要。作为一种具有公共属性的特殊产品,会计信息的质量特征也成为利益相关者之间利益分配关系能够平衡的一个支撑点。正是有了明确的会计信息质量标准,投资者等会计信息的使用者才能够认可会计信息,并据此进行有关经济决策;依据会计信息的质量特征,还可以较为准确地判定企业是否履行了相应的"会计责任(Accountability)",从而解除企业承担的这种财产受托责任。由于会计信息不仅具有"经济属性",而且也具有"社会属性",因此,会计信息质量特征也构成社会经济活动评价的一种标准。

(二)会计信息质量特征的内容

会计信息的质量特征由许多具体的质量标准构成,并已形成一个完整的质量特征体系。在这个体系中,各种不同的质量特征从不同角度、不同层面来规范会计信息的质量要求,尽管某些质量特征要求有时难以"兼得",但这些质量特征的有机结合可以使企业会计信息的总体质量达到最佳。一般而言,会计信息质量特征的内容包括主要质量特征和其他质量特征两个方面①。

1. 会计信息的主要质量特征

会计信息的主要质量特征包括相关性和如实反映。

(1)相关性。会计信息的相关性(Relevance)是指企业所提供的会计信息与信息使用者的决策需要相关联。换言之,企业提供的会计信息能够帮助信息使用者做出不同的经济决策,满足信息使用者的决策需要。会计信息是否具有相关性,有两个基本的判断标准:一是会计信息能否帮助信息使用者对过去、现在或未来的经济事项进行评价,并影响信息使用者的相关决策行为;二是证实或纠正信息使用者过去已经做出的判断或评价,并影响信息使用者的相关决策行为。

例如,债权人能够根据债务人企业在上一年度资产负债表中提供的现金资产和流动资产及流动负债的数额,来评价该企业在下一年度的偿债能力,并证实此前其对该企业偿债能力的判断。这说明该企业提供的会计信息具有相关性,因为该债权人可能会因此而决定是延续还是终止其对该企业的贷款政策。

会计信息的相关性质量特征,是针对企业的利益相关者而言的,包括企业现实的和潜在的利益相关者。因为只有企业的利益相关者,才会关心企业的经济活动情况,

---

① IASB 于 2018 年发布的《财务报告概念框架》将会计信息质量特征区分为"基本质量特征(The fundamental qualitative characteristics)"和"增强质量特征(The enhancing qualitative characteristics)"。其中,基本质量特征包括相关性(具体体现为预测价值、证实价值和重要性)和如实反映(具体体现为完整性、中立性和避免重大错误),增强质量特征包括可比性、可验证性、及时性和可理解性。

包括企业过去的经济状况和未来的发展趋势。企业的非利益相关者无须使用该企业的会计信息，因而也不必要求该企业的会计信息与这些非利益相关者的决策行为相关。

会计信息的相关性质量特征，是针对整个会计信息使用者群体而不是某一个（位）特定的信息使用者而言的。不同类别的企业会计信息使用者（如投资者、债权人），由于其决策行为的内容不同，因而其各自的信息需求存在差异。例如，尽管投资者和债权人都注重企业整体的经营情况，但投资者更主要的是关心企业的盈利能力，而债权人则主要关心企业的偿债能力。同一类别的会计信息使用者（如短期债权人和长期债权人），其信息需求也不尽相同，如短期债权人主要关注企业的流动资产、现金资产等信息以判断企业的短期偿债能力和现金支付能力。

（2）如实反映[①]。会计信息的如实反映（Faithful Representation）是指会计信息能够真实地反映企业经济活动的实际情况，而不偏离甚至歪曲企业的经济活动。会计信息的如实反映质量特征，要求在对企业所发生的经济交易与事项进行会计确认、计量、记录和报告时，应当揭示企业经济活动的本来面目。如实反映质量特征的实质，是要求企业以一种客观、公正、中立的立场来披露其财务会计信息，而不以某一特定利益相关者的意志为转移。只有具有如实反映质量特征的会计信息，才不会误导信息使用者的决策。

在会计实务中，以企业实际发生的交易或事项进行会计处理，按资产取得时的历史成本（实际成本）计量资产的价值及其变动，合理估计损失与负债，不得随意变更会计计量方法，不得漏记、重记、错记经济交易与事项，不得虚构经济交易，等等，都是会计信息如实反映质量特征要求的体现。

如实反映质量特征并不意味着会计信息必须绝对肯定或者绝对精确。由于企业所处市场经济环境的不确定性、会计计量属性本身的缺陷以及会计计量方法选择的主观性等因素，会计中数量化的信息内容不可能是十分精确的。例如，对固定资产折旧价值进行计量（确定各个年度固定资产的折旧费用）时，只能估计固定资产的使用年限并采用人为的计算方法，因而其结果无疑只是近似而非精确的。

依据没有如实反映经济现象的信息进行决策或判断，其后果可想而知。因此，会计信息必须符合如实反映的信息质量要求。错误或者虚假的会计信息，必然会导致信息使用者决策失误，这不仅仅会损害投资者、债权人等信息使用者的经济利益，而且会严重扰乱社会经济秩序、阻碍社会经济的发展。"安然事件""世通丑闻"以及我国的"郑百文""银广夏"等会计造假事件，对社会经济发展所产生的巨大负面影响，即是明证。

2. 会计信息的其他质量特征

除相关性和如实反映外，会计信息还应当具有可比性、及时性、重要性、可理

---

① 该质量特征曾被称为"可靠性（Reliability）"，国际会计准则理事会与财务会计准则委员会 2010 年联合发布的《财务报告概念框架》将其修正为"如实反映（Faithful Representation）"。

解性、实质重于形式、稳健性等质量特征①。

（1）可比性。投资者、债权人等信息使用者关心企业所提供的财务报表及其会计信息，除了解企业的经济活动情况外，无非是想对企业财务状况及经营业绩进行分析、评价。评价一个企业的财务状况及经营业绩，其主要方式是将同一企业不同时期的有关会计指标进行比较，以及将不同企业同一时期的有关会计指标进行比较。为了保证会计指标在不同企业之间以及在同一企业的不同会计期间具有相同的比较基础，不同企业以及同一企业在不同会计期间对同类交易或事项的计量与报告，都必须采用一致的会计方法。只有这样，企业提供的会计信息才具有"可比性（Comparability）"。

例如，将甲公司与乙公司的利润数额进行比较以确定甲公司的盈利水平时，其前提条件必须是两家公司确认收入、费用的标准与方法相同，利润计算方法也相同。否则，谁大谁小的比较结果没有任何意义。同样，将甲公司本期的利润数与上一会计期间的利润数进行比较，必须以两个期间在收入、费用的确认以及利润计算方面遵循相同的标准、采用相同的方法为前提，否则，比较结果并不能说明企业经营业绩的变化趋势。

会计信息的可比性质量特征具有两层含义：一是同类会计信息在不同企业之间应当具有可比性，因而不同企业对同类交易与事项应当采用统一的会计方法进行处理；二是同类会计信息在同一企业的前后期间应当具有可比性，因而企业在前后不同期间对同类交易与事项应当采用前后一致的会计方法进行处理。前者有时称为会计信息的"统一性"②，而后者惯称为会计信息的"一致性"或"一贯性"。

由于企业的经济环境总是处于变动之中，而且各个企业经济活动的具体情况千差万别，因此，要求企业的会计信息绝对可比是不现实的。企业在符合相关性和如实反映等质量特征要求的前提下，可以改变现有的会计确认、计量和报告方法。会计信息可比性质量特征的重要意义在于，企业应当把进行会计确认、计量和报告的会计政策③和会计政策的变动及其对财务报告的影响明示给会计信息的使用者，以便使用者能够鉴别同一企业在不同期间以及不同企业对相同交易与事项所采用会计政策之间的差别。

（2）及时性。会计信息的及时性（Timeliness）质量特征是指会计信息在失去其决策价值前为信息使用者所用。也就是说，会计信息应当及时地提供给信息使用者，以利于信息使用者的经济决策，同时也使得会计信息能真正发挥其作为决策依

---

① IASB将"可验证性（Verifiability）"作为会计信息的质量特征之一，其含义是指对同一会计现象的特定描述，具有不同知识结构、互不关联的人能够得出基本相同的结论，包括直接验证和间接验证。前者如企业直接的现金盘点，后者如依照存货计价方法验证存货的账面价值等。

② 有些文献资料将不同企业之间会计信息的可比性称为"统一性"或者"可比性"。本著作将可比性理解为广义的含义，其包括了同一企业在前后不同期间会计信息的可比性。

③ 会计政策是指企业进行会计确认、计量和报告所选择的具体原则与处理方法。如企业决定是采用先进先出法还是后进先出法对期末存货资产的价值进行计量，就是选择了不同的会计政策。

据的基本作用。

任何信息的价值体现都受到相应时效的限制，因为信息服从于特定的决策需要。相对于特定的决策行为而言，已经事过境迁的信息是没有决策价值的。在市场经济条件下，人们之所以要进行经济决策，是因为存在许多有利可图的商机。这些商机给人们带来财富和希望，但也稍纵即逝。如何不失时机地把握好这些机会，便需要人们在"第一时间"做出经济行为的判断与选择。显然，这种抉择必须以具有决策价值的信息作基础。对于信息使用者的决策来讲，如果信息不及时，无论信息多么可靠，这些信息都不能满足决策需求。

为保证企业所提供会计信息的及时性，有利于信息使用者的经济决策，我国《上市公司信息披露管理办法》第二十条规定，"年度报告应当在每个会计年度结束之日起4个月内，中期报告应当在每个会计年度的上半年结束之日起2个月内，季度报告应当在每个会计年度第3个月、第9个月结束后的1个月内编制完成并披露"。

(3) 重要性。在现代社会经济环境中，经济方式的不断创新和经济关系的多元化使得企业经济活动的内容变得十分复杂。因而，会计上的经济交易与事项也十分繁杂。从企业经济活动的特征以及会计信息使用者的要求来看，对经济交易与事项的会计处理并不需要"一视同仁"。也就是说，在对企业的经济交易与事项进行确认、计量、记录和报告时，应当区别其重要程度分别采用不同的会计程序与方法。这就是会计信息的重要性（Materiality）质量特征。

会计信息重要性质量特征的依据是：①不同的经济交易与事项客观上存在重要程度的差别。例如，直接影响资产、负债和利润（损益）的交易与事项比其他交易与事项更重要，金额大的交易与事项比金额小的交易与事项更重要，经常性交易与事项比非经常性交易与事项更重要，企业外部交易与事项比企业内部交易与事项更重要。②会计信息使用者对不同信息的需求存在差别。基于不同的决策行为，会计信息使用者会选择重要信息而不是次要信息"为己所用"。因此，企业应当充分披露会计信息使用者重点关注的信息。否则，信息使用者反而无法清晰地或有所侧重地获取需要的会计信息。③会计行为的经济性原则。这主要体现在会计信息处理的"成本与效益"原则上。按成本－效益原则，行为的效益应当大于行为的成本，否则会"得不偿失"。会计信息的效益是指会计信息对信息使用者决策的帮助作用，即满足使用者信息需求的程度，而会计信息的处理成本是进行会计确认、计量、记录和报告所耗用的人力、物力等。会计信息的效益应当大于会计信息处理成本，否则，会计行为不"经济"。例如，某上市公司购入一把价格为十元的钳子（作一般工具使用），该钳子实际上可以使用多年，但会计上并不在钳子使用的若干不同年度来分摊其成本，而是在钳子被领用时一次性地将其作为当期的成本或费用来处理。显然，如果在几个年度中分摊该钳子的成本，其会计信息处理成本较高，而提供的相关会计信息并没有多大决策意义。

在会计实务中，对每项交易与事项都必须进行记录和报告，但如何记录、如何报告却具有一定的选择性。依照会计信息使用者的要求，企业对于重要的交易与事项，应当严格采用规定的会计方法进行处理，并在财务报告中予以充分、准确的披露。对于次要的交易与事项，在不影响会计信息可靠性和不至于误导会计信息使用者做出正确判断的前提下，可以采用简单（或简化）的会计方法进行处理，在财务报告中通过项目合并的方式予以报告。

如何判别会计信息或交易与事项的重要程度？"如果信息的省略或误报会影响使用者根据财务报表做出的经济决策，信息就具有重要性。重要性取决于需作判断的项目的大小，或在出现省略或发生误报的特定情况下所导致差错的大小"[①]。一般来讲，对资产、负债、利润等有较大影响并进而影响会计信息使用者据以做出合理判断的交易与事项，属于重要会计事项。在会计实务中，企业一般根据交易与事项对资产总额或利润总额的影响幅度来确定其是否重要。实际上，会计人员判断经济交易与事项或某一会计信息是否重要，更多地依赖于其自身的专业判断能力（即职业判断）。正如国际会计准则所指出的那样：与其说重要性是信息要成为有用所必须具备的基本质量特征，倒不如说是提供了一个"分界线"或"取舍点"。

（4）可理解性。会计信息的可理解性（Understandability）是指企业提供的会计信息应当清晰地反映企业经济活动的全貌，企业财务报告应当便于信息使用者的理解和利用。换言之，企业财务报告在全面、完整反映企业财务状况、经营业绩和现金流量情况的前提下，应当简明扼要、清晰易懂。会计信息的可理解性也被称为"明晰性"或"可读性"。

会计信息可理解性质量特征要求企业财务报告做到内容完整清晰、形式简洁明了，以易于会计信息使用者理解，其根本目的还是为了提高会计信息的决策有用性，满足信息使用者的决策要求。财务报告是联结企业与信息使用者的桥梁，只有当会计信息具有可理解性时，企业与信息使用者之间的"利益大道"才会通畅。

从信息使用者的角度看，企业提供的会计信息是否易于理解，是针对具有一定经济管理与会计知识的使用者，并且这些使用者会主动地分析和研究会计信息。否则，会计信息使用者的"信息需求"是难以满足的。

（5）实质重于形式。由于企业经济活动本身的复杂性，企业经济交易与事项的法律形式（表现形式）可能与其实质或经济现实并不一致。例如，甲企业将某项资产转让给乙企业，在合同中注明了该资产的所有权转归乙企业所有，但实际上甲企业又通过另一份协议仍在控制该项资产的使用并享有其带来的经济利益。在这种情况下，该项交易实质上就不是合同中所表明的销售交易。因此，在会计上如果将该项交易作为销售交易来记录和报告，就不能如实反映经济交易的本来面目。

会计信息的实质重于形式（Substance Over Form）质量特征，要求依据经济交易与事项的实质或经济现实而不是仅依据其法律形式来记录和报告经济交易与事项，其

[①] 《国际会计准则2000》，中国财政经济出版社2000年版，第28页。

目的在于确保会计信息真实、准确地反映企业的财务状况、经营业绩和现金流量情况。

在现实经济生活中，经济活动形式的复杂与多变往往会影响对经济活动实质的判断。同时，因管理者不当利益驱动而产生的"操纵行为"，也会使得经济现象"扑朔迷离"。因此，为了确保会计信息质量，会计人员应当充分利用其专业判断能力，透过企业经济活动的现象看本质，使会计信息能如实地记录和报告其意欲反映的经济交易与事项。

（6）稳健性。会计信息的稳健性（Conservatism）是指企业面对经济环境的不确定性因素，在使用专业判断、计量和披露会计信息时应当持谨慎（或稳健）的态度，其直接表现是不虚计企业资产或收益，也不少计企业负债或费用。稳健性也被称为"谨慎性"或"审慎性"。

稳健性是保守主义思想在会计中的一种体现，是企业对其所面临风险或不确定性因素的一种审慎反应。它要求企业在进行经济交易与事项的会计处理时，保持小心谨慎的态度，充分估计企业可能发生的风险和损失；在不影响会计信息质量的前提下，尽可能选择不虚增资产和收益的会计计量与信息披露方法。依照会计信息的稳健性质量特征要求，会计系统能够提供反映企业经济风险的信息，从而有利于企业规避财产风险和损失，提高企业的市场竞争能力，同时，也有利于信息使用者在进行经济决策时做出正确的判断和选择。

在会计实务中，稳健性质量特征主要体现在两个方面：一是确认和计量企业可能发生的损失和费用，如应收账款债权可能面临的坏账损失、受市场影响而产生的资产减值等；二是选用可以低估资产价值的计量方法，如在物价上涨的情况下采用后进先出法对期末存货价值进行计量、按加速折旧法计提固定资产折旧（即采用加速折旧法分摊固定资产成本）等。

以谨慎的态度计量和披露会计信息，并非意味着企业可以建立"秘密准备"。因此，稳健性会计方法的运用应当受到相应的限制。

四、会计信息的实现方式

企业向外部信息使用者提供会计信息，是通过财务报告（含财务报表）来进行的。财务报告是企业正式对外提供并传递会计信息的手段，其主要披露企业的财务状况、经营业绩和现金流量等情况。财务报告包括财务报表和其他财务报告。财务报表是财务报告的核心内容，其以表格的方式全面揭示企业的财务状况、经营业绩和现金流量情况，主要包括资产负债表、利润表（或收益表）和现金流量表等。其他财务报告如财务情况说明书、管理层关于企业经营情况的讨论与分析、管理层致股东的信函等。

北漂股份有限公司为股票上市交易的企业（即上市公司），其公开披露的2019年度资产负债表、利润表、现金流量表及其会计信息内容分别如表1-2、表1-3和表1-4所示。

表 1-2

编制单位：北漂股份有限公司　　　　2019 年 12 月 31 日　　　　单位：元

资 产 负 债 表

资　产	期初数	期末数	负债及所有者权益	期初数	期末数
流动资产：			流动负债：		
货币资金	97 905 180.50	64 347 165.93	短期借款	254 548 632.16	261 898 632.16
交易性金融资产			交易性金融负债		
应收票据	16 667 056.00	16 979 629.30	应付票据	19 616 555.87	23 229 421.39
应收账款	66 703 922.26	91 571 270.85	应付账款	49 043 912.46	68 398 792.90
预付款项	8 490 089.84	20 237 530.35	预收款项	541 315.94	415 869.60
应收利息			应付职工薪酬	737 021.48	2 444 981.04
应收股利			应交税费	11 351 300.57	17 171 283.12
其他应收款	9 577 556.66	8 193 408.70	应付利息		
存货	62 307 087.32	73 072 715.24	应付股利	5 000 000.00	12 587 900.79
一年内到期的非流动资产			其他应付款	76 390 412.97	65 347 253.38
其他流动资产			一年内到期的非流动负债		7 000 000.00
流动资产合计	261 650 892.58	274 401 720.37	其他流动负债		
			流动负债合计	417 229 151.45	458 494 134.38
非流动资产：			非流动负债：		
债权投资			长期借款		
其他债权投资			应付债券		
长期应收款					

续表

资　产	期初数	期末数	负债及所有者权益	期初数	期末数
长期股权投资	600 000.00	600 000.00	长期应付款		
其他权益工具投资			专项应付款		
投资性房地产	94 427 601.98	94 427 601.98	预计负债		
固定资产	199 589 555.43	294 237 937.88	递延所得税负债	6 000 000.00	6 000 000.00
在建工程	7 179 846.05	5 364 278.05	其他非流动负债		
生产性生物资产			非流动负债合计	6 000 000.00	1 378 080.00
油气资产			负债合计	423 229 151.45	7 378 080.00
无形资产	14 546 750.81	13 950 847.53			465 872 214.38
开发支出			所有者权益（或股东权益）：		
商誉	3 708 897.08		实收资本（或股本）	177 488 586.00	177 488 586.00
长期待摊费用	54 496.38	2 227 797.52	资本公积	125 338 785.88	125 338 785.88
递延所得税资产	463 722.50	463 722.50	减：库存股		
其他非流动资产			盈余公积	13 821 223.99	13 821 223.99
非流动资产合计	316 861 973.15	414 981 082.54	未分配利润	−208 183 181.03	−207 598 312.15
			归属于母公司所有者权益合计	108 465 414.84	109 050 283.72
			少数股东权益	46 818 299.44	114 460 304.81
			所有者权益合计	155 283 714.28	223 510 588.53
资产总计	578 512 865.73	689 382 802.91	负债和所有者权益总计	578 512 865.73	689 382 802.91

表 1-3　　　　　　　　　　　　利　润　表

编制单位：北漂股份有限公司　　　　2019 年度　　　　　　　　　　　　单位：元

项　目	本期金额	上期金额
一、营业收入	137 483 636.72	56 926 361.85
减：营业成本	112 831 919.23	44 572 701.57
税金及附加	617 472.78	210 254.83
销售费用	2 751 511.36	1 438 192.71
管理费用	11 660 897.28	8 050 749.00
研发费用		
财务费用	4 438 085.80	4 929 136.54
其中：利息费用	4 037 005.60	4 408 030.50
利息收入	401 080.20	521 106.04
加：其他收益		
投资收益		
公允价值变动收益		
资产减值损失		
资产处置收益		
二、营业利润	5 183 750.27	-2 274 672.80
加：营业外收入	38 251.56	655 309.84
减：营业外支出	47 149.72	389 629.89
三、利润总额	5 174 852.11	-2 008 992.85
减：所得税费用	425 868.63	
四、净利润	4 748 983.48	-2 008 992.85
（一）持续经营净利润	4 748 983.48	-2 008 992.85
（二）终止经营净利润		
五、其他综合收益的税后净额		
六、综合收益总额		
七、每股收益		
（一）基本每股收益	0.0033	-0.0296
（二）稀释每股收益	0.0033	-0.0296

表 1-4　　　　　　　　　　　　　　现金流量表

编制单位：北漂股份有限公司　　　　　2019 年度　　　　　　　　　　　　单位：元

项目	本期金额	上期金额
一、经营活动产生的现金流量：		
销售商品、提供劳务收到的现金	129 591 516.56	96 453 634.07
收到的税费返还		
收到其他与经营活动有关的现金	38 251.56	35 534.40
经营活动现金流入小计	129 629 768.12	96 489 168.47
购买商品、接受劳务支付的现金	107 878 437.38	82 277 014.99
支付给职工以及为职工支付的现金	13 122 938.54	6 065 861.92
支付的各项税费	-595 172.79	3 215 674.74
支付其他与经营活动有关的现金	15 007 229.31	5 696 141.52
经营活动现金流出小计	135 413 432.44	97 254 693.17
经营活动产生的现金流量净额	-5 783 664.32	-765 524.70
二、投资活动产生的现金流量：		
收回投资收到的现金		
取得投资收益收到的现金		
处置固定资产、无形资产和其他长期资产收回的现金净额	298 108.16	5 458 098.51
处置子公司及其他营业单位收到的现金净额		
收到其他与投资活动有关的现金	248 345.77	111 367.72
投资活动现金流入小计	546 453.93	5 569 466.23
购建固定资产、无形资产和其他长期资产支付的现金	30 984 372.61	5 944 979.99
投资支付的现金		
质押贷款净增加额		
取得子公司及其他营业单位支付的现金净额		
支付其他与投资活动有关的现金		
投资活动现金流出小计	30 984 372.61	5 944 979.99
投资活动产生的现金流量净额	-30 437 918.68	-375 513.76
三、筹资活动产生的现金流量：		
吸收投资收到的现金		
其中：子公司吸收少数股东投资收到的现金		
取得借款收到的现金	49 500 000.00	33 900 000.00
发行债券收到的现金		
收到其他与筹资活动有关的现金		

续表

项　　目	本期金额	上期金额
筹资活动现金流入小计	49 500 000.00	33 900 000.00
偿还债务支付的现金	42 150 000.00	27 700 000.00
分配股利、利润或偿付利息支付的现金	4 659 147.15	1 415 886.24
其中：子公司支付给少数股东的股利、利润		
支付其他与筹资活动有关的现金	27 284.42	14 261.78
筹资活动现金流出小计	46 836 431.57	29 130 148.02
筹资活动产生的现金流量净额	2 663 568.43	4 769 851.98
四、汇率变动对现金及现金等价物的影响		
五、现金及现金等价物净增加额	−33 558 014.57	3 628 813.52
加：期初现金及现金等价物余额	97 905 180.50	17 578 771.08
六、期末现金及现金等价物余额	64 347 165.93	21 207 584.60

第三节　会计的基本内容与规范

一、会计的基本内容

以提供决策有用信息为目标的会计，实质上是一个信息系统，因而，从系统的构造来看，原始信息输入、信息加工与转换和会计信息输出是会计信息系统的基本环节。基于会计的特点，一般把会计信息系统区分为会计确认、会计计量、会计记录和会计报告等四个基本环节。

（一）会计确认

会计确认主要是对输入会计信息系统的原始数据和输出会计信息系统的经济信息进行认定。会计信息系统主要提供以货币计量的企业经济活动信息，因而，并不是企业所有经济活动的原始数据都能进入会计系统加以处理。比如，企业人力资源配置情况、产品质量等级、企业产品市场占有率、材料供应商数量等，其数据就不能被会计信息系统所接收。相反，企业货币资产消耗、吸收投资者投资、向银行举债、存货销售、购买股票和债券、将原材料投入生产过程、支付企业欠款等，其原始数据则能够且必须进入会计信息系统予以加工。就信息输出来看，并不是所有经过会计信息系统加工的信息都应该传输给会计信息的使用者。哪些信息应当输出以及如何输出，必须以满足信息使用者的决策需要为原则。因此，会计信息系统对输出给信息使用者的会计信息的内容与方式必须进行再次确认。

会计确认应当以实现提供决策有用信息目标为原则，并遵循"可定义性""可计量性"等会计确认的基本标准。

(二) 会计计量

会计计量是借助于货币形式对企业经济活动中内含的数量关系进行计算和确定。例如，当企业购入一辆汽车时，会计上必须计算所有的购买支出，确定所购汽车的实际成本（即汽车的原始价值）；当企业销售商品时，会计上不仅应当计算因销售而实现的收入数量，而且还应当将所销售商品视为企业的一种资源消耗而计算相应的"代价"，即计算确定已经销售商品的实际成本（营业成本）；尽管企业的厂房、机器设备等可以在企业生产经营过程中长期使用，但其使用一段时间后必然会存在"价值损耗"问题，因此，会计上还必须定期计算确定机器设备等财产的这种"损耗价值"（即固定资产折旧）。

会计计量是在会计确认的基础上，将经济活动信息予以数量化。就企业经济活动而言，会计确认是解决"定性"问题，而会计计量是解决"定量"问题。或者说，会计确认解决"是什么"问题，而会计计量解决"是多少"问题。例如，企业从外部取得了一项专利权，会计上就必须解决两个问题：一是专利权是否应当作为会计信息的内容来记录以及作为什么内容进行记录，二是企业取得此项专利权实际发生的支出是多少（即计算确定该项专利权的实际成本）。前者属于会计确认范畴，而后者属于会计计量范畴。美国著名会计学家井尻雄士在其著作《会计计量理论》中认为"会计计量是会计的核心"，足以说明会计计量对于会计信息系统的重要程度。

就企业而言，会计计量的核心内容主要是资产价值计量和利润计量（收益决定）。在对企业的经济活动进行会计计量时，企业可以选择历史成本（实际成本）、重置成本、可变现净值、现值和公允价值等不同计量属性（计价标准）。但计量属性的选择，必须符合会计信息质量特征要求，以确保会计目标的实现。

(三) 会计记录

会计记录是将对企业经济活动进行会计确认和计量的结果在账户中予以登记，从而达到记录经济交易与事项的目的。会计记录在专门设置的账户中进行。账户是用来分类记录经济交易与事项的一种"工具"，如记录企业库存现金增减变动的"库存现金"账户，记录企业投资者投入资本的"实收资本"账户，记录企业厂房、建筑物、机器设备等财产的"固定资产"账户等。账户应当根据企业经济交易与事项的内容来设定，如资产类账户、负债类账户、所有者权益类账户、收入类账户、费用类账户等。从功能来讲，每一个账户都能提供企业某一特定内容（如材料、应收账款、短期借款、主营业务收入、管理费用等）在特定会计期间的增减变动及其结果等信息。如材料账户提供某一会计期间（月度、季度、半年度、年度等）购入的材料数量、耗用的材料数量和期末持有（结存）的材料数量等信息；实收资本账户提供某一会计期间投资者投入的资本数量、企业减少的资本（减资）数量和期末资本的实际数量等信息，等等。

对企业经济交易与事项进行记录，必须采用复式记账方法，这是一项国际惯例。

按照复式记账要求,企业对发生的每一项经济交易与事项,都必须在两个或两个以上的账户中进行相互联系的登记。采用复式记账法,可以确保企业的经济交易与事项得到全面、完整的记录,同时,根据交易与事项的记录结果还可以验证交易与事项记录过程的正确性。采用复式记账法对企业经济活动进行记录,也是保证会计信息质量、实现会计目标的基础。

(四)会计报告

会计报告是企业借助于财务报告(含财务报表)方式将企业经济活动信息提供(或披露)给信息使用者。企业会计信息的使用者主要包括企业外部的投资者、债权人、政府及其经济监管机构以及顾客、社会公众等和企业内部经营管理者(企业管理层)。作为向使用者提供决策有用信息的主要方式,企业财务报告在内容、格式等方面必须充分考虑信息使用者的要求。财务报告包括财务报表和其他财务报告。财务报表是企业财务报告的主体内容,其主要由反映企业财务状况的资产负债表、反映企业经营业绩的利润表(或收益表)和反映企业财务状况变动的现金流量表所组成。

企业以财务报告方式披露的会计信息,必须符合会计信息的质量特征要求,包括会计信息的相关性和如实反映等。

企业财务报告特别是财务报表的信息,来自于提供经济活动详细情况的账户资料。也就是说,企业财务报表的编制以账户记录为依据。账户提供企业经济活动某一方面的详细情况,即账户记录以提供分类的经济信息为特征;而财务报表提供企业在一定会计期间经济活动的整体情况,其提供的经济信息具有全面性、完整性等特征。

会计确认、计量、记录和报告是企业财务会计的基本内容,其相互关联、相互影响,并构成会计信息系统运行的基本程序。其基本关系如图1-4所示。

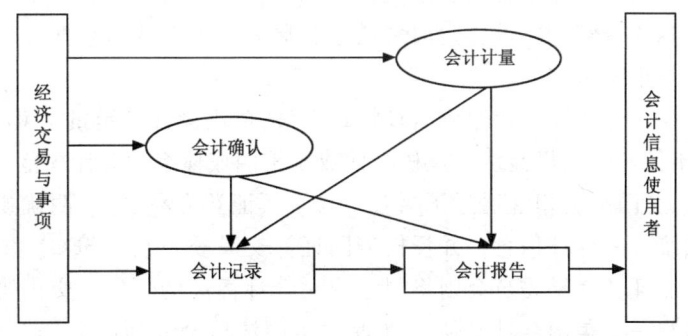

图1-4 会计确认、计量、记录和报告之基本关系

二、会计的规范——以会计准则为核心

会计是一个旨在向使用者提供于决策有用信息的信息系统。会计信息不仅引导

着企业内部经济资源的配置行为，而且也影响着整个社会经济资源的配置效率。因此，在不同国家或地区，其政府或政府授权机构均会通过制定统一会计标准来规范企业的会计行为。

用来规范企业会计行为的统一会计标准，主要以"会计准则（Accounting Standards）"形式存在。如我国的"企业会计准则"、美国的"财务会计准则（FAS）"、英国的"财务报告准则（FRS）"、国际会计准则委员会的"国际会计准则（IAS）"及国际会计准则理事会的"国际财务报告准则（IFRS）"等。"准则"有标准、规则之意。会计准则是关于会计确认、计量和报告的标准与规则。制定会计准则的主要目的是减少会计方法的可选择性，规范和统一会计行为，提高会计信息的可比性。会计准则作为一种"制度安排"，已经成为协调不同利益团体之间经济利益分配格局的制度基础[①]。

在我国，自 1949 年开始，企业的会计核算（包括会计确认、计量、记录和报告）均由政府制定的统一会计制度来进行规范。如曾经使用的以分行业为特征的"工业企业会计制度""商品流通企业会计制度""股份有限公司会计制度"等，以及不分行业的"企业会计制度"等。从 1993 年 7 月开始，我国借鉴发达国家的先进经验，开始正式实施"企业会计准则"，用其与统一会计制度来共同规范企业的会计行为。这样，初步建立了规范我国企业会计行为的"企业会计准则——企业会计制度"框架。在这一框架中，企业会计准则主要规范企业的会计确认、计量和报告行为，而企业会计制度主要规范企业的会计记录行为，两者相得益彰。从 2007 年开始，我国取消企业会计制度，用具有完整体系的企业会计准则来规范企业会计实务。

由于我国经济制度、经济管理体制及其运行机制的特殊性，我国的企业会计准则与会计制度一直由政府来制定发布。财政部会计司以及中国会计准则委员会，是我国企业会计准则与会计制度的制定机构。同时，中国会计学会、中国注册会计师协会、中国证券监督管理委员会、国家税务总局等，也对我国企业会计准则与会计制度的制定产生重要影响。

在美国，"一般公认会计原则（GAAP）"是企业会计规范的总称。20 世纪 20 年代末至 30 年代初的世界经济大危机，促成了美国成体系的会计规范的产生。1933 年至 1934 年，美国国会相继通过了《证券法》《证券交易法》，明确规定证券上市企业必须提供统一的会计信息，并授权美国证券交易委员会（SEC）负责统一会计标准的制定。而证券交易委员会则将制定统一会计标准的工作，交由当时美国著名的会计职业组织——美国会计师协会（现"美国注册会计师协会"）来完成。为制定统一的企业会计标准，美国注册会计师协会先后成立了几任专门机构，如会计程序委员会（CAP, 1938—1959 年）、会计原则委员会（APB, 1959—1973 年）等。

[①] 学者们的研究表明，会计准则不仅具有"经济后果"，而且其本身就是一种"政治程序"的产物。

这些机构分别以不同名称发布了一系列会计标准，如会计程序委员会发布的"会计研究公报（ARB）"、会计原则委员会的"意见书（APB Opinions）"等，它们对会计实务都起到了相应的规范和约束作用，均构成美国一般公认会计原则的内容。鉴于会计准则制定机构及其所制定会计准则本身存在的问题，美国于20世纪70年代初期开始考虑重组其会计准则制定机构。1973年，一个被认为具有广泛代表性、不隶属于其他组织或机构、独立的美国财务会计准则委员会（FASB）"横空出世"。美国财务会计准则委员会自成立伊始，就特别注重财务会计准则所依据的会计基本理论的研究，并确定了一整套科学合理的会计准则制定程序。从20世纪70年代后半期开始，美国财务会计准则委员会就发布了一系列"财务会计准则公告（SFAS）"和"解释（SFAS Interpretations）"，它们同样构成美国一般公认会计原则的内容。从历史发展的角度看，美国注册会计师协会、美国证券交易委员会、美国会计学会、美国管理会计师协会（IMA）、政府会计准则委员会（GASB）、财务经理协会（FEI）等著名组织或机构，对推动美国一般公认会计原则的发展都起到了重要作用。

　　资本的国际流动特别是跨国企业的出现，使得不同国家间会计标准的差异成为经济全球化的重要障碍。在国际经济交往中，会计标准的差异导致会计作为"一种国际性商业语言"难以发挥其应有作用。为此，以协调会计标准的国家（或地区）间差异、推动会计标准全球化为目标的"国际会计准则委员会"应运而生。1973年，来自澳大利亚、加拿大、法国、德国、日本、墨西哥、荷兰、爱尔兰、英国和美国等国家的会计职业团体，在伦敦正式成立了"国际会计准则委员会（IASC）"。国际会计准则委员会以"国际会计准则（IAS）"之名，先后发布了一系列旨在"推动其在世界范围内被接纳和应用"的统一会计标准。2001年，国际会计准则委员会完成重组，新的国际会计准则理事会（IASB）按新的模式开始运行，并以"国际财务报告准则（IFRS）"为名发布新的会计准则。截至2019年，IASB已经发布了17份《国际财务报告准则》，并完成了对多项原有《国际会计准则》的修订工作。此外，联合国经济社会理事会（ECOSOC）的"国际会计和报告准则政府间专家工作组（ISAR）"、欧盟（CU）以及经济合作与发展组织（OECD）、证券委员会国际组织（IOSCO）等均在会计准则国际化方面做出了积极努力，并取得了显著成效。

　　我国会计规范体系及其主要内容将在本书第十章阐述。

第四节　会计的产生与发展

一、现代会计产生与发展概况

　　会计的产生是基于人类生产活动和对生产活动进行记录的客观需要。人类社会发展的历史证明:"自有天下之经济,便必有天下之会计,经济世界有多大,会计世界也便会有多大"①。据会计史学家考证,"记账在公元前 4000 年左右就开始了"②。巴比伦、埃及、中国、希腊、罗马等古代文明对会计活动的产生与发展都有过巨大的推动作用。然而,在早期,会计的内容单一、技术简陋。直至进入中世纪,欧洲大陆开始出现现代会计的萌芽。1494 年,意大利数学家、传教士卢卡·帕乔利(Luca Pacioli)所著《算术、几何、比及比例概要》一书问世。其中,"计算与记录详论"篇总结并系统论述了产生于欧洲、主要作为商业与银行业记账方法的"复式簿记"。卢卡·帕乔利对复式簿记的介绍与论述,为复式簿记作为一种科学记账方法的完善及其在整个欧洲及世界范围的普及与应用奠定了基础,因而,其被公认为"现代会计之父"③。

在产生之初,会计主要作为一种记录行为存在。随着经济的发展与社会的进步,如科学技术的日新月异、工业革命的兴起,特别是资本市场的建立与发展,会计对社会经济的信息作用与控制功能日益显现。就功能而言,现代会计已经发展成为集信息与控制功能于一体的现代管理学科。以提供企业(或其他经济组织)经济信息为目的的会计,可以称之为"信息会计";以实现经济控制功能为目的的会计,可以称之为"控制会计"。从控制功能发生效应的范围来看,控制会计又可分为微观与宏观两个层面的分支学科。以实现微观企业(或其他经济组织)经济控制功能为目的的会计,称为"微观控制会计";以实现宏观经济控制功能为目的的会计,称为"宏观控制会计"。

(一)信息会计学——会计学

以提供经济信息为目的的会计系统,主要应用于微观企业及其他微观经济组织。对于微观企业而言,会计是一个信息系统,其目的是为企业外部和内部使用者提供于决策有用的经济信息。

以向外部信息使用者提供会计信息为目的的财务会计,是对传统会计的继承与发展。现代财务会计学主要研究财务会计目标、会计准则、会计要素、会计方法、会计行为(如会计确认、计量等)、会计报告、会计环境等问题。现代财务会计学主要包括会计学原理(基础会计学、初级会计学)、中级财务会计学、高级财务会计学等内容。其中,会计学原理主要阐述会计确认、会计计量、会计记录和会计报告的基本原理与基本方法,中级财务会计学主要以特定经济实体(如工商企业)为对象阐述其正常经济交易与事项(即符合会计基本假设的经济行为)的确认、计量、记录与报告的具体方法,高级财务会计学则主要阐述企业特殊的经济交易与事项(如外币折算、物价变动)或特殊企业(如清算企业、合并企业)的经济交易与事项(即突破会计基本假设框架的经济行为)的确认、计量、记录和报告的具体

---

① 郭道扬:《会计史教程——历史·现时·未来》,中国财政经济出版社 1999 年版,第 21 页。
② [美]迈克尔·查特菲尔德著、文硕等译:《会计思想史》,中国商业出版社 1989 年版,第 4 页。
③ 葛家澍、林志军:《现代西方会计理论》,厦门大学出版社 2001 年版,第 2 页。

方法。

（二）微观控制会计——企业财务学与管理会计学

微观控制会计的目的在于实现对微观企业（或其他经济组织）经济活动的有效控制。其中，以企业财务活动（如企业投融资）为重心的微观控制会计，通常被称为"企业财务学"或"企业财务管理学"。财务管理（即"理财"）是企业"财务部"的主要职责，其主要内容包括控制企业财务活动、协调企业财务关系、合理配置企业财务资源。

企业财务活动主要包括企业资金的筹集与使用、投资和分配等。在市场经济条件下，企业资金的筹集、投资以及分配等活动，均与市场环境特别是资本市场息息相关。如企业通过发行股票、债券来筹集资金，企业出于控制或获利目的而购买其他公司的股票、债券，企业股利分配政策的确定等，均与证券市场直接关联。因此，以资本市场为基础，合理配置企业财务资源以获取最佳经济收益，是企业财务管理的基本目标。同样，企业财务管理的终极目标也就是企业目标，即实现企业价值最大化。

对企业财务活动的有效控制，必须借助于会计系统提供的财务活动信息。企业财务管理是针对企业经济活动中价值运动的一种调控行为，而会计系统提供的价值信息正是这种控制行为的依据或基础。历史地看，由于会计信息与理财行为的这种"血缘关系"，记账人员首先充当了理财者的角色。而社会经济的发展与"社会分工"规律，催生了企业的理财行为与传统会计行为逐步分离。在现代经济环境中，企业理财便成为企业管理中独立而重要的一项管理工作。

企业财务学以微观企业为研究对象，主要研究市场经济环境中作为市场主体的企业的筹资、投资、分配等行为的控制与优化问题。企业财务学主要包括企业财务管理原理与实务、高级财务管理、财务分析等内容。财务管理原理与实务主要研究一般企业或企业在正常情况下的筹资、投资与分配等行为的控制原理与方法，高级财务管理主要研究特殊企业或企业在特殊情况下的财务行为（如跨国公司的财务行为、并购企业的财务行为、企业清算的理财管理等）的控制与优化，财务分析主要研究企业理财过程及其结果的评价指标与评价方法及其运用等。从学科发展来看，企业财务学是一门新兴管理学科，也是一门交叉学科，其广泛涉及管理学、金融学、投资学、资本市场、经济法律等相关学科的知识与内容。

管理会计是微观控制会计的重要内容。在计划经济环境下，由于企业外部金融市场特别是资本市场不健全，企业财务管理侧重于内部财务资源（如资金）的分配和使用管理（如供、产、销环节的资金分配等）；而在市场经济环境中，企业财务管理的重心已经转移到基于外部资本市场的企业财务资源配置，主要内容包括基于外部资本市场的投融资管理、收益分配管理、资本及其运作管理、企业价值（如市值）管理等①。企业内部资源优化配置的工作则通过管理会计和其他业务管理的有机融合来完成。管理会计依据财务会计信息和管理会计系统根据企业内部管理的特定需求而生成的会计信息（如未来现金流信息），与企业的供应、生产、销售等经营管理活动密切结合，达到企业经济资源合理配置的目的。

企业财务管理依据整个企业的发展目标与需求，充分利用外部资本市场来实现企业财务资源乃至全部资源的优化配置，而管理会计立足于企业自身的生产经营活动，侧重于企业内部资源的优化配置。"向外"的财务管理与"向内"的管理会计具有各自的逻辑边界和关注重点，两者有机关联，相互配合，相得益彰，构成了以实现控制功能为目的的"微观控制会计学"。

（三）宏观控制会计——审计学

早期的审计行为表现在"官厅"、业主基于财产安全而对会计账目的检查、审验上，因此，审计人员都是由出身于记账员的"会计师"来担任的。随着合伙企业特别是公司企业的出现，"在工业革命的故乡英国出现了第一批以查账为职业的独立会计师"②。这些独立会计师接受企业主（所有者）的委托，对企业的会计账目进行检查，目的主要是查错防弊。后来，股份公司的大量出现，经营权与所有权的完全分离，政府制定的法律法规开始对由独立会计师审计公司财务报表有了明确要求，其目的在于保证会计信息真实可靠，以保护投资者的利益。1853 年，苏格兰爱丁堡创立了第一个会计师专业团体——爱丁堡会计师协会，标志着注册会计师（CPA）职业的诞生。20 世纪以来，资本市场的快速发展，使得以美国为代表的经济发达国家更加注重注册会计师审计对于市场经济的促进作用。例如，美国在 1933 年和 1934 年颁布的《证券法》和《证券交易法》中明确规定，有价证券上市交易的企业所提供的财务报表必须经由注册会计师审计，并出具审计报告。

现代会计的控制功能向宏观经济管理层面的延伸，主要体现在"政府审计控制"和"注册会计师审计控制"两个方面。

政府审计控制是政府通过审计方法对整个国家的经济资源进行合理配置，对整个国民经济活动实施有效控制。这种控制功能是由政府审计机构（如我国中央政府的国家审计署和各级地方政府的审计厅、局）来完成的。政府审计控制的主要内容包括政府预算资金（包括国有资产）使用的合法性控制和有效性控制。就现代社会经济发展而言，政府审计的合法性控制仅仅是一种常规性控制行为，而政府审计的重点应当是政府资金使用的有效性控制，特别是对政府资金使用预算的事前审计控制。

注册会计师审计控制是对企业特别是上市公司财务报告信息质量所实施的控制。在资本市场中，上市公司的会计信息是基础性信息，其对于全体资本市场的参与者

---

① 正因为如此，现代企业财务管理也被称为"公司金融（Corporate finance）"，即"金融市场特别是资本市场中公司主体的投融资行为"。

② 陈建明：《独立审计规范论》，东北财经大学出版社 1999 年版，第 16 页。

都十分重要。这些会计信息是否相关、是否可靠,直接影响资本市场参与者的各种判断和决策。因此,会计信息的质量关系资本市场能否正常运行,关系资本市场之兴衰。从整个国民经济发展来看,资本市场的重要意义不言而喻。许多学者、专家将资本市场视为"国民经济的晴雨表""社会经济资源配置的调节器"等,足以证明资本市场之重要。注册会计师对进入资本市场的会计信息进行审计、验证,目的在于确保会计信息具备必要的质量特征,防止"假冒伪劣产品"混入资本市场。因此,注册会计师审计控制是维护资本市场正常运转的基础。

随着社会经济环境的变迁,作为一门应用型的管理学科,现代会计学科也得以快速发展和逐步完善。学科的分立与整合,是学科发展的基本规律。会计学科同样经历了整合与分立的发展过程。总体而言,现代会计学科已经发展成为由信息会计学(会计学)、微观控制会计学(企业财务学与管理会计学)和宏观控制会计学(审计学)等既相互联系又相对独立的次级学科构成的管理学科。现代会计学科涵盖的主要内容如图1-5所示。

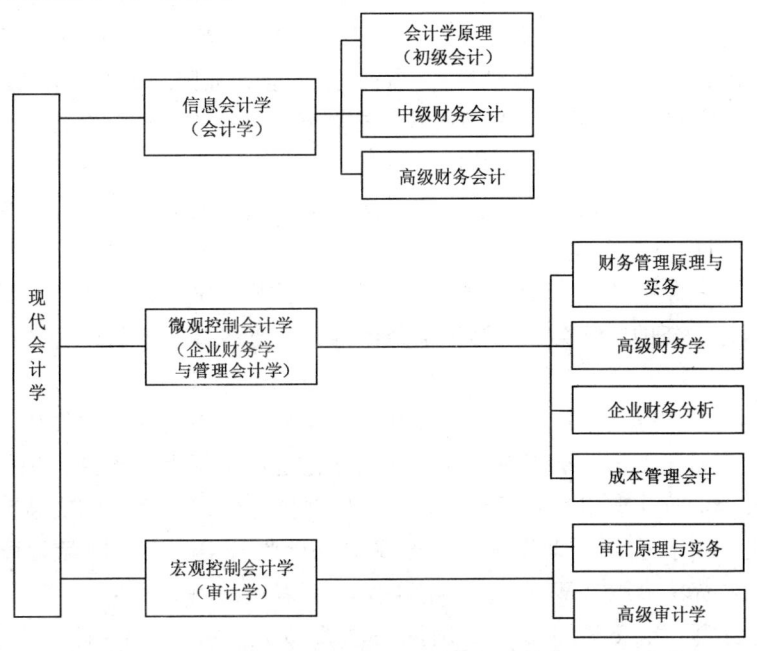

图1-5 现代会计学科体系结构

二、现代会计的国际化发展趋势

现代信息技术与信息产业的迅猛发展,导致运输和通信成本大幅降低,从而促进了国际贸易、国际金融及跨国投资的快速发展,共同的经济利益使得不同国家或地区之间的关系日益紧密。因此,政治多极化和经济全球化,成为当今世界发展的基本趋势。

在经济全球化的背景下，资本的计量与资本流动的记录和报告，以及与此相适应的会计标准必须符合经济国际化的客观要求，因此，会计国际化成为一种必然趋势。严格意义上的会计国际化，是指会计在世界范围内从思想、理论、方法到准则、实务的一体化现象。然而，这仅仅是一种"理想"或"境界"。因此，一般把会计国际化主要限定在会计准则及与其相关的会计实务国际化等方面。

会计准则国际化是会计国际化的核心内容。在会计准则国际化的过程中，国际会计准则委员会发挥了首要作用。国际会计准则委员会在1973年成立时即将其目标确定为："（1）本着公众利益，制定并公布编报财务报表应当遵循的会计准则，并推动这些准则在世界范围内被接受和遵循；（2）为改进和协调有关财务报表列报的法规、会计准则和程序，广泛地开展工作"。至2000年底，国际会计准则委员会已由成立时的9个国家的16个会计职业团体，发展为104个国家或地区的143个会计职业团体。1998年，基于资本市场全球化、经济方式创新与经济交易复杂化、区域经济合作以及亚洲金融危机等因素，国际会计准则委员会开始在目标、组织机构、会计准则制定机构等方面进行改组。2001年，改组后的国际会计准则理事会（IASB）正式按新的模式运行。新的国际会计准则理事会所确定的目标是："（1）本着公众利益，制定一套高质量、易理解且可实施的全球会计准则，这套准则要求财务报表和其他财务报告中的信息高质量、清晰且可比，有助于世界各种资本市场的参与者和其他信息使用者进行经济决策；（2）促进这些准则的使用和严格运用；（3）积极与国家准则制定机构合作，促使国家会计准则和国际财务报告准则高质量解决方法相一致"[1]。制定并实行全球会计准则，成为新的国际会计准则理事会的主要目标。新的国际会计准则理事会还将其发布的会计准则称为"国际财务报告准则（IFRS）"。

国际会计准则委员会在推动会计准则国际化的过程中发挥了主导作用。与此同时，有关国家及相关国际组织对会计准则国际化也给予了大力支持。例如，国际会计准则委员会的这次改组，就得到了各成员国及国际组织的理解和支持，特别是欧盟、西方七国财长会议、世界银行、巴塞尔银行监管委员会、国际货币基金组织（IMF）、世界贸易组织（WTO）、经济合作与发展组织（OECD）、亚太经合组织、证券委员会国际组织（IOSCO）、国际证券交易所联合会、国际会计师联合会（IFA）、国际财务分析师协会等。截至2019年，世界上已经有166个国家或地区全部或部分采用"国际财务报告准则"，在93个主要证券交易所上市的约49 000家国内公司中，超过29 000家公司采用了"国际财务报告准则"。

减少甚至消除不同国家或地区间会计准则的差异，可以提高各国企业之间会计信息的可比性，从而降低国际资本市场中投资与融资的成本，以及国际贸易的交易

---

[1] 参见新国际会计准则理事会（IASB）于2001年11月公布的《国际财务报告准则前言（征求意见稿）》。

成本，有利于世界经济的发展。然而，由于会计准则本身是一种经济利益分享的"制度安排"，因此，不同国家或地区之间的会计准则差异可能会长期存在。从这种意义上讲，会计准则国际化的现实思路只能是在求同存异的基础上逐步完成由"协调"到"统一"的渐进过程。

中国改革开放以来，其会计制度建设与发展的过程实际上就是一个国际化的过程。20世纪80年代开始，为适应我国经济体制由计划经济到商品经济、市场经济的逐步转型，我国在会计制度改革方面所制定的《中外合资经营企业会计制度》(1985)、《股份制试点企业会计制度》(1992)、《企业会计准则》(1992)、《股份有限公司会计制度——会计科目和会计报表》(1997)、《企业会计制度》(2001)、企业会计准则(2006)等会计标准，都体现了我国会计标准与国际会计标准逐步协调的理念、做法与成果。1997年5月和1998年5月，我国正式加入国际会计师联合会和国际会计准则委员会。2010年4月，为了应对国际金融危机，顺应各国会计国际趋同趋势，我国财政部发布了《中国企业会计准则与国际财务报告准则持续趋同路线图》，旨在全面推动我国会计准则实质性地融入国际会计准则体系。基于经济全球化发展的客观环境，我国企业会计准则以及会计的国际化是一种必然趋势。

思考题

1. 独资企业、合伙企业、公司制企业有何区别？
2. 在公司制企业中，为何需要设立会计机构？会计机构的主要职责是什么？
3. 如何理解企业会计的目标？企业会计目标与企业总体目标是什么关系？
4. 企业的会计信息使用者有哪些？其各自需要企业的哪些会计信息？
5. 如何理解会计信息的相关性与如实反应质量特征？
6. 如何理解和描述会计确认、计量、记录和报告之间的基本关系？
7. 什么是会计准则？会计准则的基本功能是什么？
8. 会计学、企业财务学、审计学之间有何关系？
9. 社会经济环境的变迁对会计及其发展有何影响？

练习题

(一) 目的：了解公司制企业的基本情况

1. 资料

以发函、实地调查或其他方式，取得一个公司制企业及其会计部门的以下资料：
(1) 企业的名称、经营范围、注册资本数、员工数、总资产数。
(2) 公司治理结构以及企业内部管理机构设置情况。
(3) 会计部门的员工数量及其岗位设置、人员分工情况。
(4) 企业年度报告所披露信息的主要内容（含财务报告）。

（5）企业进行会计业务处理所依据的法律、法规、会计准则与会计制度的名称。

（6）企业近三年是否有过重大会计违规行为。

2. 要求

根据所收集的资料，撰写一份调查报告（题目自拟，字数不限）。

（二）目的：了解我国会计规范的基本情况

1. 资料

通过查阅我国有关的法规资料，将我国现行与会计工作相关的法律、法规、规章、制度、准则等列成清单（提示：包括全国人大、国务院、财政部、中国证监会等颁布的有关会计与会计信息披露的法规与制度等）。

2. 要求

列示法规制度的名称、发布机构、生效日期、适用范围以及修订情况等内容。

（三）目的：理解信息的相关性含义

1. 资料

天盛银行是一家股份制商业银行，其为正大公司、向阳公司等多家工商企业提供商业贷款。某一会计期间，天盛银行面临下列信息：

（1）经批准，正大公司股票1日起正式上市交易。

（2）3日，向阳公司获得政府高新技术企业认证。

（3）5日，正大公司向向阳公司销售产品500万元。

（4）8日，向阳公司购入正大公司股票100万股，占其总股本的5%。

（5）10日，政府发布《支付结算办法》，并正式实施。

（6）15日，正大公司销售给U国的T产品，被U国政府宣布为倾销商品。16日起，U国将该产品关税提高至300%。

（7）19日，向阳公司向安泰公司索赔200万元损失的案件宣判，向阳公司败诉。

（8）25日，正大公司董事长、总经理同时辞职。

（9）26日，因人质事件，U国入侵I国，"I战争"爆发。

（10）30日，正大公司涉嫌违规，被中国证监会公开谴责。

2. 要求

以天盛银行高级管理人员身份判别上述信息与该银行的决策行为是否相关，并说明理由。

（四）目的：理解会计信息的内容及其相关性特征

1. 资料

武新公司为一股票上市交易的公司。以下各项是该公司在上一年度提供的有关信息：

（1）公司的基本情况。包括公司名称、法定代表人、注册与办公地址、股票上市的交易所等。

（2）会计数据和业务数据摘要。包括上年度和近三年度的会计数据与财务指标等。

（3）公司的股本情况以及股东情况。包括公司股本的构成、股票发行与上市情况、前 10 位股东持股情况等。

（4）公司董事、监事、高级管理人员和员工情况。

（5）公司治理结构。包括公司的治理结构实际状况、独立董事履行职责情况、对管理人员的激励与约束情况等。

（6）股东大会情况。包括各次股东大会情况的简介。

（7）董事会报告。包括公司经营情况说明、公司投资情况与财务状况、下年度经营计划、董事会议的召开情况等。

（8）监事会报告。包括监事对企业经济活动的监督情况、监事会会议召开情况等。

（9）重要事项。包括对重大诉讼与仲裁、资产收购与兼并、关联交易、重大合同、审计等重要事项的说明。

（10）财务报告。包括主要会计政策说明、税项、会计政策和会计估计变更的影响、合并财务报表项目注释、关联交易、或有事项、承诺事项、资产负债表日后事项等。

2. 要求

（1）从武新公司投资者角度区分具有相关性的信息。

（2）判断哪些信息属于武新公司提供的会计信息。

第二章

企业经济活动与会计要素

作为会计记录和报告对象（客体）的企业经济活动，本身具有固有的内在联系和特定的变化规律。而资金及其运动规律和会计信息使用者的客观要求，是会计要素确立的基本依据。本章主要阐述以现金流转为核心的企业资金运动过程及其特征、会计要素的确立依据、资产、负债、所有者权益、收入、费用和利润等会计要素的含义与构成内容、会计要素之间的基本关系等问题。

第一节 企业经济活动与资金运动

一、企业经济活动的会计视角

（一）企业经济活动的基本内容

从广义的角度看，企业作为一种经济资源的"配置器"，是社会经济活动的必要环节。经济资源经过企业这一环节的配置和利用，不仅可以使其存在方式更加合理，而且能够使财富得以增值。企业，特别是制造性企业，可以直接创造物质财富。

现代产权理论和制度经济学理论认为，"企业是一系列契约的组合"。从企业的角度看，这些契约关系形成了与企业相关的各种经济关系。与特定企业对应的契约方，即为企业的主要"利益相关者"。企业的经济关系如图2-1所示。

在企业的一系列契约中，企业所有者与企业经营者之间的契约是最高层次、最重要的契约。股东等企业所有者在保留终极所有权的前提下，将与其财产产权相关的一部分占有、使用、收益及分配权授予企业的经营者，并要求企业经营者履行这些财产的安全完整、保值增值等受托责任。

企业经营者承担的受托责任，主要包括：（1）财产保管责任。即确保出资人财产的安全与完整；（2）财产经营责任。即尽可能保证出资人财产价值增值；（3）会计责任。即按出资者要求及时提供真实可靠的财务报告，以保证出资人能够掌握企业经营活动、投资活动和筹资活动的基本情况；（4）法律责任。即确保企业的经营活动符合法律法规的要求。

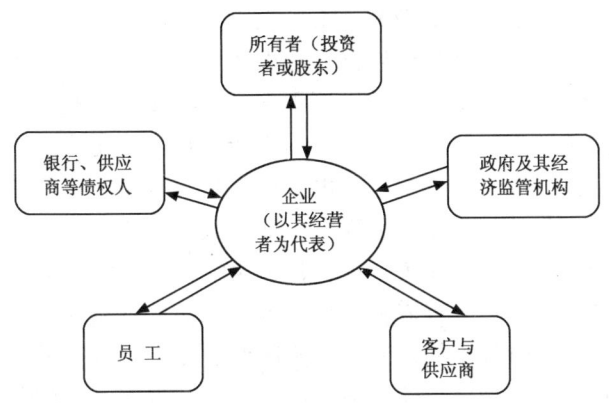

图 2-1 企业与其主要利益相关者的经济关系

为了切实履行经营者的受托责任，企业管理层必须确保企业经济活动有序进行，并使得企业经济资源达到优化配置状态。企业的经济活动按其性质可以分为三类：经营活动、投资活动和筹资活动。经营活动是指企业所进行的原材料采购与产品的生产与销售或者商品的购进与销售以及与此相关的活动，包括生产产品、销售商品或提供劳务、购买材料或商品或者接受劳务、支付工资以及其他费用、交纳各项税款等；投资活动主要是指企业基于获利目的而持有其他企业的股权或债权等，如购买其他公司发行的股票或债券等；筹资活动即企业的融资活动，包括股权融资和债务融资，前者是指通过发行股票等方式吸收投资者投入资本，后者是指对外举债，如从银行取得短期或长期贷款。企业的筹资活动会导致企业的资本与债务规模及其构成发生变化。在现代经济环境中，经营活动、投资活动、筹资活动始终贯穿于企业的整个经营周期。

就企业而言，筹资活动是企业经济活动有序进行的基本保证，而生产经营活动则是企业主要的经济活动。

（二）产品生产企业与商品流通企业经济活动的基本特征

企业可以按不同标准（如所属行业、经营范围、规模等）予以分类。比如，按规模大小可以将企业分为大型企业、中型企业和小型企业。在我国，按行业不同，分为农林牧渔业、工业、建筑业、交通运输和仓储及邮政业、信息技术服务业、批发和零售贸易业、住宿和餐饮业、房地产业、社会服务业和传播与文化业等十大不同行业的企业。而且，不同行业尚可细分。如工业企业又可细分为煤炭、石油化工、冶金、建材、化学、森林、食品、烟草、纺织、机械、电子、电力、水的生产与供应、轻工等企业[①]。不同行业的企业以及同一行业的不同企业，其经济活动既有共性也有差异。在会计上，一般以产品生产企业（主要指工业企业）和商品流通企业

---

① 财政部统计评价司：《2003 年企业绩效评价标准值》，北京：经济科学出版社 2003 年版，第 555—563 页。

为例（主要指批发和零售贸易企业），阐述其会计问题。

对产品生产企业而言，其生产经营活动由相互关联的供应、生产和销售等三个环节（过程）构成。在供应过程，企业需要根据生产要求采购所需的原材料等消耗性物资，并对原材料等进行整理，以备产品生产之用。在生产过程，企业需要按产品生产的工艺流程投入原材料等物料，由生产人员与技术人员利用生产工具、设备等对其进行加工。当设计的产品加工程序全部完成后，在产品便成为可以对外出售的完工产品，即产成品。在产品销售过程，企业将其生产的完工产品（即商品）在商品市场上按市场规则销售给有需求的购货方，从而实现企业的生产经营目标。实际上，企业的生产经营过程是周而复始、不间断、循环地进行的，即企业不断地投入原材料、不断地加工产品、不断地销售产品。产品生产企业的生产经营活动过程如图 2-2 所示。

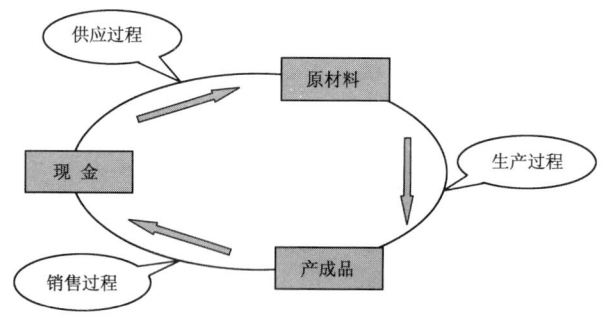

图 2-2　产品生产企业的生产经营过程

与产品生产企业相比，商品流通企业的经营活动缺少产品生产环节，其主要包括商品采购和商品销售两个环节。在商品采购过程，企业需要根据市场需求和商品采购计划购进各种用于销售的商品，并对所购商品进行整理，以备销售。在商品销售过程，企业将其购入的商品销售给有需求的购货方或顾客，从而实现企业的经营目标。商品流通企业的经营过程也是不间断、周而复始地进行的，即企业不断地购进商品、不断地销售商品。商品流通企业的经营活动过程如图 2-3 所示。

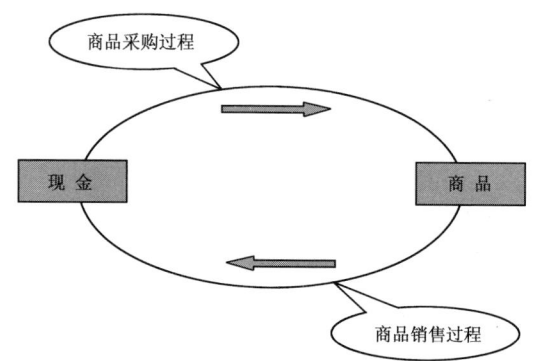

图 2-3　商品流通企业的经营过程

产品生产企业与商品流通企业的主要区别是，由于产品生产企业需要对原材料进行加工并生产完工产品，因此，产品生产企业存在着复杂的成本计算与成本控制问题。而在原材料或商品的采购、产品或商品的销售等方面，产品生产企业与商品流通企业都会面对同一市场环境、遵循同样的商品交换规则。除成本计算与成本控制之外，产品生产企业与商品流通企业的会计问题基本相同。

二、以现金为核心的企业资金运动

在正常情况下，企业的经济活动是一个川流不息的过程。这一过程也是运用、分配及耗用企业经济资源的过程。由于资金是企业经济资源的货币表现形式或价值表现形式，因此，企业的经济活动同时也表现为企业的资金运动。

企业的资金运动具体表现为不同形态资金的相互转换。如随着企业生产经营过程的进行，企业的货币资金转化为储备资金、生产资金、产成品资金（商品资金），再回到货币资金形态；企业的投资活动使得企业货币资金转化为股权资产或债权资产，并随着投资收回而重新转化为新的货币资金；企业的筹资活动使企业直接获得大量货币资金。

在企业的资金链中，货币资金居于核心地位。货币资金在内容上主要包括企业持有的现款（库存现金）和企业存入银行的款项（银行存款），通常被合称为广义的"现金（Cash）"。企业的经济活动实际上表现为始于现金、终于现金的现金流转过程。企业现金的流转过程，不仅再现了企业的经济活动过程，而且内含了企业真实经济收益的各种信息。

以现金为核心的企业资金运动过程如图2-4所示。

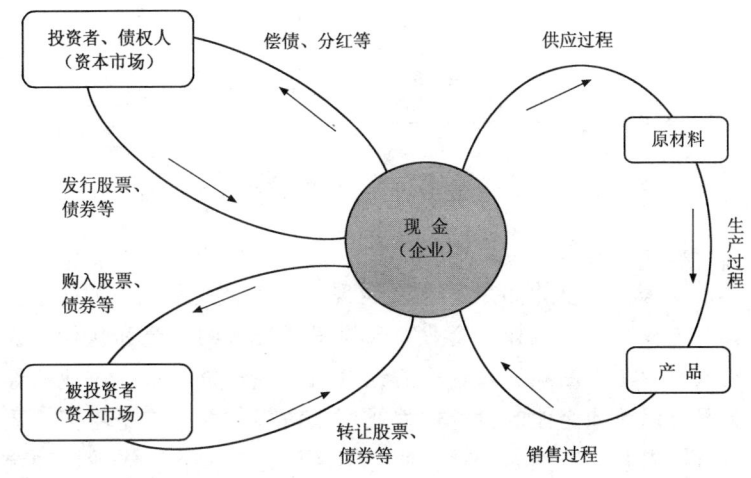

图2-4 以现金为核心的企业资金运动过程

就产品生产企业而言，企业的生产经营过程是企业创造物质财富的具体过程。企业现有经济资源的增值也是由其生产经营活动来完成的。因此，原材料购入、产品生产和产品销售等是产品生产企业经济活动的主要内容。在企业经营目标的指引下，生产性企业的管理层必须对材料的采购与储备、产品的生产加工、产品的销售等进行科学筹划与调控。从企业经营资金运作层面看，企业管理层应当对企业资金如何合理地配置于供应、生产和销售等环节进行决策。就理财过程而言，企业的生产经营过程实质上是经营资金合理配置的过程，其直接涉及生产经营活动的有序性和有效性。在企业生产经营资金的运动过程中，现金及现金流处于核心地位，因为经营资金的运动"始于现金、终于现金"。从单一的生产经营流程看，企业的生产经营过程始于以现金换取原材料、机器设备等物质资料；之后，产品加工除耗用原材料、机器设备等物质资料外，还必须耗用人工，而人工费用需以现金支付；企业将生产的产品（商品）销售给购货方，又重新收回现金。在收回的现金中，一部分用于弥补原来的物资与人力消耗，而剩余部分则可用来扩大企业现有的生产经营规模以及用于利润分配性质的支付。

以现金为中心的企业经营资金流转过程如图 2 - 5 所示。

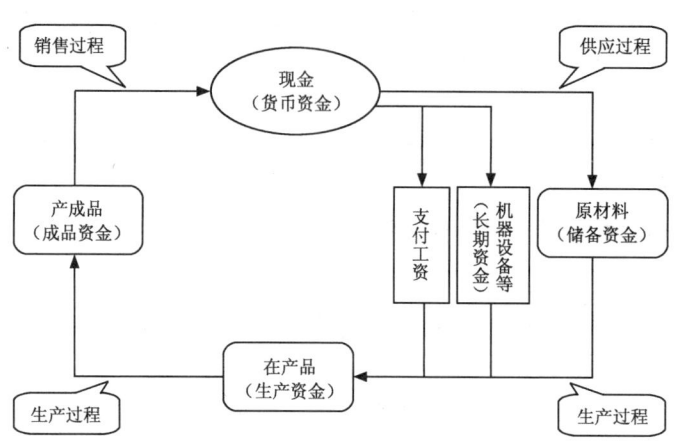

图 2 - 5　以现金为中心的企业生产经营资金运动过程

企业的资金运动具有如下特点：

1. 企业资金运动具有关联性。其主要表现：一是企业不同来源、不同功效的资金及其变动具有内在联系。例如，企业吸收投资者投入的资金和从债权人手中获得的资金，可以同时源源不断地流入企业的经营活动或投资活动，企业从经营活动收回的新的资金又可以流入企业的投资过程或用来清偿债务。二是不同性质与特征的资金，往往具有因果联系。例如，就企业生产经营过程而言，企业的现金资产随着采购业务的终结而转化为企业的储备资金（原材料等），"料、工、费"发生而导致生产资金（在产品）形成，随着在产品完工而使得生产资金转化为成品资金（或商品资金），产品销售收入的实现而使得商品资金复归为现金资产等。

2. 企业资金流转具有有序性。企业经济活动本身的内在联系决定了其资金流转的有序性。例如，制造性企业生产经营过程基本程序的延伸，必然使得其资金流转按"现金——储备资金——生产资金——商品资金——现金"秩序进行。这一过程具有不可逆性。当然，现金资产被直接耗用于生产过程（如支付员工工资、支付生产设备修理费用等），同样符合资金流转有序性的特征。

3. 企业资金运动具有增值特性。企业经济活动本身的目的决定了其资金运动具有增值的特征。就企业的生产经营过程看，企业从购入生产用原材料到销售完工产品，其目的不外乎期望其"产出"大于相应的"投入"，从而获得盈利；就企业的对外投资活动看，企业购入股票或债券并适时转让出手，一般会遵循收益大于成本的投资原则，以期从中获得收益。实际上，企业经济资源的价值增值就是在其资金周而复始的流转过程中实现的。

第二节 会 计 要 素

一、会计要素的确立

会计作为一种特定的确认、计量、记录和报告行为，主要是针对企业经济活动内含的资金及其运动。然而，企业的资金运动是十分复杂的。例如，企业的资金运动不仅包括企业进行生产经营活动引起的资金变化，也包括企业筹资活动所引起的资金变化，还包括企业投资活动所引起的资金变化。在企业的生产经营活动中，既包括原材料采购交易引起的资金变化，也包括产品生产交易引起的资金变化，还包括产品销售交易引起的资金变化。因此，为了更好地把握企业资金及其运动的基本规律，需要对企业资金运动进行适当分类。会计要素就是根据企业资金运动基本规律并结合会计目标对企业资金及其运动所做的一种基本分类。会计要素也是从会计的角度对企业经济活动具体内容进行科学分类的一种结果。

严格地讲，企业的资金运动包括两层含义：一是客观存在的、处于运动过程中的资金本身；二是客观存在的资金的运动过程。

资金作为企业经济资源的货币形式，其存在是客观的。相对于特定的企业而言，与其资金相关联的两个重大问题是：（1）企业在特定时日的资金以何种具体形式存在（即资金的占用）；（2）企业在该特定时日的资金是以何种方式取得的（即资金的来源）。实质上，前者涉及企业的"资产"问题，而后者涉及企业的"负债"和"所有者权益"问题。

在某一特定时日，一定数额的企业经济资源（资金）总是以各种不同的方式存在于企业，如库存现金、银行存款、应收账款、应收票据、其他应收款、存货、长期投资、机器设备、厂房、建筑物、专利权、商标权等。以这些具体方式存在于企业的经济资源，称之为企业的"资产"。企业的资产能够在未来期间给企业带来经济利益。与此对应，企业在某一特定时日的资产，必然具有明确的来源渠道。企业所拥有或控制的经济资源，是投资者投入还是企业举债所得，应当是确知的。从企业的形成机理来看，企业的经济资源首先来源于企业投资者的出资，即投资入股的资金。就这些资产的产权关系而言，其财产权利归属于投资者，因而，企业从投资者手中获得的资金，被称为"所有者权益"。除投资者出资外，企业为了保证企业经济活动正常、有序进行，往往还需要以举债方式取得另外的资金。企业以举债方式形成的资金，其产权归属于企业的债权人。会计上，称之为"负债"。因此，资产、负债、所有者权益成为说明企业在特定时日资金状况的三个基本要素。资产、负债和所有者权益要素的形成过程如图2-6所示。

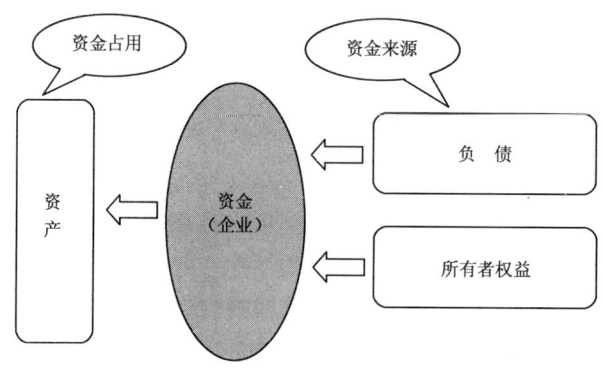

图2-6　资产、负债和所有者权益要素的形成过程

"事物总是处于不断的变化之中"。企业的资金也不例外。按照唯物辩证法的观点，企业的资金总是处于"显著变动状态"，资金的运动是"绝对的"。实际上，随着企业生产经营活动的进行，企业的资金在内容或形态以及数量上都在不断发生变化。以经营资金为例，企业的经营资金由现金耗用开始，依次转化为材料储备资金、生产资金和产品资金。这一过程的特点是，材料的购入、产品的加工必须通过耗用一定数量的现金和非现金资产，才能生产出合格的产成品。因此，产品的生产过程以耗用企业的"人力、物力和财力"为主。在生产出完工产品的前提下，企业将商品产品通过销售环节出售给消费者，在耗用一定数量的产品基础上取得一定数量的收入并收回相应的现金资产。销售过程的特点是，在消耗一定数量商品的基础上获得新的现金资产。会计上，将企业基于获利目的而发生的现金、材料、产品等消耗，称之为"费用"；将在销售过程中通过销售产品等而获得的现金资产，称之为"收入"；并将这些收入与相应费用进行比较之后的差额，称之为"利润"（或"收益"）。因此，收入、费用和利润成为说明企业在一定期间经营过程及其结果的三个基本要素。收入、费用和利润要素的形成过程如图2-7所示。

资产、负债、所有者权益、收入、费用和利润是基本的会计要素。资产、负债、所有者权益等会计要素是企业资金在特定时日的表现形式，因而被称为"静态会计要素"；收入、费用、利润等会计要素是企业资金运动在特定期间的表现形式，因而被称为"动态会计要素"。静态与动态会计要素的有机结合，正体现了企业资金

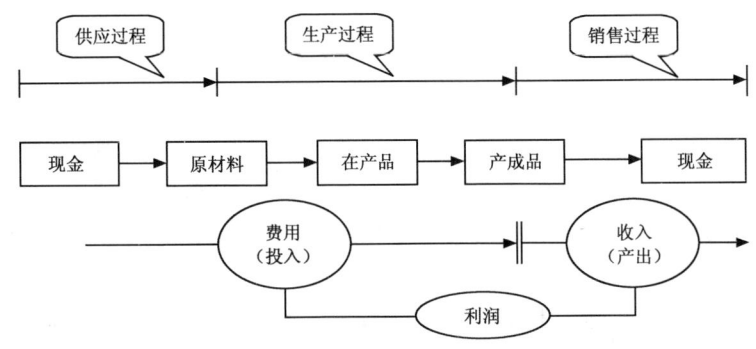

图2-7　收入、费用和利润要素的形成过程

运动整体的基本规律。

就会计信息而言，资产、负债和所有者权益等静态会计要素信息构成企业资产负债表的基本内容，用来说明企业在特定时日的财务状况；而收入、费用和利润等动态会计要素信息则构成企业利润表（收益表）的基本内容，用来说明企业在特定期间的经营过程及经营业绩。

实际上，会计要素概念来自于美国等会计中的"财务报表要素（the Elements of Financial Statements）"。但从严谨的理论逻辑角度分析，资产、负债、所有者权益以及收入、费用和利润等会计要素，实质上是指企业经济活动中资金运动的构成内容（即"财务会计对象要素"），是一种"客观实在"，其变化必然具有（或遵循）一定的客观规律。然而，财务报表信息仅仅是对企业特定期间经济活动中资金运动过程与结果的一种反映（或认知），这种反映（或认知）会随着信息使用者需求的变化以及实现会计目标的需要而有所不同[①]。因此，不同国家或地区的会计准则制定机构所确立的会计要素存在差异。例如，美国财务会计准则委员会（FASB）所确立的会计要素（财务报表要素）包括资产、负债、权益（所有者权益）、业主投入、业主分派、综合收益、收入、费用、利得和损失，而国际会计准则委员会（IASC）与国际会计准则理事会（IASB）所确立的会计要素（财务报表要素）只包括资产、负债、权益、收益和费用。

美国财务会计准则委员会和国际会计准则理事会所确立的会计要素详见本章附录1——会计要素的国际视角。

[①] 从这个意义讲，会计要素和财务报表要素是两个存在差异的概念，但在目前的会计理论研究和实务中，没有对它们进行严格区分，而是视作同一概念。

二、会计要素的基本内容

（一）资产

1. 资产要素的含义

在形式上，资产（assets）是企业资金的具体存在方式，如现金、材料、产品、机器设备等。然而，在实质上资产是企业所控制的经济资源，这些资源具有能够在未来期间给企业带来经济利益的潜力，即能够给企业创造经济收益或有助于企业经济收益的实现。例如，企业的现金可以用来购进商品，将商品销售后企业可以从中获得利润；企业的机器设备可以用来对材料或在产品进行加工，待生产出完工产品后将其出售而获得利润，等等。

资产是特定企业实际控制的、具有能够在未来期间带来经济利益潜力的资源。"具有能够在未来期间带来经济利益潜力"，意指这些资产能够为企业创造利润（或有助于企业创造利润），即具有"创利能力"。具有创利能力是企业资产的本质特征，其体现了企业资产存在的目的，同时也体现了企业以营利为基本目标的组织特征。是否具有能够在未来期间带来经济利益潜力，是界定资产范畴的实质性标准。如果有证据表明某项"资源"已经不再具有能够在未来期间带来经济利益的潜力，则该项资源不再属于企业的资产。

依据会计确认基本理论，"可定义性"是会计要素确认的首要标准，因此，对会计要素内涵的理解和定义的界定，将直接影响到会计要素的确认过程与结果。就资产要素而言，资产要素的定义是对资产项目进行会计确认的基本依据。基于此，不同会计准则制定机构都对资产等会计要素的定义进行了明确阐述。

美国财务会计准则委员会在1985年12月颁布的第6号"财务会计概念公告"——《财务报表要素》中，对资产、负债、权益、收入、费用、利得、损失、综合收益等要素作了全面阐释。其认为资产"是可能的未来经济利益，它是特定个体从已经发生的交易或事项所取得的或加以控制的"。国际会计准则委员会在1989年7月颁布的《编报财务报表的框架》以及国际会计准则理事会2010年11月颁布的《财务报告概念框架》中，也对资产、负债、权益、收入、费用等要素进行了界定。其将资产解释为"由于过去事项而由企业控制的、预期会导致未来经济利益流入企业的资源"。其实，两者的观点并无实质性差别，即都强调资产必须为特定企业所"控制"、资产必须是"过去交易的结果"、资产必须能够带来"未来经济利益"。所谓"未来经济利益"，是指"直接或间接导致现金和现金等价物流入企业的潜力"。国际会计准则理事会在2018年颁布的新修订的《财务报告概念框架》中，对一直沿用的资产要素定义进行了修订，认为资产是"由于过去事项而由主体控制的现有经济资源"，这些经济资源"被定义为具有产生经济利益潜力的权利"。这一新的资产要素定义，不再将经济利益流入企业的"可能性"作为资产要素的本质特征，而是强调"是否有潜力导致经济利益流入企业"。

我国 2006 年 2 月颁布的《企业会计准则——基本准则》[①] 认为，"资产是指企业过去的交易或者事项形成的、由企业拥有或者控制的、预期会给企业带来经济利益的资源"。

资产是企业获得经济收益的物质基础，其具有以下基本特征：

（1）资产是一种经济资源。这种资源具有在未来期间给企业带来经济利益的能力。作为企业的一项资产，其能够给企业直接创造经济收益，或有助于企业经济收益的实现。比如，企业的存货在出售后可以实现销售利润，企业的机器设备通过对材料加工而生产出完工产品，因此，存货、机器设备等属于企业的经济资源。

（2）资产必须由特定企业实体所拥有或控制。"拥有"的基本含义是指企业具有该项财产的所有权[②]，而"控制"是指尽管企业不拥有其所有权但拥有其使用权。在企业的资产中，对于土地、融资租赁设备等企业只享有其使用权而不拥有其所有权。将某一项目确认为企业的资产，不一定强求企业拥有其所有权，能够控制其使用权亦可。

（3）资产必须是过去交易或事项的结果。资产必须是企业经过已经发生的经济行为而取得的资源，资产应当是现时客观地存在于企业。计划在未来期间取得（购入或建造）、其相关交易或事项尚未实际发生，这样的财产不属于企业的资产。如企业准备于次年购置的产品生产线、下一月度准备购入的生产用材料等。

需要注意的是，某项资源即便符合资产要素的定义，但其最终能否确认为资产要素的内容，还必须满足资产要素的确认标准和计量要求。

2. 资产要素的构成

从企业生产经营过程的实质看，企业的资产可以分为现金资产和非现金资产。企业实现利润（或发生亏损）的过程，实际上就是资产被耗用、变现的过程。依据企业资产被耗用或变现的时间，可以将其区分为流动资产和长期资产。流动资产主要包括现金、银行存款、交易性金融资产、应收账款、应收票据、其他应收、存货等，长期资产主要包括长期股权投资、固定资产和无形资产等。

（1）现金。此处的现金是指企业持有的现款[③]，也称"库存现金"。现金主要用于支付日常发生的小额、零星的费用或支出。在我国，国务院颁布的《现金管理条例》规定：所有金额超过 5 000 元人民币的商品交易、款项结算，必须通过银行转账而不能以现金支付。其目的在于控制整个社会的货币流量、加强对企业经济活动的监控、保护财产的安全与完整。

[①] 我国 1992 年颁布、1993 年 7 月 1 日实施的《企业会计准则》对资产、负债、所有者权益、收入、费用和利润等六大会计要素的含义进行了界定，2000 年颁布、2001 年 1 月 1 日实施的《企业财务会计报告条例》和《企业会计制度》对其进行了修订，2006 年 2 月财政部颁布《企业会计准则——基本准则》对其加以完善，2014 年 7 月又对其进行了修订。

[②] 此处即指企业的"法人财产权"。

[③] 在美国，现金（cash）的内容主要包括企业持有的现款和随时可用于支付的银行存款（不包括指定用途的存款等）。在我国，有时也将库存现金和银行存款合称为"现金"。

（2）银行存款。银行存款是指企业存入某一银行账户的款项。该银行称为该企业的"开户银行"。企业的银行存款主要来自于投资者投入资本的款项、负债借款、销售商品的货款等，主要用来偿还债务、支付购买商品的货款和有关费用。

（3）交易性金融资产。交易性金融资产是指企业为了近期内出售而持有的金融资产，如企业以赚取差价为目的从二级市场购入的股票、债券、基金等。企业通常会根据市场行情不断买进和卖出这些股票或债券，以期在其短期的价格变化中获得利润。

交易性金融资产仅仅是金融资产的一部分内容。从内容来看，金融资产通常指企业持有的现金（包括银行存款）、各种应收款和各种对外投资（包括股权投资和债权投资）等。企业持有（购买）的股票（或股份）属于股权投资，持有的债券属于债权投资，它们是典型的金融资产。我国《企业会计准则第 22 号——金融工具确认和计量》根据企业"管理金融资产的业务模式和金融资产的合同现金流量特征"，将金融资产分为三类，即"以摊余成本计量的金融资产""以公允价值计量且其变动计入其他综合收益的金融资产"和"以公允价值计量且其变动计入当期损益的金融资产"。企业持有交易性金融资产，如短期持有的股票或债券等，是为了随时转让而获利，其公允价值变动的差额应当计入当期损益，因而属于第三类"以公允价值计量且其变动计入当期损益的金融资产"。金融资产实质上是一种以价值形态存在的、可以索取实物资产的权利。

（4）应收账款。应收账款是指企业因为销售商品、提供劳务等而应该向客户收取（但暂未收到）的款项。应收账款是企业赊销行为的结果。企业在销售商品、提供劳务之外如让售机器设备等而应该向客户收取的款项，不属于应收账款[①]。应收账款是企业的一项主要债权。由于其存在是以商业信用作基础，因而具有较大的风险。在会计实务中，基于稳健性会计原则要求，企业一般应计提坏账损失准备。

（5）应收票据。应收票据是指在采用商业汇票支付方式下，企业因销售商品、提供劳务等而收到的尚未兑现的商业汇票。我国《票据法》和《支付结算办法》规定，票据包括支票、本票、汇票（银行汇票和商业汇票）等。商业汇票是银行票据的一种。应收票据也是企业的一项重要债权。在商业汇票到期前，企业可以将所持有的商业汇票予以贴现。

（6）其他应收款。其他应收款是指除上述应收账款、应收票据以外的其他各种应收及暂付款项，如应当收取的各种赔款和罚款、为职工垫付的各种款项、租入包装物押金等。

（7）存货。存货是指企业在日常生产经营过程中持有的准备出售或耗用的各种货物，包括各类材料、在产品、半成品、产成品或商品等。企业的存货主要包括两类：一类是材料，包括原材料和周转材料。原材料包括各种原料、主要材料、辅助

---

① 企业让售固定资产而应该收取的款项，属于其他应收款。

材料、外购半成品（如外购件）、修理用配件（备品备件）以及燃料等，主要用于投入生产过程，生产完工产品（产成品），如家具制造商储备的用于生产家具的各种木材、葡萄酒厂储备的各种葡萄等。周转材料是指能够多次使用但仍保持其原有形态的包装物和低值易耗品等（这类资产不能确认为固定资产）。另一类是库存商品（或产成品），其主要用于销售，以获得收入。如汽车制造商生产的各种汽车、饮料制造商生产的各种饮料等。

（8）长期股权投资。长期投资是指持有时间超过1年、不能变现或不准备随时变现的股票和债券投资以及其他投资。长期投资可以分为长期股权投资和长期债权投资。长期股权投资是指企业持有的具有长期性质的股权投资（如对子公司投资、对合营企业投资、对联营企业投资等）。企业进行长期投资的目的，是为了获得较为稳定的投资收益，或对被投资企业实施控制或影响。

（9）固定资产。固定资产是指企业为生产商品、提供劳务、出租或经营管理而持有的，使用寿命超过一个会计年度的有形资产，包括企业作为生产条件、劳动工具的房屋、建筑物、机器、机械、运输工具以及其他与生产经营有关的设备、器具、工具等。一般而言，固定资产的使用期限较长，且其单项价值较高。作为生产条件、劳务工具，企业购置或建造固定资产的目的是为了"使用"而不是为了"销售"。固定资产可以长期存在于企业生产经营过程中，因此，其价值是以"折旧"的方式逐步计入成本或费用中，而从收入中分期得以补偿。

（10）无形资产。无形资产是指企业持有的专利权、非专利技术、商标权、著作权、土地使用权等。无形资产是企业的一种经济资源，其能够在未来期间给企业带来经济利益，但具有较大的不确定性。无形资产是没有实物形态的非货币性长期资产①，其效能发挥必须以企业有形资产为基础，即不能与特定企业或企业的实物资产相分离。

此外，企业的资产还包括企业的商誉、长期待摊费用等。商誉是企业在商品交易活动中形成的一种"美誉"，在同等情况下这种美誉可以使得企业获得比同行企业更高的超额利润。商誉的形成取决于企业所处的地理位置、存在历史、员工素质、经营效率、技术优势、产品质量、企业文化等诸因素。但是，会计上确认的商誉仅仅指企业在并购过程中形成的合并价差，即企业在并购中支付的实际成本大于被并购资产的实际价值的差额。我国企业会计准则规定，"购买方对合并成本大于合并中取得被购买方可辨认净资产公允价值份额的差额应当确认为商誉"。长期待摊费用是指企业已经实际支付（款项）但需要在一年及一年以上期间进行摊销的费用，如已经发生的固定资产大修理支出，经营性租入固定资产的改建支出等。长期待摊费用存在的理论基础是会计期间假设，其现实基础是企业某些支出的受益期超过了一个会计年度，因而，按照权责发生制原则需要在几个不同会计年度（相关的受益

---

① 应收款项是没有实物形态的短期资产，其属于流动资产而不属于无形资产。

期)分摊这项"跨期"费用。长期待摊费用有两个特点,一是这种费用的受益期超过一年(这是称之为"长期"的原因),二是费用的支付时点先于受益时间(意味着这种费用"先支付再等待摊销",故称之"待摊")。比如,企业的某专用设备于2018年1月进行大修理,发生修理费用30 000元(已经支付给提供维修服务的客户),按惯例该设备每两年需要大修一次,因此,该企业2018年度、2019年度分别需要分摊大修理费用各15 000元。2018年1月支付30 000元大修理费用时,该企业就形成了一项30 000元的长期待摊费用。它是企业的一项长期资产。

值得注意的是,由于市场经济环境不确定性的存在,使得企业的各项资产都面临风险,这些风险会导致资产发生减值损失,即"资产减值"。一般情况下,企业的应收款项、存货、长期股权投资、债权投资、固定资产、无形资产等资产均可能发生减值,都需要依据会计信息质量的稳健性要求,按照会计准则予以确认、计量、记录和报告。在会计上,资产减值的实质是该项资产的可回收金额(如实际的市场交易价格或公允价值或未来现金流入量等)已经低于其账面价值。资产发生减值,是企业的一种损失,因而,确认资产减值损失会导致企业当期的利润减少。

(二) 负债

1. 负债要素的含义

负债(Liabilities)是企业取得资金的一种主要来源。一般而言,企业可以通过吸收投资者投资、举债以及实现盈利的方式获得新的资金。不同的资金来源渠道,形成不同的产权关系。由于企业实现的利润是其投资者投入资本的增值,因此,投资者投入资本及其增值的财产权利,归属于企业投资者(股东)。企业以举债方式形成的资产,其财产权利归属于企业债权人。因此,从产权关系角度看,负债实际上代表了企业债权人权益[①]。

就实质来看,负债是企业所承担的需要在未来时日交付资产(或提供劳务)的一种义务或责任。这种义务或责任主要源自于企业从外部取得了经济资源或使用了其他经济主体的资源,如借入款项、购买商品或接受劳务等。

国际会计准则理事会认为,"负债是指企业由于过去事项而承担的现时义务,该义务的履行预期会导致含有经济利益的资源流出企业"。在2018年发布的《财务报告概念框架》中,国际会计准则理事会将负债要素的定义修改为"主体由于过去的事项而转移经济资源的现时义务",不再强调这种义务的履行导致经济利益流出企业的"可能性",而是突出了这种义务是"实体无实际能力避免的责任"。而美国财务会计概念公告将负债视为"将来可能要放弃的经济利益,它是特定个体由于已经发生的交易或事项,将要向其他个体转交资产或提供劳务的现有义务"。我国《企业会计准则——基本准则》将负债要素定义为:"负债是指企业过去的交易或者事项形成的、预期会导致经济利益流出企业的现时义务"。

---

① 有些文献资料也将负债称为"债权人权益"。

企业的负债要素具有如下基本特征：

（1）负债是企业承担的一种现时义务。"义务是以某种方式采取行动或执行的职责或责任。由于具有约束力的合同或法定要求，义务在法律上可能是强制执行的"[1]。企业应当区分"现时义务"与"未来承诺"。负债作为一种现时义务，产生于过去的交易或事项。未来承诺一般不构成企业负债的内容。比如，企业管理层决定在下一期间购买资产，其本身并不产生现时义务，因而不形成企业本期的负债。

（2）负债的清偿会导致经济利益流出企业。企业履行因举债而形成的义务，必然会放弃含有经济利益的资产，如以支付现金、转让其他资产或提供劳务等方式偿债。相反，企业取得负债则导致企业资产增加（即取得了新的资金）。

此外，在正常情况下，企业负债的到期日、受款人（债权人）等是明确的，负债的数量是确知的或可以合理估计的。

2. 负债要素的构成

在企业的理财过程中，负债的偿付时间是需要重点关注的问题[2]。因此，企业负债一般按其偿还期长短被分为短期负债和长期负债。短期负债也称流动负债，是指将要在1年或超过1年的一个营业周期内偿还的债务，主要包括短期借款、应付账款、应付票据、应付工资、应付福利费、应交税金、应付股利、其他应付款等。长期负债是指偿还期在1年或超过1年的一个营业周期以上的债务，主要包括长期借款、应付债券、长期应付款等。

（1）短期借款。短期借款是指企业从银行或其他金融机构借入的期限在1年以下的各种借款。如企业从银行取得的、用来补充流动资金不足的临时性借款。其他金融机构有如经政府批准设立的财务公司等。企业使用短期借款应支付的利息，列入财务费用。

（2）应付账款。应付账款是指企业因为购买材料或商品、接受劳务等而应付给供应单位的款项。如某公司在本月购入了一台设备并已投入使用，但双方约定于下月支付该设备款项，这样，该公司在购入设备时就形成了一项应付账款负债。应付账款债务存在的原因是买卖双方在商品（或劳务）购销活动中由于商品（或劳务）取得与货款支付在时间上不一致（不属于同一会计期间）而产生的一种负债。

（3）应付票据。应付票据是指企业因为购买材料或商品、接受劳务等而开出、承兑的商业汇票，包括银行承兑汇票和商业承兑汇票。

（4）应付职工薪酬。职工薪酬是指企业为获得职工提供的服务而给予的各种形式的报酬以及其他相关支出，包括职工工资、奖金、津贴、补贴、福利费、社会保险等。应付职工薪酬是企业已经结算但未实际支付给员工的各种薪酬。

---

[1] 《国际会计准则2000》，中国财政经济出版社2000年版，第33页。
[2] 企业不能如期偿还到期债务，会面临中断经营活动而被清算的风险。

（5）应交税费。企业发生应税行为，就必须按税法规定缴纳税款及费用。企业应当交纳的税费主要包括增值税、所得税、消费税、营业税、城市建设维护费、矿产资源补偿费等。应交税费是指企业按规定计算的、应交而实际未交的各种税款及费用。

（6）应付利息。应付利息是指企业按照合同约定应支付的利息，如吸收存款、分期付息到期还本的长期借款、企业债券等应支付的利息。

（7）应付股利。收益分配是企业重要的财务活动。股利是公司支付给投资者的投资报酬。公司支付给股东的股利主要包括现金股利和股票股利两种形式。一般而言，年度末了，企业董事会均会根据企业的具体情况，确定利润分配方案，并提交股东会议决定。应付股利是指企业已经决定分配给投资者但尚未实际支付的现金股利（或利润）。

（8）其他应付款。其他应付款是指除上述应付款项以外，企业应付或暂收其他单位或个人的款项，如应付经营租入固定资产和包装物租金、存入保证金（如收到的包装物押金等）、暂收员工个人的款项等。

（9）长期借款。长期借款是指企业从银行或其他金融机构借入的期限在 1 年以上的各项借款。企业借入长期借款，主要是为了长期工程项目。企业使用长期借款的利息费用，应分别不同情况计入长期工程价值或当期财务费用。

（10）应付债券。发行债券是企业筹集资金的重要渠道。企业发行的债券按偿还期长短可分为短期债券和长期债券。短期债券是指发行的 1 年期及 1 年期以下的债券，1 年期以上的债券则为长期债券。应付债券是指企业为筹集长期资金而实际发行的长期债券。

（11）长期应付款。长期应付款是指除长期借款和应付债券以外的其他各种长期应付款项，如采用补偿贸易方式下引进外国设备价款、应付融资租入固定资产租赁费等。

此外，企业的负债还包括预收账款、预计负债等。预收账款是指按照合同约定预先向商品购买方（或劳务接受方）收取的款项，即"先收款后交货"。在没有实际交付商品或提供劳务之前，企业就承担了一种在未来交付资源的义务，即预收账款债务[①]。预计负债是指企业因或有事项而确认的负债，比如企业因对外提供担保、未决诉讼、产品质量保证、重组义务、亏损性合同等事项而确认的负债。或有事项是"可能发生也可能不发生"的事项，如未决诉讼的结果可能是胜诉也可能是败诉，因而企业可能无须赔偿也可能需要赔偿。如果企业败诉，需要支付赔偿款，则意味着企业承担了一项负债。在会计上，只有当或有事项的发生概率较大时才确认预计负债。

---

① 对于付款方而言，就形成了"预付账款"。预付账款是企业的一项资产。在这种情况下，企业实际支付款项的会计期间先于获取商品或接受劳务的会计期间。

（三）所有者权益

1. 所有者权益要素的含义

从企业主体角度看，企业的"所有者权益"代表企业从投资者手中所吸收的投入资金。在法律上，投资者投入企业的资金，是企业进行经济活动的"本钱"。由于投资者将其资金投入企业，因此，投资者实际拥有对该部分资金（或资本）的所有权，并享有相应的产权权利。当然，企业投资者享有的这种与产权相关的权益是针对其投入资本及其增值部分所实际对应的企业资产数量。

就实质而言，所有者权益（Equity）是指因投资者向企业投入资本以及资本增值，而形成的企业所有者在企业资产中享有的经济利益。从企业的角度看，投资者将其资金投入企业意味着企业从投资者手中吸收了一定数量的资本。因此，所有者权益也是企业获得资金的一种主要来源。

依据产权关系原理，投资者将其资本投入某一企业，便享有与其投入资本份额对应的对该企业资产的要求权。这种要求权主要体现在两个方面，一是投资者因此而享有获得收益（投资报酬）的权利，二是投资者享有对企业净资产的最终控制权。

所有者权益和负债（债权人权益）是体现在企业资产上的一种产权安排。按照现代产权理论，产权是对个人财产行为权利的界定，以解决人们在交易中如何受益、如何受损以及如何补偿的问题。完整的产权包含着一组权利，如在法律和规则所允许的范围内以各种方式使用属于自己的财物，即使用权；在不损害他人权利的条件下享受从财物的使用中所获得的利益，即收益权；自由决定对财物的交易和使用方式，即决定权；自由转让或出售财物，即让渡权；等等。投资者、债权人等通过一定的"合约"将其财产投入、借入至企业，形成相应的财产关系即产权关系，它体现了作为产权主体的投资者、债权人等对企业财产权的要求权。

作为两种产权，所有者权益与负债（债权人权益）的共同之处在于：

（1）两者的权利体现在企业的全部资产上。"企业是以全部资产承担其债务责任"。企业的全部资产在扣减负债后，归属于企业投资者。

（2）无论是投资者还是债权人，其相关权利（如使用权、让渡权等）的行使都受到企业"法人财产权"[①]的限制，但其法律上的最终所有权权利不变。

（3）两者共同构成企业的产权结构，以企业资产的存在作为产权存在的基础，并相互制约。

（4）无论是投资者的产权还是债权人的产权，其产生和存在均以追求其自身的收益最大化为目的。

然而，投资者和债权人作为拥有各自产权权利的产权主体，其行为具有两方面特征：一是拥有追求自身利益最大化的自由权利，二是其各自权利的行使或实现要

---

① 法人财产权是指企业作为法律上的一个独立实体，其所拥有的财产使用、处置等权利。

受到他人权利的约束。只有"在这种对自己利益的最大追求和受他人权利的制约的规则下,经济活动趋于有序和高效"。鉴于此,所有者权益和负债这两种产权的合理存在,必须以两者之间合理的"制度安排"为前提。投资者产权与债权人产权之间合理而现实的制度安排是:

(1) 在法律上优先保证债权人产权权利的行使或实现,特别是收益权利。当然这种安排是以牺牲债权人收益的规模为前提的。

(2) 投资者产权权利的实现与企业的生产经营活动及其成果密切相关,体现投资者利益与企业效益"同舟共济"的法律约定。

(3) 在约定债务偿还期内,债权人对其产权相关权利的行使只具有理论上的意义,而投资者产权则不同。在投资者产权存在期间,投资者能够依照法律规定行使与产权相关的决策权,并能借助于市场让渡投资权,对原有的财产权利进行处置。

(4) 在企业处于非持续经营状态时,投资者产权的权利体现在企业资产扣减债权人产权数量后的剩余部分。

国际会计准则理事会将所有者权益称为"权益",认为它是"在企业的资产中扣除企业全部负债后的剩余权益"。而美国财务会计概念公告认为,权益是"以某一个体的资产减除其负债的剩余部分。在企业,权益就是业主利益"。应该说,国际会计准则理事会和美国财务会计准则委员会的观点,主要是依据有关法律的规定,侧重从数量方面来界定所有者权益(业主权益)。我国《企业会计准则——基本准则》将所有者权益要素定义为:"所有者权益是指企业资产扣除负债后由所有者享有的剩余权益"。

2. 所有者权益要素的构成

无论从企业主体的角度还是从企业外部投资者的角度看,归属于投资者的权益应当包括两个部分,一是投资者投入的资本(含追加投入资本),二是企业经济活动中产生的资本增值(即企业的利润或净收益)。投资者投入资本包括实际投入的注册资本和归属于投资者的资本公积金(如资本溢价等)。资本增值(收益)中,一部分已经以股利形式支付给投资者,另一部分以"留存收益"形式(如盈余公积金、未分配利润)存在于企业。投资者对留存收益部分享有现时的要求权。因此,所有者权益包括实收资本(或股本)、资本公积、盈余公积和未分配利润等主要内容。

(1) 实收资本。新设立的企业必须具有一定数量的"自有资本"才能登记注册,这种自有资本在法律上被称为"注册资本"。注册资本是企业进行生产经营活动的"本钱",其来源只能是企业的创立者即投资者。投资者基于获得收益的目的将资金投入企业,因而也形成了一种"两权分离"条件下的"委托-代理关系",即作为委托人的投资者将财产交付给作为受托人的企业经营者进行经营与管理。

实收资本是指企业实际收到的、投资者投入的作为企业注册资本的资金。在有限责任公司,企业的投资者一般按协议认缴注册资本。在股票上市交易的股份有限公司(上市公司),其注册资本对应的股票数额一般由政府证券管理与监督部门核定，企业发行的股票数额不能超过该发行额度。因此，上市公司的注册资本数额为实际发行股票的数量与股票面值之积。在我国，有关证券及证券交易法规规定的股票面值为人民币1元。例如，某上市公司股票发行额度为8 000万股，股票面值1元，实际发行股票6 000万股，发行价格每股5元。假设不考虑发行费用，股票发行结束后，该公司实际收到资金30 000万元，但确认的注册资本（股本）为6 000万元。股票发行价格超过面值形成的股票溢价收入24 000万元，在产权归属上为公司全体投资者（股东）共有，而会计上确认其为所有者权益的另一项内容——"资本公积金"。

（2）资本公积。资本公积是"资本公积金"的简称。它是指企业收到投资者出资额超出其在注册资本或股本中所占份额的部分。在我国，资本公积主要包括股票溢价等[①]。资本公积在本质上属于所有者权益要素的内容，即其产权归属于企业的全体投资者。

（3）盈余公积。盈余公积是"盈余公积金"的简称。它是指从企业净利润中按规定提取的公积金。盈余公积是收益留存于企业的一种主要形式。盈余公积可分为法定盈余公积金、任意盈余公积金等。

（4）未分配利润。未分配利润是指企业实现的净利润中尚未指定其明确去向的那部分利润。企业实现的净利润，实际上分为两部分：一部分为已经确定将要支付给投资者的利润，这一部分利润会退出企业生产经营过程（最终流出企业）；另一部分为仍然留在企业、继续参与生产经营过程的"留存收益"，这部分利润以"盈余公积"和"未分配利润"两种形式存在。企业本年度未分配利润，可以留待以后年度分配。

（四）收入

1. 收入要素的含义

从经济学的角度可以将企业生产经营过程区分为"投入"和"产出"两个部分。企业经济活动的投入过程实际上就是企业为生产产品和销售商品而消耗材料、人工及设备等的过程，即企业支付或发生费用的过程。而企业经济活动的产出过程，则是企业获得新的资金、取得收入以及实现利润的过程。

收入（Revenue）是企业生产经营活动的结果。我国《企业会计准则——基本准则》将收入要素定义为："企业日常活动中形成的、会导致所有者权益增加的、与所有者投入资本无关的经济利益的总流入"。该定义强调收入是流入的"经济利益"，即能够带来经济利益的企业经济资源，其具体物质形式实际上就是企业的资产（如现金资产、债权资产等）。该定义同时强调收入只能来自于企业日常发生的"销售

---

① 按我国现行企业会计准则的规定，资本公积包括资本（或股本）溢价以及直接计入所有者权益的利得和损失等。计入所有者权益中资本公积项目的利得和损失不同于直接计入当期损益的利得和损失，它们主要是企业外部环境变化以及企业会计政策变动而导致的结果，与企业管理当局当期的经营管理工作努力程度没有直接关系。

商品""提供劳务"等经常性活动以及与之相关的活动,并且,这些"日常活动"与投资者投入资本无关①。可见,我国认定的收入概念,实际上指"营业收入"。

美国第 6 号财务会计概念公告(1985)确立了单独的收入要素,并认为:"收入是某一个体在其持续的、主要或核心业务中,因交付或生产了货物、提供了劳务或进行了其他活动,而获得的或其他增加的资产,或因而清偿的负债(或两者兼而有之)"。国际会计准则理事会确立了广义的收入要素②,其 2018 年发布的《财务报告概念框架》认为,收入是"会导致权益增加但与权益持有者的出资无关的资产增加或负债减少"。实质上,这种收入概念的内涵已经包括了营业收入(revenue)和利得(gains),是依据"流入量论"界定并确认收入的一种结果。实际上,美国对收入要素的界定与我国基本相同,均采用了狭义的收入概念。

2. 收入要素的构成

(1)确定收入构成的两种理论基础。从理论上看,确定收入的构成内容可以依据两种不同的会计理论:一种是收入的"流转过程论(Flow Process Approach)",一种是收入的"流入量论(Inflow Approach)"。

流转过程论认为收入的实现应当是一个完整的流转过程,即企业在特定期间进行的物品和服务的创造过程。实际上,这种理论强调收入("产出")与费用("投入")之间应当具备的因果关系。比如,产品的销售收入与该产品的生产成本之间具有内在关系,因此,依据流转过程论其应当被确认为"收入"。与此相反,企业没收租出物品押金由于没有直接发生与其可以"配比"的成本或费用,因此,其不能被确认为"收入"。1940 年,著名会计学家佩顿(W. A. Paton)和利特尔顿(A. C. Littleton)在其著作《公司会计准则导论》中就指出:"收入在整个经营过程中通过全部的企业努力而赚得;收入通过将产品转换为现金或其他有效资产而实现"③。依照流转过程论,收入必须以企业在特定期间进行物品或服务的创造过程为基础,它是企业通过资产的流出而产生的一种必然结果。流转过程论注重收入产生的过程。

与流转过程论相比,流入量论强调流入的"结果"而不是流入的"过程"。这种流入可以是企业在正常经营过程中所产生的现金或其他资产"流入",或者是因其他"交易或事项"(如利息、捐赠)所产生的现金或其他资产"流入"。流入量理论下的收入确定,并不注重收入的"形成过程",关键在于其是否产生了"流入"结果。比如,产品销售因为产生了现金或债权资产的流入,故应当确认为"收入";没收租出物品押金也导致了现金的流入,同样可以确认其为"收入"。

---

① 现行会计准则在收入要素的定义中,强调被确认为收入的项目"与所有者投入资本无关",是指尽管投资者对企业的投资(包括投入资本和资本溢价)会导致经济资源流入企业,但这种流入并不属于形成收入的来源;其强调收入的取得"会导致所有者权益的增加",是指这种增加与投资者投入到企业的资本的增值(即企业实现的利润)相关。从理论上讲,收入要素的这种定义方式并未完全揭示收入的本质特征。

② 就实质而言,IASB 设立的收益(Income)要素实际上就是广义的"收入",而非指"利润"。

③ W. A. 佩顿、A. C. 利特尔顿著,厦门大学会计系翻译组译:《公司会计准则导论》,中国财政经济出版社 2004 年版,第 51 页。

流转过程论和流入量论因各自强调的重点不同，因而导致了所确定收入的构成内容存在差别。流转过程论着眼于经营活动中资产的转化或流出，因而侧重认可销售的产品或商品收入和提供服务的收入，而排除了没有完整获取过程的"利得"。流入量论则将收入内容扩大到利息、捐赠等"其他现金或资产的流入"，不仅包括了企业正常经营的收入，也包括"利得"。

一般而言，基于流转过程论界定收入的构成，称之为狭义的收入概念，如我国、美国的收入概念；基于流入量论界定收入的构成，则称之为广义的收入概念，如国际会计准则理事会的收入概念。

（2）收入要素的构成。我国是以流转过程论为基础，采用狭义的收入概念来确定收入的构成内容。因此，我国企业会计准则将收入理解为"企业在销售商品、提供劳务等日常活动中所形成的经济利益的总流入"，并认为收入包括主营业务收入和其他业务收入。

主营业务收入是指企业在销售商品、提供劳务以及让渡资产使用权等日常活动中所产生的收入，包括工商企业的产品或商品销售收入、对外提供劳务的收入、让渡资产使用权发生的利息收入和使用费收入、确认的长期工程的合同收入等。主营业务收入是企业在其基本的或主要的经营活动中获得的收入。

其他业务收入是指除主营业务收入以外的其他销售或其他业务收入，如材料销售收入、代购代销商品的手续费收入、包装物出租收入等。其他业务收入是企业在其相对于主营业务活动的次要经营活动中获得的收入。

主营业务收入与其他业务收入的区分，主要依据企业各种经营活动的性质与重要性。对于工商企业而言，产品或商品的生产与销售是企业基本的或主要的生产经营活动，因而，其收入属于"主营业务收入"。

需要注意的是，将收入要素的内涵界定为"营业收入"，意味着企业的收入只能来自于生产经营活动。其具体表现为企业因为从事生产经营活动而流入的经济利益（形式上表现为资产增加或负债减少），这些经济资源本身就是企业生产经营活动追求的结果。从整个企业的角度看，除生产经营活动外，企业的投资活动和筹资活动也会带来经济利益流入（获得经济资源），如收回投资增加资产、举债增加资产等，但这些流入的经济利益（经济资源）在会计上不属于也不能确认为营业收入。

（五）费用

1. 费用要素的含义

企业要获得收入，就必须付出相应的"代价"。从会计学的角度看，以收入为目的的这种代价，就是"费用（Expense）"。对于费用本质的认识，可从以下方面入手：

（1）费用以"资产消耗"的形式存在。费用产生于企业使用其资产创造利润的过程。企业利润的实现，是以原有资产的消耗或资产创造利润能力的耗蚀为代价的。

费用的产生，要么表现为货币资产的直接消耗，要么表现为非货币资产的直接消耗，或者表现为长期资产的创造利润能力的耗蚀。从这种意义上讲，"费用是资产的一种转化形式"。

（2）费用是企业实现利润的必要过程。从微观层面来看，企业以盈利为存在目的。企业实现盈利的过程实际上也就是优化配置企业资产、合理利用资源的过程。从资金运动（价值运动）的基本原理来看，G—W—G′是"价值增值过程"，即实现盈利的过程。这一过程的"G—W"就是企业的"投入过程"，而"W—G′"则是"产出过程"。企业的"投入过程"必须消耗企业的资产及资源，因而也就是"费用形成的过程"。鉴于"投入"与"产出"的关系，企业的费用形成对于取得收入的重要性便可想而知。

（3）费用的目的是为了获利。费用产生于企业资产获得盈利的过程。由于企业获利必须借助于资产的自身消耗（即费用的形成），因此，费用与资产的目的具有同一性。费用以获利为目的，正是费用需要从收入中实现价值补偿的理由。尽管，消耗资产的后果并不一定会带来利润，但费用的获利性目的真正体现了企业组织以盈利为目的的基本特性。

目前，会计理论研究者及会计准则的制定机构对"费用"的解释，主要考虑了费用的确认与计量要求，并将其与收入概念相对应。例如，美国第6号财务会计概念公告（1985）认为："费用是某一个体在其持续的、主要或核心业务中，因交付或生产了货物、提供了劳务或进行了其他活动，而付出的或其他耗用的资产，或因而承担的负债（或两者兼而有之）。"国际会计准则理事会使用了广义的"费用"概念，其在2018年发布的《财务报告概念框架》中将费用定义为"会导致权益减少但与分配给权益所有者的有关支出无关的资产减少或负债增加"。很明显，该费用定义与国际会计准则理事会的收入定义"遥相呼应"。在内容上，该费用定义既包括了那些在企业正常活动中发生的费用，也包括了损失。

我国企业会计准则采用了狭义的费用概念，《企业会计准则——基本准则》认为，"费用是指企业在日常活动中发生的、会导致所有者权益减少的、与向所有者分配利润无关的经济利益的总流出"。这种解释，正好与收入的定义相对应[①]。

实际上，费用的本质特性决定了其与"成本""支出"等不存在实质性差别。在我国会计实务中，费用、成本、支出等概念的使用也未加严格区分。就最终目的而言，费用、成本、支出都是在实现创利的过程中以消耗资产为前提的资产存在或转化形式，而仅仅是其强调的重点有所不同。成本概念主要强调费用的归属，确定特定资产的"代价"。成本是"对象化的费用"，这种对象即是特定的资产，因而，

---

① 与收入要素的定义相对应，现行会计准则强调被确认为费用要素的项目"与向所有者分配利润无关"，是指企业向所有者（投资者）分配利润（分红或支付股利）所导致的经济资源流出并不属于企业发生的费用；强调费用"会导致所有者权益减少"，是指费用发生会减少（或抵销）归属于企业所有者（投资者）的资本增值（即利润）数额。同样道理，费用要素的这种定义方式并未完全揭示费用的本质特征，在理论上存在不足。

成本是指"资产的成本"。实际上，一种资产的形成以消耗另一种或几种资产为代价。在企业创造利润的过程中，资产可能直接转化为"终极"费用，也可能先转化为另一种资产而后再转化为"终极"费用，即资产——→费用——→资产（成本）——→费用。支出是一个较为宽泛的概念，其使用不具有会计"专业性"。它可以是指短期目的的"资产消耗"（如"收益性支出"），也可指长期目的的"资产消耗"（如"资本性支出"），甚至是"不期望"的资产消耗（如"损失"）。在会计中使用支出概念时，一般要加以限制和"修饰"。

2. 费用要素的构成

就整个企业而言，企业的生产经营活动、筹资活动和投资活动都会导致经济资源流出企业，即耗用企业的资产。如企业偿还债务和向投资者分红（股利）会导致银行存款减少，企业购买股票或债券也会导致银行存款减少，但这些资产消耗不属于也不能确认为企业的费用。会计上的费用要素仅仅与企业的生产经营活动有关，费用的实质是企业在经营活动中基于获利目的而发生的资产消耗，如销售商品所耗用的库存商品（或产成品）成本，出售暂时不用的库存材料所耗用的材料成本，支付当期员工薪酬，支付广告费，等等。企业在经营活动中的资产消耗会导致两种结果：一种是为获得当期收入而使得经济资源（即资产）流出企业，如为了取得收入而售出的库存商品或产品、为组织和管理整个企业的生产经营活动而支付各种管理费用、为扩大销售而支付广告费等所减少的银行存款等；另一种是经济资源在当期流出企业而形成了另一种资产，且在未来期间才能获得收入，如本期购进但在下期间（或以后期间）耗用的原材料，本期生产完工但在下一个期间（或以后的期间）出售的产成品等。第一种"消耗"称为"损益性费用"，其与当期收入具有一定的关联性，应按"配比性原则"要求计入当期损益；第二种"消耗"称为"成本"，即相关资产（如库存材料、库存商品或产成品）的成本，这种消耗没有在当期产生收入，不能直接计入当期损益①。

实际上，损益性费用与成本区分的基础是会计期间假设②的存在。由于企业需要定期对其财务状况与经营业绩进行"总结"和披露，因此，在依据收入和费用计算特定期间的利润时，必须区分哪些费用属于应该计入当期损益的费用和不应该计入当期损益的费用。前者即损益性费用，后者则是特定资产的成本。从这个意义上讲，损益性费用是指与当期收入具有配比关系的费用（即会计理论中所说的费用与收入相匹配）。

现行会计准则中确立的费用要素实际上指损益性费用，其在内容上主要包括应当从当期收入中扣除的营业成本、税金及附加、销售费用、管理费用、财务费用等。

---

① 只有当这些资产再次被消耗并产生收入时，其才能作为损益性费用计入当期损益。
② 见第四章中会计假设。

（1）营业成本。营业成本是指为取得营业收入所销售商品（或提供劳务）的生产成本，其根据当期已经销售（已售）商品（或提供劳务）的数量与其单位生产成本计算确定。产品生产企业的已售产品生产成本、商品流通企业的已售商品的实际成本，属于主要经营活动中形成的"营业成本"，被称为"主营业务成本"。而对外销售材料所耗用的材料实际成本，则属于次要经营活动中形成的"营业成本"，被归类为"其他业务成本"。营业成本与营业收入之间具有明显的"因果"关系。

（2）税金及附加。税金及附加是指企业在经营活动发生的消费税、资源税、城市维护建设税和教育费附加等相关税费。这些税费的发生与企业生产经营活动有直接关系。比如，按我国税法规定，生产烟、酒和高档化妆品等特种消费品的企业需要依据销售额计算并缴纳消费税，因此，消费税是从事特种消费品生产和销售的企业必须承担的一项费用。

（3）销售费用。销售费用是指在销售商品过程中发生的各种费用，如企业在销售商品过程中发生的运输费、装卸费、包装费、保险费、展览费和广告费等。销售费用的发生与企业商品的销售规模、市场占有份额等有直接关系，也直接影响到企业盈利目标的实现程度。

（4）管理费用。管理费用是指为组织和管理整个企业的生产经营活动所发生的费用，如企业董事会和行政管理部门发生的工资、修理费、办公费和差旅费等公司经费，以及聘请中介机构费、业务招待费等费用。管理费用的受益对象是整个企业或整个企业的经济活动，而不是企业内部的某一部门。

研发费用是企业管理费用的重要组成部分。研发费用是指企业进行新技术或新工艺等的研究与开发所发生相应的支出，包括材料消耗、设备损耗、人员薪酬和其他费用。如果企业的研发活动获得成功，形成了相应的专利技术等无形资产，相应的研发支出则构成无形资产的成本，而不作为管理费用的内容。

（5）财务费用。财务费用是指企业为筹集生产经营所需资金而发生的费用，如短期借款的利息支出（扣除利息收入）、支付给银行的手续费用、汇兑损失等。企业专门为特定工程项目筹资（借款）而支付的利息，不属于财务费用的范畴。

在会计实务中，企业的管理费用、销售费用、财务费用合称为"期间费用"。期间费用应当直接计入当期损益[①]，从当期收入中补偿。

（六）利润

1. 利润要素的含义

利润也称"收益"（Income），是指企业在某一会计期间的经营成果，其用来衡量企业在特定会计期间的财务业绩（Financial Performance）。实际上，会计上的利润是将某一会计期间有关交易产生的收入与其相关费用进行配比的差额。收入大于费

[①] 期间费用的一少部分费用并不一定与当期的收入有直接联系，但遵循会计信息质量的"重要性"要求，对其作了简化处理。

用之差额为"利润(或收益)",收入小于费用之差额为"亏损"。利润或亏损简称为"损益"。

利润也是经济学中的一个重要概念。企业经营业绩的衡量、未来盈利状况的预测以及企业的纳税申报等,往往以利润指标作基础。因此,经济学家也十分重视利润(收益)概念的研究。

将某一会计期间有关交易产生的收入与其相关费用进行比较(配比)来确定"会计收益"(或"会计盈余")的观点,强调利润是期间收入与相关费用配比的结果。而经济学家的观点则不同。从亚当·斯密在《国富论》(1890)中把收益定义为"财富的增加",到希克斯(J. R. Hicks)在《价值与资本》(1946)中认为收益是"一个人在某一时期可能消费的数额,并且他在期末的状况保持与期初一样好"[1],经济学家们基本认同利润(收益)是资源或资本的一种"增值"。实际上,经济学家关于利润(收益)的观点,已经对现行会计理论特别是收益理论的发展产生了深远的影响。

2. 利润要素的构成

企业的利润(或亏损)来自于企业的经济活动。一般而言,企业的经济活动主要包括筹资活动、经营活动、投资活动等。筹资是企业进行生产经营活动的前提条件,筹资活动本身并不能直接产生经济收益。企业在经营活动中,通过生产产品、销售产品(或商品)而实现经营收益;企业在投资活动中,通过购入、出售或转让股票、债券等有价证券以及从事其他投资活动而获得投资收益。此外,企业还可能由于某些特殊原因获得一些与其日常活动无关的其他收入,或发生一些与其日常活动无关的其他支出,即营业外收入和营业外支出,如所确认的无法支付的应付款项、公益性捐赠支出,发生非正常损失,等等。因此,企业的利润总额由企业的经营收益、投资收益和营业外收入与支出构成。

经营收益是企业从事产品生产和销售活动所获得的收益。经营收益的数量,通常根据产品(商品)销售收入扣减销售成本、税金及期间费用后确定。经营收益是企业基本的利润来源,其显示着企业未来的发展能力,具有经常性、持续性的特点,因此,经营收益(operating income)通常也被称为"核心收益(core income)"。在我国,经营收益被区分为主营业务利润和其他业务利润两部分。前者有如制造性企业的产品销售利润、商品流通企业的商品销售利润等,后者有如材料销售利润等。企业在确定经营收益时,还应该考虑企业经营活动所使用资产(包括应收账款、存货、固定资产、无形资产等)的减值损失,这种损失是资产的实际可收回金额已经低于其账面价值而形成的损失。

投资收益是企业从事股票、债券及其他投资活动所获得的收益。如股利收入、债券利息收入、有价证券转让价差收入等。对于企业持有的投资,应该考虑其"长

---

[1] 这一收益概念还涉及"资本保全"概念,因而其在经济学理论中占有支配地位。

期持有"投资（如长期股权投资等）的资产减值损失和"短期持有"投资（如交易性金融资产等）的公允价值变动损益。企业持有的准备随时出售的股票或债券投资，其公允价值会随着证券市场交易行情的变化而不断涨跌，从而形成这些投资的公允价值变动收益或损失。投资收益特别是股票投资收益，受股票市场影响至深，因而具有较大的风险和不稳定性。

营业外收入与支出包括营业外收入和营业外支出。营业外收入是指企业获得的除经营收益和投资收益以外的各种收益，如企业的罚款净收益、没收的押金等。这些收益与企业正常的生产经营活动没有直接关系，在我国会计实务中一直被称为"营业外收入"。相应的，企业发生的对外捐赠、罚没支出、非正常损失等，被作为利润总额的调整项目，从当期利润中扣除。这些支出或损失与企业正常的生产经营活动也没有直接关系，在我国会计实务中一直被称为"营业外支出"。

企业取得的与其正常生产经营活动无直接关系的各种"收入"或"收益"，实际上是企业的一种"利得（Gains）"。而企业发生的与其正常生产经营活动无直接关系的各种"支出"，实际上是企业的一种"损失（Losses）"。我国企业会计准则将利得和损失区分为"直接计入当期利润的利得和损失"与"直接计入所有者权益的利得和损失"。直接计入当期利润的利得会导致当期利润增加，而直接计入当期的损失会导致当期利润减少。企业会计准则允许一部分利得和损失计入当期损益，而不允许另一部分利得和损失计入当期损益，其主要原因：一是有些利得和损失与企业管理层当期的努力或工作成果没有直接关系，因而不能计入当期损益而作为所有者权益的一部分；二是防止企业人为操控特定期间的利润数量。对利得和损失的进一步理解，详见本章附录1——会计要素的国际视角。

值得注意的是，从利润的形成来源分析，企业的利润总额应该包括经营收益、投资收益和营业外收入与支出，但我国企业会计准则根据信息使用者的需求，将企业的经营收益与投资收益合并统称为"营业利润"。这样，在会计实务中计算利润时，企业的利润总额就等于营业利润与营业外收入和营业外支出之差的总和。另外，我国证券监管机构从切实提高信息披露质量以保护投资者利益的角度，将上市公司利润区分为"经常性损益"和"非经常性损益"。其中，非经常性损益是指企业发生的会影响真实、公允地反映企业正常盈利能力的各种收入和支出。这些收入和支出与企业的生产经营活动无直接关系，或者虽然与生产经营活动有关但其性质、金额或者发生频率会影响企业正常盈利能力真实、公允地加以反映。非经常性损益包括固定资产等非流动资产处置损益、政府补助、非货币性资产交换损益、债务重组损益、处置交易性金融资产等取得的投资收益以及其他营业外收入和营业外支出等。显然，企业的非经常性损益不具有持续性。

三、会计要素的基本关系

企业经济活动及其资金运动本身固有的客观规律，决定了会计要素之间具有内在联系。资金运动是企业资金及其运动过程的"有机统一",静态会计要素与动态会计要素相互关联地揭示了企业经济活动及其资金运动的内在规律。

在某一特定时日,资产、负债和所有者权益等静态会计要素具有下列基本关系:

资产 = 负债 + 所有者权益

资产要素与负债、所有者权益要素之间的这种等量关系,被称为"会计等式(the Accounting Equation)",或称"会计方程式"。会计等式是关于会计要素之间基本关系的结构模式,其用来说明会计要素变动所体现的企业经济活动的内在规律。

上述会计等式的基本含义是:(1)在会计期间的某一时日(如期初、期末等)企业的资产总额等于其当日的负债总额与所有者权益总额之和;(2)作为企业资金占用形式的资产与作为企业资金来源渠道的负债和所有者权益,是同一资金整体两个不同的方面,两者相互依存;(3)资产、负债、所有者权益要素之间的变动具有内在联系,企业经济活动最终体现在会计要素的变动上。如企业收到投资者投入资金时,其资产和所有者权益要素会同时发生变动;企业取得银行贷款时,其资产和负债要素也会同时发生变动。

在某一特定会计期间,收入、费用和利润等动态会计要素具有下列基本关系:

收入 − 费用 = 利润

收入、费用、利润[①]等会计要素之间的这种基本关系,实际上是利润计量(收益决定)的基本模式。其基本含义是:(1)收入的取得、费用的发生,直接影响企业期间利润的确定;(2)来自于特定会计期间的收入与其相关的费用进行配比,可以进而确定该期间企业的利润数额;(3)利润是收入与相关费用比较的差额。

从企业经济活动的整体上看,企业经济交易的产生不仅会导致静态会计要素发生变动,而且也会使得静态会计要素与动态会计要素同时发生变动。如企业销售产品取得收入的交易使得收入要素与资产要素同时发生增加变动,企业支付办公费用的交易使得费用要素发生增加变动并同时使得资产要素发生减少变动等。因此,基于企业资金运动状态的各个会计要素之间具有下列基本关系:

资产 + 费用 = 负债 + 所有者权益 + 收入

上述各个会计要素的基本关系被称为"综合会计等式"。对该会计方程式含义的理解,详见本章附录2——关于会计等式。

会计要素的基本内容及其相互关系如表2–1所示。

[①] 此处利润要素的内容实际上还包括一部分利得和损失,因此,我国会计准则所设立的利润要素还存在不足,值得进一步研究。

表 2–1　　　　　会计要素的基本内容及其相互关系

	会计要素	会计要素的具体项目	会计要素关系
企业经济活动（资金运动）	资金（静态） — 资产	库存现金	资产=负债+所有者权益 资产+费用=负债+所有者权益+收入
		银行存款	
		交易性金融资产	
		应收账款	
		应收票据	
		其他应收款	
		存货（材料、在产品、半成品、产成品等）	
		长期股权投资	
		固定资产（机器设备、厂房、运输工具等）	
		无形资产	
	资金（静态） — 负债	短期借款	
		应付账款	
		应付票据	
		应付职工薪酬	
		应交税费	
		应付利息	
		应付股利	
		其他应付款	
		长期借款	
		应付债券	
		长期应付款	
	资金（静态） — 所有者权益	实收资本（股本）	
		资本公积	
		盈余公积	
		未分配利润	
	资金运动过程（动态） — 收入	主营业务收入	收入−费用=利润
		其他业务收入	
	资金运动过程（动态） — 费用	营业成本	
		税金及附加	
		销售费用	
		管理费用	
		财务费用	
	资金运动过程（动态） — 利润	经营收益	
		投资收益	
		营业外收入与支出（利得、损失）	

第三节　经济交易与事项的含义与类型

一、经济交易与事项的含义

经济交易（Transactions）、事项（Events）是从会计角度观察和把握企业经济活动的结果。经济交易是指企业与其他经济实体之间所发生的商品或劳务交换、资产转移、款项结算等经济活动。如企业购进材料和设备或接受劳务、销售商品或提供劳务、从银行取得借款、偿还各种债务等。经济交易的发生，涉及两个或几个经济实体。事项包括"外部事项"和"内部事项"。外部事项即指企业与外部经济实体之间所发生的经济交易。内部事项是指不涉及其他经济实体、企业内部所发生的经济活动。如生产产品等耗用原材料、机器设备的消耗等。

经济交易、事项等概念源自于英文会计文献。美国财务会计准则委员会（FASB）在第6号"财务会计概念公告"——《财务报表要素》中，对需要进行会计记录的内容进行了全面讨论，提出了"事项""情况（Circumstances）"和"交易"三个概念。它认为，事项是"某一实体所遭遇的结果"，其既可以是"内部事项"（如"原材料或设备的消耗"），也可是"外部事项"（如"与另一实体的交易"）；情况是"一种本来不会发生、本来不能预料到的情景"，如"某一债权人之面临其债务人破产的前景或某一仓库之面临其油库被盗一空的事实"等；交易是"在两个（或几个）实体之间转交价值物（未来经济利益）的外部事项"。

经济交易与事项基本上等同于我国会计实务中所使用的"经济业务"概念。经济业务是指客观上能以货币计量并影响到会计要素发生变动的经济活动。实质上，经济业务代表了企业经济活动中属于资金及其变动内容的所有经济事项。因此，无论是经济交易、事项，还是经济业务，都是指会计应当记录和报告的企业经济活动内容。

二、经济交易与事项的基本类型

对企业的经济交易与事项按一定标准进行分类，有助于进一步认识企业经济活动的规律。经济交易与事项的分类标准主要有：对现金流转的影响和对会计要素的影响。

（一）从现金流转角度的分类

现金流量信息能够充分揭示企业的财务状况、经营业绩和企业发展前景。现金流量贯穿于企业经营活动、投资活动和筹资活动的全过程，因此，现金流动是企业资金运动的核心。会计上，按是否影响企业现金流转，将经济交易与事项分为收款交易与事项（收款业务）、付款交易与事项（付款业务）、转账交易与事项（转账业务）。

收款交易与事项是指导致企业现金（含库存现金和银行存款）发生增加变动的交易与事项。如企业的现金销售交易、从银行取得短期或长期借款、投资者以货币资金出资、发行公司债券、收回客户的欠款等。

付款交易与事项是指导致企业现金（含库存现金和银行存款）发生减少变动的交易与事项。如企业以付现或转账方式购入商品、偿还短期或长期银行借款、偿付应付款项、以股票和债券等方式对外投资、支付各种费用等。

转账交易与事项是指不影响现金（含库存现金和银行存款）发生变动的交易与事项。如企业赊销商品和赊购商品、投资者以非现金资产出资、原材料和机器设备等的消耗等。

显然，收款和付款交易与事项属于现金流转的内容，其产生会导致现金流量发生变化。

（二）从会计要素角度的分类

经济交易与事项的产生，必然影响会计要素发生变化。因此，通过会计要素的变化现象，可以认识经济交易与事项发生的基本规律，进而把握企业经济活动及其资金运动的本质。

例如，企业某日从银行取得500万元1年期贷款。该项经济交易的产生，导致企业的"资产"要素（银行存款项目）与"负债"要素（短期借款项目）同时发生增加变动。又如，企业某日以赊购（即未付款）方式取得一台价值20万元的机床。该项经济交易的产生，也使得"资产"要素（固定资产项目）与"负债"要素（应付账款项目）同时发生增加变动。因而，从会计要素变化的角度看，上述两项经济交易属于同类型经济交易，即"导致资产和负债要素同时发生增加变化的经济交易"。以此类推，企业以付现方式购入原材料和企业收回前期销售商品货款，同样属于同类型经济交易，即"导致资产要素内部不同项目有增有减变动的经济交易"。

从"资产=负债+所有者权益"的平衡等式出发，结合企业经济活动的实际，可以推断出以下基本类型的经济交易与事项：

第一种类型：资产增加、负债或所有者权益同时增加的经济交易与事项

该类经济交易与事项的发生，使得相应的资产要素与负债或所有者权益要素同时发生增加变动，且其金额相等。比如，企业从银行取得贷款800 000元，该项交易使得企业的银行存款（资产要素）增加800 000元，同时企业所欠银行的短期或长期借款债务（负债要素）也增加800 000元。又如，企业收到投资者投资入股的货币资产2 000 000元，该项交易使得企业的银行存款（资产要素）增加2 000 000元，同时企业的实收资本（所有者权益要素）增加2 000 000元。企业举债、吸收投资等筹资交易，均属于该类经济交易与事项。该类经济交易与事项会导致新的资金进入企业，从而使得企业的资金总额增加。

资产增加、负债或所有者权益同时增加的经济交易与事项，可以细分为"资产增加、负债同时增加"和"资产增加、所有者权益同时增加"两种。

第二种类型：资产减少、负债或所有者权益同时减少的经济交易与事项

该类经济交易与事项的发生，使得相应的资产要素与负债或所有者权益要素同时发生减少变动，且其金额相等。比如，企业以银行存款偿还银行长期贷款180 000元，该项交易使得企业的银行存款（资产要素）减少180 000元，同时原来所欠的长期借款（负债要素）也减少180 000元。又如，企业股东大会决定减少注册资本700 000元，现以银行存款向投资者退回其相应投入资本。该项交易使得企业的银行存款（资产要素）减少700 000元，同时投资者投入到企业的资本——企业的实收资本（所有者权益要素）减少700 000元。企业偿还各种债务、减少注册资本（减资）等交易，均属于该类经济交易与事项。该类经济交易与事项会导致原有资金退出企业，从而使得企业的资金总额减少。

资产减少、负债或所有者权益同时减少的经济交易与事项，可以细分为"资产减少、负债同时减少"和"资产减少、所有者权益同时减少"两种。

第三种类型：资产要素内部有增有减变动的经济交易与事项

该类经济交易与事项的发生，使得资产要素内部不同的项目发生此增彼减的变动，且增加与减少的金额相等（可以"相互抵消"）。比如，企业收回前期销售商品的货款223 000元，该项交易使得企业的银行存款（资产要素）增加223 000元，同时企业原有的应收账款债权（资产要素）减少223 000元。又如，企业购入价值为60 000元的存货一批，该项交易使得企业的存货（资产要素）增加60 000元，同时企业因为支付了60 000元的购货款而使得银行存款（资产要素）减少60 000元。该类交易实际上是指企业不同形态资产之间的相互转换，即企业资产内部结构的调整。由于该类交易的后果是使得企业的一项资产转换为另一项资产，因此，该类交易不会影响企业的资金总额发生变化。

第四种类型：负债或所有者权益有增有减变动的经济交易与事项

该类经济交易与事项的发生，使得负债与所有者权益之间、负债要素内部或所有者权益要素内部不同项目发生此增彼减的变动，且增加与减少的金额相等。比如，在债务重组过程中，企业将长期借款300 000元转换为股权[①]，该项交易使得企业的长期借款（负债要素）减少300 000元，同时企业的实收资本（所有者权益要素）增加300 000元。又如，企业股东大会决定将资本公积金15 000 000元转增资本，该项交易使得企业的实收资本（所有者权益要素）增加15 000 000元，同时企业的资本公积金（所有者权益要素）因转出而减少15 000 000元。该类交易属于企业"总权益"（含"投资者权益"和"债权人权益"）内部结构的调整，即一项权益转换成另一项权益，仅仅属于"产权结构"的变动，因而，其不会影响企业的资金总额。

负债或所有者权益有增有减变动的经济交易与事项，可以细分为"负债与所有者权益之间有增有减变动""负债要素内部有增有减变动""所有者权益要素内部有增有减变动"等三种经济交易与事项。

以上四种基本类型的经济交易与事项如图2-8所示。

除上述四种基本类型的经济交易与事项外，从"资产+费用=负债+所有者权益+收入"的平衡等式中，还可以推断出另外两种基本的经济交易与事项：

第五种类型：收入增加、资产同时增加的经济交易与事项

该类经济交易与事项的发生，使得企业的收入与资产同时发生增加变动，且其

[①] 将企业债权人的债权（即企业负债）转换为股权，称为"债转股"。

	资产	=	负债	+	所有者权益
第一种类型		+		+	
第二种类型		−		−	
第三种类型		{ + −			
第四种类型				{ + −	

图 2-8 四种基本类型的经济交易与事项

金额相等。比如，企业对外销售商品 80 件，每件售价 500 元，货款共计 40 000 元。该项交易使得企业的商品销售收入（收入要素）增加 40 000 元，同时企业收到的银行存款或形成的应收账款债权（资产要素）增加 40 000 元。该类经济交易实际上属于取得收入的交易。企业取得收入的同时，必然会形成新的资产。严格地讲，企业所实现的收入具体体现在"流入"企业的经济利益即资产上。企业所实现收入的数量，可以通过新增加的资产数量来判断和确定。企业取得收入所新增的资产，可以是现金资产，也可以是非现金资产（如应收账款、应收票据等债权）。

第六种类型：费用增加、资产同时减少的经济交易与事项

该类经济交易与事项的发生，使得企业的费用增加而资产同时减少，且其金额相等。比如，企业以现金缴纳当月管理部门电费 700 元，该项交易使得企业的管理费用（费用要素）增加 700 元，同时企业持有的现金（资产要素）减少 700 元。又如，企业生产产品领用原材料 1 000 元，该项交易使得企业所生产产品的直接材料费用（费用要素）增加 1 000 元，同时企业持有的原材料存货（资产要素）减少 1 000 元。实质上，"费用是资产的一种转化形式"，费用的产生意味着资产被耗用（包括直接或间接耗用）。由于费用的发生是以资产的消耗为前提，因此，特定费用的增加必然会导致特定资产的减少[①]。

应当指出，严格意义上的经济交易类型并不止上述六种。比如，"企业发生修理费用但暂未实际支付"，该项交易属于费用与负债要素同时增加的经济交易；在预收货款的情况下"实际交付商品"，该项交易属于收入要素增加而负债要素同时减少的经济交易，等等。当然，上述六种类型的经济交易与事项，是最基本的经济交易与事项。

三、经济交易与事项对会计要素的影响分析

就企业的基本经济交易而言，第一种类型和第二种类型的经济交易与事项发生后，影响到"资产 = 负债 + 所有者权益"会计等式两边（左边和右边）的会计要素

---

① 费用的发生会导致资产的减少，但从企业的生产经营过程看，这种"资产减少"有两种后果：一是资产真正流出企业（如支付广告费等），二是形成另一种新的资产（如产品生产耗用材料等）在未来流出企业。

同时发生变化，这些经济交易会导致企业的资金（资产）总额发生变动。第三种类型和第四种类型的经济交易与事项发生后，只影响到会计等式某一边（左边或右边）的会计要素发生变化，这些经济交易与事项不会导致企业的资金（资产）总额发生变动。

总之，经济交易与事项的发生，必然会导致相关会计要素发生变动，但不会影响会计等式的平衡关系。

例：红旗公司在某月份发生了下列经济交易与事项：
（1）购入办公楼一栋，总价款 1 800 000 元，已用银行存款付清。
（2）用银行存款支付已到期的 1 年期短期贷款 250 000 元。
（3）增发新股 1 200 万股，每股 1 元，实际收到 12 000 000 元存入银行。
（4）销售商品 800 件，销售单价为 50 元，货款 40 000 元暂未收到。
（5）开出转账支票，金额 57 000 元，支付当期设备维护费用。
（6）将其资本公积金 2 600 000 元转增资本。
（7）开出现金支票，金额为 60 000 元，预付下季度电费。
（8）收到东方公司支付的购货款 55 000 元（该商品于上月初销售）。
（9）生产 A 产品投入原材料 500 公斤，总金额为 16 000 元。
（10）购入生产设备一批，总价款 820 000 元，款项暂未支付。

上述经济交易与事项对会计要素的影响及其结果如表 2-2 所示。

表 2-2　　　　　　经济交易与事项对会计要素的影响分析

交易序号	影响结果					备注
	资产	费用	负债	所有者权益	收入	
（1）	+1 800 000 -1 800 000					第三类交易
（2）	-250 000		-250 000			第二类交易
（3）	+12 000 000			+12 000 000		第一类交易
（4）	+40 000				+40 000	第五类交易
（5）	-57 000	+57 000				第六类交易
（6）				+2 600 000 -2 600 000		第四类交易
（7）	-60 000 +60 000					第三类交易
（8）	+55 000 -55 000					第三类交易
（9）	-16 000	+16 000				第六类交易
（10）	+820 000		+820 000			第一类交易
合　计	12 537 000	73 000	570 000	12 000 000	40 000	

附录 1

会计要素的国际视角

一、美国财务会计准则委员会和国际会计准则理事会所确立的财务报表要素

美国财务会计准则委员会（FASB）于 1973 年成立后，对财务会计准则所依据的会计基本理论进行了系统研究，其成果主要体现在 1978 年开始发布的一系列"财务会计概念公告（SFAC）"中。在 1985 年 12 月发布的第 6 号"财务会计概念公告"——《财务报表要素》中，FASB 确立了资产、负债、权益（所有者权益）、业主投入（Investment by Owners）、业主分派（Distributions to Owners）、综合收益（Comprehensive Income）、收入、费用、利得和损失等十项财务报表要素，并对各要素的含义与内容进行了界定。

国际会计准则委员会（IASC）1989 年 7 月发布的《编报财务报表的框架》以及国际会计准则理事会（IASB）2018 年 3 月发布的《财务报告概念框架》，确立了资产、负债、权益、收益和费用等财务报表要素。同样，该文献对各个要素的含义与内容进行了界定。

总体上看，我国与美国财务会计准则委员会、国际会计准则理事会所确立的资产、负债和权益（所有者权益）要素基本相同，主要差异在于收入、费用和利润要素。我国与美国采用狭义的收入与费用要素概念，而国际会计准则理事会则采用广义的收和费用要素概念（收益要素中包含了利得，费用要素中包含了损失）。

二、利得、损失和全面收益要素的含义

利得、损失、综合收益是美国第 6 号财务会计概念公告中单独设立的财务报表要素。与美国不同的是，我国从规范化的角度将利得、损失等要素的内容进行了适当归并，将其放在利润要素和所有者权益要素中。

（一）利得与损失

由于企业经济活动的复杂性以及其面临众多的不确定性，在企业的活动中，有时可能会产生一些与企业主要生产经营过程无关的净资产变动，如罚款或赔偿收入或支出、对外捐赠支出、自然灾害造成的损失等。尽管它们不是企业经营活动的成果，不构成经营收益，但其会影响实际的利润总额。这些与企业正常活动不直接相关的有利或不利事项，通常被称之为利得或损失。

美国第 6 号财务会计准则概念公告认为，"利得是某一个体除来自营业收入或

业主投入以外,来自边缘性或偶发性交易以及来自一切其他交易和其他事项与情况的权益(净资产)之增加"。"损失是某一个体除出于费用或业主派得以外,出于边缘性或偶发性交易以及出于一切其他交易和其他事项与情况的权益(净资产)之减少"。

国际会计准则认为,利得代表了经济利益的增加,其包括了除收入以外的"其他项目",如"变卖非流动资产所发生的收益";损失代表了经济利益的减少,它是指除了费用以外的"其他项目",包括"由水灾或火灾等灾害形成的项目,也包括在处理非流动资产时发生的项目"。

我国的企业会计准则中没有设立单独的利得和损失要素,但在利润要素中包含了利得和损失的内容,同时,一部分利得和损失还体现在所有者权益要素中。

利得与损失具有以下特征:(1)利得与损失交易与企业正常的生产经营活动不同,其发生具有偶然性,且发生频率较低。(2)利得类似于收入,但没有相应的费用或成本与之"配比";损失类似于费用,但没有相应的收入与之"配比"。(3)利得与损失源自于不同的交易,其相互间不存在因果关系。

(二)综合收益

美国财务会计准则委员会(FASB)于1997年6月发布第130号财务会计准则——《报告综合收益》,要求企业在财务报告中披露"综合收益"信息。实际上,第6号财务会计概念公告早在1985年就确立了"综合收益"要素,并赋予了其定义。它认为,综合收益是"企业在报告期内,从业主以外的交易以及其他事项和情况中所产生的权益的变化。包括报告期内除业主投资和派给业主款外,一切权益上的变化"。

实质上,综合收益是一个含义宽泛的"利润总额"概念。在内容上,综合收益既包括企业的经营收益和投资收益(即营业利润),也包括其他收益;既包括收入、费用,也包括利得和损失;既包括已经实现的收益,也包括已经确认但尚未实现收益(如未实现的资产持有利得或损失、未实现的汇兑损益、衍生金融工具持有利得或损失等)。综合收益是一个"不注重利润实现过程而只注重结果"的利润总额概念,即不论何种原因形成的"利润"或"收益"都包括在其中。这些"利润"或"收益"可能与当期管理当局经营管理工作的努力相关,也可能无关(如属于外部资本市场变化的结果)。

美国财务会计准则委员会发布的第130号"财务会计准则公告"——《报告综合收益》认为,综合收益由"净收益"和"其他综合收益"构成。净收益根据收入、费用、利得和损失确定,而其他综合收益主要包括诸如"外币折算调整""最低退休金负债调整""可出售证券上未实现的利得和损失""现金流量套期保值的利得和损失"等内容。

我国《企业会计准则第30号——财务报表列报》确立了"综合收益"的概念,认为综合收益由净利润(利润总额扣除所得税)和其他综合收益(未计入当期损益的利得和损失）构成。同时，要求在利润表中披露其他综合收益与综合收益总额信息。

附录 2

关于会计等式

会计等式用来描述资产、负债、所有者权益、收入和费用等会计要素之间的相互联系。其目的在于通过它来描述、归纳企业经济活动及相关资金运动的基本规律。

然而，国内、外有关论著或教材，对会计等式的界定和理解尚存在不小差别，有的其至还存在误解。例如，美、英等国的大学会计教材中，均以"资产＝权益"或"资产＝负债＋权益（业主权益）"作为会计等式。而我国则将"资产＝负债＋所有者权益"和"收入－费用＝利润"都作为"会计方程式"。有的学者进一步认为，"由于收入是取得利润的基础，是利润的增加因素；费用（成本）是利润的减少因素，利润又是企业资金来源增加的一种渠道"。因此，"资产＝负债＋权益"会计方程式与"收入－费用＝利润"会计方程式，可以综合为"资产＋费用＝负债＋权益＋收入"会计方程式。

美、英等国均以"资产＝负债＋权益"会计等式为基础，来阐述财务会计程序中各种方法的建立与运用，但却未将"综合收益＝（收入－费用）＋利得－损失"作为会计等式。经分析得出的主要原因可能是：（1）以"资产＝负债＋权益"为依据阐述复式记账等方法的理论基础，已经可以得出合理而完整的解释，加入其他会计等式也许会"多此一举"。（2）"综合收益＝（收入－费用）＋利得－损失"会计等式只能说明收益（利润）与收入、费用等的量化关系，而并不能揭示其在经济内容上的内在联系。

在如何完整揭示财务会计对象——企业经济活动及其资金运动所具有的内在规律方面，我国会计学者的研究成就明显地超过了西方学者。这不仅与我国学者的研究方法、研究角度有关，也与我国学者的价值观念相关。但遗憾的是，我国会计学者却未能全面揭示两个会计等式之间的固有关系，也无法提供"综合会计等式"成立的充分理由。不少学者将"资产＋费用＝负债＋所有者权益＋收入"理解为"期末资产＋费用＝负债＋期初所有者权益＋收入"，实际上是一种误解。

归结起来，现行会计等式的确立存在的主要问题有：（1）由于对"利润（收益）"要素的认识不同，人们往往只注重"资产＝负债＋所有者权益（业主权益）"结构模式的理解与运用，而忽略了"收入"和"费用"要素及其关系。比如，国际会计准则不单独认可"利润"要素，但美国财务会计准则不仅单独设立了"全面收益"要素，而且细分了"收入"和"利得""费用"和"损失"等要素。（2）无法解释资产、负债、业主权益等要素与收入和费用要素之间的内在联系。对于资金运动静态会计要素之间的关系，人们的理解几乎是一致的，但对于动态与静态会计要素之间关系的看法却相去甚远（因而多数著作干脆避而不谈）。

会计等式的目的在于揭示企业经济活动及其资金运动的基本规律，其直接作为账户、复式记账等会计特有方法的理论基础。确立会计等式，应该从企业资金运动及其经济业务本身的固有规律入手。企业的经济业务，主要包括资金的进入（如吸收投资和借款等筹资）与退出（如分派和偿债等）和内部营运使用。资金进入与退出企业，导致企业的资产、负债和所有者权益要素发生变化，资金在企业内部的营运使用实质上就是一个不断投入资金（发生费用）和不断收回新资金（取得收入）的过程，因而其在会计上表现为费用和收入的变化。费用发生与收入取得过程，同时也是消耗旧资产、产生新资产的过程，而且，费用的发生与收入的形成，始于资产又归于资产，因此，收入与费用对比的结果（损益）仅仅表明资产的增减量。

会计等式对会计要素及其关系的揭示与表达，应该包括以下方面：

（1）企业的经济活动始于会计期初已有的资产、负债和所有者权益。因此，会计期内收入与费用发生前（即会计期初）的会计要素关系为：

资产 = 负债 + 所有者权益 ·················· 静态会计等式

（2）期内经济业务的发生，就其对会计要素的影响看，包括两类：涉及收入与费用的经济业务和不涉及收入与费用的经济业务。在内容上，涉及收入与费用的经济业务主要是：消耗资产（或产生债务）而形成费用，取得收入而增加资产（或偿付债务）；而不涉及收入与费用的经济业务主要是：企业发生筹资、偿债及分派事项。会计期内会计要素的变化关系为：

资产 + 费用 = 负债 + 所有者权益 + 收入 ·················· 动态会计等式

动态会计等式是对企业经济活动"动态过程"的完整描述。由于"运动是绝对的，而静止是相对的"，因此，动态会计等式是揭示会计要素关系的典型模式。换言之，其重要性要远远高于静态会计等式。在动态会计等式中，"资产""负债""所有者权益"等要素，均以"变动"的身份出现。如，资产要素是指"资产的变动"，负债要素是指"负债的变动"等，而不是所谓的"期初数"。收入、费用要素本身属动态要素，意味着资金的"运动形式"。正因为各个要素以"动态"出现，因此，资产与负债、资产与所有者权益、资产与费用、资产与收入等要素之间在资金运动过程中的相互依存关系，一目了然。

有人将动态会计等式中的资产、负债、所有者权益视为其"期初数"以及"利润未结转前的期末数"，是不符合企业经济活动及其业务的现实情况的。动态会计等式揭示和描述的是企业经济活动及其业务发生（基本要素变化）的过程，而不是结果。实际上，资产、负债、所有者权益等要素随着企业经济活动及其业务的发生，总是处于变动状态之中。不间断的"动""静"互变是这些会计要素存在的必然形式，也是其存在的基本形式。因此，在动态会计等式中，它们均以其"变动状态"

出现（而不是静态情况）。依照这种思路，既可以还上述会计等式以"本来面目"，又可以避免依据动态会计等式而得出"收入＝费用"的荒谬结论。

（3）企业特定期间的经济活动又止于会计期末已经形成的新的资产、负债和所有者权益。会计期末根据收入与费用相配比原则确定利润。由于该利润实质上是"报告期内除业主投入和业主派得外的一切权益上的变化"，因此，收入与费用配比后的"差额"表现为"所有者权益"的一部分。此部分数额，正好等于期内企业经营活动中因收入和费用变动而导致的资产净增（减）额。期末确认企业期内经济活动而导致的"所有者权益"变动之后，会计要素的基本关系复归为以下形式（但数量已经发生变化）：

资产＝负债＋所有者权益……………………………………静态会计等式

由于企业资金运动是其动态表现与静态表现的内在结合，因此，揭示资金运动规律的会计等式也必然地分为动态会计等式和静态会计等式。静态会计等式揭示企业资金运动在相对静止状态下的存在规律，而动态会计等式揭示企业资金运动在绝对运动过程中的变化规律。

以会计期间假设为基础、由财务会计基本要素构成如下所示。

期初：资产＝负债＋所有者权益……………………………静态会计等式
期内：资产＋费用＝负债＋所有者权益＋收入……………动态会计等式
期末：资产＝负债＋所有者权益……………………………静态会计等式

由于资金运动存在的"动态"特征，会计等式也表现为一种变动的"模式群"。在"时间观念"上，会计等式群涵盖了期初、期内、期末紧密衔接的全过程的资金运动；在"空间观念"上，会计等式群包容资金运动的静态和动态内容。在期初，静态会计等式表现资金运动的初始状态，其揭示的会计要素数量关系均是"期初数"，会计等式实际上就是"期初资产＝期初负债＋期初所有者权益"。在期内，动态会计等式表现资金运动的变动状态，其揭示的要素数量关系均是"变动数"，会计等式实际上就是"资产变动＋费用发生＝负债变动＋所有者权益变动＋收入取得"。在期末，新的静态结构模式所表现的经济意义与期初结构模式相同，但说明的是新的数量关系。

思考题

1. 分别以一个制造性企业和一个商品流通企业为例，描述其经济活动及其资金运动的具体内容。
2. 企业的现金流转如何贯穿其经济活动的全过程？
3. 企业的资金及其运动与会计要素之间是什么关系？
4. 能够给企业带来未来经济利益的资源是否都属于企业的资产？为什么？
5. 企业的负债与所有者权益之间有何相同点和不同点？
6. 企业的资产与其负债、所有者权益之间存在何种关系？

7. 企业取得收入、发生费用会如何影响到企业的资产发生变动？请举例说明。
8. 如何理解"资产 = 负债 + 所有者权益"？
9. 企业在某一期间实现了盈利（即获得利润）是否会使得企业该期末的资产总额增加？为什么？
10. 从会计要素的角度看，企业可以通过哪些渠道获得新的资金？为什么？
11. 如何理解和描述经济交易、会计要素、资金运动、经济活动之间的关系？
12. 经济交易与企业现金流转有何关系？
13. 经济交易与事项有哪几种类型？各类经济交易与事项有哪些特点？

练习题

（一）目的：掌握会计要素的内容

1. 资料

天豪公司 2019 年 6 月 30 日财务状况的详情如下：

（1）在用的厂房机器设备等价值 600 万元；
（2）洞天公司以银行存款方式投入的资本 900 万元；
（3）上一年度未分配的利润 80 万元；
（4）购入竹园公司商品未支付的货款 40 万元；
（5）企业存入市建设银行的款项 120 万元；
（6）企业库存的原材料 240 万元；
（7）已经完工但尚未出售的产品 300 万元；
（8）预先收取的大地公司购货款 18 万元；
（9）暂时支付给职工李杨等三人的差旅费 1 万元；
（10）上月未支付的工资费用 15 万元；
（11）从市工商银行借入的一年期贷款 50 万元；
（12）职工张华在公司的临时借款 1 万元；
（13）未支付给洋溢公司的利润 30 万元；
（14）企业拥有的专利权价值 76 万元；
（15）企业收取的武德公司押金 3 万元；
（16）未收回康明公司的购货款 320 万元；
（17）从市建设银行借入的三年期贷款 500 万元；
（18）欠交所得税款 22 万元。

2. 要求

（1）分析、判断上述各项目是否属于资产要素或负债要素或所有者权益要素。
（2）确定天豪公司 2019 年 6 月末的资产数额、负债数额和所有者权益数额。

（二）目的：掌握会计要素的内容

1. 资料

明月公司主营家具的生产和销售，其2019年6月有关收入、费用和利润的情况如下：

（1）销售家具400套，货款总计500万元（该家具的生产成本为320万元）；

（2）购入木材1 000立方米，货款总计380万元；

（3）生产家具、公司管理部门维修分别耗用木材计30万元和0.3万元；

（4）销售积压木材一批，货款总计1万元（该批木材购进成本为0.8万元）；

（5）家具生产工人、车间管理人员、公司行政管理人员、专职销售人员的工资费用分别为6万元、2万元、3万元、5万元；

（6）生产车间、公司管理部门分别耗用水电28万元和9万元；

（7）公司会议费用3.6万元；

（8）环境保护费用7万元；

（9）股票转让获利4万元；

（10）税款滞纳金与罚款计5万元；

（11）短期银行借款的利息费用6.8万元；

（12）没收押金1.5万元；

（13）生产车间、公司管理部门的固定资产折旧费用分别为4.5万元、3.5万元。

2. 要求

根据上述资料分析、判断明月公司2019年6月份的主营业务收入、其他业务收入、主营业务成本、其他业务成本、税金及附加、期间费用、经营收益、投资收益、营业外收入、营业外支出等数额。

（三）目的：掌握会计要素的内容

1. 资料

A、B、C三家公司以等额出资的方式新设立了一家咨询企业——大信咨询公司。该公司成立时，A公司投入的货币资金、B公司投入的原材料、C公司投入的机器设备等各200万元均已到账（并已验收）。同时，该公司还向工商银行借入了一年期和三年期贷款各150万元。

2. 要求

（1）分析确定大信咨询公司成立时的各项资产数、各项负债数和各项所有者权益数。

（2）计算大信公司的流动资产、长期资产、总资产、流动负债、长期负债、总负债和所有者权益总额。

（四）目的：掌握会计要素的基本关系

1. 资料

湘南公司2019年7月初资金总额为210万元，其中，投资者投入130万元，各种债务 80 万元。假设该企业 7 月份发生了以下经济活动：

（1）从银行取得长期借款 50 万元；

（2）收回光明公司欠款 4 万元；

（3）大洋公司追加投资 20 万元（银行存款）；

（4）偿还天地公司货款 15 万元；

（5）购入长阳公司股票 10 万股，计 30 万元。

2. 要求

（1）分析、计算湘南公司 2019 年 7 月末资金总额、资产总额、负债总额和所有者权益总额。

（2）假设该企业 7 月末所有者权益总额为 175 万元，推算该企业 7 月份实现的利润为多少？

（五）目的：熟悉经济交易与事项及其对会计要素的影响

1. 资料

张先生开办了一家专门为大学生服务的职业介绍中心，且其为该中心唯一的投资者。2019 年 11 月是该中心开业的首月，当月共发生以下经济交易与事项：

（1）张先生以个人财产 100 000 元投资创办该中心。

（2）支付当月房屋租金 5 000 元。

（3）添置办公家具与设备共计支出 30 000 元。

（4）购买纸、笔等办公用品 120 元。

（5）12 日为 5 名大学生介绍家教工作，收取费用 50 元。

（6）23 日工作人员出差，暂借旅费 2 000 元。

（7）支付当月水电费 1 800 元。

2. 要求

分析上述各项经济交易对会计要素以及会计等式的影响，并完成下表。

交易序号	经济交易的影响结果					交易类型
	资产	负债	所有者权益	收入	费用	

（六）目的：熟悉经济交易与事项及其对会计要素的影响

1. 资料

新街公司 2019 年 10 月初拥有资金总额 1 000 万元,其中,负债 400 万元。假设当月仅发生下列经济交易:

(1) 支付上年度所购商品货款 200 000 元。
(2) 从银行取得 3 年期贷款 2 000 000 元。
(3) 东明公司以专利权一项(价值 500 000 元)追加对该公司投资。
(4) 收回上月销售商品货款 300 000 元。
(5) 购买车床一台,价值 120 000 元,货款以银行存款付清。
(6) 收到大明公司支付的购货款 80 000 元(合同约定于下月底交货)。

2. 要求

(1) 计算新街公司 10 月末的资金数额以及资产、负债和所有者权益数额。
(2) 假设该公司 10 月末的所有者权益数额为 650 万元,推算该公司 10 月份实现的利润为多少(其他条件不变)?
(3) 逐项分析各项经济交易对会计要素的影响及其结果,并判断其属于哪种类型的经济交易?

案例分析

1. 资料

大学生刘军毕业后决心自己创业。其筹资开设了一家小型印务社,主营电脑打字、复印、公用电话、传真等业务。该印务社已在工商行政管理部门登记注册,并已正式开业。刘军自任总经理,并聘任张政和李蕾为员工。为顺利开业,该印务社购置了两台方正电脑,两台惠普激光打印机,一台佳能高速复印机,以及传真机、电话等设备,并租用了面积为 40 平方米的商业用房作为营业场所。

2. 要求

(1) 请尽可能根据实际情况设计列示该印务社开业时的资产、负债和所有者权益的详细情况(各项目应注明具体内容和实际金额)以及资产总额、负债总额和所有者权益总额。

(2) 假设该印务社已经营业一个月,请列示其所发生的各项收入和费用(注明项目名称及其具体内容)。

提示:本案例中的各项目金额通过调查及合理估计确定。

第三章

账户与复式记账

就会计信息处理的基本过程来看，企业首先应当对经济交易与事项进行确认和计量，并采用科学的记账方法将会计确认和计量的结果在账户中完整地记录下来，在会计期间终了时按信息使用者的要求披露给企业的利益相关者。如何记录企业的经济交易与事项，涉及会计中设置会计账户和复式记账这两种特有方法。本章主要阐述会计账户和复式记账的基本原理。

第一节 会计科目与账户

一、会计科目的含义与依据

（一）会计科目的含义

作为一种优化配置资源的经济组织，企业的经济活动十分复杂。从会计的角度看，企业既有发行股票、债券、向银行借款等筹资（融资）活动，也有采购商品（材料）、生产产品和销售商品（产品）等基本的生产经营活动，还有以获得收益为目的的购入股票、债券等投资活动。企业的这些经济活动必然会导致企业的资金发生变动，并体现为资产、负债、所有者权益、收入、费用和利润等会计要素发生变化。

会计上，对企业经济活动的确认、计量、记录和报告，实际上表现为对资产、负债、所有者权益、收入、费用和利润等会计要素进行确认、计量、记录和报告。会计要素作为从会计视角对企业经济活动及其资金运动的一种基本分类，仅仅是企业经济活动及其资金运动具体内容的一种"框架"。因此，会计信息系统的正常运行，还需要对会计要素及其内容进行细分。

按一定标准对会计要素的内容进行分类的具体项目，在会计上被称为"会计科目"（简称"科目"）。例如，将资产要素进一步分类为库存现金、银行存款、应收账款、应收票据、其他应收款、存货、长期股权投资、固定资产、无形资产等项目，即产生"库存现金""银行存款"等会计科目。同理，将负债要素进一步分类，产生"短期借款""应付账款""应付票据""应付职工薪酬""应付股利""应交税费""应付利息""其他应付款""长期借款""应付债券""长期应付款"等会计科目；将所有者权益要素进一步分类，产生"实收资本（股本）""资本公积""盈余公积""本年利润""利润分配"等会计科目；将收入要素进一步分类，产生"主营业务收入""其他业务收入"等会计科目；将费用要素进一步分类，产生"主营业务成本""其他业务成本""管理费用""销售费用""财务费用"等会计科目。

（二）会计科目的设立依据

企业对会计要素进行细分、设置会计科目的标准或依据，主要是企业经济活动及其资金运动的客观规律和会计目标的基本要求。

企业经济活动的产生，企业资金及其变化，具有客观存在的内在规律。因此，对其进行不同层面的分类时，必须遵循并体现经济活动及其资金运动本身固有的规律。例如，将企业存入银行的各种不同款项，归类为"银行存款"项目（即"银行存款"科目）。从客观属性来看，银行存款属于企业拥有的一类资产，其既不同于企业持有的现款，也不同于企业仓库中存放的原材料或商品。

会计科目的设置还必须考虑会计目标的基本要求。企业会计的基本目标在于向投资者、债权人等信息使用者提供具有决策有用性的会计信息，因此，会计科目的设置应当体现会计信息使用者对信息指标的需求。例如，企业的利益相关者需要了解企业的固定资产原始价值及净值信息，企业便将使用期限超过一年、单项价值较高（如大于5 000元）的厂房、机器、设备、工具等归类为"固定资产"项目，并同时设置"固定资产"科目和"累计折旧"两个会计科目，分别反映固定资产原始价值和累计折旧价值（根据两者的差额即可确定固定资产净值）。实际上，根据会计信息使用者的特殊信息需求，企业对会计要素内容的细分可以延伸至不同层面。在我国会计实务中，企业往往设置两个甚至三个层次的会计科目，即总分类科目和明细分类科目，或者总分类科目（一级科目）、二级科目和明细分类科目。

由于会计科目直接涉及会计信息指标的内容，因此，我国政府通过制定并颁布《企业会计准则应用指南》对会计科目的设置与使用做出了指导和要求。在美、英等国，会计准则只对经济交易与事项的确认、计量和报告问题做出规定，而一般不涉及会计科目及其使用问题。

二、会计账户及其结构与功能

（一）会计账户的含义与特点

企业的经济交易与事项发生以后，必然会影响到会计要素及其具体内容发生增减变动，因此，会计上需要借助于适当的方式或"工具"对这种变动的过程与结果进行记录。会计账户就是用来记录经济交易与事项及其所引起的会计要素具体内容变动情况的一种"工具"。例如，为了反映企业库存现金的增减变动及其现时持有数量，就要设置"库存现金"账户，并在此账户中进行记录；对于企业从银行等机构借入的不超过一年的债务的增加、偿还及结余情况，在设置的"短期借款"账户中进行记录；对于反映企业因销售产品（商品）、提供劳务等日常经济活动而取得的收入，在设置的"主营业务收入"或"其他业务收入"账户中进行记录，等等。

在账户中记录经济交易与事项，是会计反映经济活动的特有方法。会计账户的主要特点是：

1. 账户提供分类的会计信息

企业的利益相关者以及企业的管理层等均需要关于企业经济活动完整而系统的会计信息。实际上，企业会计信息指标体系首先是由账户及其体系来决定的。针对企业经济活动及其资金运动的全部内容，会计上首先需要根据会计要素的具体内容，科学合理地确立会计科目，并根据会计科目开设用来记录经济活动及其资金运动情况的账户。例如，为记录资产要素及其具体项目的变化，根据资产类会计科目设立"库存现金"账户、"银行存款"账户、"交易性金融资产"账户、"应收账款"账户、"应收票据"账户、"其他应收款"账户、"原材料"账户、"库存商品"账户、"长期股权投资"账户、"固定资产"账户、"无形资产"账户等。记录其他会计要素亦是如此。每一账户记录一个特定方面的经济活动及资金变化情况，实际上是提供某一特定内容（如资产、负债、所有者权益、收入、费用及其具体项目等）的经济信息。例如，"应收账款"账户记录因销售商品或提供劳务而形成的债权、收回的债款以及该种债权的持有数量，实际上是提供关于企业应收账款债权资产的系统化的会计信息。依次类推，"无形资产"账户提供企业专利权、商标权等无形资产的取得、减少及其持有数量，实际上是提供关于企业无形资产的系统化的会计信息，等等。账户所提供的分类会计信息，是反映企业全面、完整会计信息的财务报表产生的基础。

2. 账户提供连续性的会计信息

账户在对某一类（如库存现金、短期借款等）会计信息进行记录时，必须具有连续性而不能间断。例如，在库存现金账户中记录企业持有现款的增加和减少情况时，必须完整地予以记录而不得遗漏。必要时，对现金交易与事项的记录还必须保持交易与事项发生时间的原有次序。在固定资产账户中记录企业各种固定资产的取得和减少时，同样应当及时、完整地加以记录而不得遗漏。就某一个账户而言，该账户自企业该项资金或交易与事项（如原材料、产成品、应交税费、制造费用、主营业务收入等）产生之日始，即对其进行连续不断的记录。就会计期间而言，某一账户对某项资金或交易与事项在前后不同期间的变化情况都予以连续不断的记录，提供该项资金及其交易的"历史"和"现时"情况。

（二）会计账户的结构和功能

1. 账户的基本结构

账户用来记录经济交易与事项，反映会计要素具体内容的增减变动及其结果。作为一种记录经济交易与事项的"工具"，账户具有特定的结构（账户在会计实务中的具体物质形式表现为账簿及其账页）。由于特定记录对象最基本的数量变动客观上只有增加和减少两种现象，因此，为了完整、清晰地反映这种变动，在每个账户中都应分开记录其数量的增加和数量的减少。同时，由于会计上必须以特定期间为基础（即会计期间假设）对企业经济活动及其结果进行总结计算，因而，账户还必须记录资金项目在特定期间增减变动的结果。基于此，账户的基本结构分为记录资金项目"增加""减少"和"增减变动结果（即余额）"的三部分。这一基本结构不会因企业在会计实务中所使用的账户（账簿）具体格式不同而发生变化。

在会计实务中，账户的基本结构（即账页的基本格式）① 如表 3-1 所示。

表 3-1　　　　　　　　　　　账户的基本结构

时间（年 月 日）	经济交易与事项（经济业务）	增　加	减　少	余　额

以简化的"T"字形表示，账户的基本结构如图 3-1 所示。

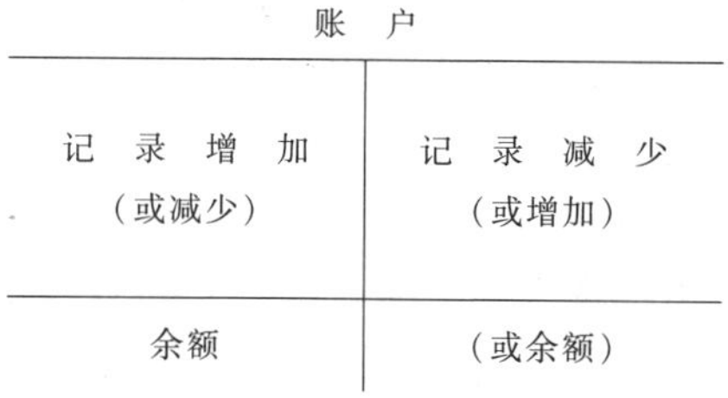

账　户	
记　录　增　加（或减少）	记　录　减　少（或增加）
余额	（或余额）

图 3-1　"T"字形账户结构

就"T"字形账户结构来看，每一个账户分为左右两方，一方登记增加数，另一方登记减少数。并且，每一个账户的左右两方都是按相反方向来记录增加额和减少额的。如果在左方记录增加额，就应该在右方记录减少额；反之，如果右方记录增加额，则左方就应该记录减少额。从数理关系来看，同一记录对象在特定会计期间增减变动的结果（即余额）应当保留在记录增加的方向（没有余额时为零，说明总的增加数与减少数相等）。至于账户的哪一方登记增加数，哪一方登记减少数，则是由企业所采用的记账方法和所记录的经济内容来决定的。

---

① 账户的基本结构在账簿中体现为三栏式账页，其他格式如数量金额式、多栏式等实际上是三栏式格式演变的结果。

2. 账户的基本功能

某一特定账户提供企业经济活动中某一特定资金项目增减变动及其结果的具体信息，全部账户则可提供企业经济活动的完整会计信息。就某一特定账户而言，其提供的会计信息可以分为两类：一类是资金项目在特定会计期间的增加或减少的情况，另一类是资金项目在会计期末的增减变动结果。前者被称之为账户的"本期发生额"，而后者被称之为账户的"余额"。

账户的本期发生额说明特定资金项目在某一会计期间增加或减少变动的状况，提供该资金项目变化的动态信息。因此，其属于"动态"经济指标范畴。从内容来看，账户的本期发生额包括反映增加变动的本期发生额和反映减少变动的本期发生额两种（即本期增加发生额和本期减少发生额）。账户的余额说明特定资金项目在某一时日或某一时刻（如期初、期末）的存在状况，即"相对静止"条件下的表现形式。因此，其属于"静态"经济指标范畴。依时点不同，账户余额分为期初余额和期末余额两种。

账户提供的会计信息指标如图3-2所示。

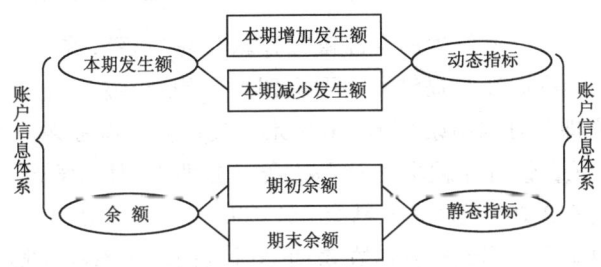

图3-2 会计账户信息指标的内容与性质

每个账户一般均能提供期初余额、本期增加额、本期减少额及期末余额等会计信息。账户记录的本期增加额和本期减少额是特定资金项目在会计期间内总的变动情况，而期初余额和期末余额则反映每一账户所记录的特定资金项目在特定会计期间变动的结果。本期期初余额是上一会计期间资金变动的结果，以此为基础将本期增加额与本期减少额加以比较，其结果即构成账户的期末余额。就同一账户而言，期初余额、期末余额、本期增加发生额、本期减少发生额的基本关系为：

期初余额 + 本期增加发生额 - 本期减少发生额 = 期末余额

或

期初余额 + 本期增加发生额 = 本期减少发生额 + 期末余额

以"银行存款"账户为例，说明账户提供的会计信息的基本内容。企业的"银行存款"账户连续、完整地记录特定企业在某一会计期间的全部银行存款交易与事项。某企业银行存款账户2019年10月的记录内容如表3-2所示。

表 3-2　　　　　　　　　　"银行存款"账户

时间 （年月日）	经济交易与事项 （经济业务）	增　加	减　少	余　额 （增减结果）
2019.10.1	月初结余			912 100
2019.10.1	将现金存入银行	100 000		1 012 100
2019.10.7	支付设备修理费用		4 000	1 008 100
2019.10.10	购买办公用品		5 000	1 003 100
2019.10.11	归还短期借款		200 000	803 100
2019.10.18	支付环保费用		60 000	743 100
2019.10.21	支付材料买价		320 000	423 100
2019.10.26	支付罚款		10 000	413 100
2019.10.31	支付本月水费		18 000	395 100
2019.10.31	支付员工加班津贴		34 000	361 100
	本月发生及月末结余	100 000	651 000	361 100

该企业 2019 年 10 月所发生的全部银行存款交易与事项被完整地记录在其银行存款账户中。该银行存款账户提供了"两类四种"银行存款信息指标，即银行存款本月月初结余（亦即 9 月末结余）912 100 元，银行存款本月共计增加 100 000 元，共计减少 651 000 元，银行存款本月月末结余（亦即 11 月初结余）361 100 元。银行存款的月初结余 912 100 元和月末结余 361 100 元，分别说明银行存款在 10 月月初和月末的结存数量，表明银行存款在这两个时点的静态情况。银行存款账户的本月发生额，分别说明了该企业在 10 月份共计取得（收到）了银行存款 100 000 元，共计支用了银行存款 651 000 元，表明银行存款在会计期间内增减变化的动态情况。

三、会计科目与账户的基本关系

从理论上讲，会计科目与会计账户存在差别。会计科目是对会计要素的具体内容进行科学分类的项目名称，如对资产要素的具体内容进行分类，产生库存现金、银行存款、交易性金融资产、应收账款、应收票据、其他应收款、原材料、库存商品、固定资产等项目，这些项目的名称即为"会计科目"。就账户本身而言，账户作为一种用来记录会计要素的具体内容及其变化情况的"工具"，具有特定的结构和物质形式，而不仅仅是"分类的结果"。在我国会计实务中，会计账户是按照会计科目来设立的，因而使得会计科目仅仅以"账户的名称"出现。有什么会计科目，就会有什么账户。因此，我国会计实务中并未严格区分"会计科目"与"账户"的概念，两者甚至是相互混用的[①]。

---

① 除特别说明外，本教材也不严格区分会计科目和账户的概念。

四、会计账户（或会计科目）体系

1. 账户体系结构

企业所设立的账户，必须能够完整地记录企业的全部经济交易与事项。账户作为一种用来记录企业经济活动及其资金运动的工具，首先取决于经济活动的内容与特征。企业的共性（如"盈利目标""契约性质"等），决定了不同企业所设置的账户及其体系同样具有"共性"。然而，企业经济活动的内容与特征不同，其所设置的账户及其体系会存在一定差别。比如，制造性企业与商品流通企业、工商企业与金融企业、建筑企业与服务企业等之间，其账户设置均存在差异。同时，由于账户提供的信息是企业编制财务报表的基础，因此，账户的设置还必须考虑会计信息使用者的要求。

会计要素及其关系是建立账户体系的直接依据。会计要素及其变动是账户记录的"对象"或"客体"，其具有客观性，而账户属于用来记录会计要素具体内容变化情况的工具，其属于"方法"范畴。

从理论上讲，企业经济活动及其资金运动的客观规律，决定了账户包括资产账户、负债账户、所有者权益账户、收入账户、费用账户和利润账户等六大类。

（1）资产类账户主要包括库存现金账户、银行存款账户、交易性金融资产账户、应收账款账户、应收票据账户、其他应收款账户、原材料账户、库存商品账户、长期股权投资账户、固定资产账户、无形资产账户等。

（2）负债类账户主要包括短期借款账户、应付账款账户、应付票据账户、应付职工薪酬账户、应交税费账户、应付利息账户、应付股利账户、其他应付款账户、长期借款账户、应付债券账户、长期应付款账户等。

（3）所有者权益类账户主要包括实收资本账户、资本公积账户、盈余公积账户、本年利润账户、利润分配账户等。

（4）收入类账户包括主营业务收入账户和其他业务收入账户。

（5）费用类账户主要包括主营业务成本账户、其他业务成本账户、税金及附加账户、销售费用账户、管理费用账户、财务费用账户等。

（6）利润类账户主要包括投资收益账户、营业外收入账户、营业外支出账户等。

在我国会计实务中，为便于账户的使用，将上述账户类别重新整合为五大类，即资产账户、负债账户、所有者权益账户、成本账户和损益账户[①]。其中，资产类账户"一分为二"，即记录企业各项资产的资产账户和记录正处于生成过程中的在产品（或正在提供的劳务等）的成本账户。在产品实质上是企业的一项存货资产，

[①] 我国企业会计准则还允许设置"共同类"账户。共同性账户是指同时记录资产变化和负债变化的账户，其余额表示资产与负债期末数量的差额，余额在借方时表示资产大于负债数，余额在贷方时表示负债大于资产数。

设置生产成本账户的目的是为了计算产品的生产成本和反映产品生产成本的具体形成过程。收入账户、费用账户和利润账户"合而为一",即损益账户。

会计要素与账户体系的基本关系如图 3-3 所示。

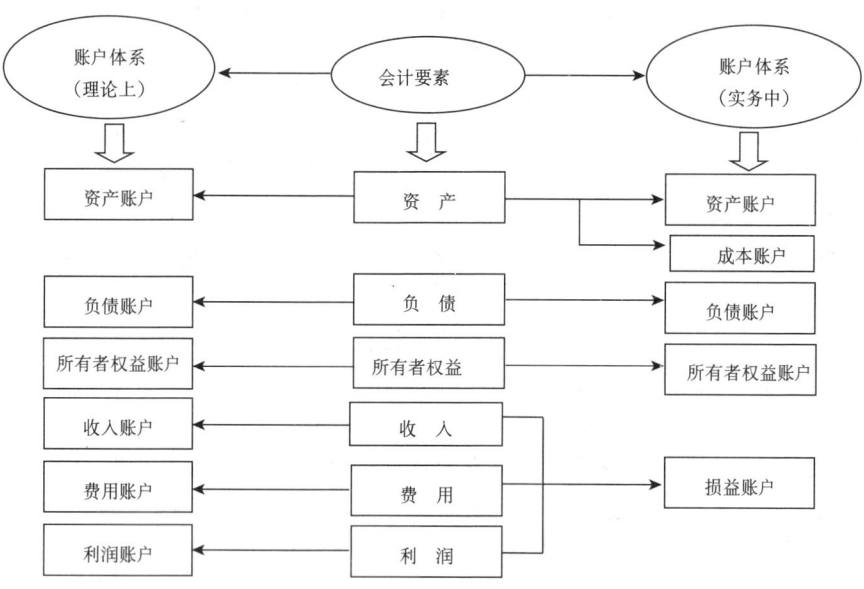

图 3-3 账户体系及其与会计要素的基本关系

我国企业会计准则所规定的企业会计账户的名称如表 3-3 所示。

2. 账户层次结构

每一个账户提供一类特定经济内容的会计信息指标。如库存现金账户提供库存现金的增减变化及其结余数额指标,原材料账户提供企业库存原材料等的增减变化及其结存数量指标,应付账款账户提供企业应付账款的形成、偿还及未偿付数额指标等。然而,由于企业内部经营管理要求的多样化及其特殊性,账户及其提供的信息指标往往还需要进一步"细分"。例如,根据材料资产的具体内容与材料资产管理的具体要求,原材料账户按材料的品种或类别被细分为"甲种材料"账户、"乙种材料"账户、"丙种材料"账户等。以此类推,库存商品账户按产品品种或类别可被细分为"A 产品"账户、"B 产品"账户、"C 产品"账户,应收账款账户按债务人可细分为"应收甲公司账款"账户、"应收乙公司账款"账户、"应收丙公司账款"账户,等等。会计上,将根据会计要素及其具体内容所设立的基本账户,称为"总分类账户(General Ledger Account)"或"一级账户",简称为"总账户",如库存现金账户、原材料账户、库存商品账户、短期借款账户、实收资本账户、主营业务收入账户、投资收益账户等。按企业经营管理的特殊要求对某一总分类账户的内容进行细分所设立的账户,称为"明细分类账户(Subsidiary Ledger Account)",简称为"明细账户",如对原材料账户内容细分所设立的"甲种材料"账户、"乙种材

表 3-3　　　　　我国企业会计账户表

顺序号	编号	名称	顺序号	编号	名称
		（一）资产类	44	2211	应付职工薪酬
1	1001	库存现金	45	2221	应交税费
2	1002	银行存款	46	2231	应付利息
3	1012	其他货币资金	47	2232	应付股利
4	1101	交易性金融资产	48	2241	其他应付款
5	1121	应收票据	49	2501	长期借款
6	1122	应收账款	50	2502	应付债券
7	1123	预付账款	51	2701	长期应付款
8	1131	应收股利	52	2702	未确认融资费用
9	1132	应收利息	53	2711	专项应付款
10	1221	其他应收款	54	2801	预计负债
11	1231	坏账准备	55	2901	递延所得税负债
12	1401	材料采购			（三）共同类
13	1402	在途物资	56	3101	衍生工具
14	1403	原材料	57	3201	套期工具
15	1404	材料成本差异	58	3202	被套期项目
16	1405	库存商品			（四）所有者权益类
17	1406	发出商品	59	4001	实收资本
18	1411	周转材料	60	4002	资本公积
19	1461	融资租赁资产	61	4101	盈余公积
20	1471	存货跌价准备	62	4103	本年利润
21	1501	债权投资	63	4104	利润分配
22	1503	其他债权投资	64	4201	库存股
23	1511	长期股权投资			（五）成本类
24	1512	长期股权投资减值准备	65	5001	生产成本
25	1531	长期应收款	66	5101	制造费用
26	1601	固定资产	67	5201	劳务成本
27	1602	累计折旧	68	5301	研发支出
28	1603	固定资产减值准备			（六）损益类
29	1604	在建工程	69	6001	主营业务收入
30	1605	工程物资	70	6051	其他业务收入
31	1606	固定资产清理	71	6101	公允价值变动损益
32	1701	无形资产	72	6111	投资收益
33	1702	累计摊销	73	6301	营业外收入
34	1703	无形资产减值准备	74	6401	主营业务成本
35	1711	商誉	75	6402	其他业务成本
36	1801	长期待摊费用	76	6403	税金及附加
37	1811	递延所得税资产	77	6601	销售费用
38	1901	待处理财产损溢	78	6602	管理费用
		（二）负债类	79	6603	财务费用
39	2001	短期借款	80	6701	资产减值损失
40	2101	交易性金融负债	81	6711	营业外支出
41	2201	应付票据	82	6801	所得税费用
42	2202	应付账款	83	6901	以前年度损益调整
43	2203	预收账款			

料"账户、"丙种材料"账户等,对库存商品账户内容细分所设立的"A产品"账户、"B产品"账户、"C产品"账户,对应收账款账户内容细分所设立的"应收甲公司账款"账户、"应收乙公司账款"账户、"应收丙公司账款"账户等。

在某些情况下,需要对特定总分类账户的内容进行多次细分,设立多层次的明细账户。例如,"实收资本(股本)"账户是总分类账户,其所属明细账户主要包括"普通股""优先股"等(一般称为"二级账户"),而在"普通股"明细账户下企业按投资者名称又设有"A公司""B公司""C公司"等明细账户(或称"三级账户")。

账户的层次结构关系如图3-4所示。

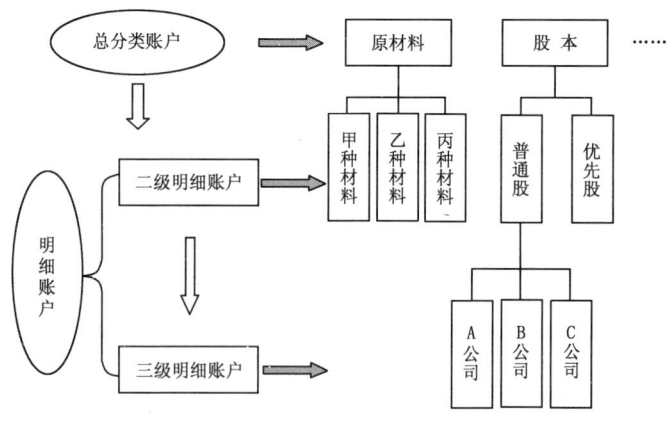

图3-4　账户的层次结构关系

总分类账户(如原材料总账户)与其所属明细分类账户(如甲种材料、乙种材料等明细账户)之间,是一种控制与被控制、总括与详细的关系。总分类账户对其所属明细账户起控制作用,其提供总括的会计信息指标;而明细账户是总分类账户的细化和具体化,其对总分类账户起补充说明作用,提供更为详细的会计信息指标。

总分类账户是企业基本的会计账户,其取决于企业经济活动及其资金运动的内容与特征,以会计要素及其内容为直接设立依据。在不同企业,总分类账户的设立具有更多的"共性"。但明细账户的设立却更多地取决于企业内部经营管理的特殊要求,因此,不同企业以及同一企业在不同会计期间,其明细账户的设立均存在一定差异。同时,应当注意的是,并不是所有的总分类账户都需进行细分并设立明细账户。

第二节 复式记账

一、记账方法的含义与类型

(一) 记账方法的含义

为向企业的利益相关者提供决策有用的会计信息，需要对会计要素的具体内容进行科学分类，设置会计科目，并依据会计科目开设会计账户。从会计信息系统运行的角度看，当企业发生经济交易与事项后，应当对经济交易与事项进行会计确认和计量，并在会计账户中记录经济交易与事项所引起的资产变化及其结果。记账方法是指在会计账户中记录经济交易与事项的方式。

在账户中记录经济交易与事项，实际上就是将对经济交易与事项进行会计确认和计量的结果（会计要素变化的内容与数量）在相关账户中予以记载或登记。例如，企业某日发生收到投资者投入资本 2 000 000 元的经济交易，该交易应当采用特定的方法记入相关的会计账户。经确认和计量，该项经济交易发生后，使得企业所有者权益要素的实收资本项目增加 2 000 000 元，同时使得企业资产要素的银行存款项目增加 2 000 000 元。因此，对于该项经济交易，应当在实收资本账户记录投资者投入资本增加 2 000 000 元，同时在银行存款账户中记录资产增加 2 000 000 元。

就目前来看，世界各国普遍采用借贷记账法记录经济交易与事项。实际上，记账方法的演进在一定程度上代表了会计及会计学的发展历程。总体上讲，记账方法经历了从单式到复式、从简单到复杂、从不完善到科学的基本发展过程。例如，借贷记账法在 12 世纪意大利北部地区产生时，并不是完整意义上的科学的记账方法，直至 1494 年卢卡·帕乔利（Luca Pacioli）的《算术、几何、比及比例概要》问世，借贷记账法这种"复式簿记"方法才发展成为一种较为科学的记账方法。在我国，记账方法同样经历了一个漫长的发展过程。在记账方法发展的历史长河中，我国的经济及会计工作者曾经创造出领先世界水平的辉煌成果。

记账方法可以分为单式记账和复式记账两种类型。复式记账包括借贷记账法、收付记账法和增减记账法等。借贷记账法是目前国际上通用的记账方法[①]，收付记账法用于我国金融企业以及非营利组织或单位，增减记账法是 20 世纪 60 年代我国商业系统在当时的社会经济环境下设计出的一种记账方法，曾于 1992 年以前在我国商品流通企业广泛使用。从 1993 年 7 月 1 日开始，我国要求所有企业均采用借贷记账法记账。

---

① 在国际会计惯例中，"复式记账"与"借贷记账法"是同义语。

(二) 单式记账

总体而言，单式记账是一种不完善的记账方法。首先，单式记账只在账户中记录重要的经济交易与事项，如债权、债务、资本、现金、银行存款等交易；其次，单式记账仅仅从某一方面（而不是多个方面）来记录经济交易与事项，而不是多个方面、完整地记录经济交易与事项；最后，单式记账法下未能设置完整的账户体系，其只设立与"重要"交易和事项相关的账户，对于不"重要"的交易与事项则不设置账户予以记录。

单式记账法下只记录债权债务交易、资本交易以及现金、银行存款交易，而对于其他经济交易与事项（如存货耗用、设备耗用等）则不予记录。即使对所发生的债权、债务、资本、现金、银行存款等交易，也只在相关的账户中记录债权、债务、资本、现金、银行存款等的变化（增加或减少），而经济交易与事项所引起的相应变动事宜则不予记录。

例如，对于以现金500元支付办公费，在单式记账法下只在"现金"账户中作减少500元的记录，至于费用的发生情况则不予反映。又如，对于从外部购入一批材料10 000元（材料已收到，款项以银行存款支付）的交易，采用单式记账法时只在"银行存款"账户中作减少10 000元的记录，而材料的增加则不予记录。

对于购买材料10 000元的交易，采用单式记账的记录结果如图3-5所示。

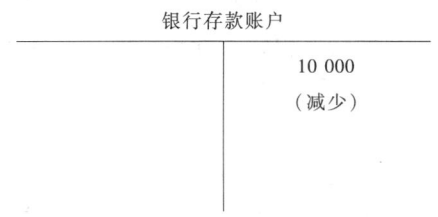

图3-5　购买材料交易的单式记账记录结果

单式记账仅适用于家庭或经济活动简单的微型厂矿、农庄等经济单位，其对于现代化管理的企业显然是难以适用的。

(三) 复式记账

复式记账（Double Entry）是在单式记账法的基础上演变出来的一种科学的记账方法。这种记账方法的基本思想是：对全部经济交易与事项进行完整而相互联系的记录。由于"事物都是相互联系的"，因此，每项经济交易与事项的发生，客观上会影响到几个不同方面的资金项目发生联动。这种"联动"现象，也是经济交易与事项产生（或企业经济活动及其资金运动）的基本规律。复式记账，就是指对每一项经济交易与事项，都在两个或两个以上的账户中相互联系地进行记录的记账方法。

假设企业某日发生以银行存款20 000元购入商品的经济交易。通过分析得知，该项交易发生后使得企业的银行存款减少20 000元，同时企业持有的商品增加20 000元，因此，企业应当在"银行存款"账户和"库存商品"账户中进行记录。

记录结果如图 3-6 所示。

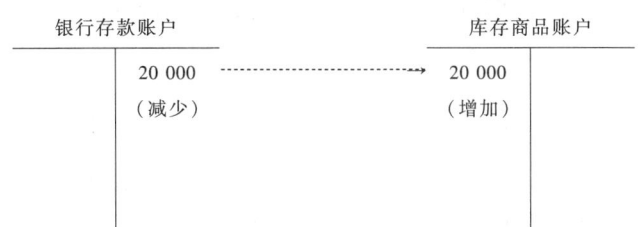

图 3-6 购买商品交易的复式记账记录结果

复式记账的主要特征如下:

1. 设立完整的账户体系

账户是记录经济交易与事项的基础。企业的经济活动及其资金运动具有固有的客观规律,依据企业经济交易与事项的特征和会计目标的要求建立科学的账户体系,是复式记账方法运用的前提。账户体系的建立以会计要素及其内容为直接依据,同时,账户的设立还应当遵循相关会计原则,体现会计信息使用者的要求。

2. 记录企业所发生的全部经济交易与事项

在复式记账法下,应当对企业所发生的每一项经济交易与事项都在相关账户中进行记录,而不得遗漏。账户体系的建立,为记录企业所发生的全部经济交易与事项奠定了基础。

3. 完整地记录每一项经济交易与事项所引起的各项资金变化

在复式记账法下,对每一项经济交易与事项客观上所引起的几个不同方面的资金变化情况,都应当在相关账户中进行记录,而不得偏废,亦即完整地反映"资金变化的来龙去脉"。账户体系的建立,为完整地记录每一项经济交易与事项所引起的多个方面的资金变化结果提供了基本条件。

4. 对特定期间的账户记录结果进行试算平衡检查,以确定账户记录的正确性

按复式记账法记录每一项经济交易与事项,相关账户的记录结果具有一定的规律性,因而,根据该项规律可以反过来验证账户记录过程是否正确。这种验算过程,会计上称之为"试算平衡"。试算平衡是复式记账的重要特征。

二、借贷记账法的基本内容

借贷记账法是以"借""贷"作为记账符号的一种记账方法。其大约起源于 12 世纪的意大利。当时,意大利北部地区的商品贸易较为发达,为了适应商业资本和借贷资本经营者管理的需要,便逐步产生了以"借""贷"为记账符号的记账方法。然而,借贷记账法作为一种科学的复式记账方法,却形成于 15 世纪,并以 1494 年卢卡·帕乔利所著《算术、几何、比及比例概要》的问世为标志。

借贷记账法是以"借""贷"作为记账符号的复式记账方法。在借贷记账法下,

对每一项经济交易与事项都必须在两个或两个以上的账户中相互联系地进行记录。借贷记账法的特征体现在其记账符号、账户结构、记账规律和试算平衡方法等基本内容上。

(一) 记账符号

借贷记账法以"借（debit）""贷（credit）"作为记账符号。从借贷记账法的产生历史看，"借""贷"记账符号原本具有字面上的含义，但记账方法发展至今，其已经失去了其原有的含义而仅仅作为一种纯粹的记账标志存在。"借""贷"作为记账符号，已经成为会计中的专门术语。

作为记账符号，"借""贷"被赋予特定的含义，即"借"用来表示资产的增加、负债和所有者权益的减少；"贷"用来表示负债和所有者权益的增加、资产的减少。

对于收入、费用和利润要素的变化而言，费用要素的增加用"借"表示，费用要素的减少用"贷"表示；收入、利润要素的增加用"贷"表示，收入、利润要素的减少用"借"表示。

从"借""贷"记账符号反映的会计要素内容看，"借"既可以用来表示资产的变化，也可以用来表示负债和所有者权益的变化；同样，"贷"既可以用来表示负债和所有者权益的变化，也可以用来表示资产的变化。从"借""贷"记账符号反映的会计要素变化的数量关系看，"借"既可以用来表示增加，也可以用来表示减少；同样，"贷"既可以用来表示减少，也可以用来表示增加。撇开会计要素内容与数量的"搭配"或"组合"关系，"借""贷"记账符号都可用来表示资产、负债和所有者权益要素，也都可用来表示增加和减少。为此，"借""贷"记账符号均表现出"双重含义"。

(二) 账户结构

在借贷记账法下，账户的基本结构仍由记录"增加""减少"和"余额"的三部分组成，但其具体形式表现为"借方（debit，Dr.）""贷方（credit，Cr.）"和"余额（balance，Bal.）"三部分。借贷记账法下的账户结构（格式）如表3-4所示，其T字形账户结构如图3-7所示。

表 3-4 借贷记账法下账户的结构形式

时间 (Date)	交易与事项的说明（摘要） (Explanation)	借方 (Debit)	贷方 (Credit)	余额 (Balance)

续表

时间 (Date)	交易与事项的说明（摘要） (Explanation)	借方 (Debit)	贷方 (Credit)	余额 (Balance)

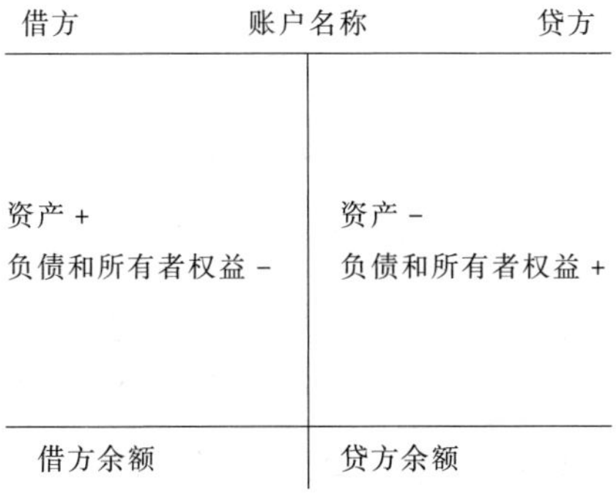

```
        借方           账户名称          贷方

        资产 +                         资产 -
        负债和所有者权益 -              负债和所有者权益 +


        借方余额                       贷方余额
```

图 3-7　借贷记账法下的账户结构

在借贷记账法下，资产要素的增加变化、负债和所有者权益要素的减少变化被记录在账户的借方（T字形账户的左方），而资产要素的减少变化、负债和所有者权益要素的增加变化被记录在账户的贷方（T字形账户的右方）。对于特定的账户而言，在某一会计期间记入该账户借方的各项金额之和，称为该账户的"本期借方发生额"；而记入该账户贷方的各项金额之和，称为该账户的"本期贷方发生额"。账户的期末余额分为借方余额（资产类账户）和贷方余额（负债和所有者权益类账户）两种。

在借贷记账法下，资产类账户的结构如图 3-8 所示。

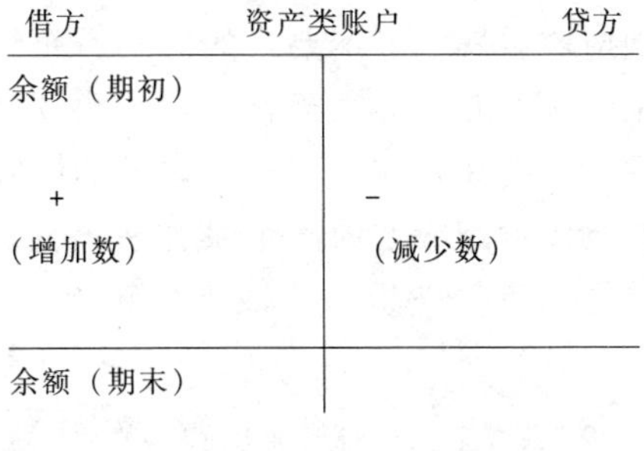

```
        借方        资产类账户        贷方

        余额（期初）

          +              -
        （增加数）     （减少数）


        余额（期末）
```

图 3-8　借贷记账法下的资产类账户结构

从账户结构来看，资产类账户的借方记录资产的增加数，贷方记录资产的减少数，因此，资产类账户的本期借方发生额表示期内资产的增加数，而本期贷方发生额表示期内资产的减少数。如果账户有余额，则为借方余额，一般表示资产的现有存量。资产类账户的期末余额计算方法为：

期末借方余额＝期初借方余额＋本期借方发生额－本期贷方发生额

费用及成本类账户的结构类似于资产类账户。如管理费用账户的借方记录各种管理费用的发生（增加），贷方记录期末对管理费用的转出与补偿（减少）。

在借贷记账法下，负债和所有者权益类账户的结构如图3－9所示。

借方	负债或所有者权益类账户	贷方
		余额（期初）
－ （减少数）		＋ （增加数）
		余额（期末）

图3－9 借贷记账法下的负债和所有者权益类账户结构

从账户结构来看，负债和所有者权益类账户的贷方记录负债或所有者权益的增加数，借方记录负债或所有者权益的减少数，因此，负债或所有者权益类账户的本期贷方发生额表示期内负债或所有者权益的增加数，本期借方发生额表示期内负债或所有者权益的减少数。如果账户有余额，则为贷方余额，一般表示负债或所有者权益的现有数量。负债和所有者权益类账户的期末余额计算方法为：

期末贷方余额＝期初贷方余额＋本期贷方发生额－本期借方发生额

收入、利润类账户的结构类似于负债或所有者权益类账户。如主营业务收入账户的贷方记录营业收入的取得（增加），借方记录营业收入的转出（减少）。

可见，在借贷记账法下，资产类账户的结构与负债及所有者权益类账户的结构正好相反。从账户的结构出发，基于"借""贷"记账符号的双重含义，还可以设置一种同时用来记录资产交易和负债交易的"双重性账户"。如我国企业会计实务中曾经使用的"其他往来"账户[①]。"其他往来"实际上是"其他应收款"和"其他应付款"的合称。其他应收款属于资产要素的内容，而其他应付款则属于负债要素的内容。在"其他往来"账户记录相关经济交易与事项时，若是记录其他应收款交易则将"其他往来"账户视为资产账户，若是记录其他应付款交易则将"其他往来"账户视为负债账户。具体的记账方向与记录方法不变。这样，"其他往来"账户就成为同时记录资产交易和负债交易的"双重性账户"。双重性账户的余额有时

---

① 其他往来账户已经不再使用。我国现行企业会计准则允许设立"套期工具"等共同性账户，该账户反映企业开展套期保值业务套期工具公允价值变动形成的资产或负债。

在借方，有时在贷方，其取决于账户中所记录的资产数量与负债数量的多寡。双重性账户也称为"资产负债账户"或"共同性账户"。

双重性账户（以其他往来账户为例）的结构如图 3-10 所示。

```
借方        其他往来账户        贷方

其他应收款 +              其他应收款 -
其他应付款 -              其他应付款 +

余额                      余额
（其他应收款大于          （其他应付款大于
  其他应付款之差）          其他应收款之差）
```

图 3-10 其他往来账户（双重性账户）的结构

（三）记账规律

以"借""贷"为记账符号，在账户中记录经济交易与事项，具有一定的规律[①]。以精伦公司为例说明如下：

例 3-1：2019 年 8 月 5 日从银行提取现金 10 000 元备用。

此项经济交易产生后，一方面使得资产要素中的现金项目增加 10 000 元，另一方面使得资产要素中的银行存款项目减少 10 000 元。按借贷记账法，应当记录库存现金账户的借方和银行存款账户的贷方。记录结果如下：

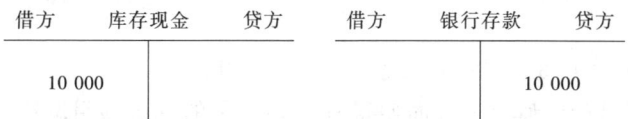

例 3-2：2019 年 8 月 7 日以银行存款偿还到期的一年期借款 800 000 元。

此项经济交易产生后，一方面使得资产要素中的银行存款项目减少 800 000 元，另一方面使得负债要素中的短期借款项目减少 800 000 元。按借贷记账法，应当记录短期借款账户的借方和银行存款账户的贷方。记录结果如下：

```
借方    银行存款    贷方      借方    短期借款    贷方
                  800 000            800 000
```

例 3-3：2019 年 8 月 10 日收到投资者入股的机器设备一批，价值 2 000 000 元。

此项经济交易产生后，一方面使得资产要素中的固定资产项目增加 2 000 000

---

① 国内其他著作称之为"记账规则"。由于"有借有贷、借贷相等"是一种客观现象，不具有主观性，因此，本教材称之为"记账规律"。

元，另一方面使得所有者权益要素中的实收资本项目同时增加 2 000 000 元。按借贷记账法，应当记录固定资产账户的借方和实收资本（或股本）账户的贷方。记录结果如下：

借方	固定资产	贷方	借方	实收资本	贷方
2 000 000					2 000 000

例 3-4：2019 年 8 月 21 日将资本公积金 500 000 元转增资本。

此项经济交易产生后，一方面使得所有者权益要素中的资本公积项目减少 500 000 元，另一方面使得所有者权益要素中的实收资本项目增加 500 000 元。按借贷记账法，应当记录资本公积账户的借方和实收资本账户的贷方。记录结果如下：

借方	资本公积	贷方	借方	实收资本	贷方
500 000					500 000

例 3-5：2019 年 8 月 24 日销售 A 产品 80 台，每台售价 2 000 元，计 160 000 元，货款已收到存入银行。

此项经济交易产生后，一方面使得资产要素中的银行存款项目增加 160 000 元，另一方面使得收入要素中的主营业务收入项目增加 160 000 元。按借贷记账法，应当记录银行存款账户的借方和主营业务收入账户的贷方。记录结果如下：

借方	银行存款	贷方	借方	主营业务收入	贷方
160 000					160 000

例 3-6：2019 年 8 月 25 日以现金购买办公用品 600 元。

此项经济交易产生后，一方面使得资产要素中的现金项目减少 600 元，另一方面使得费用要素中的管理费用项目增加 600 元。按借贷记账法，应当记录管理费用账户的借方和现金账户的贷方。记录结果如下：

借方	现金	贷方	借方	管理费用	贷方
		600	600		

从上述举例中各项交易的账户记录过程可以看出，企业的每一项经济交易发生后，都必须在两个账户（或多个账户）中记录该项交易所引起的资金变化结果。而且，在这两个不同的账户中记录同一项交易时，是在不同账户的不同方向（借方或贷方）同时进行记录，并且，记入账户借方的金额等于记入账户贷方的金额。此即"有借（方）必有贷（方），借贷（金额）必相等"的记账规律。例如，对于第一项企业从银行提取现金 10 000 元的交易，是在现金账户和银行存款账户中同时进行记录，现金账户登记借方，银行存款账户登记贷方，记录的金额均为 10 000 元。其

他交易与此相同。

当某一项经济交易与事项发生后，采用借贷记账法要求遵循"有借必有贷、借贷必相等"的记账规律在账户中进行记录。"有借必有贷、借贷必相等"的记账规律有三层含义：（1）其针对企业所发生的单项经济交易与事项，即每一项经济交易与事项发生后均应该按"有借必有贷、借贷必相等"的记账规律记账；（2）"有借必有贷"是针对某一项经济交易与事项所涉及的不同账户，某一账户登记借方（或贷方），则其他账户必须登记贷方（或借方），而不是针对同一个账户；（3）"借贷必相等"是指当某一项经济交易与事项发生后，记入某一账户借方（或贷方）的金额等于记入其他账户贷方（或借方）的金额（或之和），而不是指同一账户的借方金额等于其贷方金额。

从会计要素变化所体现的经济交易与事项的客观规律来看，企业的经济交易与事项主要有六种类型。按照借贷记账法，六种基本类型的经济交易与事项的账户记录结果如表3-5所示。

表3-5　　　　　　基本经济交易与事项的账户记录结果

经济交易类型	账户记录及其结果		
	账户（类别）	账户方向	记录金额
第一种类型：资产增加、负债或所有者权益同时增加的经济交易与事项	资产账户	借方	相等
	负债或所有者权益账户	贷方	
第二种类型：资产减少、负债或所有者权益同时减少的经济交易与事项	资产账户	贷方	相等
	负债或所有者权益账户	借方	
第三种类型：资产要素内部有增有减变动的经济交易与事项	资产账户	借方	相等
	资产账户	贷方	
第四种类型：负债或所有者权益有增有减变动的经济交易与事项	负债或所有者权益账户	借方	相等
	负债或所有者权益账户	贷方	
第五种类型：收入增加、资产同时增加的经济交易与事项	收入账户	贷方	相等
	资产账户	借方	
第六种类型：费用增加、资产同时减少的经济交易与事项	费用账户	借方	相等
	资产账户	贷方	

（四）试算平衡

在借贷记账法下，试算平衡是根据账户记录结果来验证对经济交易与事项的记录过程是否正确。其具体方法是通过"发生额直接平衡"和"余额平衡"两个平衡公式，来判断账户记录是否存在错误。

（1）发生额直接平衡。其基本关系式为：

$$\text{全部账户的本期借方发生额合计} = \text{全部账户的本期贷方发生额合计}$$

（2）余额平衡。其基本关系式为：

$$\frac{\text{全部资产类账户的}}{\text{期末借方余额合计}} = \frac{\text{全部负债和所有者权益类}}{\text{账户的期末贷方余额合计}}$$

全部账户的本期借方发生额合计等于其本期贷方发生额合计，实际上是遵循"有借必有贷、借贷必相等"记账规律的必然结果。由于每项经济交易或事项发生后，相关账户的借方与贷方（发生数额）都被同时、等量地予以记录，因此，本期借、贷方发生额合计直接平衡实质上体现了"等量加等量量相等"的基本量变规律。就余额平衡方法而言，全部资产类账户的期末借方余额合计实际上意味着企业在期末时的"资产总额"，而全部负债和所有者权益类账户的期末贷方余额合计实际上是企业在期末时的"负债总额与所有者权益总额之和"。因此，余额平衡关系实质上是企业在同一时日的资产与负债和所有者权益的数量关系。

在会计实务中，会计人员主要是利用发生额直接平衡关系来判断账户记录是否正确。一般来讲，如果账户记录结果不符合发生额直接平衡关系，即全部账户的本期借方发生额合计与其本期贷方发生额合计不相等，则说明当期有关账户的记录肯定存在错误，应予进一步确定并更正。但即使全部账户的本期借方发生额合计等于其本期贷方发生额合计，也并不能断定账户记录不存在错误，因为重记、漏记经济交易与事项等记录错误并不影响发生额直接平衡关系。在会计实务中，试算平衡方法的运用体现在企业于会计期末为检查账户记录的正确性而编制的"试算平衡表"中。

第三节 账户与复式记账的应用

一、会计分录

1. 会计分录的含义

企业发生的各项经济交易与事项，都必须记入账户。然而，经济交易在被记入账户之前，首先应对其进行会计确认和计量，以确定应当记录的账户名称和金额，并按照借贷记账法编制会计分录。会计分录（entry）是指针对每项经济交易与事项确定其应当登记的账户名称、借贷方向及其金额的书面记录。

例如，企业于5月10日接到开户银行通知，东夷公司上月购货款120 000元已经到账。针对该项经济交易，企业应编制如下会计分录：

借：银行存款　　　　　　　　　　　　　　　　　　120 000
　　贷：应收账款——东夷公司　　　　　　　　　　　　120 000

当一项经济交易与事项发生后，企业根据所设置的账户并按照借贷记账法编制会计分录，从而使得两个或多个特定的会计账户之间形成了一种"应借应贷关系"。这种账户之间的应借应贷关系，被称为"账户对应关系"；具有对应关系的账户，被称为"对应账户"。如上例中的"银行存款"账户和"应收账款"账户。根据账户之间的对应关系,可以分析和判断经济交易与事项的具体内容,从而深刻了解企业经济活动的实际情况。例如,根据"借:银行存款 120 000,贷:应收账款 120 000"所反映的账户对应关系,可以确定企业发生了"收回应收账款 120 000 元的经济交易"。

编制会计分录(即分录记录)是会计记录的第一步骤,也是整个会计过程的开端,其既涉及会计确认与会计计量(记录确认与计量的结果),又涉及账户和复式记账这两种特有会计方法的应用。

在我国,企业编制会计分录实际上就是根据原始凭证编制"记账凭证",记账凭证是用来登记账户(账簿)的直接依据[①]。

2. 会计分录的形式

会计分录包括简单分录和复合分录两种形式。

简单分录是指"一借一贷"形式的会计分录。这种会计分录运用于只需要在两个账户中进行记录的经济交易与事项。

例如,企业某日以银行存款支付电视台广告费 200 000 元。针对该项经济交易所编制的简单会计分录如下:

借:销售费用　　　　　　　　　　　　　　　　　　　200 000
　　贷:银行存款　　　　　　　　　　　　　　　　　　200 000

复合分录是指"一借多贷""多借一贷"和"多借多贷"形式的会计分录。企业有些经济交易与事项发生后,需要在两个以上(即多个)账户中同时进行记录,因而,这些账户之间的关系就不再是简单的"一借"与"一贷"对应的关系。

例如,企业某日销售产品 50 000 元,其中 40 000 元已收到存入银行,10 000 元次月才能收到。经分析,该项经济交易发生后,需要在"银行存款""应收账款""主营业务收入"等三个账户中同时进行记录。该企业编制的"两借一贷"复合会计分录如下:

借:银行存款　　　　　　　　　　　　　　　　　　　40 000
　　应收账款　　　　　　　　　　　　　　　　　　　10 000
　　贷:主营业务收入　　　　　　　　　　　　　　　　50 000

又如,企业某日购入汽车一辆,总价款计 210 000 元,企业以银行存款支付 150 000 元,其余款项未付。经分析,该项经济交易发生后,需要在"固定资产""银行存款""应付账款"等三个分录中同时进行记录。编制该企业的"一借两贷"复合会计分录如下:

借:固定资产　　　　　　　　　　　　　　　　　　　210 000

---

① 不同的是,美国企业编制会计分录是在"日记账簿(Journal)"中进行的,日记账簿被称为"原始分录簿(Book of Original Entry)",其是登记分类账户(Ledger Account)的依据。

贷：银行存款		150 000
应付账款		60 000

值得注意的是，在一般企业的正常经济活动中，"多借多贷"形式的会计分录出现的可能性很小。而将几项经济交易"合并"，人为地制造"多借多贷"会计分录是不允许的，因为这种会计分录不能正确反映企业经济活动及其资金运动的"来龙去脉"，并使得账户之间的对应关系模糊不清，不便于据此分析经济交易的实际情况。

二、账户与复式记账应用举例

例 3-7：假设天明公司 2019 年 11 月月初账户余额资料如下：(1) 借方余额：现金 65 000 元，银行存款 970 000 元，应收账款 134 000 元，材料 128 000 元，短期投资 240 000 元，固定资产 2 430 000 元。(2) 贷方余额：长期借款 932 000 元，短期借款 270 000 元，应付账款 165 000 元，实收资本 2 600 000 元。

天明公司 2019 年 11 月发生下列经济交易与事项：

(1) 11 月 3 日将现金 15 000 元存入银行。

此项经济交易发生后，企业的银行存款资产增加 15 000 元，应记入"银行存款"账户的借方；同时，企业的现金资产减少 15 000 元，应记入"库存现金"账户的贷方。会计分录如下：

借：银行存款　　　　　　　　　　　　　　　　　15 000
　　贷：库存现金　　　　　　　　　　　　　　　　　15 000

(2) 11 月 5 日购买设备一台，总价款 320 000 元，以银行存款付清。

此项经济交易发生后，企业的固定资产增加 320 000 元，应记入"固定资产"账户的借方；同时，企业的银行存款减少 320 000 元，应记入"银行存款"账户的贷方。会计分录如下：

借：固定资产　　　　　　　　　　　　　　　　　320 000
　　贷：银行存款　　　　　　　　　　　　　　　　　320 000

(3) 11 月 10 日向银行取得三年期借款 1 000 000 元。

此项经济交易发生后，企业的银行存款增加 1 000 000 元，应记入"银行存款"账户的借方；同时，企业的长期借款负债增加 1 000 000 元，应记入"长期借款"账户的贷方。会计分录如下：

借：银行存款　　　　　　　　　　　　　　　　　1 000 000
　　贷：长期借款　　　　　　　　　　　　　　　　　1 000 000

(4) 11 月 18 日收到大华公司投资入股机器设备一批，总价值 540 000 元。

此项经济交易发生后，企业的固定资产增加 540 000 元，应记入"固定资产"账户的借方；同时，企业所有者权益要素中的实收资本增加 540 000 元，应记入"实收资本"账户的贷方。会计分录如下：

借：固定资产　　　　　　　　　　　　　　　　　540 000
　　贷：实收资本　　　　　　　　　　　　　　　　540 000

（5）11月20日购入宝岛公司股票50 000股，每股3.6元，总价款180 000元，以银行存款支付。企业不准备长期持有该股票。

此项经济交易发生后，企业的短期股票投资增加180 000元，应记入"交易性金融资产"账户的借方；同时，企业的银行存款减少180 000元，应记入"银行存款"账户的贷方。会计分录如下：

借：交易性金融资产　　　　　　　　　　　　　　180 000
　　贷：银行存款　　　　　　　　　　　　　　　　180 000

（6）11月22日以银行存款偿还市商业银行6个月期借款2 000 000元。

此项经济交易发生后，企业的短期借款负债减少200 000元，应记入"短期借款"账户的借方；同时，企业的银行存款减少200 000元，应记入"银行存款"账户的贷方。会计分录如下：

借：短期借款　　　　　　　　　　　　　　　　　200 000
　　贷：银行存款　　　　　　　　　　　　　　　　200 000

（7）11月23日收到汉口公司购货款27 000元，已经存入银行。

此项经济交易发生后，企业的银行存款增加27 000元，应记入"银行存款"账户的借方；同时，企业资产中的应收账款减少27 000元，应记入"应收账款"账户的贷方。会计分录如下：

借：银行存款　　　　　　　　　　　　　　　　　27 000
　　贷：应收账款　　　　　　　　　　　　　　　　27 000

（8）11月27日从大牧公司购入材料一批，总价值13 000元，材料已经入库，货款未付。

此项经济交易发生后，企业资产中的材料增加13 000元，应记入"原材料"账户的借方；同时，企业负债中的应付账款增加13 000元，应记入"应付账款"账户的贷方。会计分录如下：

借：原材料　　　　　　　　　　　　　　　　　　13 000
　　贷：应付账款　　　　　　　　　　　　　　　　13 000

（9）11月30日以银行存款支付所欠大牧公司材料款13 000元。

此项经济交易发生后，企业负债中的应付账款减少13 000元，应记入"应付账款"账户的借方；同时，企业的银行存款减少13 000元，应记入"银行存款"账户的贷方。会计分录如下：

借：应付账款　　　　　　　　　　　　　　　　　13 000
　　贷：银行存款　　　　　　　　　　　　　　　　13 000

将天明公司11月份发生的经济交易记录到相关的账户（T字形账户）中，其结果如图3-11所示。

库存现金				银行存款		
65 000				970 000		
	(1)	15 000	(1)	15 000	(2)	320 000
			(3)	1 000 000	(5)	180 000
50 000			(7)	27 000	(6)	200 000
					(9)	13 000
			1 299 000			

应收账款			原材料		
134 000			128 000		
	(7)	27 000	(8)	13 000	
107 000			141 000		

交易性金融资产			固定资产		
240 000			2 430 000		
(5)	180 000		(2)	320 000	
			(4)	540 000	
420 000			3 290 000		

长期借款			短期借款		
	932 000			270 000	
	(3)	1 000 000	(6)	200 000	
	1 932 000			70 000	

应付账款				实收资本		
		165 000			2 600 000	
(9)	13 000	(8)	13 000		(4)	540 000
		165 000			3 140 000	

图 3-11　天明公司 11 月份经济交易与事项的账户记录结果

思考题

1. 会计科目设立的依据是什么？为什么？
2. 如何理解会计账户的基本功能？
3. 如何理解资产类账户与负债或所有者权益类账户的结构？
4. 会计要素与账户体系是什么关系？
5. 为什么说复式记账是一种科学的记账方法？
6. 如何理解"有借必有贷，借贷必相等"的记账规律？
7. 如何理解借贷记账法的基本内容？

8. 会计分录与会计确认、计量、账户、复式记账之间存在什么关系？

9. 举例说明账户与复式记账的关系。

10. 如何理解账户、复式记账对实现会计目标的重要意义？

练习题

（一）目的：掌握账户的内容

1. 资料

湖场公司为一家具生产企业，其 2019 年 7 月末的经济活动状况如下：

（1）仓库储存木料 500 000 元；

（2）仓库储存油漆 17 桶，价值 21 000 元；

（3）运输汽车 5 辆，价值 450 000 元；

（4）应付京西公司木材款 430 000 元；

（5）职工唐某未归还差旅费借款 3 000 元；

（6）生产设备价值 1 200 000 元；

（7）京汉投资公司、北极联合公司分别持有本企业股权 3 000 000 元和 2 000 000 元；

（8）未偿还银行 3 年期贷款 2 800 000 元；

（9）存入市建行的款项 1 800 000 元；

（10）职工未领取工资 16 000 元；

（11）欠交营业税 6 500 元；

（12）持有康赛公司 3 年期债券 100 000 元；

（13）零用现金 3 200 元。

2. 要求

根据上述资料，确定该公司需要使用的账户的名称。

（二）目的：掌握借贷记账法

1. 资料

张柳博士于 2019 年 11 月 1 日开办了一家咨询中心。11 月份该中心发生了以下经济交易：

（1）11 月 1 日，张柳以银行存款向咨询中心投资 160 000 元；

（2）11 月 1 日，中心支付办公场所 11 月份租金共计 2 000 元，以银行存款支付；

（3）11 月 1 日，购入一台办公电脑，价值 12 000 元，以银行存款支付 6 000 元，其余款项尚未支付；

（4）11 月 2 日，从银行取出现金 3 000 元备用；

（5）11 月 5 日，购入文具等办公用品一批，价值 1 500 元，以银行存款支付；

（6）11 月 8 日，赊购某品牌空调一台，价值 1 900 元；

（7）11月10日，为某客户提供咨询服务（已经完成），该客户将6 500元的验资费以转账支票方式支付，款项已进咨询中心的银行账户；

（8）11月12日，因安装空调造成办公用地漏水，以现金向楼下住户支付赔偿费200元；

（9）11月15日，支付11月1日赊购办公电脑的欠款6 000元；

（10）11月18日，因业务扩大，向市工商银行借款100 000元（款已到账）；

（11）11月20日，支付咨询中心兼职大学生（负责前台接待工作）的本月劳务费300元；

（12）11月25日，与某公司签订合同，为该公司提供财务咨询服务，预收服务费3 000元，该公司开出转账支票，款已到账；

（13）11月30日，以现金支付本月水电费800元；

（14）11月30日，以现金支付助理人员（协助完成咨询业务）本月工资900元；

（15）11月30日，以现金支付员工钱芬借款400元。

2. 要求

（1）按照借贷记账法为以上经济交易编制会计分录；

（2）将上述经济交易记入相关账户（T字形账户）。

案例分析

1. 资料：

唐先生在毗邻财经大学的民院大街租用面积为50平方米的商业用房，开办了一间卡拉OK厅，经营自助唱歌业务。唐先生聘请小李为管理员兼记账员。该歌厅购置了一台价值100 000元的高级卡拉OK设备，并添置了沙发、茶几等用具。同时，该歌厅还提供酒水、饮料等。该歌厅已经开业一年时间。

小李系某财经学校会计学专业毕业生，其根据该歌厅实际情况设计了一套会计科目（账户），包括固定资产——房屋、固定资产——卡拉OK设备、固定资产——沙发等、原材料、库存现金、银行存款、应收账款、其他应收款、应交税费、应付账款、应付工资、其他应付款、股本——唐先生、主营业务收入、管理费用、所得税、本年利润等。

2. 要求

（1）分析、评价小李所设计的会计科目是否合理。

（2）如果你被聘请为该歌厅会计科目（账户）的设计人员，请列示所设计的会计科目（账户），并注明各会计科目（账户）所反映的具体内容。

第四章

会计确认与会计计量原理

会计信息系统按照特定的程序,通过对有关经济交易与事项进行会计确认、计量、记录和报告(披露),从而完成有关经济活动原始信息的收集与输入、信息加工与转换、会计信息生成与输出等功能。会计确认与会计计量是会计信息系统的核心环节。会计确认是对经济活动的特定内容是否作为会计要素正式加以记录和报告所做的判断与认定,而会计计量是对经济活动中内含的价值数量关系予以计算和衡量;会计确认在于认定企业经济活动中资金运动的"质变"内容,而会计计量在于认定企业经济活动中资金运动的"量变"结果。在会计实务中,会计确认与计量的结果需要经常性地记录在账户中,并于每一会计期末以财务报表的方式报告(披露)给会计信息使用者。本章重点阐述会计确认和会计计量的基本原理。

第一节 会计确认原理

一、会计确认的含义、分类与标准

(一)会计确认的含义

确认一词源自于英文"recognition",具有"识别""认可"之意,亦即对特定对象或事项予以确定、认定。会计确认(AccountingRecognition),是指对经济事项是否作为会计要素正式加以记录和报告所做的认定。就企业而言,会计确认是针对企业所发生的各项经济活动进行识别、判断,确定其是否应当进入会计系统(即应否作为会计上的经济交易或事项进行处理),并确定其在哪些特定会计账户中进行记录、是否在财务报表中予以披露。例如,当企业发生购买汽车的经济行为后,会计上就应当依据相关证据判断此项经济行为是否对会计要素构成影响,并进一步确定其应当记入什么账户以及是否应当在财务报表中加以披露。这一识别、判断过程,就是会计上的确认过程。

国际会计准则委员会(IASC)在其1989年7月公布的《编报财务报表的框架》以及国际会计准则理事会在2018年3月发布的《财务报告概念框架》中,将"确认"界定为"财务报表要素的确认",并认为"确认是指将符合财务报表要素定义的项目(资产、负债、权益、收入或费用)纳入资产负债表或利润表的过程"。美国财务会计准则委员会(FASB)于1984年12月发布了第5号"财务会计概念公告(SFAC)"——《企业财务报表的确认和计量》,其认为"确认是指把一个事项作为资产、负债、收入和费用等正式加以记录和列入财务报表的过程"。

会计确认作为一种会计行为,其涉及确认目标(目的)、确认标准、确认方法等一系列问题。财务会计信息处理过程,包括会计确认、计量、记录和报告等相互关联的基本环节。从总体上看,会计确认必须体现"决策有用性"会计目标的要求。由于会计确认是会计信息处理过程的第一个基本环节,因此,会计确认结果的正确与否直接影响会计记录与会计报告中相关信息的结果。

会计确认是会计人员对经济交易与事项的识别、判断和分类过程,这种"专业判断"要求会计人员应当具有丰富的专业知识与应用能力,能够准确与恰当地理解和掌握企业会计准则与会计制度的精髓与实质,并具备融会贯通和综合分析的能力。

(二)会计确认的分类

严格地讲,会计确认贯穿于会计信息处理的全过程。从会计数据的收集、分析与加工,到会计信息的记录和披露,会计确认无处不在。

从会计信息处理的技术层面上看,会计确认主要包括围绕账户进行的"初始确认"和围绕财务报表进行的"再确认"。会计的初始确认,是指针对某一项目或某项经济交易,确定其是否被记录为资产或负债、收入、费用,以及在什么账户中进行记录。会计的再确认,是指在初始确认的基础上按会计信息使用者的要求对各项数据进行筛选、浓缩,并确定是否最终作为财务报表相关项目的内容。假设某企业某日以外购方式取得了一项专利权。通过分析认定,该项专利属于该企业的无形资产,因此,企业外购专利时应当在"无形资产"账户中予以记录。此即为初始确认。当期期末,将该项无形资产与其他无形资产一起共同列示在资产负债表的"无形资产"项目,以披露该企业的无形资产信息。此即为再确认。应当注意,会计确认的最终目的,是将具有"决策有用性"的各项会计信息列示于企业财务报表,以满足会计信息使用者的要求。因此,不被正式列入财务报表项目的信息,就无须经过严格的确认程序,如财务报表附注资料等。

就被确认的经济事项(确认客体)而言,所有会计要素及其全部项目都存在会计确认问题。会计确认伴随着会计要素及其项目存在和变动的全过程。围绕特定资产项目及其价值变动的会计确认,可以分为"初始确认""后续确认"和"终止确认"。以固定资产为例,其确认包括固定资产取得时的初始确认、固定资产使用过程的后续确认(表现为固定资产折旧、后续支出、减值等确认)、固定资产处置或报废时的终止确认等。

(三)会计确认的基本标准

将一项交易或事项确认为账户记录和财务报表披露的内容,必须符合会计确认的标准。会计确认的标准可以分为两个层次。第一层次为会计确认的基本标准，是指适用于所有会计要素的确认标准，此类标准强调不同会计要素确认的共性内容，具有普遍适用性。第二层次为各个不同会计要素确认的具体标准，如资产确认的具体标准、收入确认的具体标准、费用确认的具体标准等，此类标准强调不同会计要素确认的特殊性，具有针对性。

会计确认的基本标准可归纳为四项[①]：

1. 可定义性

可定义性（Definition）是指被确认的项目必须符合某一会计要素的定义。例如，将企业某日购入的一批生产用钢材确认为企业资产的内容，则这些"钢材"必须符合资产要素的定义，或具有资产要素的基本特征。也就是说，这些"钢材"应当是企业由已经发生的交易或事项形成并由该企业拥有或控制、能在未来期间带来经济利益的资源。又如，将预先收取的销货款确认为企业负债的内容，则此项"预收款项"必须符合负债要素的定义。

2. 可计量性

可计量性（Measurability）是指被确认的项目应当具有可靠的计量属性（计价标准）并能客观地加以计量。被计量对象在计量特性方面往往具有多种计量属性，如长度、重量、体积、价值等。而具有会计意义的计量属性，仅指计量客体的价值计量特征。可计量性确认标准，要求被确认的项目具有历史成本（即实际成本）、现行成本、现行市价、可实现净值或现值等其中的某项属性，特别是实际成本计量属性。

3. 相关性

相关性是指所确认项目的相关信息能够"导致决策差别"。所谓导致决策差别，就是指项目的相关信息对信息使用者进行有关经济决策有用，能够对使用者的决策行为产生实质性的影响。如果该项目的相关信息既不能使决策者坚信其决策方案，也不能改变其决策，那么，该项目的信息就是不相关的。

4. 可靠性

可靠性是指所确认项目的相关信息应如实反映经济活动，并且可验证和不偏不倚。具有可靠性的会计信息，可以保证各种会计信息使用者的经济决策具有可靠的依据。

一项经济活动或项目必须同时符合上述四项基本标准才能够予以确认。

国际会计准则理事会在2018年发布的《财务报告概念框架》中认为，只有符合资产、负债、权益以及收入、费用等财务报表要素定义的项目，才能在相关财务报表中予以确认，但"并非所有符合定义的项目都必须得到确认"。在符合定义的

[①] 这四项基本确认标准，是由美国财务会计准则委员会在其发布的第5号"财务会计概念公告"中提出的。目前，会计学术界也基本认可。

前提下，能够被确认的项目还必须符合两个条件：一是这种确认向财务报表使用者提供有关资产、负债以及收入、费用或权益变动信息是相关的，二是这种确认如实反映了资产、负债以及收入、费用或权益变动的情况。可见，这与会计学术界的观点基本一致。

现代经济环境中，企业的许多资源由于不同时具备会计确认的四项基本条件，因而未能予以确认，如缺乏可靠计量属性的企业"管理经验""关键技术人才""市场开发能力"等资源。

二、会计确认的理论基础

会计假设和权责发生制（或现金收付制）是财务会计确认的理论基础。

（一）会计假设

1. 会计假设的含义

在市场经济条件下，企业会面临许多风险，企业的经济活动本身具有许多不确定性。因此，在会计实务中，会计人员进行相关会计处理时往往需要运用"判断"和"估计"。例如，企业购入一台设备，会计人员基于企业能够长期存在下去的这样一种判断，将设备记作一项长期资产，期望该设备投资能够在未来期间逐步收回。然而，"企业能够长期存在下去"只是一种"良好愿望"，市场经济环境中的企业可能会因为种种原因而不能"持续经营"（如破产、被兼并等）。因此，会计上将设备记作长期资产，实际上是以企业能够持续经营这样一种假设为前提。会计人员在记录企业的负债时，同样无法确定该项债务最终是否能够偿还，因此，此时只能假设债务人能够持续经营下去，债务企业有义务和能力偿还该项负债。对负债的这种处理方法，同样是不考虑债务人破产的可能性，即以企业能够持续经营假设为基础。在会计上，根据客观情况或正常趋势，对那些未经确切认识或无法正面论证的经济事项或会计现象所做的合理推断，就是"会计假设（Accounting Assumptions）"。会计假设也称会计假定，它是进行日常会计处理、提供信息使用者所需会计信息的必要前提。

2. 会计假设的内容

会计的基本假设包括会计实体、持续经营、会计期间、货币计量等。

（1）会计实体。会计上，将完整运用会计方法、独立编制和提供财务报告的经济组织（如企业）或组织的某一部分，称为一个会计实体（Business Entity）。从形式上看，会计实体可以是一个完整的经济组织，也可以是经济组织的分支机构或下属单位。

对于企业而言，每个企业都是与其投资者（业主）及其他企业相独立的会计实体，本企业的经济交易明显地有别于其投资者的交易以及其他企业的交易。会计人员只是记录和报告某一特定企业的经济交易与事项，而不是其投资者或其他企业的经济交易与事项。

会计实体假设的意义在于将企业与其投资者（业主）及其他企业的交易区分开来。本企业（会计实体）的会计资料中，只记录应当列入本企业财务报表范围的经济交易与事项。会计人员是站在本会计实体的角度或以本实体的立场，来记录和报告有关债权债务等交易与事项。因此，会计实体假设界定了记录和报告的经济交易与事项的范围，明确了记录和报告经济交易与事项的立场。

例如，甲、乙公司是两个不同的企业，其中甲公司拥有乙公司60%的股权。作为两个不同的会计实体，乙公司的会计人员只记录乙公司所发生的资产、负债、收入、费用等相关交易，而投资者甲公司本身发生的经济交易与事项（如甲公司购入商品等）应当由甲公司会计人员予以记录；乙公司以赊销方式从甲公司购入商品时，乙公司会计人员应当记录为一项负债，而甲公司会计人员应当记录为一项债权。甲、乙公司是两个独立的会计实体。

确定会计实体的基本形式，"主要是根据经济单位在实质上对它的经济活动和行政控制管理所负的责任来界定的，而不是单纯看经济单位的法律形式"①。会计实体不等同于法律实体，它可以是独立法人（如公司制企业），也可以是合伙企业、分支机构等非法律实体，还可以是由多个法人组成的企业集团。

（2）持续经营。企业的生存与发展，以其持续经营为前提。企业只有在其持续的经营过程中不断获得利润，才能实现其基本目标。因此，从设立企业的初衷来看，投资者、债权人、经营者等企业的利益相关者都期望企业能按现状存在下去，并不断发展壮大。持续经营会计假设，是假定在可以预见的未来企业的生产经营活动将按现状正常、无期限地延续下去，亦即在正常情况下企业不会面临破产或清算。

持续经营（Going Concern）假设为会计上的资产计价方法及相关费用的确认与计量方法等奠定了理论基础。例如，实际成本计价原则的运用与遵循，必须以企业持续经营为前提；正是以持续经营假设为基础，固定资产等长期资产的成本才可以在较长期间内分期地摊入成本或各期费用，从而导致了折旧概念和不同折旧计量方法的产生；没有持续经营假设，企业区分流动与非流动资产便缺乏依据，也毫无意义②。

在持续经营条件下，会计人员对企业生产经营活动的记录具有连续性，对企业经济活动会计信息的披露同样具有连续性。这种记录和报告的连续性特征，使得会计人员有条件对长时间（如5年、10年或更长时间）内会计问题的处理进行"长远安排"。例如，前文所述要求各项资产均按取得时的实际成本计价入账，固定资产成本以折旧形式分若干年度逐步收回，以及跨期费用采用分期摊销方式计入有关成本或费用等。

在现实生活中，企业因兼并、破产或清算等原因而中断或终止经营过程的实例

---

① 葛家澍、林志军：《现代西方会计理论》，厦门大学出版社2001年版，第54页。
② 企业处于清算状态时，不需要按流动性将资产区分为流动资产和非流动资产。见罗飞主编《企业特种会计》（湖北科学技术出版社1997年版，第484页）。

已经屡见不鲜,持续经营假设面临着"非持续经营"现实的挑战。学者们认为,处于非持续经营现实状态下的企业,不适用持续经营假设基础上的会计原则与会计方法,其应当采用特殊的会计程序与方法,如破产会计、清算会计等。

(3) 会计期间。会计期间(Accounting Period)假设可以被理解为持续经营假设的一种合理延伸。持续经营假设把企业看作是一个长期存在的经济实体,在正常情况下其生产经营过程不会中断或终止。然而,投资者、债权人以及企业管理层等信息使用者,为了短期决策往往需要及时地了解企业在特定时期的财务状况、经营成果和现金流量等信息。为此,会计上需要将企业持续不断的经营活动人为地划分为一个个等长的时间段落(如一年),即设定会计期间。会计实体均依照会计期间规定的时间界限,进行会计记录,定期编报财务报告。

世界多数国家或地区,均以年度为主要会计期间,称为"会计年度"。法律上规定的会计期间,一般为会计年度。会计年度的起止时间与公历年度相同时,称之为历年制会计年度。世界上多数国家或地区都采用历年制会计年度。在我国,使用与公历时间同步的会计年度,同时与我国的计划年度、财政年度保持一致,这便于我国宏观层面的经济管理工作。世界上有少数国家或地区的会计年度,与公历时间不一致。在会计实务中,企业管理层为了提高会计信息的使用效率,及时总结经营管理的经验与教训,强化企业经营管理,都要求会计机构以月度为一个会计期间进行会计记录,并编报主要财务报表。对于上市公司,除年度报告以外,证券监督管理部门还要求公开披露"季度财务报告""中期财务报告"(半年度)。

会计期间概念的确立,导致了"本期""前期""后期"等概念,同时也为"跨期事项"(如跨期费用)的产生提供了条件。权责发生制会计原则的确立,就是以会计期间假设为直接依据。正因为存在会计期间假设,为了区分各个不同期间的经营责任和经营成果,会计上就可以运用"应计(Accrual)""递延(Deferral)""分配(Allocation)"和"摊销(Amortization)"等特殊会计程序,处理同时涉及多个会计期间的跨期收入与跨期费用问题。

(4) 货币计量。货币计量(Money Unit)假设是指会计上以货币作为记录和报告其经济交易与事项的计量单位,并假定货币本身的价值保持稳定。对于一个企业而言,其经济资源多种多样,并且各自可以借助于不同的计量单位如实物量、劳动量或价值量等进行计量。然而,借助于货币量度可以计量不同属性、不同类别的物品、服务和资本等,因而货币计量单位具有综合性。在会计上,运用货币计量单位对企业不同的经济活动进行计量,并把计量结果以报告形式呈送给信息使用者,为使用者提供具有综合性的货币化经济信息,便于使用者进行有关的判断和经济决策。货币计量假设决定了会计是一个将企业经济活动予以货币化和数量化的过程。

货币计量假设有两层含义。其一是指会计记录和报告的是(或主要是)企业经济活动的货币(或价值)信息,而无法记录和报告相关的非货币(或价值)信息,或者说,会计主要提供财务性信息。其二是指货币本身的价值保持不变,或者说,货币价值变动的幅度较小以致不影响所计量信息的可比性与质量。货币本身的价值通常以货币的购买力来表现，实际上，货币的购买力不可能像长度、重量等量度单位一样固定不变，其可能随时发生变动。

在现实经济环境中，通货膨胀特别是持续的通货膨胀，使得货币计量与币值不变假设受到经济现实的挑战。过度的通货膨胀，会使得按传统会计方法记录和报告的会计信息缺乏真实性、可比性，从而导致会计信息与使用者的决策不相关。因此，在会计实务中，为了减缓或消除过度通货膨胀的影响，会计人员往往通过采用"一般购买力单位""物价变动会计计量模式"来提高会计信息的相关性。

我国的企业会计准则将会计的基本假设归结为会计实体、持续经营、会计期间和货币计量等四项内容①。实际上，其他的会计准则制定机构或学者可能持有不同的观点。例如，国际会计准则委员会（IASC）认为会计的"基本假设"是权责发生制和持续经营。著名会计学家佩顿早在1922年出版的《会计理论》中最早提出"会计假设"概念，并将经营主体、持续经营、资产负债表恒等式、财务状况与资产负债表、成本与账面价值、应计成本与收益、期后影响等7项作为会计假设的基本内容。1961年，莫里斯·穆尼茨（Maurice Moonitz）在其完成的研究报告《会计的基本假设》中，提出了3类14项会计假设②。

3. 会计假设的意义

自佩顿在1922年提出会计假设概念后，许多会计学者及研究机构对会计假设问题进行了广泛的研究。例如，佩顿和利特尔顿（1940）、美国注册会计师协会（1958，1959）、莫里斯·穆尼茨（1961）、美国伊利诺斯大学项目研究小组（1964）等都提出了关于会计假设的研究成果。特别是20世纪50年代，许多会计学者提出以会计假设为起点构建会计的概念框架（理论体系），曾得到广泛认同，从而使得会计假设在会计概念框架中的地位"如日中天"③。

会计假设是会计理论的重要内容。会计假设的重要意义在于其确立了企业进行会计记录与报告的基本前提条件，奠定了会计原则及会计准则应用的理论基础。就会计实务而言，依据基于会计假设的会计准则而予以记录和报告的会计信息，对于投资者、债权人、经营者等企业利益相关者才具有逻辑上的相关性和真实性。

（二）权责发生制与现金收付制

一切收入的实现，要么直接表现为取得现金（包括银行存款），要么暂时形成应收款项而随后收到现金；一切费用的发生，要么直接表现为支付（耗用）现金（含银行存款），要么暂时形成应付款项债务（或暂时耗用非现金资产）而随后支付现金。比如，企业采用"一手交钱，一手交货"方式销售商品，在取得收入的同时收到现金；企业赊销商品，在取得收入的同时（或当期）未能实际收到现金而仅仅

---

① 这也是多数会计学者所持的观点。
② 参见吴水澎主编《中国会计理论研究》，中国财政经济出版社2000年版，第186—187页。
③ 20世纪60年代末、70年代初，会计假设在会计概念框架中的地位即被"会计目标"取代。

取得债权，但其后实际收回债权时企业还是收到现金。企业以现金支付修理费用、工资费用等，会直接增加现金流出；但在修理等费用发生时，企业也可以"延期支付"而形成应付款项债务，但该项债务的偿付最终还是必须支付现金（使得现金流出企业）。这说明：对于特定的会计期间而言，当期收入的取得（实现）与相应现金的实际收回在时间上并不一定同步，可以分离；同样，当期费用的发生与相应现金的实际支付在时间上也不一定同步而可以分离。那么，在确定特定会计期间的收入与费用时，是以收入实现、费用发生为判断标准还是以现金的实际收付为判断标准？以收入实现、费用发生为标准确认当期收入和费用，称之为权责发生制；以现金的实际收付为标准确认当期收入和费用，称之为现金收付制。权责发生制与现金收付制实际上是判断和认定收入与费用期间归属的不同标准。

1. 权责发生制

权责发生制也称为"应计基础（Accrual Basis）"。按权责发生制要求，企业在计算确定当期损益时，应当以企业取得收入的"权利"是否形成为标志来确认收入，而不论其款项是否已经收到；同时，应当以企业承担费用的"责任"是否发生为标志来确认费用，而不论其款项是否已经支付。依照权责发生制，计入当期损益的收入，其"权利"必须形成于该期；计入当期损益的费用，其"责任"必须发生于该期。

假设某企业9月8日销售商品一批，货款共计200 000元，其中，160 000元于9月8日收到（存入银行账户），40 000元于10月23日收到。按权责发生制进行分析：该批商品于9月份销售，取得收入的权利形成于9月，因此，该收入应当列作9月份的营业收入。与该项收入相关的货款是否在9月份实际收到，不影响9月份收入的确认。

假设该企业9月8日预支了10—12月的房租费9 000元，系开出转账支票付款。按权责发生制进行分析：该企业尽管在9月份支付了金额为9 000元的房租费，但该项费用的责任归属应当是10月、11月、12月三个月度，因此，该项费用应当由10月、11月、12月共同分摊，而不能列作9月份的当期费用。

目前，遵循权责发生制是一项国际会计惯例。由于按权责发生制确认收入和费用（及成本），能够更准确地反映特定会计期间真实的财务状况和经营业绩，因此，我国企业会计准则明确要求企业采用权责发生制进行收入和费用的确认。权责发生制从时间上界定了会计确认的基础。应用权责发生制，企业应当在会计期末对跨期收入和跨期费用项目进行调整，如递延项目（如预付费用）的摊销、应计费用（如长期借款利息费用）的确认等。

2. 现金收付制

与权责发生制正好相反，现金收付制是以现金的实际收付为标准来确认当期收入和费用。现金收付制也称为"现金基础（Cash Basis）"。企业按现金收付制计算确定当期损益时，以是否在当期实际收到现金为标准来确认收入，而不论取得收入的权利是否已经形成；以是否在当期实际支付现金为标准来确认费用，而不管是否应当由当期承担费用的责任。

按照现金收付制，如果企业在当月销售10 000元的商品，但下月才实际收到货款，则10 000元的收入应当计入下月而不是当月营业收入中；如果企业当月支付了上年度的短期借款利息8 000元，尽管该项利息费用的责任归属应当是上一年度，但由于该项利息在当月实际支付因而应当计入当月的财务费用中。

3. 权责发生制与现金收付制的运用

为进一步理解和掌握权责发生制和现金收付制，特对其运用予以例证。

例4-1：广源公司2019年12月份发生了以下经济交易与事项（其他从略）：

（1）收到某客户上个年度所欠的货款50 000元，存入银行；
（2）以银行存款支付本季度短期借款利息费用9 000元；
（3）以现金预付下年度的报刊费1 200元；
（4）赊销货物一批，价款10 000元，约定3个月以后收讫；
（5）根据销货合同，收到某客户的购货定金20 000元（系收到银行存款）；
（6）计算确定本月应负担的设备租金为2 000元；
（7）计算确定本月应负担的报刊费100元。

要求：根据上述资料，分别按权责发生制和现金收付制确定广源公司2019年12月份收入与费用的内容和金额。

根据权责发生制与现金收付制对上述交易分析如下：

（1）在权责发生制下，企业收到客户上个年度所欠货款，由于上年度销售产品时已确认该期收入，因而本次收款应视为另一项独立的经济交易（货款的收回），不能再将其确认为本月收入；在现金收付制下，由于这笔款项在本月实际收到，故应确认为本月收入50 000元（上年度销售产品时因未收到款项而未确认为当期收入）。

（2）在权责发生制下，尽管本月支付了本季度的利息费用9 000元，但属于本月应当负担的利息费用只有3 000元，该3 000元利息费用应当确认为本月费用（其余6 000元实际上属于负债的偿还）；在现金收付制下，按实际支付数9 000元确认本月利息费用。

（3）以现金预付下年度报刊征订费，由于这项费用的受益期间是下一年度，而本月并未受益，因此，在权责发生制下不确认为本月费用（应将该1 200元的实际支出确认为递延项目）；在现金收付制下，则按本月实际支付的现金数确认为本月费用。

（4）对于赊销货物，在权责发生制下，由于商品已经销售、取得收入的权利已经形成，因此应当确认为当月收入10 000元，而不论货款是否已经收到；在现金收付制下，由于本月没有实际收到这笔货款，故不能确认为当月收入。

（5）在权责发生制下，尽管收到了客户的购货定金20 000元，但由于尚未实际交付商品，取得收入的权利没有取得，因而只能确认其为一项负债（预收账款），不能确认为当月收入；在现金收付制下，则按实际收取的金额确认为本月收入。

（6）对于应由本月负担而尚未实际支付的租金 2 000 元，在权责发生制下应确认为本月费用（承担该费用的责任在本月已经产生），而在现金收付制下由于本月并没有实际支付款项，故不确认为当月费用。

（7）对于以前期间已经支付但本月受益的报刊费用 100 元，在权责发生制下应确认为本月费用；而由于其并未涉及款项支付，故在现金收付制下不确认为本月费用。

针对上述 7 项交易，分别按权责发生制和现金收付制确认收入与费用，其结果如表 4-1 所示。

表 4-1　　　　　权责发生制与现金收付制的运用情况比较　　　　　单位：元

交易序号	现金收付制		权责发生制	
	收入	费用	收入	费用
（1）	50 000			
（2）		9 000		3 000
（3）		1 200		
（4）			10 000	
（5）	20 000			
（6）				2 000
（7）				100
合计	70 000	10 200	10 000	5 100

本例说明，针对相同的经济交易，分别按权责发生制和现金收付制确认同一期间的收入、费用，其结果存在差异。就企业而言，权责发生制更具有合理性。但现金收付制所体现的"以现金流为中心"的会计与管理理念，已经开始影响到企业财务报告的理论与实务。

三、会计要素的确认方法及其运用

（一）会计要素确认的基本方法

会计要素的确认（特别是初始确认），必须符合会计确认的四项基本条件（或标准），即可定义性、可计量性、相关性和可靠性。同时，由于各个会计要素本身具有不同的特点，因而不同会计要素的确认还可以具有自身的具体标准。

1. 资产、负债和所有者权益要素的确认

（1）资产要素的确认。企业的资产是指由过去的交易、事项形成并由企业拥有或者控制的资源，该资源预期会给企业带来经济利益。将某一经济交易或项目确认为资产要素的内容，首先必须判断其是否符合资产要素的定义，即该项目是否属于能在未来期间给企业带来经济利益的资源，该资源是否能为特定企业所拥有或控制，该资源是否已经取得或形成；其次，必须判断其是否具有一种或多种较为客观的计量属性，如历史成本、现行重置成本、现行市价、可实现净值或现值等；再判断确认该项目的信息是否能够满足相关性和可靠性的质量要求。在会计实务中，资产要素的本质与特征、资产要素的定义与构成内容，是进行资产要素确认的依据和基础。

例如，大地公司为生产新产品购入了一套自动化的生产流水线。由于该生产流水线具有生产能力，能够生产出市场需要的产品，因而其预期能够给企业带来经济利益；而且，该生产流水线已经购入（购买交易已经发生），其产权与使用权归大地公司拥有。因此，该生产流水线符合资产要素的"可定义性"确认标准。大地公司购入该生产流水线，除了实际支付的买价款项以外，还支付了一定数额的运输费、安装费、调试费等费用，因此，该生产流水线的实际成本（历史成本）可以准确计量，而且客观、可靠。该生产流水线符合资产要素的"可计量性"确认标准。同时，将该生产流水线作为企业的资产（固定资产项目）信息予以披露，该信息具有相关性和可靠性。基于上述分析，大地公司的该生产流水线符合资产要素的四项确认条件，因此，其可以被确认为大地公司的资产要素内容。而且，其可以长期使用的特征，又决定了其属于大地公司的固定资产。

我国企业会计准则认为，对于符合资产定义的资源，应当在同时满足以下条件①时确认为资产：①与该资源有关的经济利益很可能流入企业；②该资源的成本或者价值能够可靠地计量。

在确认一项资产时，一般应同时确认一项负债或所有者权益或收入的增加，或同时确认另一项资产或一项费用的减少。

（2）负债要素的确认。企业的负债是指由企业过去交易、事项形成的现时义务，履行该义务预期会导致经济利益流出企业。将某一经济交易或项目确认为负债要素的内容，首先必须判断其是否符合负债要素的定义，即该项目是否属于企业所承担的一种经济义务，履行该义务预期是否会导致经济利益流出企业，该项义务是否"既成事实"；其次，必须判断该项经济义务是否具有客观的计量属性；再次，判断确认该项目的信息是否能够满足相关性和可靠性的质量要求。

负债要素的确认，一般以负债的定义和特征作为基本依据。如果由于履行一项现时义务，企业拥有的含有经济利益的资源很可能流出企业，且其金额能够可靠地加以计量，则应当确认为一项负债。确认一项负债时，一般应同时确认相应的资产或费用。

例如，台龙公司某月 5 日收到另一公司支付的购货款 20 000 元（系以银行转账方式付款），但合同约定该商品于 1 个月后交付。该项经济交易发生后，台龙公司

---

① 我国企业会计准则阐述的会计要素确认条件，主要依据的是国际会计准则理事会 2018 年以前发布的"概念框架"。

的负债要素（预收账款项目）发生增加变动。主要理由是：该项经济交易使得台龙公司承担了一项将于 1 个月后交付商品（交换价值为 20 000 元）的经济义务，履行该义务（即 1 个月后交付价值 20 000 元的商品时）会使得台龙公司的存货资产减少（流出企业），而且，台龙公司收到该购货款项时即形成了该项义务。因此，预收购货款项目符合负债要素的"可定义性"确认标准。同时，该预收购货款数额能够准确计量和确定，也符合"可计量性"确认标准。而且，确认预收购货款项目的信息具有相关性和可靠性。

台龙公司在确认预收购货款项目为负债要素内容的同时，还应当确认银行存款资产项目也发生了增加变动。

我国企业会计准则认为，对于符合负债定义的义务，应当在同时满足以下条件时确认为负债：①与该义务有关的未来经济利益很可能流出企业；②未来经济利益的流出金额能够可靠地计量。

(3) 所有者权益要素的确认。所有者权益是指所有者在企业资产中享有的经济利益，其数量金额为资产减去负债后的余额，即剩余权益。所有者权益形成的基础是投资者投入企业的资本及其增值（即盈利），在内容上包括企业的实收资本（或股本）、资本公积、盈余公积和未分配利润等。将某一经济交易或项目确认为所有者权益要素的内容，同样应当从可定义性、可计量性、相关性、可靠性等方面加以判断。

确认所有者权益要素时，应当注意从产权归属角度进行判断和分析，即着重看经济交易或项目是否体现或代表了企业所有者（投资者）的产权。同时，注意区分所有者产权与债权人产权（即负债）的实质性差别。

企业的投资者出资，可以采用现金、实物资产、无形资产等不同方式，因此，确认所有者权益的同时，应当确认相应的资产项目。

例如，天地公司某日收到股东按投资协议投入的机器设备一批，实际价值 300 000 元。该项经济交易发生后，天地公司的所有者权益要素发生增加变动。主要理由是该批机器设备系投资者投入，其所有权归属于公司股东，因此，投资者投入企业的资本增加 300 000 元。从企业角度看，天地公司实际收到的投资者投入资本（或股本）增加 300 000 元。天地公司在确认所有者权益要素的同时，还应当确认公司资产要素（固定资产项目）的变动。

2. 收入、费用、利润要素的确认

(1) 收入要素的确认。收入是指企业在销售商品、提供劳务及让渡资产的使用权等日常活动中所形成的经济利益的总流入，其包括主营业务收入（如商品或产品销售收入）和其他业务收入（如生产企业少量的材料销售收入）。企业取得收入必然会增加利润，最终会导致所有者权益增加。需要特别注意的是，尽管投资者投入资本会导致"经济利益流入企业"，但这种经济利益的流入不属于收入，而属于所有者权益的变动（增加）。收入要素的确认，除满足会计要素确认的四项基本标准外，还具有自身的确认标准。

我国企业会计准则规定，"企业应当在履行了合同中的履约义务，即在客户取得相关商品控制权时确认收入"。这里的"取得相关商品控制权"是指"能够主导该商品的使用并从中获得几乎全部的经济利益"。至于企业与客户之间的合同①，应同时具备下列条件，否则即使客户取得相关商品控制权也不符合收入确认条件：

①合同各方已批准该合同并承诺将履行各自义务；
②该合同明确了合同各方与所转让商品或提供劳务相关的权利和义务；
③该合同有明确的与所转让商品相关的支付条款；
④该合同具有商业实质，即履行该合同将改变企业未来现金流量的风险、时间分布或金额；
⑤企业因向客户转让商品而有权取得的对价很可能收回。

企业确认收入的同时，应当确认相应的资产或负债项目。

由于特定期间收入的确认直接影响当期利润数额，而利润数额又会波及企业的所得税以及衡量企业财务业绩的每股收益（Earnings Per Share，EPS）指标，因此，企业会计实务中的收入确认问题十分敏感。为确保特定期间企业收入信息的可靠性，企业会计准则要求企业不得提前或延迟确认收入，同时，应严格区分收入与收益（或利润）、收入与利得（或营业外收入）。

在国际会计惯例中，通常以"实现原则（Realization Convention）"为基础来确认收入。收入确认的实现原则包括两层含义：一是"已实现（Realized）"或"可实现（Realizable）"，前者指"商品"已经转换成现金或现金要求权，而后者指已取得或持有的资产可以转换成一定数额的现金或现金要求权；二是"已赚得（Earned）"，指企业已经有资格取得或认定收入（如长期工程项目可以按实际完工进度确认已经实现的收入）。

（2）费用要素的确认。费用是企业在销售商品、提供劳务以及让渡资产使用权等日常活动中所发生的经济利益（经济资源）的流出，而且，这些经济利益的流出是为了在当期获得收入甚至已经在当期获得了收入。企业发生费用必然会减少利润，最终会导致所有者权益减少。同样需要注意的是，尽管企业向投资者分配利润（或股利）会导致"经济利益流出企业"，但这种经济利益的流出不属于费用，而属于所有者权益的变动（减少）。费用要素的确认，除前述会计要素确认的基本标准外，还必须注意分析收入与费用之间是否具有内在联系。

企业特定会计期间的费用的确认方法如下：

①根据与收入的因果关系来确认费用。费用的发生和收入的形成具有内在联系，费用是取得收入的必要代价。企业要取得收入，就必须花费这种代价，如消耗资产、

---

① 这种企业与客户之间的合同是指本企业与商品购买方或劳务接受方之间就商品销售或劳务提供所签订的明确双方权责的契约。

发生人工成本等。在企业所发生的全部费用中，有些费用与取得的收入之间具有明显的因果关系，因此，可以根据与收入的因果关系来确认费用。如主营业务成本等的确认与计量，就是这种方法确认费用的典型例子。

②合理、系统地分摊费用。在企业，有些费用的发生与收入取得之间并不存在显性因果关系，但这些费用同样是取得收入的一种代价。在会计上，对于那些与若干会计期间或若干受益对象相关的费用，采用合理、系统的方法予以分摊。如固定资产折旧费用的确认，就是将固定资产的实际成本按一种合理的标准分配于固定资产的整个使用期间。

③费用发生时立即予以确认（计入当期费用和损益）。如商品广告费用。这些费用既不与特定会计期间的收入具有"因果关系"，也不与特定会计期间或受益对象直接相关，因而在其发生时直接确认为当期费用并计入当期损益。

确认费用的同时，应当确认相应的资产或负债项目。在会计实务中，还应当注意区分费用与损失（或营业外支出）。

(3) 利润要素的确认。利润（收益）是企业在一定会计期间的经营业绩（经营成果），其包括从事产品或商品的生产与销售获得的经营收益和进行有价证券买卖等获得的投资收益与其他收益，即营业利润与营业外收入和营业外支出。其中，营业利润（经营收益与投资收益）是相应的收入减去相关费用后的净额。由于特定会计期间的利润是该期收入与相关费用"配比"的结果，因此，从理论角度看，利润要素的确认主要取决于收入与费用要素的确认及其结果。

利润要素的确认，除了会计要素确认的基本标准外，应当特别关注利润要素的构成内容。比如，我国企业会计准则规定，处理固定资产的收益、非经营性政府补助、财产盘盈等"营业外收入"，属于企业发生的"利得"，其不作为单独的会计要素加以确认，而是作为利润要素的构成内容。同理，处理固定资产的损失、公益性捐赠支出、非常损失、财产盘亏损失等"营业外支出"，属于企业发生的"损失"，也不作为单独的会计要素予以确认，而是作为利润要素的构成内容（调减利润）。

(二) 会计要素确认方法的具体运用

以下用举例方式说明资产、负债、所有者权益、收入、费用、利润等要素确认的基本方法。假设武汉天龙公司 2019 年 11 月发生了以下经济交易与事项：

例 4-2：11 月 6 日公司购入重型卡车一辆，总价款 180 000 元，款项已用银行存款付清。

该项交易发生后，一方面，企业的银行存款减少 180 000 元，银行存款属于企业资产要素的内容；同时，由于该项运输工具——卡车已经为本企业所取得和拥有，其"在未来期间能够给企业带来经济利益"，并且，该卡车具有历史成本（实际成本）等可靠的计量属性，因此，其属于企业资产要素的内容，且为固定资产。经确认，该项交易导致企业银行存款资产减少 180 000 元，固定资产增加 180 000 元。依据账户和复式记账原理，该项交易应当同时被记入"银行存款"账户（贷方）和

"固定资产"账户（借方）。

例 4-3：11 月 8 日公司从银行借入一年期贷款 1 000 000 元（已经到账）。

该项交易发生后，一方面，企业的银行存款增加 1 000 000 元；同时，因取得一年期贷款而形成了企业的一项现时义务——一项需要在一年后偿付给银行 1 000 000 元资产的义务，而且，该项清偿义务的成交金额为 1 000 000 元。因此，该项交易形成了企业的一项流动负债——短期借款。经确认，该项交易导致企业银行存款资产增加 1 000 000 元，短期借款负债增加 1 000 000 元。依据账户和复式记账原理，该项交易应当同时记入"银行存款"账户（借方）和"短期借款"账户（贷方）。

例 4-4：11 月 9 日 A 公司投资入股的货币资金 2 000 000 元已经到账。

此交易发生后，一方面，企业的银行存款增加 2 000 000 元；同时，该项资金来自于投资者投入，其产权应归属于投资者——A 公司，因此，所有者权益要素发生了变化。从企业的角度看，企业收到了投资者实际投入的资本，因而形成了"企业所有者在企业资产中享有的经济利益"的结果。经确认，该项交易导致企业的银行存款资产增加 2 000 000 元，所有者权益——实收资本增加 2 000 000 元。依据账户和复式记账原理，该项交易应当同时记入"银行存款"账户（借方）和"实收资本"账户（贷方）。

例 4-5：经本公司债权人与股东协商 11 月 12 日决定将本公司所欠银行贷款 5 000 000 元转换成本公司实收资本（或股本）5 000 000 元①。

该项交易发生后，企业应当以资产偿付银行的债务减少，而该银行作为企业的股东，拥有了本企业的股权 5 000 000 元，从而享有了相应的经济利益。银行从企业的债权人身份转变为投资者身份，企业的产权结构状况发生了相应变化。对企业而言，随着企业债务的减少，企业的资本相应增加，但该项交易并未引起企业的资产内容发生任何变化。经确认，该项交易导致企业的长期借款负债减少 5 000 000 元，所有者权益——实收资本增加 5 000 000 元。依据账户和复式记账原理，该项交易应当同时记入"长期借款"账户（借方）和"实收资本"账户（贷方）。

例 4-6：11 月 16 日公司开出金额为 120 000 元的转账支票一张，支付 9 月 6 日从大悟公司购入材料的货款。

该项交易发生后，一方面，企业的银行存款减少 120 000 元；同时，企业在 9 月 6 日因为购买商品（材料）所形成的应付购货款债务随着该款项的支付而减少 120 000 元。该项交易的发生，表明了企业履行偿债义务而使得含有经济利益的资源（即资产）流出企业。经确认，该项交易导致企业的银行存款资产减少 120 000 元，应付账款债务减少 120 000 元。依据账户和复式记账原理，该项交易应当同时记入"应付账款"账户（借方）和"银行存款"账户（贷方）。

---

① 将企业的债权转换成股权，通称为"债转股"。为简化起见，本例假设债权转换为等额的股权。

例 4-7：11 月 18 日公司董事会决定的收益分配方案如下[①]：向投资者支付现金股利 600 000 元。按分配方案，公司将于下年 1 月 18 日向投资者实际支付股利款项。

企业董事会（或股东会）通过收益分配方案，意味着企业应当从已经实现的净利润（或前期未分配利润）中向投资者支付 600 000 元的投资报酬（股利）。方案通过日，由于企业必须以前期未分配利润或本期实现的净利润向投资者支付投资报酬，因此，企业所有者权益要素中的"未分配利润"减少；同时，在下年度 1 月 18 日实际支付股利款项之前，企业也承担了一种应当向投资者支付股利的义务。这种偿债责任，将在下年 1 月 18 日及其以后时间内随着款项的实际支付而被履行。因此，该项交易导致企业的所有者权益减少（其表现形式为利润分配数量增加 600 000 元），应付股利负债增加 600 000 元。依据账户和复式记账原理，该项交易应当同时记入"应付股利"账户（贷方）和"利润分配"账户（借方）。

例 4-8：11 月 20 日公司根据股东会议决定减少注册资本 10 000 000 元[②]，应当支付给投资者的资本款项已经通过银行转账方式实际支付。

该项交易发生后，企业给投资者退还资本后其银行存款减少 10 000 000 元，同时，投资者对企业的实际投入资本也减少 10 000 000 元。经确认，该项交易导致企业银行存款资产减少 10 000 000 元，企业的所有者权益——实收资本也相应减少 10 000 000 元。依据账户和复式记账原理，该项交易应当同时记入"银行存款"账户（贷方）和"实收资本"账户（借方）。

例 4-9：11 月 21 日向大地公司销售商品 300 件（对方已经验收该商品），本公司收到大地公司开出的金额为 90 000 元的转账支票一张。

该项交易发生后，企业的银行存款增加 90 000 元，此款系取得销售收入所致。由于企业在向对方转移商品后，实际收到了现金资产，"经济利益"已经流入本企业，因此，营业收入已经实现。经确认，该项交易导致银行存款资产增加 90 000 元，主营业务收入增加 90 000 元。依据账户和复式记账原理，该项交易应当同时记入"银行存款"账户（借方）和"主营业务收入"账户（贷方）。

例 4-10：11 月 21 日向大地公司销售的 300 件商品，其实际生产成本为 50 000 元（系采用存货计价方法——后进先出法确定）。

企业在 11 月 21 日销售商品后，其营业收入增加，与此同时，企业为取得该收入耗用了库存商品 300 件（实际成本 50 000 元）。基于营业收入与其成本的因果关系和配比性原则，企业应当确认相应的费用——营业成本增加 50 000 元。经确认，该项交易导致存货资产（库存商品）减少 50 000 元，营业成本同时增加 50 000 元。依据账户和复式记账原理，该项交易应当同时记入"主营业务成本"账户（借方）

[①] 上市公司一般于年末确定年度收益分配方案，但也可以进行中期收益分配。

[②] 根据资本金管理制度，投资者的投资原则上不能抽回，只能转让给其他投资者。按我国有关法规规定，企业"减资（减少注册资本）"需经严格审批，并办理减资相关手续。

和"库存商品"账户（贷方）。

例 4-11：11 月 22 日销售给武汉公司乙种材料 500 公斤，售价总额为 6 300 元，款项暂时未收到。该批材料的实际采购成本为 5 000 元（系采用存货计价方法——后进先出法确定）。

该项交易发生涉及两方面的问题，一是收入的确认，二是相关费用的确认。此类情况，一般视同两项（笔）交易来处理。

首先，企业对外销售材料，形成了应收账款债权（可以转换成现金资产），"经济利益"已经流入企业，因此，营业收入已经实现。同时，债权资产增加 6 300 元。经确认，该项交易导致应收账款资产增加 6 300 元，营业收入增加 6 300 元。依据账户和复式记账原理，该项交易应当同时记入"应收账款"账户（借方）和"其他业务收入"账户（贷方）。

其次，企业对外销售材料，使得材料库存数量减少 500 公斤，该材料被耗用于销售过程，从而使得营业成本（其他业务成本）增加 5 000 元。经确认，该项交易导致存货资产（材料）减少 5 000 元，其他业务支出同时增加 5 000 元。依据账户和复式记账原理，该项交易应当同时记入"其他业务成本"账户（借方）和"原材料"账户（贷方）。

例 4-12：11 月 22 日以银行存款支付产品展销费用 7 000 元。

该项交易发生后，企业的银行存款资产减少 7 000 元，该项经济利益流出企业用于支付本企业商品的展销费用。商品展销费是为了扩大产品销售、提高销售收入而发生的，因而其属于销售费用。经确认，该项交易导致银行存款资产减少 7 000 元，销售费用同时增加 7 000 元。依据账户和复式记账原理，该项交易应当同时记入"销售费用"账户（借方）和"银行存款"账户（贷方）。

例 4-13：11 月 23 日接开户银行通知，已扣缴银行手续费 4 800 元。

该项交易发生后，企业的银行存款减少 4 800 元，该项经济利益流出企业用于支付银行手续费。该费用是基于开户银行为企业收取款项和支付款项而支付给它的报酬，属于企业应当支付的财务费用。经确认，该项交易导致银行存款资产减少 4 800 元，财务费用同时增加 4 800 元。依据账户和复式记账原理，该项交易应当同时记入"财务费用"账户（借方）和"银行存款"账户（贷方）。

例 4-14：11 月 23 日本公司开出金额为 14 000 元的转账支票一张，支付注册会计师审计费用。

该项交易发生后，企业的银行存款减少 14 000 元，该项经济利益流出企业用于支付注册会计师审计费用。由于该项费用的受益对象为整个企业及其经济活动，故其属于管理费用。经确认，该项交易导致银行存款资产减少 14 000 元，管理费用同时增加 14 000 元。依据账户和复式记账原理，该项交易应当同时记入"管理费用"账户（借方）和"银行存款"账户（贷方）。

例 4-15：11 月 25 日公司生产 C 产品领用甲种材料 600 公斤，其实际成本为

19 000 元（系采用存货计价方法——后进先出法确定）。

该项交易发生后，存货资产中的材料被耗用于产品生产过程，用以生产在产品和完工产品。该项经济利益尚未实质性地流出企业，其结果会导致新的存货资产——在产品或库存商品产生，因而，其属于成本性费用，构成所制造产品的生产成本。经确认，该项交易导致材料存货减少 19 000 元，成本性费用——生产成本同时增加 19 000 元。依据账户和复式记账原理，该项交易应当同时记入"生产成本"账户（借方）和"原材料"账户（贷方）。

例 4-16：11 月 26 日接到开户银行通知，已经收到 P 公司（本公司的被投资企业）支付的利润 200 000 元。

该项交易发生后，企业的银行存款增加 200 000 元，该款项来自于被投资企业支付给本公司的投资报酬，即投资收益。因此，本企业的利润总额会同时增加 200 000 元。经确认，该项交易导致企业银行存款增加 200 000 元，利润要素的投资收益项目增加 200 000 元。依据账户和复式记账原理，该项交易应当同时记入"银行存款"账户（借方）和"投资收益"账户（贷方）。

例 4-17：11 月 28 日本公司收到天羊公司交付的罚金 300 元（现金）。

该项交易发生后，企业的现金增加 300 元，该款项来自于天羊公司交付的罚金。该罚金的产生与企业的生产经营过程没有直接关系，也没有相应的费用与之"配比"，况且罚款这种交易不可能经常发生因而不属于"日常"活动，况且罚款这种交易不可能经常发生因而不属于"日常"活动，但该项经济利益已经流入企业，因此，属于利润要素的其他收益——营业外收入，应直接作为当期利润的增加调整项目。经确认，该项交易导致企业现金资产增加 300 元，营业外收入增加 300 元。依据账户和复式记账原理，该项交易应当同时记入"库存现金"账户（借方）和"营业外收入"账户（贷方）。

例 4-18：11 月 30 日计算并提取生产车间固定资产的折旧费 4 500 元（系采用平均折旧法计算确定）。

企业计提固定资产折旧费，意味着确认固定资产因使用而损耗（减少）的价值。企业累计提取的折旧数额越多，固定资产净值越少。该企业计提第一生产车间固定资产的折旧费，一方面，该车间固定资产的价值减少（累计折旧数额增加）；另一方面，企业因生产产品耗用了固定资产，生产过程中的资产耗费增加。由于该项折旧费用的受益对象仅仅为生产车间，因此，制造费用增加 4 500 元。经确认，该项交易导致构成产品生产成本的制造费用增加 4 500 元，累计折旧费用增加（固定资产净值减少）4 500 元。依据账户和复式记账原理，该项交易应当同时记入"制造费用"账户（借方）和"累计折旧"账户（贷方）。

第二节　会计计量原理

一、会计计量的含义与内容

(一) 会计计量的含义

会计不仅要对经济活动中经济现象的内容予以确认，同时还要对经济现象内含的价值数量关系进行计量。计量之意，是指"用一个规定的标准已知量作单位，和同类型的未知量相比较而加以检定的过程。通常利用一种计量器具来测量未知量的大小，用数值和单位表示出来"[1]。会计中的计量是从会计的角度，运用会计上特定的计量标准（即计量属性），对经济活动中财产物资的价值变化进行计算和衡量。简言之，会计计量（Accounting Measurement）是对经济交易与事项的价值数量关系进行计算和衡量的过程，其实质是以数量（主要是以货币表示的价值量）关系揭示经济事项之间的内在联系。

例如，针对企业购入设备的交易，会计上不仅要确认该项交易所导致的固定资产（设备）和现金资产（银行存款）的变化，而且还要计算和衡量该项交易中形成的固定资产——设备的价值数量和耗用的现金数量。对该项交易的会计计量，主要是为了揭示现金资产与固定资产之间的数量转换关系。

国际会计准则认为，会计计量是"为了在资产负债表和利润表内确认和列示财务报表的要素而确定其金额的过程"。其意指会计计量就是要计算、衡量资产、负债、所有者权益、收入、费用和利润等要素的数量变动，并确定其应当在财务报表中列示的金额。国际会计准则的观点，侧重于从会计信息系统运行的角度来理解会计计量的含义。

会计计量是会计的核心内容，其贯穿于财务会计过程之始终。会计确认是会计计量的前提和基础，而会计计量是会计确认的归宿。并且，会计确认和会计计量的结果都由会计账户加以记录、由财务报表加以报告（或披露）。

(二) 会计计量的内容

会计计量以企业经济活动的全部价值变化为客体。由于会计上将企业的经济活动划分为若干相互关联的会计要素，包括资产、负债、所有者权益、收入、费用和利润，因此，会计计量包含对资产、负债、所有者权益、收入、费用和利润等要素的计量。其中，资产要素计量是会计计量的重心，因为其他会计要素的计量都直接或间接地依赖或体现于资产计量的结果。如所有者权益在数量上实质上是资产与负债之差，收入和费用最终都表现为资产的增加和减少，利润实质上是非产权事项导

---

[1] 《辞海》，上海辞书出版社1999年版，第464页。

致的资产的净增减数量。

从表现形式上看,会计计量主要包括资产计价(Assets Valuation)和收益决定(Income Determination)两大部分内容。前者实为资产价值计量,后者实为利润计量。

二、会计计量的构成要素

会计计量包含计量属性和计量单位两个基本要素,而计量属性和计量单位的选择与运用,会形成不同的会计计量模式。

(一)会计计量属性

计量属性(Measurement Attributes)是指被计量客体的数量特性或外在表现形式。如测量水杯的容量、高度、口径等时,水杯所具有的数量方面的特性。在会计中,由于会计主要是借助于货币形式来反映企业的经济活动,因此,计量属性是指企业经济活动所表现的价值数量特性。企业的经济交易或事项,可以从多个方面予以货币量化,因而其具有不同的会计计量属性。如作为会计计量客体的水杯,具有在取得日的实际价值、当前日的实际价值等不同计量属性。会计计量属性也称"计量基础"或"计价标准"。

可供选择的会计计量属性主要包括历史成本、重置成本、可变现净值、现值、公允价值等。

1. 历史成本

历史成本(Historical Cost)也称"实际成本"[①],是指企业为了取得某项资产并使其达到可供使用状态所实际发生的全部支出。其内容包括资产的原始交易价格和以其为基础的"调整项目"(如取得后的费用摊销)。如我国会计实务中,外购材料的实际成本包括材料购买价格和发生的采购费用,生产产品的实际成本包括实际耗用的材料费用、人工费用和应当负担的制造费用,外购机器设备等固定资产的实际成本(即原始价值)包括机器设备的购买价格和其后发生的运杂费、安装费、调试费等。在财务会计中,由于历史成本客观且可核实,因而被公认为是一切资产项目计价的基础,也是进行成本计算的依据。历史成本是会计计量中最重要和最基本的计量属性,其一直是国际会计惯例中的基础性计价标准。以历史成本计量属性为基础的财务会计模式,被称为历史成本会计模式。然而,在物价较为稳定的经济环境中,历史成本会计信息具有相关性、可靠性,有利于会计信息使用者的各种决策,但在物价变动幅度较大的经济环境中,历史成本会计信息的质量会大大降低。

2. 重置成本

重置成本(Replacement Cost)也称为"现行成本(Current Cost)"或"现时投

---

① 在会计实务中,材料、产成品或商品等存货的历史成本一般称为"实际成本",而固定资产的历史成本也称为"原始成本"或"原始价值"(简称原价或原值)。

入成本",是指在当前生产条件和市场供求状态下,重新购置某项相同或类似持有资产所需发生的全部支出。重置成本属性用于对现有资产价值的重新计量和"表述"上。例如,企业某项设备一年前购入时的历史成本为 20 000 元,现假设准备添置该设备①,依据当前市场上该设备的价格估计需要支出 18 000 元。说明该设备的重置成本为 18 000 元。重置成本可以衡量企业持有资产当前的市场价格水平,较为准确地反映维持资产再生产能力所需的物质补偿。在市场价格发生较大波动时,按重置成本计量资产的价值,能够真实地衡量资产的消耗,增强收入与费用之间的配比性,避免利润虚计,从而提高会计信息的相关性。但重置成本的确定往往缺乏客观性。

3. 可变现净值

可变现净值(Net Realizable Value)也称"预期脱手价值(Expected Exit Value)",是指资产按照其正常对外销售所能收到现金或者现金等价物的金额,扣减该资产至完工时估计将要发生的成本、估计的销售费用以及相关税费后的金额,简言之,就是资产的销售价格减去为该项资产出售所支付的其他所有税费后的金额。例如,企业某批存货的出售价格为 120 万元,估计还需要发生销售费用 1 万元,支付税金 12 万元,则该资产的可变现净值为 107 万元。按可变现净值对存货进行计量,需要在企业预计的销售存货现金流量中,扣除存货在销售过程中可能发生的销售费用和相关税费,以及为达到预定可销售状态还可能发生的加工成本等相关支出,才能确定存货的可变现净值。使用可变现净值计量属性时,不考虑相关的现金流入与流出的货币时间价值问题。可变现净值计量属性提供的会计信息,具有较强的决策相关性,但其实际操作较为繁琐。

4. 现值

现值(Present Value)是"未来现金流量的现值"的简称,资产的现值是指预计从资产持续使用和最终处置中所产生的未来净现金流入量的折现金额。如果在可实现净值计量属性确定方法的基础上,考虑货币的时间价值即贴现,就是现值的确定方法。例如,企业 1 年后才能收到的应收款项 10 000 元,在利率(或贴现率)为 5% 的条件下,其现值为 9 524 元。负债的现值是指在预计的债务期限内需要偿还的未来净现金流出量的折现金额。例如,企业约定 1 年后偿还给精诚公司的应付账款 100 万元,在利率(折现率)为 6% 的情况下,其现值为 94.34 万元,即在 1 年后该企业偿还的此项负债相当于在目前只需支付 94.34 万元。美国财务会计准则委员会于 2000 年 2 月发布了第 7 号财务会计概念公告——《在会计计量中使用现金流量信息和现值》,意味着现值计量属性在未来经济发展中将更为重要。

5. 公允价值

公允价值(Fair Value)是指市场参与者在计量日发生的有序交易中,出售资产

---

① 重置成本是一种价值计量标准。该企业实际上并不一定添置该设备。

所能收到或者转移负债所需支付的价格。以公允价值计量资产或负债的交易，应该是当前市场条件下的有序交易。有序交易是指在计量日前一段时期内资产或负债具有惯常市场活动的交易，这些有序交易一般均在"主要市场"进行，而主要市场是指相关资产或负债交易量最大和交易程度最活跃的市场。如我国上海证券交易所与深圳证券交易所进行的股票交易，即可视为相关股票投资的有序交易，其成交价格可以作为公允价值对相关资产进行计量。另外，以公允价值计量相关资产和负债，还应当考虑资产或负债的特征，比如资产的状况及其所在的位置、对资产出售或者使用的限制等。

我国 2006 年颁布的《企业会计准则》在金融工具、投资性房地产、企业合并（非同一控制下）、债务重组、非货币性资产交换等方面采用了公允价值计量属性。2014 年，我国颁布《企业会计准则第 39 号——公允价值计量》，要求对相关资产和负债按公允价值进行计量。采用公允价值计量披露的财务信息，更能够反映金融市场环境对企业经营活动的影响，更有利于利益相关者的经济决策。但如果相关资产或负债的市场交易量不大或交易活跃程度不高，交易价格的"公允性"就会受到严重影响。

我国企业会计准则规定，企业在对会计要素进行计量时，一般应当采用历史成本。采用重置成本、可变现净值、现值、公允价值等计量属性时，应当保证所确定的会计要素金额能够取得并可靠计量。IASB 在 2018 年发布的《财务报告概念框架》中认为，计量基础分为历史成本（historical cost）和现行价值（current values），包括历史成本、公允价值（fair value）、资产使用价值（value in use）和负债履行价值（fulfilment value）、现行成本（current cost）。其中，资产使用价值是指预期从资产使用和最终处置中获得的现金流或其他经济利益的现值，负债履行价值时指履行债务时预期有义务转移的现金或其他经济资源的价值（也就是负债的清偿价值）。IASB 还强调选择计量基础时应主要考虑财务报表信息相关性和如实反映这两个质量特征的要求。

（二）会计计量单位

财务会计本身作为一个计量过程，其除了选择计量属性外，还必须采用特定的计量单位。在商品经济条件下，货币是衡量商品经济活动的基本计量尺度。基于货币计量假设，会计上通常以货币作为计量尺度（如美元、人民币等）。因此，财务会计计量过程的结果会导致大量有利于决策者需要的货币化会计信息的产生。作为一种会计计量尺度，货币量度单位（即货币购买力）应当具有自身的统一性，即货币量度单位在不同时期应当保持稳定，具有可比性。然而，现实经济环境往往使得货币量度单位经常发生变动。现实生活中，物价的上涨或下跌，正说明货币的实际购买力在不断地发生变化。

基于此，会计上采用名义货币单位和不变货币单位作为会计计量单位。

名义货币单位也称"面值货币单位"，是指以面值表示的流通货币量度单位，其不考虑不同时期货币购买力的变化。以名义货币单位作为会计计量单位，与财务会计中的货币计量假设正好呼应。货币计量假设限定了会计信息的记录和报告以"币值稳定"为条件，因此，会计计量中可以认为名义货币单位的购买力没有发生变化，或者尽管货币单位的购买力发生了变化（上升或下降），但其变动幅度较小或在一定时期内可以相互抵消，以至可以认为货币单位是相对稳定的。使用名义货币单位进行会计计量，已经成为财务会计中的普遍做法。

不变货币单位也称"一般购买力单位"，是指以一般购买力表示的货币量度单位，其考虑了不同期间货币实际购买力的变动。针对不同时期货币购买力的变化，可以一定时日的货币购买力（通常用一般物价指数表示）调整或折算不同时期的名义货币单位，从而使得不同时期的货币单位保持在不变的计量基础上。不变货币单位的应用，以非持续经营状态为前提，因此，不变货币单位会计是一种特殊的会计程序与方法。

例如，假设企业某项设备 2015 年的价格为 50 000 元，截至 2019 年，商品价格平均上涨幅度为 20%。在会计上，如果不考虑商品价格上涨因素，2019 年度的财务报表中该设备的价格仍然反映为 50 000 元，则意味着该企业是以名义货币单位作为会计计量单位，其未考虑货币购买力的实际变化；企业如果考虑物价变动水平，将该设备的价格反映为 60 000 元，则意味着该企业是以不变货币单位作为会计计量单位，其已经考虑了货币实际购买力的变化。

（三）会计计量模式

会计计量模式是指进行会计计量时所采用的计量属性和计量单位的组合方式。根据会计计量对象的特征和会计信息使用者的需求，会计计量属性主要有历史成本、重置成本、可变现净值、现值和公允价值，而会计计量单位包括名义货币单位和不变货币单位，因此，理论上的会计计量模式如表 4-2 所示。

表 4-2 会计计量模式类型

计量单位 \ 计量属性	历史成本	重置成本	可变现净值	现值	公允价值
名义货币单位	√	√	√	√	√
不变货币单位	√	√	√	√	√

选择会计计量模式，除了依据不同的资本保全理论（财务资本保全或实物资本保全）外，主要应当考虑现实经济环境中的物价变动程度以及会计信息使用者的信息需求等因素。主要的会计计量模式是历史成本——名义货币单位模式（即通常所说的历史成本会计模式）和公允价值——名义货币单位模式（即公允价值计量模式）。

思考题

1. 什么是会计确认？如何理解会计确认的分类？
2. 举例说明会计确认的基本标准。
3. 什么是会计假设？基本的会计假设包括哪些内容？
4. 按权责发生制与现金收付制如何确认收入和费用？试评价两者的利弊。
5. 持续经营假设与会计期间假设之间是否存在联系？为什么？
6. 会计假设与权责发生制之间是否存在联系？请举例说明。
7. 如何确认资产、负债和所有者权益要素？
8. 如何确认收入和费用要素？
9. 如何理解会计计量的含义？
10. 会计计量属性有哪些？为什么说历史成本（实际成本）是最基本的计量属性？
11. 选择不同的计量属性会对会计计量结果产生什么影响？
12. 如何理解会计确认与会计计量的关系？

练习题

（一）目的：掌握会计确认的基本方法

1. 资料

长城公司 2019 年 3 月 31 日资产、负债、所有者权益情况如下：

序号	项目名称	金额（元）	序号	项目名称	金额（元）
（1）	吸收资本	760 000	（11）	机器设备	225 000
（2）	房屋建筑	123 800	（12）	累计折旧	100 000
（3）	盈余公积	57 000	（13）	应收销货款	3 300
（4）	库存原材料	9 300	（14）	在银行的存款	522 000
（5）	在用汽车	121 200	（15）	暂付差旅费	650
（6）	应付商业票据	80 000	（16）	库存外购零件	6 150
（7）	未完工产品	91 000	（17）	库存完工产品	113 000
（8）	向银行临时借款	15 850	（18）	专利权	50 000
（9）	库存现金	400	（19）	未交税金	60 000
（10）	应付购货款	102 950	（20）	未分配利润	90 000

2. 要求

（1）根据上表中的资料，判断哪些项目分别属于资产要素、负债要素和所有者权益要素。

（2）将各项目对应的会计科目（账户名称）与金额填入下表，并求会计等式的平衡关系。

序号	项目名称	资产要素		负债要素		所有者权益要素	
		会计科目	金额（元）	会计科目	金额（元）	会计科目	金额（元）
(1)	吸收资本						
(2)	房屋建筑						
(3)	盈余公积						
(4)	库存原材料						
(5)	在用汽车						
(6)	应付商业票据						
(7)	未完工产品						
(8)	向银行临时借款						
(9)	库存现金						
(10)	应付购货款						
(11)	机器设备						
(12)	累计折旧						
(13)	应收销货款						
(14)	在银行的存款						
(15)	暂付差旅费						
(16)	库存外购零件						
(17)	库存完工产品						
(18)	专利权						
(19)	未交税金						
(20)	未分配利润						
合计		资产		负债		所有者权益	

（二）目的：掌握会计确认的基本方法

1. 资料

惠州公司2019年12月份发生如下经济交易与事项：

（1）向银行借入一年期借款50 000元，款已存入银行。

（2）销售货物一批，价款20 000元，款项尚未收到。

（3）接受投资者作为投资转入的一台全新设备，估价200 000元。

（4）购入原材料一批，价款100 000元，其中50 000元已付，50 000元暂欠。

（5）用银行存款15 000元偿还到期的购货款。

（6）用银行存款支付本月电费500元。

（7）预付下年度生产设备的租金12 000元。

（8）摊销本月应负担的财产保险费800元。

（9）收回某单位前欠货款150 000元存入银行。

（10）预收某单位购货款60 000元存入银行。

（11）生产车间为生产 A 产品，领用甲材料 80 000 元。

（12）职工王某出差，预借 5 000 元差旅费，以现金付讫。

（13）计提本月固定资产折旧 100 000 元，其中生产车间固定资产折旧 80 000 元，公司管理部门固定资产折旧 20 000 元。

（14）以银行存款支付本年度办公用房屋租金 240 000 元，其中前 11 个月已预提 220 000 元。

（15）以银行存款缴纳税金 50 000 元。

（16）有一笔无法支付的应付账款 5 000 元，经批准转为营业外收入。

（17）公司资本公积 300 000 元转增资本。

（18）预提本月应负担的短期借款利息 3 600 元。

（19）公司办公室职工张某报销办公用品费 200 元，以现金支付。

（20）职工王某出差回来，报销差旅费 6 000 元，冲销其预借的 5 000 元，差额 1 000 元以现金补付。

2. 要求

（1）根据上述交易与事项进行会计确认，分别判断各项交易对哪些会计要素产生影响？

（2）各项交易与事项需要记入哪些会计账户？金额是多少？

（3）将确认结果填入下表（注意：一项交易至少涉及一个会计要素、两个会计科目）。

交易序号	会计要素（注明增减变化）	会计账户（注明记账方向及其金额）
（1）		
（2）		
（3）		
（4）		
（5）		
（6）		
（7）		
（8）		
（9）		
（10）		
（11）		
（12）		
（13）		
（14）		
（15）		

续表

交易序号	会计要素（注明增减变化）	会计账户（注明记账方向及其金额）
(16)		
(17)		
(18)		
(19)		
(20)		

（三）目的：掌握权责发生制与收付实现制

1. 资料

绿叶公司2019年10月份发生如下经济业务：

（1）支付本月的水电费300元。

（2）预付下个月房屋租金2 000元。

（3）支付上月工商部门罚款500元。

（4）销售商品收入20 000元，款项尚未收到。

（5）支付上月购货款38 000元。

（6）采购员报销差旅费2 500元，退回多余现金500元（出差前预借3 000元）。

（7）收到上月销售货款500 000元，存入银行。

2. 要求

分别根据权责发生制和现金收付制，确认和计算本月收入与费用（将结果填入下表）。

交易	现金收付制		权责发生制	
	收入	费用	收入	费用
(1)				
(2)				
(3)				
(4)				
(5)				
(6)				
(7)				

（四）目的：掌握会计确认的基本方法

1. 资料

上扬公司2019年12月发生如下经济交易与事项：

（1）10日，与甲公司签订购货合同，协议购买A材料50万元，约定合同签订之日起 10 日内预付购货定金 10 万元。

（2）12 日，有一批产品完工验收入库，这批产品的生产成本为 20 万元。

（3）18 日，根据购货合同预付甲公司购货定金 10 万元。

（4）20 日，公司发生失窃事件，丢失现金 5 万元。

（5）25 日，以银行存款预付下年度财产保险费 3 万元。

（6）28 日，以银行存款支付本季度贷款利息费用 9 万元，其中前两个月已预提 6 万元。

（7）31 日，计算出本月产品销售应缴纳的税金 5 万元，但尚未实际缴纳。

（8）31 日，计算出本月应负担的工资费用 15 万元，其中管理人员 5 万元，生产工人 10 万元，公司每月的工资在下月上旬发放。

2. 要求

（1）分析上述交易与事项发生后，应确认为何种会计要素的内容？

（2）指出各项经济交易与事项应该记录的会计账户。

（五）目的：掌握收入的确认方法

1. 资料

大鸣公司 2019 年 12 月 18 日销售一批产品给甲公司，货款 25 万元，已收取价款 10 万元，但双方签订的合同约定如果甲公司最终不能对外售出这些产品，甲公司有权无偿退货。

2. 要求

分析大鸣公司能否将这笔销售确认为当月营业收入。

（六）目的：理解资产与费用要素的基本关系

1. 资料

欣茹是某财经大学一名会计学专业的学生。在一次学习讨论会上，欣茹发言时说："资产和费用都是企业为取得收益而发生的支出。企业购买资产的支出主要是为了获取未来收益，企业支付费用是为了取得本期收益，但各期收益有时很难确切划分。因此，会计实务中对资产和费用的确认有时比较模糊。同样是一笔支出，有人认为应确认为费用，有人可能认为应确认为资产，这就为企业人为粉饰财务业绩提供了空间。"

2. 要求

假如你受邀作为这次学习讨论会上的评议人，你会如何点评欣茹同学的发言？

案例分析

1. 资料

某注册会计师在审计川东公司账目（小型生产性企业）时，发生下列有疑问的事项：

（1）5 月 20 日与天体公司签订一份销售商品合同，约定 8 月 20 日交货，货款

100 000 元。川东公司于 5 月 21 日据此确认主营业务收入增加 100 000 元，应收账款增加 100 000 元。

（2）6 月 1 日购入自动千斤顶一台，价值 600 元。川东公司于当日将其作为固定资产入账。

（3）6 月 18 日专用制盖机器发生维护费用 4 200 元，该公司将其全部计入 6 月份管理费用。该机器于上年 6 月初购入，之后每相隔 4 个月需要维护一次，费用为 4 000 元左右。

（4）7 月 8 日向突突公司转让一台闲置设备，获利 1 400 元。该公司当日将其作为其他业务收入入账。

（5）7 月 15 日与市工商银行签订 3 年期贷款合同，约定借款 3 000 000 元，7 月 20 日到账。川东公司 7 月 16 日根据该借款合同确认长期负债增加 3 000 000 元，其他应收款增加 3 000 000 元。

（6）7 月 28 日公司开出转账支票一张，金额 80 000 元，捐赠给春江洪灾区。公司当日将其列作营业外支出（损失）。

2. 要求

分析判断上述事项是否正确，并说明理由。

第五章

资产计价与收益决定

会计计量是以货币为主要计量尺度,对企业经济活动过程及其结果进行数量化描述的过程。会计计量是会计信息系统的核心职能,其贯穿财务会计的全过程。从理论上讲,浓缩企业经济活动及其资金运动全部内容的资产、负债、所有者权益、收入、费用、利润等会计要素,均存在会计上的价值计量问题。但就会计实务而言,会计计量主要体现在资产价值计量(即资产计价)和利润计量(收益决定)上。本章主要阐述资产计价和收益决定的基本原理与方法。

第一节 资 产 计 价

资产计价(Assets Measurement)是以货币来计量企业各种资产的实际价值。由于企业经济活动及其资金运动本身固有的客观规律,资产要素与负债、所有者权益以及收入、费用、利润等要素之间具有内在联系。因此,资产计价不仅决定着企业资产数额的多少,也会直接影响负债、所有者权益、收入、费用等其他会计要素的计量结果。资产计价在会计计量中居于核心地位,而其他要素的计量从属于资产计价及其结果。

一、资产计价的基本原则与内容

(一) 资产计价的基本原则

资产价值计量的最终目的在于为会计信息使用者提供既相关又可靠的企业经济活动信息,因此,进行企业资产价值的计量应遵循以下基本原则:

1. 以历史成本作为基本的计量属性

计量属性是用来衡量企业资产及其变动的价值标准。以历史成本(实际成本)计量属性作为资产计价的基本标准,意味着对于全部资产及其变动均按历史成本予以反映,即无论是流动资产还是长期资产,无论是资产的取得(增加)还是资产的耗用或销售(减少),均按历史成本标准进行计量。例如,假设企业某一会计期间期初甲种材料库存 500 公斤,当期购进 5 000 公斤,耗用 4 500 公斤,期末结存(持有）1 000 公斤。会计上按历史成本计量甲种材料的价值，意味着要求计算确定当期购进 5 000 公斤甲种材料的历史成本，计算确定当期耗用的 4 500 公斤甲种材料的历史成本，并计算确定该期期末结存（持有）的 1 000 公斤甲种材料的历史成本。

以历史成本作为基本的计量属性，并不排除根据会计信息使用者的特殊要求对某些资产项目按非历史成本予以计量，比如按公允价值计量企业持有的股票、债券等有价证券的价值。在现行会计实务中，企业往往以历史成本为基础，结合其他计量属性（如重置成本、可变现净值等）来进行资产价值计量，以提高会计信息的相关性。

2. 保持资产计价方法的一致性

会计信息可比性质量特征要求企业所选择的会计程序与方法在前后期间保持不变，以提高同一企业不同期间会计信息的可比性。在市场经济条件下，由于商品及劳务的市场价格取决于市场供求关系，因此，同一种商品或劳务在不同时点的市场价格往往并不相同。在这种情况下，会计上使用不同的价值计量方法对同一会计期间同一资产的价值进行计量，可能得出不同的计量结果。比如，使用年限平均法计提固定资产折旧与年数总和法计提固定资产折旧，其结果肯定有别。因此，同一资产的计价方法在前后期间应当保持一致性。只有当政府有关法规制度要求予以改变或者具有充足的改变理由时，企业才能变更资产的计价方法。

（二）资产计价的内容

从资产要素的构成来看，资产包括库存现金、银行存款、应收款项、存货等流动资产和固定资产、无形资产等长期资产。实质上，资产要素的每一构成项目都存在如何计量其价值数量的问题。然而，对于库存现金和银行存款而言，由于其不同计量属性的衡量结果不存在差异，因此，库存现金和银行存款的计价不是会计学研究的重点。同时，尽管无形资产具有特殊性，但其价值计量方法与固定资产基本相似（甚至更为简单）。因而，资产计价主要是债权、存货和固定资产的价值计量问题。

从特定的资产项目来看，某一资产项目从取得并进入企业到被耗用或销售为止，其价值计量问题包括取得资产的计价、耗用资产的计价以及期末持有资产的计价等问题（如图 5-1 所示）。因此，资产在取得、耗用（或销售）、期末持有（结存）等不同时点均存在价值计量问题。其中，由于资产的取得有外购和自制等不同方式，其在不同取得方式下的资产计价方法也不一样。

在特定会计期间，对于同一资产而言，资产数量的变动具有以下规律：

期初持有资产数 + 期内取得资产数 - 期内耗用资产数 = 期末持有资产数

或

期初持有资产数 + 期内取得资产数 = 期内耗用资产数 + 期末持有资产数

在这一关系中，"期初持有资产数"实际上是上一会计期间的"期末持有资产数"。因此，一旦"期内取得资产数"确定后，所谓计算"期内耗用资产数"和

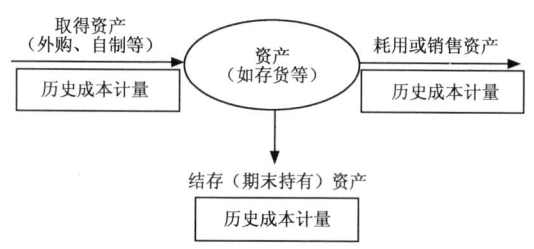

图 5-1 特定资产的计价内容

"期末持有资产数",实际上就是将一个固定数值在此两者之间进行分配或分摊。"期内耗用资产数"和"期末持有资产数"之间是一种互补关系。例如,假设企业在 8 月初甲种材料库存 2 000 公斤,实际成本 10 000 元;当期购进该种材料 3 批,共计 8 000 公斤,当期耗用该种材料 7 000 公斤,期末结存(持有)3 000 公斤。经计算确定当期购进材料的实际成本为 42 000 元[①]。因此,计算确定当期耗用材料 7 000 公斤的实际成本和期末结存材料 3 000 公斤的实际成本,实际上就成为如何在两者之间分摊 52 000(10 000 + 42 000)元总成本的问题。假设采用某种存货计价方法计算确定的期末结存材料(3 000 公斤)的实际成本为 16 000 元,则当期耗用材料(7 000 公斤)的实际成本就是 36 000(52 000 - 16 000)元。

在会计实务中,计量存货等流动资产的价值,一般倾向于先计算确定"期末持有资产数",再"挤出""期内耗用资产数"。而计量固定资产等长期资产的价值时,则反之。

二、债权计价

(一)债权计价的理论基础

企业的债权主要包括应收账款、应收票据和其他应收款。相对而言,应收票据资产面临的价值损失风险较低,因此,本部分主要讨论应收账款资产的计价问题。

应收账款计价的目的在于确定应收账款能够收回的实际数额(应收账款净额)。应收账款是企业因为销售商品、提供劳务等而应该向客户收取但尚未收到的款项。应收账款是市场经济条件下商业信用存在的一种客观结果。由于市场的激烈竞争,那些经营管理不善、无力偿债的企业会终止其生产经营活动(如破产清算),从而使得这些企业的债权人面临难以收回应收账款的风险。现实经济生活中,许多企业的应收账款因为种种原因或多或少总有一部分不能收回。在会计上,将不能收回的应收账款称为"坏账"。企业的应收账款总额扣除其坏账数,即为应收账款净额。由于应收账款总额一般可以根据账簿记录确定,因此,应收账款计价的核心问题是合理确定坏账损失数额。

---

① 通过成本计算方法确定材料的实际采购成本,同样属于资产价值计量问题。产品生产成本的计算也一样。因此,成本计算方法属于资产价值计量方法的内容。

企业在每一会计期间结账时，必有一部分应收账款尚未收回，而这些款项在未来是否能够全部收取，并不确定。因此，如果会计期末不考虑这一问题，当下一期间实际发生坏账损失时，将使两个期间的财务报表中的相关会计信息产生不合理的偏差。从另一方面来看，谨慎性会计原则要求企业采用较为稳健的会计方法（包括资产计价方法），按规定确认和计量企业可能发生的损失或费用。在市场经济环境中，企业有应收账款就可能发生坏账损失，合理计列坏账损失是企业财务会计的基本要求。并且，由于特定会计期间的利润（损益）必须由该期的收入与为获得该收入而发生的费用相配比所决定，因此，期末如不考虑应收账款的可能损失也是不符合配比性会计惯例的。

（二）债权计价方法

应收账款实际价值（即净额）的计量，以坏账损失数额的确定为基础。坏账损失的确定方法主要有应收账款余额百分比法、赊销净额百分比法和账龄分析法等。

1. 应收账款余额百分比法

企业以会计期末应收账款的账面余额为基础，估计可能的坏账损失占应收账款余额的百分比（即坏账率），并据以计算坏账损失数额。坏账率一般根据近几年的平均水平估计确定。按应收账款余额百分比法计算坏账损失数的公式为：

坏账损失数 = 应收账款期末账面余额 × 坏账率

例 5-1：德海公司 2019 年年末应收账款的账面余额为 5 000 000 元，根据近 3 年经验确定的坏账比例为 0.8%，则该年年末可能存在的坏账损失金额为：

5 000 000 × 0.8% = 40 000（元）

2. 赊销净额百分比法

企业的商品或劳务销售，以是否收到现金为标准可分为现销和赊销两类。前者是指在销售时就收到了现金的销售行为，而后者是指销售时未收到现金而形成应收款项的销售行为。企业可以特定会计期间的赊销额为基础，根据企业过去的经验（如前 3 个年度的平均坏账程度）估计每期的坏账占赊销额的百分比，计算确定各会计期间可能的坏账损失数。当然，企业计算坏账损失的赊销额，应当是当期商品或劳务的赊销总额在扣除赊销退回、折扣与折让后的赊销净额。按赊销净额百分比法计算坏账损失数的公式为：

坏账损失数 = 当期赊销净额 × 坏账率

例 5-2：彩虹公司 2019 年度的赊销净额为 2 000 000 元，前 3 年坏账率约为 0.1%，则其 2019 年可能发生的坏账损失金额为：

2 000 000 × 0.1% = 2 000（元）

3. 账龄分析法

应收账款余额百分比法和赊销净额百分比法应用简便，但没有考虑各项应收账款所欠时间的长短。一般而言，款项拖欠时间越长，收回的可能性越小，发生坏账损失的可能性越大。因此，为了使确定的坏账损失数额尽可能准确、合理，应当考虑每项应收账款赊欠时间的长短。应收账款账龄分析法，就是根据每一项应收账款已欠时间的长短来分别确定其坏账损失数额的方法。

采用应收账款账龄分析法，首先应当根据应收账款明细账计算出每项欠款的已欠时间（天数），并将赊欠期间分为若干组，如第一组1—30天、第二组31—90天等，通常第一组的时间为正常的付款期限；其次，根据不同赊欠期确定各组账款的坏账损失率；然后，以各组账款的金额乘以其对应的坏账损失率，计算出各组坏账金额；最后，将各组坏账损失金额加总，即可得出该会计期末的坏账损失数额。以上计算过程及结果，通常列入编制的"应收账款账龄分析及坏账损失计算表"。

例5-3：晋中公司2019年末应收账款的账面金额为3 000 000元，采用应收账款账龄分析法计算确定的坏账损失数额如表5-1所示。

表5-1　　　　　　应收账款账龄分析及坏账损失计算表　　　　　　单位：元

组序	赊欠时间	账面金额	坏账率	坏账损失金额
1	1—30天	1 800 000	0	0
2	31—90天	900 000	0.5%	4 500
3	91—360天	200 000	1%	2 000
4	1—3年	80 000	2%	1 600
5	3年以上	20 000	60%	12 000
合计		3 000 000		20 100

基于对坏账损失的认识不同，可以对其采用不同的会计处理方法。一种是直接转销法，即在实际发生坏账时，将其一次计入当期利润（损益）；另一种是备抵法，即平时分期预提坏账损失计入各期利润（损益），实际发生坏账损失时冲抵已提坏账准备金。

不同企业或同一企业采用不同的销货方式，其坏账损失情况都不相同。由于坏账损失最终成为期间利润的减项，因而其数额大小不仅直接影响应收账款净额（实际价值）的确定，还直接左右期间利润等财务会计指标。因此，在实际工作中，企业估计坏账损失比例（率）必须具有充分的依据和理由，而且，坏账损失计算方法一旦确定则不能随意变更。

三、存货计价

存货是企业在日常生产经营过程中持有的准备出售或耗用的各种货物，包括各类材料、在产品、半成品、产成品或商品等。存货计价包括取得存货的价值计量（即初始计量）和期末持有存货或耗用存货的价值计量两大问题。

（一）取得存货的计价

就制造性企业而言，其存货主要包括材料和产成品，而商品流通企业的存货主要是库存商品。取得存货（包括外购材料、制造产品或商品等）的计价，也被称为存货的"初始计量"。以下以制造性企业为例,说明外购材料和生产产品的初始计量方法。

1. 外购材料实际成本的确定

以实际成本属性计量所采购材料的价值,就是计算确定材料的采购成本。材料的采购成本包括材料的买价和采购费用。材料的买价是指购货发票上注明的材料交易价格,采购费用包括企业在材料采购过程中支付的材料运费、装卸费、运输途中的材料保险费、专设材料采购机构的经费、材料入库前的挑选整理费用等。材料采购成本计算的目的,是为了确定各种材料的总成本和单位成本。一般而言,材料的买价能够直接归属于各种材料,而材料的采购费用则应区别对待。对于采购单一品种材料所发生的各种采购费用或某项采购费用的发生只与某一种材料相关(如材料保险费),则应将采购费用直接计入该种材料的采购成本;对于采购几种材料共同发生的采购费用,则应按一定标准将其合理分配至各种材料。在会计上,将能够直接计入某种材料(或产品)成本的费用,称之为"直接费用";需经过分配才能够计入某种材料(或产品)成本的费用,称之为"间接费用"。某种材料的买价与其应该负担的采购费用之和,即为该种材料的总成本;某种材料的总成本除以该种材料的数量,即可计算出该种材料的单位成本。

例 5-4:乐华公司 2019 年 8 月 8 日同时从五羊公司购入甲、乙两种材料。其中,甲材料 2 000 公斤,单价 5 元;乙材料 4 000 公斤,单价 7.5 元。两种材料共计发生运杂费 1 200 元,并支付了甲种材料的运输保险费 200 元。两种材料已经验收入库。要求计算甲、乙材料的实际成本(包括总成本和单位成本)。

经分析,甲种材料的买价 10 000 元、乙种材料的买价 30 000 元可以直接计入其材料采购成本,为甲种材料支付的运输保险费用 200 元也可以直接计入甲种材料的采购成本。甲、乙两种材料共同发生的运杂费需要在两者之间进行分摊。费用分摊应当以合理的分配标准为依据。由于材料的运杂费一般按照运输重量和运输里程计费,因此,按材料重量和运输里程分摊运杂费较为合理①。运杂费的分摊过程及结果如下:

每公斤材料应当分摊的运杂费 = 1 200 ÷ (2 000 + 4 000)
= 0.2(元)
甲种材料应负担的运杂费 = 0.2 × 2 000 = 400(元)
乙种材料应负担的运杂费 = 0.2 × 4 000 = 800(元)

则

甲种材料实际总成本 = 10 000 + (400 + 200) = 10 600(元)
甲种材料实际单位成本 = 10 600 ÷ 2 000 = 5.3(元)

---

① 本例中,由于两种材料系从同一公司同时购入,因而其运输里程相同,差别在于材料的重量。故运杂费可按材料重量标准进行分摊。

乙种材料实际总成本 = 30 000 + 800 = 30 800（元）
乙种材料实际单位成本 = 30 800 ÷ 4 000 = 7.7（元）

2. 生产产品实际成本的确定

确定生产产品的实际成本，就是计算产品的生产成本。产品生产成本也称"产品制造成本"，其由生产产品直接耗用的材料费用、生产产品工人的人工费用（工资及福利费用）和应负担的制造费用构成。产品生产成本计算的目的，是为了确定生产产品的总成本和单位成本。与材料采购成本计算方法相似，凡是与某种产品直接相关的费用，应当直接计入该种产品的生产成本；而与几种产品相关的费用（如制造费用），则需经过分摊计入相关产品的生产成本。同一生产单位（如车间）生产多种产品时，一般以生产工人工资、生产工人工时、机器工时或直接原材料成本等为标准来分摊制造费用。当然，选用某一标准分摊制造费用时，应当注意该标准与制造费用的发生是否具有"显著关系"，以保证产品成本计算的准确性。

例 5-5：假设群英公司第一车间生产甲、乙两种产品，本期投产的产品全部完工。2019 年 8 月该车间共计生产甲、乙产品各 4 000 件。生产甲、乙产品分别投入原材料 10 000 公斤（实际成本 20 000 元）和 16 000 公斤（实际成本 30 000 元）。生产甲、乙产品耗用的人工分别为 30 000 元和 50 000 元。该车间当月发生的制造费用共计为 24 000 元（按直接工人费比例分摊）。要求计算甲、乙产品的总成本和单位成本。

经分析，该企业当月生产甲、乙产品所发生的直接材料费用和直接人工费用可以直接计入甲、乙两种产品的生产成本，而制造费用需要在甲、乙产品之间按一定标准进行分配。制造费用的分摊过程及结果如下：

制造费用分配率 = 24 000 ÷（30 000 + 50 000）= 0.30
甲产品应负担的制造费用 = 30 000 × 0.30 = 9 000（元）
乙产品应负担的制造费用 = 50 000 × 0.15 = 15 000（元）

则

甲产品生产总成本 = 20 000 + 30 000 + 9 000 = 59 000（元）
甲产品单位生产成本 = 59 000 ÷ 4 000 = 14.75（元）
乙产品生产总成本 = 30 000 + 50 000 + 15 000 = 95 000（元）
乙产品单位生产成本 = 95 000 ÷ 4 000 = 23.75（元）

（二）期末持有存货与期内耗用存货的计价

1. 存货盘存制度

存货盘存制度（Inventory Accounting System）是指确定企业在某一时日（如期末）存货持有数量的方法，包括永续盘存制和定期盘存制。

（1）永续盘存制。永续盘存制（Perpetual Inventory System）亦称"账面盘存制"，它是通过设置存货（如材料、产成品或商品等）明细账户，逐日或逐笔记录存货的收入和发出数，并随时记列其结存（持有）数量的方法。采用永续盘存时，要按每一种存货的品名、规格设置明细账户。在明细账户中，要记录存货的收入、发出和结存数量，有的还同时记录其金额。

在永续盘存制下，存货的结存数量按下列基本计算公式确定：

期初结存数 + 本期收入数 − 本期发出数 = 期末结存数

例5-6：智辉公司2019年7月甲种商品收入、发出情况及采用永续盘存制确定的各日结存数（件），如表5-2所示。

表5-2　　　　　　智辉公司甲商品收、发及结存情况表（永续盘存制）

2019年7月　　　　　　　　　　　　　　　　　　　　　　　单位：件

日期	摘要	收入	发出	结存
1日	月初结存			2 000
1日	销售		200	1 800
3日	完工	500		2 300
8日	销售		1 000	1 300
12日	完工及销售	600	800	1 100
19日	完工	700		1 800
23日	销售		1 200	600
27日	完工	300		900
30日	销售		400	500
30日	月末结存			500

在永续盘存制下，根据账面记录确定的存货结存数不一定与其实有数相符，因此，需定期或不定期地对实物进行实地盘点，以便核对存货的账面数（账存数）和实有数是否相符。

采用永续盘存制，存货的收、发、存情况能在账面上得到全面、完整、连续的反映。这种方法最大的优点是能加强对存货的控制与管理。在各个存货明细账户中，可以随时反映出每种存货的收入、发出和结存情况，并能从数量和金额两方面进行控制。明细账户中的结存数，可以通过盘点与实有数量进行核对，当发生存货溢余或短缺时，便于查明原因，及时纠正。此外，还可以随时将明细账户中存货的结存数与既定的最高和最低库存限额进行比较，取得库存积压或不足的资料，以便及时组织存货的购销或处理。

（2）定期盘存制。定期盘存制（Periodic Inventory System）亦称"实地盘存制"，它是在期末通过现场（实地）盘点实物确定存货的结存（持有）数量，并据以计算存货耗用（或销售）数量的方法。在实际工作中，有的称之为"以存计耗（或销）制"或"盘存计耗（或销）制"。

定期盘存制的基本要点是：平时对存货只在明细账户中记录其购入或收进数，不记录其发出数，期末通过盘点实物确定结存数量后，据以计算存货的耗用（或销售）数量。其基本计算公式如下：

期初结存数 + 本期收入数 - 期末结存数 = 本期发出数

例 5-7：天明公司以煤为燃料，假设该企业 2019 年 7 月燃煤的月初结存及购入情况见表 5-3。由于煤的耗用情况平时难以准确计量，故采用定期盘存制进行核算。月末通过实地盘点结余燃煤，确定的期末结存数为 200 吨。该企业本月燃煤的收入、发出及结存情况，如表 5-3 所示。

表 5-3　　　　天明公司燃煤收入、发出及结存情况表（定期盘存制）

2019 年 7 月　　　　　　　　　　　　　　　　　　单位：吨

日期	摘要	收入	发出	结存
1 日	月初结存			150
1 日	购入	100		
5 日	购入	80		
11 日	购入	120		
15 日	购入	90		
21 日	购入	130		
26 日	购入	120		
30 日	本月耗用		590	
30 日	月末结存			200

表 5-3 中的"本月耗用数"于月末倒挤求出：

150 +（100 + 80 + 120 + 90 + 130 + 120）- 200 = 590（吨）

在定期盘存制下，存货的发出数平时不作明细记录，存货账户可按大类或全部库存品设置，不一定按具体品种设置，因而可以简化核算工作。

（3）永续盘存制与定期盘存制之比较。永续盘存制要求全面、详细地记录每一种存货的收入、发出和结存情况，因而，其核算工作量大，相应会增加会计核算成本。特别是存货品种复杂繁多的企业单位，如果采用月终一次结转耗用（或销售）成本的办法，则期末持有存货的成本和当期耗用（或销售）存货的成本计算工作就比较集中，增大了核算工作量。而在定期盘存制下，平时不记录存货的发出情况，月终在确定结存数后一次计算耗用（或销售）存货的成本，其核算工作大为简省。

永续盘存制可以提供系统的存货收发存情况，便于及时核对存货的账面数和实有数，对存货的变动进行有效监控。而定期盘存制不能随时反映存货收发存动态，从而削弱了对存货的控制和监督作用，并且，由于以存计耗（或销），倒算耗用成本或销售成本，这就会把非耗用或非销售的存货损耗、短缺或差错事故等全部"挤入"耗用或销售成本之中，从而影响了成本计算的正确性。

由于永续盘存制具有控制和保护存货安全的显著优点，因此，在实际工作中，除了那些价值低廉、在管理上使用永续盘存制确有困难的存货外，一般都采用永续盘存制。定期盘存制一般适用于价值低、品种杂、交易极其频繁的存货和损耗大、数量不稳定的鲜活商品。即使采用定期盘存制，也应对实物采取相应的有效管理措施。

2. 期末持有存货与期内耗用存货的计价方法

由于企业期末持有存货与期内耗用存货在数量上是一种互补关系，因此，期末持有存货价值的确定和期内耗用存货价值的确定，两者只需其一。应当指出，对于存货计价而言，历史成本（实际成本）计量原则的含义是，按存货取得时的历史成本计算确定企业持有（结存）存货的实际价值，同样按存货取得时的历史成本计算确定企业期内耗用（或销售）存货的实际价值。由于市场上的商品价格不可能总是保持不变（从而使得在不同时点取得同种存货的实际成本并不一定相同），各次耗用或销售存货的实际取得成本就难以直接确定，这样，会计上便只能采用特定的价值计量方法，将"本期可供耗用或销售存货总成本（实际成本）"在期末持有存货和本期已耗（或已销）存货之间进行合理分配。显然，如果取得存货的实际价格能保持不变，则存货计价问题就变得十分简单了。

就特定会计期间而言，企业期初持有存货的实际成本是已经确知的（上一会计期间期末持有存货的实际价值），本期采用购入或制造等方式取得的存货的实际价值已经通过"成本计算"方法确定，因此，企业在某一特定期间的可供耗用或销售存货的实际总成本是一个"已知数"。计算确定的期末持有存货的价值（历史成本）和已耗用（或已销售）存货的价值（历史成本），实际上是选择不同存货价值计量方法的结果。

期末持有存货实际成本与期内耗用（或销售）存货实际成本的关系是：

$$\text{期初持有存货成本} + \text{本期取得存货成本} = \text{本期可供耗用或销售存货总成本}$$

$$\text{本期可供耗用或销售存货总成本} = \text{期末持有存货成本} + \text{本期耗用（或销售）存货成本}$$

从以上关系可以看出，在"本期可供耗用或销售存货总成本"一定时，若采用某一种存货计价方法所确定的"期末持有存货成本"偏高，则"本期耗用（或销售）存货成本"就偏低；反之，则反。也就是说，如果对期末持有存货的价值计量不准确，则会导致本期耗用（或销售）存货的价值计量结果出现偏差。

期末持有存货与期内耗用存货的计价方法主要有个别计价法、先进先出法、后进先出法、加权平均法、成本与市价孰低法。

（1）个别计价法。个别计价法（Specific Identification）又称为"具体辨认法"或"实际进价法"，是指假设每个单位量的期末持有存货或耗用存货的实际成本（或价格）能够确知，并据此计算其实际价值的一种计价方法。使用个别计价法，实际上是认为存货的"成本流动（the flow of costs）"与单一存货的"实物流动（the physical flow）"完全一致。该方法的要点是：①逐一记录每一特定存货单位的取得价格；②了解耗用或出售的存货属于哪一特定单位（或批次），或者了解期末持有存货属于哪一特定单位。

例 5-8：朝阳公司 2019 年 10 月份甲种商品采用永续盘存制进行会计核算。有关资料如下：

10 月 1 日期初结存 200 件，单价 6 元。

10 月 4 日出售 40 件，售价 12 元。

10 月 8 日购入 200 件，单价 7 元。

10 月 15 日出售 80 件，售价 12 元。

10 月 18 日购入 200 件，单价 8 元。

10 月 25 日出售 240 件，售价 12 元。

根据存货账面记录计算出期末持有存货结存数量为 240（200 - 40 + 200 - 80 + 200 - 240）件。

假定通过"辨认"确定的商品流动情况如下：10 月 4 日出售的 40 件商品系期初持有存货，10 月 15 日出售的 80 件商品系 10 月 8 日进货，10 月 25 日出售的 240 件商品中 120 件系期初持有存货、120 件系 10 月 18 日进货（即 240 件期末持有存货中，40 件系期初存货，120 件系 10 月 8 日进货，80 件系 10 月 18 日进货）。

按个别计价法计算本期销售存货成本和期末持有存货成本如下：

本期可供销售商品的总成本 = 200 × 6 +（200 × 7 + 200 × 8）
$$= 4\ 200（元）$$

期末持有存货成本 = 40 × 6 + 120 × 7 + 80 × 8 = 1 720（元）

本期销售商品成本 = 4 200 - 1 720 = 2 480（元）

或 本期销售商品成本 = 40 × 6 + 80 × 7 + 120 × 6 + 120 × 8
$$= 2\ 480（元）$$

期末持有存货成本 = 4 200 - 2 480 = 1 720（元）

朝阳公司甲种商品按个别计价法计价及会计记录结果如表 5-4 所示。

表 5-4　朝阳公司甲种商品计价及会计记录结果（个别计价法）

2019 年		摘要	收入			发出			结存		
月	日		数量	单价	金额	数量	单价	金额	数量	单价	金额
10	1	期初结存							200	6	1 200
	4	销售				40	6	240	160		960
	8	购入	200	7	1 400				360		2 360
	15	销售				80	7	560	280		1 800
	18	购入	200	8	1 600				480		3 400
	25	销售				240		1 680	240		1 720
10	31	本期合计及结存	400		3 000	360		2 480	240		1 720

在个别计价法下，本期耗用（或销售）存货和期末持有存货都是按照原来取得的实际单位成本（或实际单价）计算其价值，成本流动与存货实物流动情形完全相同，因而所确定的本期耗用（或销售）存货成本和期末持有存货成本价值都比较准确。但这种方法的使用也有一定局限性。如果存货种类及数量甚多，而其取得价格又经常变动，则采用此法较为麻烦，而且会计工作量大。所以，它只适用于种类及数量较少且单位价值较大的存货。

（2）先进先出法。先进先出法（First In, First Out, FIFO）是在假定先取得的存货先行耗用或销售的条件下对存货价值进行计量的方法。在这种方法下，期末持有存货总是由最近取得的存货所组成，并且，只有当本期耗用或销售的数量少于期初存货的数量时，期末持有存货中才会包括期初持有的存货。

例5－9：仍用例5－8中该公司甲种商品购、销、存资料。按先进先出法计算本期销售商品成本和期末持有存货成本如下：

本期销售商品成本 = 40×6 + 80×6 + 80×6 + 160×7
 = 2 320（元）

期末持有存货成本 = 4 200 - 2 320 = 1 880（元）

或 期末持有存货成本 = 200×8 + 40×7 = 1 880（元）

本期销售商品成本 = 4 200 - 1 880 = 2 320（元）

朝阳公司甲种商品按先进先出法计价及会计记录结果如表5－5所示。

表5－5　朝阳公司甲种商品计价及会计记录结果（先进先出法）

2019年		摘要	收入			发出			结存		
月	日		数量	单价	金额	数量	单价	金额	数量	单价	金额
10	1	期初结存							200	6	1 200
	4	销售				40	6	240	160		960
	8	购入	200	7	1 400				360		2 360
	15	销售				80	6	480	280		1 880
	18	购入	200	8	1 600				480		3 480
	25	销售				240		1 600	240		1 880
10	31	本期合计及结存	400		3 000	360		2 320	240		1 880

按照一般实际情形，大多数企业都是将先取得的存货先行耗用或出售，特别是容易腐坏或变质的商品。先进先出的成本假设与存货实物流动情形基本相符，易于了解。但必须指出，先进先出是指成本的流动（计算成本的假设流向），与存货的实际流动无关。所以，无论企业的存货本身是否先进先出，都可采用此种方法对存货价值进行计量。

(3) 后进先出法①。后进先出法（Last In，First Out，LIFO）是在假定后取得的存货先行耗用或销售的条件下对存货价值进行计量的方法。这种方法与先进先出法正好相反，其期末持有存货总是由最早取得的存货所组成。后进先出也是会计上计算存货成本的一种假设，所以，存货实际流动不是后进先出的企业亦可采用这种方法。

例 5-10：仍用例 5-8 中该公司甲种商品购、销、存资料。按后进先出法计算期末持有存货成本和本期销售商品成本如下：

本期销售商品成本 = 40 × 6 + 80 × 7 + 200 × 8 + 40 × 7
　　　　　　　　= 2 680（元）

期末持有存货成本 = 4 200 - 2 680 = 1 520（元）

或　期末持有存货成本 = 160 × 6 + 80 × 7 = 1 520（元）

本期销售商品成本 = 4 200 - 1 520 = 2 680（元）

朝阳公司甲种商品按后进先出法计价及会计记录结果如表 5-6 所示。

表 5-6　朝阳公司甲种商品计价及会计记录结果（后进先出法）

2019 年		摘要	收入			发出			结存		
月	日		数量	单价	金额	数量	单价	金额	数量	单价	金额
10	1	期初结存							200	6	1 200
	4	销售				40	6	240	160		960
	8	购入	200	7	1 400				360		2 360
	15	销售				80	7	560	280		1 800
	18	购入	200	8	1 600				480		3 400
	25	销售				240		1 880	240		1 520
10	31	本期合计及结存	400		3 000	360		2 680	240		1 520

(4) 加权平均法。加权平均法（Weighted Average Method）是把本会计期间全部可供耗用或销售存货的总成本平均分配于所有单位量，即按当期存货的平均单位成本计算期末持有存货及本期耗用或销售存货价值的方法。

同一种存货取得的时间不同，其实际成本（或单价）往往也有高有低，但在保管上通常存放在一起。存货的实际流动情形，有时既不是先进先出，也不是后进先出，耗用或出售存货时已不能分辨是属于哪批取得的。加权平均法就是根据这种情形所设立的成本流动假设。

采用加权平均法，首先计算当期全部存货的平均单位成本，然后根据期末持有存货数量、本期耗用或销售存货数量与加权平均单位成本分别计算期末持有存货成本和本期耗用或销售存货成本。计算公式如下：

---

① 我国现行企业会计准则中已取消。

$$\frac{\text{加权平均}}{\text{单位成本}} = \frac{\text{本期可供耗用或销售存货总成本}}{\text{本期可供耗用或销售存货总数量}}$$

期末持有存货成本 = 期末持有存货数量 × 加权平均单位成本

$$\text{本期耗用或销售存货成本} = \frac{\text{本期耗用或销售}}{\text{存货数量}} \times \frac{\text{加权平均}}{\text{单位成本}}$$

或 $\text{本期耗用或销售存货成本} = \frac{\text{本期可供耗用或}}{\text{销售存货总成本}} - \frac{\text{期末持有}}{\text{存货成本}}$

例 5-11：仍用例 5-8 中该公司甲种存货购、销、存资料。按加权平均法计算期末持有存货成本和本期耗用或销售商品成本如下：

$$\frac{\text{加权平均}}{\text{单位成本}} = \frac{200 \times 6 + 200 \times 7 + 200 \times 8}{200 + 200 + 200} = 7（元）$$

期末持有存货成本 = 240 × 7 = 1 680（元）

本期耗用或销售商品成本 = 360 × 7 = 2 520（元）

或 本期耗用或销售商品成本 = 4 200 - 1 680 = 2 520（元）

朝阳公司甲种商品按加权平均法计价及会计记录结果如表 5-7 所示。

表 5-7 朝阳公司甲种商品计价及会计记录结果（加权平均法）

2019 年		摘要	收入			发出			结存		
月	日		数量	单价	金额	数量	单价	金额	数量	单价	金额
10	1	期初结存							200	6	1 200
	4	销售				40			160		
	8	购入	200	7	1 400				360		
	15	销售				80			280		
	18	购入	200	8	1 600				480		
	25	销售				240			240		
10	31	本期合计及结存	400		3 000	360	7	2 520	240	7	1 680

加权平均单位成本是将期初持有结存和当期各批取得的存货相混合而求得的成本，这一成本受当期各批次所获得存货的单位成本（单价）的影响，所以，期末持有存货成本不是由最先或最后取得的存货单价所决定。

在永续盘存制下，若不是月终一次结转存货成本，则每取得一批存货，就得计算一次新的加权平均单位成本，此称为"移动加权平均法"。移动加权平均法与上述加权平均法（亦可称为"一次加权平均法"或"简单加权平均法"）计算存货成本的基本原理相同，只是前者的计算较为麻烦且工作量大。

以上举例表明，在物价发生变化时，针对同样资料按不同计价方法所计算的存货成本结果不同。当物价上涨时，按加权平均法求得的期末持有存货成本，必定大于后进先出法而小于先进先出法的计算结果；当物价下跌时，结果正好相反。由于选择不同的存货成本计价方法会影响成本、损益等一系列财务会计指标,因此,企业在确定存货成本计价方法时,应遵循会计准则的规定。

(5) 成本与市价孰低法。成本与市价孰低法 (the Lower of Cost or Market, LCM) 是指在结账日将持有存货的市价与其成本进行比较,并选择较低者作为期末持有存货计量属性的方法。也就是说,如果期末持有存货的市价低于成本,则存货按市价计量;如果期末持有存货的成本低于市价,则存货按成本计算。在这种方法下,存货的实际成本仍按前述个别计价法、先进先出法、后进先出法或加权平均法等方法计算确定。

采用成本与市价孰低法时,先对期末持有存货按个别计价法、先进先出法、后进先出法、加权平均法等方法确定其实际成本,再将其与存货的市价进行比较,最终作为存货计量属性的是市价与实际成本两者中的孰低者。在存货价值计量的成本与市价孰低法中,存货的"市价"一般是指存货的重置成本,也可以是"可变现净值"[①]。

在存货计价中,成本与市价孰低法主要用于商品(或产品)存货的价值计量。商品存货的成本与市价进行比较,一般有逐一比较法、分类比较法和总额比较法三种。这三种比较方法的区别在于比较的口径不同,所计算的结果也往往不一样。一般情况下,逐一比较法所确定的期末持有存货价值最低,因为它对每一种商品都按最低成本或市价确定其价值。总额比较法所确定的期末持有存货价值最高,因为总额比较法最终只按市价、成本中的一种计价,如果总额成本低就按成本计价,但各类商品中有的是成本低而有的则是市价低,因此,按总额比较法所计算的期末持有存货价值必然高于分类比较法,更高于逐一比较法。

例 5 - 12:凯歌公司 2019 年 12 月末甲、乙、丙三种商品存货的数量、单位成本(系按后进先出法计算确定)和市价资料分别是:200 件、400 件、600 件,8 元、10 元、6 元,10 元、8 元、4 元。要求按成本与市价孰低法计量月末持有商品的价值。

采用逐一比较法,月末持有商品的价值为:
200 × 8 + 400 × 8 + 600 × 4 = 7 200(元)

采用总额比较法,月末持有商品的总成本为 9 200(200 × 8 + 400 × 10 + 600 × 6)元,月末持有商品的总市价为 7 600(200 × 10 + 400 × 8 + 600 × 4)元,故月末商品价值应为 7 600 元。

如果按成本与市价孰低法对存货价值进行计量,当市价低于成本时,应将存货的账面价值(成本价)调整为市价。对于存货市价低于其成本的差额,可以在发生时直接列入当期销货成本或损失,也可以采取"先预提后冲销"办法进行处理(即确认存货资产减值)。

---

① 我国现行企业会计准则要求在会计实务中采用"可变现净值"。

成本与市价孰低法起源于会计思想的早期发展阶段,是稳健主义会计观念的产物。在会计实务中,按成本与市价孰低法计量存货价值,是稳健性会计原则的集中体现。

四、固定资产计价

固定资产是企业作为生产条件、劳动工具的房屋、建筑物、机器、运输工具以及其他与生产经营有关的设备、器具、工具等。这些固定资产具有两项特征:一是持有的目的是为了"使用"(如为了生产商品、提供劳务、出租或经营管理)而不是直接销售;二是使用寿命超过一个会计年度。另外,固定资产不同于无形资产,其具有实物形态。

同其他资产计价一样,固定资产计价也包括取得固定资产、耗用固定资产和期末持有固定资产的价值计量等问题。取得时的固定资产计价实际上就是计算确定固定资产的原始价值(即历史成本);由于固定资产能够较长时间地存在于企业生产经营过程中,因而,耗用固定资产的计价就是计算确定固定资产的折旧价值;期末持有固定资产计价,也就是计算确定固定资产净值。由于固定资产净值是根据固定资产原始价值与固定资产的累计折旧确定,因此,固定资产计价的关键问题是计算、确定固定资产的原始价值和折旧价值。

企业固定资产应按其取得时的实际成本(历史成本)进行计价。固定资产按实际成本计价包含几方面含义:一是企业获得的固定资产按其实际成本衡量其价值;二是固定资产折旧价值以实际成本为依据进行计算;三是固定资产净值(也称折余价值)亦按其实际成本价值反映。历史成本计价原则,限定了固定资产在一般情况下都必须按其实际成本计价,只有在特殊情况下(如非货币性资产交换)才能采用公允价值等其他计量属性。

(一)固定资产原始价值计量

固定资产原始价值,简称为原价或原值。如何确定固定资产的原始价值?企业为了使用而取得固定资产,并使固定资产达到可供使用状态的一切合理支出,都应列为固定资产原始价值的内容。分析各项支出是否应当作为固定资产原始价值的内容时,要着重研究每项支出是否必需,是否合理。例如,机器的安装费用是使机器达到可供使用状态的必不可少的支出,所以应该作为机器原始价值的一部分。假如在安装机器时,由于工作上的疏忽而使得机器损坏,其支付的修理费用就不应当列作机器的原始价值。又如,购建固定资产的借款利息,在固定资产尚未交付使用或者虽已投入使用但尚未办理竣工决算之前发生的,应计入固定资产原始价值,而在此之后发生的利息则不应列作固定资产原始价值的内容。

根据固定资产原始价值的确定原则,在会计实务中,会计准则具体规定了企业以不同方式(如购入、建造、投资者投入、融资租入、接受捐赠、改建和扩建等)取得固定资产的原始价值的基本内容,如购入固定资产的原始价值包括买价和支付的运输费、保险费、包装费、安装费以及缴纳的税金等。实际上，企业取得固定资产的主要方式是外购和建造。以外购方式取得的固定资产，其实际成本（原始价值）的确定方法类似于外购材料实际采购成本的计算方法；而以建造方式取得固定资产，相当于企业"制造"了一件产品，因而其实际成本（原始价值）的确定方法类似于企业产品生产成本的计算方法。

固定资产取得以后，在其持续的使用期间内还可能发生一些其他支出，如增添、更换、改建和扩建、改良、修理等支出。对于这些支出，应当依据"划分资本性支出与收益性支出"会计惯例进行分析和处理（即进行相关的后续确认和计量）。资本性支出是指其效益涉及几个会计年度的支出，而收益性支出则是指效益仅涉及一个会计年度的支出。资本性支出发生后，企业会形成新的长期资产或者提高长期资产的使用效率或获利能力；收益性支出仅与当年度生产经营活动有关，应当从当年度收入中补偿（即计入当年度损益）。就固定资产而言，应予资本化的支出（资本性支出），将会改变固定资产的原始价值。

（二）固定资产折旧价值计量

1. 固定资产折旧与折旧额

（1）固定资产折旧的含义。固定资产折旧（Depreciation）价值是指固定资产在使用过程中由于损耗而逐步转移掉的那部分价值。固定资产的主要特征是可供长期使用，并在使用过程中保持其原有实物形态不变。然而，固定资产的价值却在使用中随着固定资产磨损而逐步销蚀、损耗掉。固定资产折旧体现着企业固定资产的消耗。

固定资产折旧通过计入产品生产成本（制造成本）或作为期间费用计入当期损益，从而实现固定资产价值的补偿。在这一过程中，企业占用在固定资产形态上的资金由于固定资产价值的逐步转移而不断减少，并通过折旧形式转化为成本或费用，并随着收入的不断实现而得到补偿。可见，固定资产折旧价值的确定以及折旧的计算提取，直接影响相关期间的成本或费用数额，从而影响期间损益。折旧价值的确定，还影响着固定资产价值计量的正确性以及固定资产的投资回收和更新改造。

在美国的会计研究中，多数学者将固定资产折旧解释为一种"成本分配过程（a process of cost allocation）"。其基本思想是，在固定资产的使用期限分期计算固定资产的耗用价值（折旧），实际上就是将固定资产的实际成本在若干会计期间按一定方法摊销，而这种分摊是基于配比性原则确定特定期间与其所带来收入能够配比的固定资产的使用成本（或耗用）。

（2）固定资产折旧额。固定资产折旧价值的大小，受固定资产原始价值、预计清理费用、预计残余价值和预计使用时间（年数或月数）四个因素的影响。固定资产清理费用是指固定资产清理过程中所发生的支出，包括固定资产的拆除或拆卸费用以及其他搬运、整理费用等。固定资产残余价值（残值）是指固定资产报废清理时回收的残余材料的价值。固定资产的残余价值首先用来开支其清理费用，其余额为净残值。计算提取各期折旧时,一般要预计残余价值和清理费用,确定可能的净残值额。固定资产原始价值扣除预计净残值的余额,应在固定资产各使用期间进行分摊。固定资产预计使用期限,由固定资产损耗程度决定。固定资产的损耗包括有形损耗和无形损耗两类。

固定资产有形损耗,是指固定资产在使用过程中保持原有实物形态,本身由于受到物理、化学等因素的作用而逐渐发生的一定程度的磨损。有形损耗的大小,取决于固定资产本身的质量以及使用、保养和维修的状况等因素。固定资产长期不使用,由于自然力的作用,也会引起有形损耗(如生锈、腐烂等)。马克思说:"机器的有形损耗有两种。一种是由于使用,就像铸币由于流通而磨损一样。另一种是由于不使用,就像剑入鞘不用而生锈一样。在后一种情况下,机器的磨损是由于自然作用。前一种磨损或多或少地同机器的使用成正比,后一种磨损在一定程度上同机器的使用成反比"[1]。固定资产无形损耗,是指机器设备等固定资产由于科学技术进步、社会劳动生产率提高而引起的贬值。在商品生产条件下,机器设备等固定资产除了发生有形损耗,还会发生无形损耗。无形损耗由两种原因引起,从而也有两种不同的形式。第一种是同样结构和性能的机器设备,由于制造部门劳动生产率提高,它的再生产费用降低,因而使原有的机器设备相应地发生贬值。第二种是由于出现新的、有更高的生产能力和效率的机器设备,在竞争中,原有机器设备由于使用效率相对下降而不得不相应贬值,或者由于不得不提前报废而丧失其残余价值。"在这两种情况下,即使原有的机器还十分年轻和富有生命力,它的价值也不再由实际物化在其中的劳动时间来决定,而由它本身的再生产或更好的机器的再生产的必要劳动时间来决定了。因此,它或多或少地贬值了"[2]。

在激烈的市场竞争和科学技术不断进步的条件下,企业的机器设备等固定资产不仅客观地存在着有形损耗,而且也客观地存在着无形损耗。因此,预计固定资产的使用年限时应合理地考虑其受无形损耗因素影响的程度。只有这样,才能使固定资产的价值损耗在其有限使用期间得到及时而合理的补偿。而且,无形损耗的客观存在,也是固定资产采用加速折旧法的重要理由之一。

固定资产折旧价值额包括固定资产应计提折旧总额和特定期间应计提折旧额(一般指年折旧额)两层含义。固定资产应计提折旧总额是指特定固定资产价值逐步损耗的最大量度,它受固定资产原值、预计清理费用和预计残值等因素的影响。其计算公式为:

$$\text{固定资产应计提折旧总额} = \text{固定资产原值} - \left(\text{预计残值} - \text{预计清理费用} \right)$$

或

---

[1] 马克思、恩格斯:《马克思恩格斯全集》(第23卷),人民出版社1972年版,第443页。
[2] 马克思、恩格斯:《马克思恩格斯全集》(第23卷),人民出版社1972年版,第443—444页。

$$\text{固定资产应计提折旧总额} = \text{固定资产原值} - \text{预计净残值}$$

特定期间固定资产的应计提折旧额,实质上就是固定资产总成本应分配于某个期间的数额,其大小取决于固定资产应计提折旧总额和固定资产使用期限的长短。会计上计量固定资产的折旧价值,就是要确定企业在各个会计期间应计提的固定资产折旧额。

2. 固定资产折旧的计算方法

将固定资产的总成本通过折旧分摊到各个使用期间的方法很多,总结起来,可以归为平均折旧法和加速折旧法两大类。平均折旧法有如年限平均法、工作量法等,加速折旧法有如年数总和法、双倍余额递减法等。

(1) 年限平均法。年限平均法也称"直线法""使用年限法",是指将固定资产的实际成本平均地分配于各个会计期间(使用年限)的方法。其计算公式为:

$$\text{固定资产年折旧额} = \frac{\text{固定资产原值} - \text{预计净残值}}{\text{预计使用年限}}$$

$$\text{固定资产月折旧额} = \frac{\text{固定资产年折旧额}}{12}$$

按此公式计算出来的折旧额,反映固定资产在预计使用年限内平均分配于各个会计期间的价值。固定资产折旧额对其原始价值的百分比称为折旧率,它反映固定资产在其预计使用期限内的平均损耗程度。固定资产年折旧率的计算公式如下:

$$\text{固定资产年折旧率} = \frac{\text{固定资产年折旧额}}{\text{固定资产原始价值}} \times 100\%$$

例 5-13:绍兴公司某通用机床的原值为 80 000 元,预计可使用 15 年,残值 5 000 元,清理费用 1 000 元。按年限平均法计算该项固定资产各年的折旧额为:

$$\text{年折旧额} = \frac{80\,000 - (5\,000 - 1\,000)}{15} = 5\,066.67 \text{(元)}$$

该项固定资产的折旧率计算如下:

$$\text{年折旧率} = \frac{5\,066.67}{80\,000} \times 100\% = 6.33\%$$

企业实际计提折旧时,为简化起见,一般根据规定应计提折旧的固定资产原值与折旧率计算确定,即:

$$\text{固定资产年折旧额} = \text{固定资产原值} \times \text{年折旧率}$$

仍用前例,该项固定资产每年应计提的折旧额为:

年折旧额 = 80 000 × 6.33% = 5 067(元)

按年限平均法计算折旧,每年(月)折旧金额相等。这实际上是假定机器设备等固定资产在相等时间内耗用的价值相同,所以各期间分摊的成本也一样。每年使用时间、工作时负荷和损耗程度等基本相同的固定资产,宜采用年限平均法均衡地计量折旧价值。

（2）工作量平均折旧法。工作量平均折旧法是指将固定资产的实际成本平均地分配于其每个单位工作量的方法。在这种方法下，固定资产的每个单位工作量负担等额的折旧费用，各个会计期间计提的折旧数额则取决于各个期间固定资产的实际工作量的多少。计算公式为：

$$单位工作量折旧额 = \frac{固定资产原值 - 预计净残值}{预计工作总量}$$

$$某期应计提折旧额 = 该期实际工作量 \times 单位工作量折旧额$$

采用工作量平均折旧法计提折旧，各期所提折旧与固定资产实际工作量成正比例。这种方法，对于在不同期间实际工作量不同而工作时使用条件及损耗程度基本相同的固定资产，较为适宜。

不同的固定资产（尤其是专业设备），其工作量的计算方法可能不同，如按行驶里程或工作时间或台班或产量等不同计量单位计算。因此，工作量平均折旧法在具体应用时尚存在一定差别。按工作量计量单位不同，可以将工作量平均折旧法进一步分为行驶里程折旧法、工作时间折旧法、工作台班折旧法和产量折旧法等。

例 5-14：野林公司某大型设备原始价值为 224 000 元，预计净残值为 24 000 元，根据该设备的技术性能预计可使用 200 000 小时。2019 年 5 月该设备实际使用 400 小时，6 月份实际使用 500 小时。按工作量平均折旧法计算 5 月份、6 月份该设备应计提的折旧额。

$$每小时折旧额 = \frac{224\ 000 - 24\ 000}{200\ 000} = 1（元）$$

5 月份该设备折旧额 = 400 × 1 = 400（元）

6 月份该设备折旧额 = 500 × 1 = 500（元）

（3）年数总和法。年数总和法属于加速折旧法。加速折旧法的所谓"加速"，是相对于按使用年限平均法计算而言的。年限平均法下，固定资产在各年（各期）所算的折旧价值完全相同，而采用加速折旧法时，在使用固定资产的初期计提折旧较多，以后逐年减少，其递减速度越来越快。

企业采用加速折旧法的理由，归纳起来主要有：①采用加速折旧法，可以促进企业加快技术进步，并加快固定资产投资收回速度，减少财产风险；②固定资产在使用初期工作性能处于最佳状态，生产产品的质量高、产量多，给企业创造相对较多的收益，因此多提折旧计入成本或费用，更符合会计上的配比性原则；③固定资产在使用期限内，维修费用是由少到多递增发生的，采用加速折旧法递减地计提折旧，可以使企业各期负担的固定资产使用成本（维修费与折旧费之和）趋于均衡；④采用加速折旧法可以使企业获得纳税方面的好处；⑤采用加速折旧法才真正考虑了固定资产的无形损耗。

年数总和法亦称变率递减法，是以固定资产预计使用年限的各年数字之和为分母,以年数各个数字的相反顺序作为分子所形成的变动折旧率,乘固定资产应计提的折旧总额来计算折旧额的一种方法。由于特定固定资产的应计提折旧总额一般为定数,因此,运用年数总和法的关键在于确定各年适用的折旧率。

年数总和法下各年固定资产折旧率及折旧额的计算公式如下:

$$年折旧率 = \frac{预计使用年限 - 已使用年限}{预计使用年限 \times (预计使用年限 + 1) \div 2}$$

$$某年折旧额 = (固定资产原值 - 预计净残值) \times 该年折旧率$$

在年数总和法下,由于特定固定资产的原值与预计净残值之差为常数,因此,欲使固定资产的每年折旧额呈递减变化的规律,只能让各年折旧率逐年变小。

例 5-15:开元公司某设备的原值为 180 000 元,预计净残值 3 000 元,预计可使用 5 年。按年数总和法计算该机器各年的折旧额,计算过程及结果如表 5-8 所示。

表 5-8 年数总和法折旧计算表 单位:元

年数	折旧基数	折旧率	年折旧额	累计折旧
1	(180 000 - 3 000)	5/15	59 000	59 000
2	(180 000 - 3 000)	4/15	47 200	106 200
3	(180 000 - 3 000)	3/15	35 400	141 600
4	(180 000 - 3 000)	2/15	23 600	165 200
5	(180 000 - 3 000)	1/15	11 800	177 000

表 5-8 中"折旧基数"指该机器的应计提折旧总额,为 177 000 (180 000 - 3 000) 元;该机器的第 4 年折旧率依下式计算得出(其他各年折旧率类推):

$$第 4 年折旧率 = \frac{5 - 3}{5 \times (5 + 1) \div 2} = \frac{2}{15}$$

(4) 双倍余额递减法。双倍余额递减法也属于加速折旧法,是以年限平均法下年折旧率的两倍为固定的折旧率,按照固定资产账面折余价值(净值)计算各年折旧数额的一种折旧方法。在双倍余额递减法下确定折旧率时,一般不计残值,其计算公式为:

$$年折旧率 = \frac{2}{预计使用年限} \times 100\%$$

采用双倍余额递减法计算固定资产折旧额的基本公式为:

$$某年折旧额 = (年初固定资产原值 - 累计折旧) \times 年折旧率$$

值得注意的是,采用双倍余额递减法时,如果发现某年折旧额小于该年用年限平均法计算的折旧额时,应从该年开始改用年限平均法计算以后各年应计折旧费用,使固定资产使用期满时,其账面净值与残值相符[①]。

[①] 在我国,若采用双倍余额递减法计算折旧,一般均在固定资产预计使用期限的最后 2 年改用年限平均法。

例 5-16：中阳公司某设备的原值为 64 000 元，预计残值为 2 000 元，可使用 5 年。按双倍余额递减法计算各年折旧额。

该设备的年折旧率 $= \dfrac{2}{5} \times 100\% = 40\%$

该设备各年折旧额的计算过程及结果如表 5-9 所示。

表 5-9　　　　　　　　　双倍余额递减法折旧计算表　　　　　　　　　单位：元

年数	折旧费用	累计折旧
1	（64 000 - 0）×40% = 25 600	25 600
2	（64 000 - 25 600）×40% = 15 360	40 960
3	（64 000 - 40 960）×40% = 9 216	50 176
4	（64 000 - 50 176 - 2 000）÷2 = 5 912	56 088
5	5 912	62 000

至第三年末，固定资产净值为 13 824（64 000 - 50 176）元。若继续用双倍余额递减法计算，第四年的折旧额为：13 824×40% = 5 529.6（元），小于用年限平均法计算的平均折旧额：（13 824 - 2 000）÷2 = 5 912（元）。故自第四年起开始改用年限平均法计算折旧额。

此外，计算固定资产折旧的方法还有定率余额递减法、年金折旧法、盘存折旧法等，在此不再一一介绍。

五、资产计价方法选择对会计信息的影响

按企业会计准则的规定，企业可以根据其生产经营情况，选择适当的资产计价方法对相关资产进行计价。当然，资产计价方法的选择应当以提高会计信息的质量为前提。实际上，对于同一资产而言，采用不同的计价方法会导致不同的价值计量结果，而这些结果最终会体现在企业所提供的资产和利润等会计信息中。

本节中，例 5-8 至例 5-11 是针对同一企业同一期间同一种商品采用不同资产计价方法进行计算的结果，现将有关结果汇总至表 5-10 中。为便于说明问题，进一步假设甲种商品的销售单价为 12 元。该企业根据甲种商品的销售收入与销售成本计算"毛利（Gross Profit）"[①]。

例 5-8 至例 5-11 中的存货计价，是建立在物价呈上升趋势的基础上（商品的单位价格分别被设定为月初 6 元、8 日购入存货 7 元、18 日购入存货 8 元）。分析表 5-10 所示情况，可以得出以下结论：

（1）由于不同时点取得的存货的实际成本不同，因此，同一存货采用不同计价方法所计算的期末持有存货成本及本期耗用或销售存货成本不同。本表显示，由于

[①] "毛利"（即毛利润）概念主要用于商品流通企业，其指扣除营业成本但未扣除营业费用等的利润。

表 5-10　　　　　存货计价方法选择对资产和利润信息的影响　　　　　单位：元

计量方法	计量结果 本期可供销售商品总成本	计量结果 本期销售商品成本	期末持有存货成本	销货收入	毛利
个别计价法	4 200	2 480	1 720	4 320	1 840
先进先出法	4 200	2 320	1 880	4 320	2 000
加权平均法	4 200	2 520	1 680	4 320	1 800
后进先出法	4 200	2 680	1 520	4 320	1 640

月初持有及 8 日、18 日各批次取得存货的实际成本不同，因此，按四种存货计价方法得出的甲种商品的"期末持有存货成本"不同，"本期耗用或销售存货成本"也不相同。

（2）除个别计价法外，在物价上涨的情况下，按先进先出法计算的本期耗用或销售存货成本最小（2 320 元），而期末持有存货成本最大（1 880 元）；相反，按后进先出法计算的本期耗用或销售存货成本最大（2 680 元），而期末持有存货成本最小（1 520 元）。加权平均法计算的结果总是居中（2 520 元和 1 680 元）。

（3）由于在同一会计期间、销售收入一定的情况下，销售成本（本期销售商品成本）与毛利之间呈互补关系（成反向变化），而期末持有存货成本与本期销售商品成本之间同样呈互补关系（成反向变化），因此，本期毛利数额与期末持有存货成本之间成正向（或同向）变化关系。本表中，在物价上涨的情况下，按先进先出法计算的期末持有存货成本最大（1 880 元），因而本期毛利数额最大（2 000 元）；按后进先出法计算的期末持有存货成本最小（1 520 元），因而本期毛利数额最小（1 640 元）。同样，按加权平均法计量存货价值时，本期毛利数额居中（1 800 元）。

（4）从理论上讲，如果物价普遍下跌，则采用不同存货计价方法计算的结果（包括本期耗用或销售存货成本、期末持有存货成本、本期毛利数额等）与上述情况正好相反。

（5）如果物价不变且在不同时点取得存货的实际成本完全相同，那么，无论采用什么存货计价方法，计量结果均会相同。当然，存货计价方法的"选择"也就失去了意义。

（6）由于在市场经济环境中，商品的价格总是随着市场供求关系的变化而不断变动，因此，存货计价方法的选择，既影响会计期末企业财务报表中披露的资产信息（如存货资产金额），也影响所披露的利润（收益）信息（如营业利润以及利润总额等）。

就固定资产而言，其资产价值计量方法的选择同样影响企业披露的资产及利润信息。比如，对于某一特定会计期间的同一固定资产而言，其采用平均折旧法（如年限平均法）与采用加速折旧法（如年数总和法）计算的折旧价值是不相同的。由于折旧费用会相应抵减当期利润,因此,企业在当期财务报表中披露的该期利润数额就不相同。同时,由于不同计量方法确定的当期折旧价值不同,根据固定资产原始价值和累计折旧数额所确定的期末固定资产净值也不一样。因而,企业在财务报表中披露的资产数额(如固定资产净值)也不相同。

第二节 收益决定

同资产计价一样,收益决定(Income Determination)也是会计计量的核心问题之一。收益决定实际上就是利润计量。

一、收益计量的理论基础

收益(利润)来自于企业的经济活动,是一种"资本的增值"。企业经营管理者利用从投资者和债权人手中所获得的资金,有效地进行经营活动、投资活动及筹资活动,从而获得超过其资本的"利润"。从产权关系上看,企业实现的利润与投资者投入的资本一样,其归属于投资者,并构成所有者权益的一个重要组成部分。实际上,在现代会计的发展过程中,如何区分"资本"与"收益(利润)"一直是会计学者甚至经济学者研究的重要课题。从亚当·斯密认为收益是"财富的增加"的观点,到希克斯把收益解释为"一个人在某一时期可能消费的数额,并且他在期末的状况保持与期初一样好",以及会计学者普遍把收益(利润)视为是企业所实现的收入在扣除相关费用后的余额,说明了只有在企业原有资本已得到保全或成本已得到补偿后才能确认所实现的收益。换言之,企业收益(利润)的确定应当以"资本保全(Capital Maintenance)"为基础。

资本保全是指企业在特定会计期间通过其经济活动而使得其期末资本与期初资本保持一致的状况。如果企业期末资本数超过期初资本数,则超出部分的金额就是企业的利润;如果企业期末资本数少于期初资本数,则短缺部分的金额就是企业发生的亏损。国际会计准则认为,"资本保全的概念关系到企业如何定义其力求保全的资本,因为它提供了计量利润的参照点,从而也就规定了资本概念与利润概念的联系"。也就是说,对资本含义的界定不同,资本保全的含义与要求也会不同,从而也使得基于资本保全基础所确定的利润也不一样。

现行会计理论中确立了财务资本保全和实物资本保全两种资本保全概念。财务资本保全概念将资本视为投资者投入的货币,其认为企业期末的资本只要相等于期初资本的货币数额即为资本保全。实物资本保全概念将资本视为企业的"营运能力"或"实物生产能力",其认为企业营运能力或实物生产能力的期末数相等于期初数时方为资本保全。企业的实物生产能力,实际上就是指资本实物形态的"重置能力",即恢复原有实物生产能力所需的资金或资源。因此,采用实物资本保全概念作为收益（利润）计量的理论基础时，一般要求选择"重置成本"作为计量属性。

假设某企业某会计期间期初的资本（或净资产）数额为 200 万元，当期没有发生与产权有关的交易与事项。期末，该企业的净资产数额为 270 万元。按财务资本保全概念，企业期末净资产中相当于期初资本的 200 万元是"保全资本数"，因此，该企业当期的收益（利润）数额应当为 70 万元。如果在期末时，假设恢复相当于期初 200 万元资本的实物生产能力需要花费 220 万元[①]，则按照实物资本保全概念确定的期末"保全资本数"应当是 220 万元，因此，该企业当期的收益（利润）数额为 50 万元。

在历史成本会计计量模式下，企业确认与计量收益（利润）通常以财务资本保全为理论基础。

二、收益计量模式

收益的计量模式取决于对收益（利润）本质的理解。前已述及，会计学家与经济学家对收益本质的见解存在差异。会计学家侧重于以会计期间假设为基础根据期间收入与费用的配比结果来理解收益（利润），而经济学家则强调收益（利润）的产生以资本或资源的存在为基础，收益（利润）是资本保全条件下的一种资本增值。实际上，经济学家关于收益（利润）本质的研究成果，已经影响并渗透到会计学者的研究及其成果中。会计学中所确立的收益（利润）的净资产法计量模式，就是这种影响的结果。收益（利润）计量模式包括交易法计量模式和净资产法计量模式。

（一）交易法计量模式

收益（利润）计量的交易法（Transaction Approach）是指根据特定会计期间企业实现的收入与其相关的费用来计算当期收益（利润）的方法。如果当期收入大于当期费用，则为净收益（利润）；如果当期收入小于当期费用，则为亏损。由于交易法是根据收入和费用来确定收益（利润），因此，在这种方法下，关键问题是收入和费用的确认、计量及其配比。

交易法计量收益（利润）的基本模型[②]是：

利润（收益）＝收入－费用

例如，假设某企业 10 月份实现收入 8 000 万元，当月费用为 6 420 万元，根据交易法计算，则当月实现的利润（收益）为 1 580（8 000－6 420）万元。

（二）净资产法计量模式

[①] 在期末要花 220 万元才能买到期初 200 万元的实物。

[②] 由于企业取得收入、发生费用并进而形成利润，代表着企业所进行的经济活动及其成果，因此，按交易法计量的利润数额更能体现企业管理者在当期的成果与贡献。但"利润＝收入－费用"仅仅是一种计量思路，在会计实务中具体计算企业利润时，还需考虑影响企业利润数额的其他因素，如利得和损失。

收益（利润）计量的净资产法（Net Assets Approach）是指根据特定会计期间期初与期末企业净资产的变动来计算当期收益（利润）的方法。如果企业期末净资产大于期初净资产，则为净收益（利润）；如果企业期末净资产小于期初净资产，则为亏损。净资产法实际上是把净收益（利润）看作企业在一定期间资本的增值。由于企业的净资产数额取决于其总资产数和总负债数，因此，在净资产法下，利润的计量实质上转化为对期初、期末资产及负债要素的计量。

净资产法计量收益（利润）的基本模型[①]是：

利润（收益）= 期末净资产 - 期初净资产

例如，假设某企业某年年初的资产总额为 4 200 万元，负债总额为 2 000 万元；年末的资产总额为 5 000 万元，负债总额为 2 400 万元。根据净资产法计算，该企业当年实现的净收益（利润）为：

（5 000 - 2 400）-（4 200 - 2 000）= 400（万元）

三、企业利润的计算方法

在会计实务中，企业按交易法计量所实现的利润，即根据"利润 = 收入 - 费用"计量模式来确定利润。

从理论上看，企业的利润总额主要由经营收益、投资收益和营业外收入与支出构成。经营收益来自于企业的生产经营活动，投资收益是企业在对外投资活动中获得的投资报酬以及转让投资者所获得的收益，营业外收入与支出则是企业获得和发生的与企业正常生产经营活动没有直接关系的收益与支出，即利得和损失，它们实际上是对企业利润总额的一种调整。在我国会计实务中，企业会计准则将企业经营活动所实现的经营收益与投资活动所实现的投资收益，并称为"营业利润"，而且，其中还包含了与企业日常活动相关的其他收益、资产减值损失、公允价值变动收益以及资产处置收益等。其他收益是指企业获得的与日常活动相关的政府补助（如政府对企业生产经营成本的补贴、超税负返还、研发费用补助等）等收益[②]。这种其他收益与企业的生产经营活动有直接关系，因此应该作为其生产经营活动的成果被包含在企业的营业利润中。资产减值损失是企业资产的可收回金额低于其账面价值而形成的损失。按企业会计准则要求，企业应当在资产负债表日判断资产是否存在可能发生减值的现象，并确认资产减值损失，计提资产减值准备。公允价值变动收益是企业按公允价值计量的金融资产与负债等（如交易性金融资产、衍生工具等）因公允价值发生变动而形成的计入当期损益的利得或损失。资产减值损失与公允价

---

① 为简化起见，在这一计量模型中暂时没有考虑企业与业主（投资者）之间的产权交易，如投资者追加资本投入和向投资者分配股利等。

② 我国 2018 年发布的《企业会计准则——政府补助》应用指南规定，"与企业日常活动相关的政府补助，应当按照经济业务实质，计入其他收益或冲减相关成本费用。与企业日常活动无关的政府补助，应当计入营业外收支"。

值变动收益，是现代金融市场环境中企业从事经营活动与投资活动所面临的风险或机会，因而应该体现在企业的营业利润中。资产处置收益是指企业在处置固定资产、无形资产等非流动资产时确认的处置利得或损失。这些非流动资产处于企业生产经营过程中，与企业日常活动有直接关系，因此，其处置收益或损失应当作为企业营业利润的一部分。

企业计算利润一般分为三个步骤，即计算营业利润、利润总额、净利润。

1. 营业利润的计算。营业利润的计算方法为：

营业利润＝营业收入－营业成本－税金及附加－期间费用（管理费用、销售费用、财务费用）＋其他收益＋投资收益（或－投资损失）－资产减值损失＋公允价值变动损益＋资产处置收益

计算企业营业利润时，营业收入包括主营业务收入和其他业务收入，营业成本包括主营业务成本和其他业务成本。

2. 利润总额的计算。利润总额的计算方法为：

利润总额＝营业利润＋营业外收入－营业外支出

3. 净利润的计算。净利润的计算方法为：

净利润＝利润总额－所得税费用

净利润是企业的利润总额扣除所得税费用后的净额，我国现行税法规定的企业所得税税率为25%。实际上，我国现行税法所确定的所得税计算依据——应纳税所得额与会计上计算的利润总额尚存在一定差异。

例5-17：大阳公司2019年12月有关经济活动资料如下：

（1）销售甲产品150台，售价1 800元/台，款项已收到。甲产品生产成本为1 400元/台。

（2）销售乙产品100台，货款100 000元约定于2个月后结清。另以银行存款3 800元代垫应由买方负担的运杂费。乙产品生产成本为700元/台。

（3）以现金支付销售甲产品应负担的运杂费2 000元。

（4）以银行存款100 000元支付电视台广告费。

（5）销售甲产品50台，售价2 000元/台。2个月前，已收取买方支付的该批货物的定金50 000元，余款待收。

（6）本月应负担的主营业务税金为4 000元。

（7）对外销售材料一批，价款100 000元已通过银行转账收讫。该批材料销售应按10%计征销售税金。同时，该批材料的购置成本为60 000元。

（8）以现金收到本期运输劳务收入5 000元。

（9）以银行存款支付贷款利息9 000元（前期已预提6 000元）。

（10）计提本月固定资产折旧40 000元，其中生产部门30 000元，公司管理部门10 000元。

（11）以现金支付公司零星办公经费3 000元。

(12) 以银行存款支付公司会议费用 20 000 元。
(13) 用银行存款支付银行结算手续费 1 500 元。
(14) 台风造成公司围墙倒塌发生净损失 2 000 元。
(15) 按 25% 的所得税率计算企业本月应负担的所得税。

要求：计算大阳公司 2019 年 12 月份的营业利润、利润总额和净利润。计算过程及结果如下：

主营业务收入 = 150 × 1 800 + 100 000 + 50 × 2 000
　　　　　　 = 470 000（元）
其他业务收入 = 100 000 + 5 000 = 105 000（元）
主营业务成本 = 200 × 1 400 + 100 × 700 = 350 000（元）
其他业务成本 = 60 000（元）
税金及附加 = 4 000 + 100 000 × 10% = 14 000（元）
销售费用 = 100 000 + 2 000 = 102 000（元）
管理费用 = 10 000 + 3 000 + 20 000 = 33 000（元）
财务费用 = 3 000 + 1 500 = 4 500（元）
营业利润 = (470 000 + 105 000) － (350 000 + 6 000) － 14 000
　　　　　 － (102 000 + 33 000 + 4 500)
　　　　　 = 11 500（元）
营业外支出 = 2 000（元）
利润总额 = 11 500 － 2 000 = 9 500（元）
所得税 = 9 500 × 25% = 2 375（元）
净利润 = 9 500 － 2 375 = 7 125（元）

本例中问题的关键，在于准确确定各项费用的归属以及各项收入、费用的数额。比如，企业的财产保险费属于什么费用，管理费用应当包括哪些项目，其数额是多少等。

四、资产计价与收益决定的关系

交易法计量模式是根据特定会计期间的收入和费用来确定收益（利润），因此，交易法下的收益（利润）计量取决于收入和费用的计量。就收入而言，作为一种因企业销售商品、提供劳务等日常活动所导致的"经济利益"的总流入，其具体表现形式必然是"资产之增加"或"增加之资产"。例如，企业销售商品取得的收入，具体体现在企业收到了现金或暂时形成了应收账款债权资产。因此，收入实现的物质基础实质上是因"经济利益"流入企业而形成的新的资产。从这点上看，收入的计量实际上是以相应资产的价值计量作基础，或者进一步说，收入的计量结果直接体现在相应资产的计量结果上。例如，企业某日销售商品 2 000 件，收到现金资产 80 000 元，据此，可以确定此项交易使得企业资产增加 80 000 元，企业同时"实现"收入 80 000 元。收入的实现数额实质性地取决于"流入"企业的现金资产数额或债权资产数额。

就费用而言，作为一种因企业销售商品、提供劳务等日常活动所导致的"经济利益"的总流出，其具体表现形式必然是"资产之减少"或"减少之资产"。例如，企业支付产品广告费用，必然会减少企业的现金资产；企业出售商品，必然会耗用掉商品存货。因此，费用的发生以耗用资产为前提。正是资产的减少（耗用）才"成就"了费用的发生。同样道理，费用的计量是以相应资产的价值计量作基础。基于费用与资产的特殊关系，甚至可以说，资产计价方法同时也是费用的计量方法（反之亦是）。例如，根据期末持有存货成本确定本期耗用或销售存货成本（存货计价方法），根据折旧价值确定固定资产净值（折旧价值计量方法），根据估计的坏账损失确定应收账款净额（坏账损失计量方法）等。

净资产法计量模式更直接地从形式上说明了资产计价与收益（利润）计量的内在关系。依据净资产法计量收益（利润），就是将某一会计期间期末净资产的计价结果与期初净资产的计价结果进行比较。而净资产的价值计量包含了资产价值的计量和负债价值的计量。与资产比较而言，负债的价值计量相对明确和简化，因为负债的形成是以条款明确的契约为基础的。因此，净资产计量模式下的收益（利润）确定，便主要地演变为一个资产计价问题。

正是由于资产计价与收益（利润）计量的这种关系，资产计价方法的选择往往成为收益决定（利润计量）的"代名词"。也就是说，选择不同的资产计价方法，会直接影响特定期间企业的收益（利润）数额。有些企业，通过变更不同期间的资产计价方法来影响其收益（利润）数额，以达到"盈余管理（Earnings Management）"的目的，也正说明了资产计价与收益（利润）计量之间具有内在联系。

思考题
1. 如何理解资产计价和收益决定是会计计量的核心问题？
2. 企业资产为什么应按实际成本计价？
3. 如何理解资产计价的内容？试举例说明。
4. 应收账款计价的核心是什么？如何确定坏账损失数额？
5. 什么是存货盘存制度？试比较永续盘制和定期盘存制。
6. 以原材料或产品为例，说明取得存货、耗用存货与期末持有存货在实物数量和价值数量方面的内在联系。
7. 作为企业的管理者，你会如何选择存货的计价方法？
8. 如何确定固定资产的原始价值？
9. 加速折旧法与平均折旧法有何异同？其对企业资产、收益（利润）信息的影响有何不同？
10. 如何计算企业的利润数额？

11. 资产计价与收益决定（利润计量）是什么关系？资产计价是否影响收入、费用的计量？

12. 在同一企业的同一会计期间，多计资产价值的结果是否会导致虚增利润？为什么？

练习题

（一）目的：掌握材料采购成本的计算方法

1. 资料

建道公司 2019 年 10 月 6 日一次购进 A、B、C 三种材料。具体情况如下表所示：

种类	重量（吨）	单价（元）	运费（元）	挑选（元）	装卸（元）	保险（元）
A	25	8 000	4 500		5 500	3 350
B	30	2 500	5 300			
C	15	4 000	3 000	3 500	1 500	

2. 要求

如果按重量分摊共同性挑选整理费用和装卸费用，按买价分摊共同性保险费用，请分别计算 A、B、C 三种材料的总成本和单位成本。

（二）目的：掌握存货的计价方法

1. 资料

长城公司某库存商品采用永续盘存制进行核算。2019 年 12 月初该商品的结存数量为 100 件，单位成本为 8 元。当月该商品的收入、发出和期末结存情况如下：

（1）5 日购进 100 件，单位成本 9 元。

（2）10 日发出 50 件。

（3）15 日购进 350 件，单位成本 11 元。

（4）20 日发出 400 件。

（5）25 日购进 50 件，单位成本 12 元。

（6）31 日结存 150 件。

2. 要求

（1）分别按先进先出法、移动加权平均法计算当月该商品的发货成本和月末存货成本。

（2）根据计算结果，分析、评价不同的资产计价方法对会计信息产生的影响。

（3）假设该公司采用定期盘存制核算存货，请分别按先进先出法、后进先出法、一次加权平均法计算当月该商品的发货成本和月末存货成本。

（三）目的：掌握固定资产折旧计算方法

1. 资料

（1）浏阳公司某通用设备 2019 年 10 月底的累计折旧额是 4 000 元，12 月初的累计折旧是 5 000 元，该项设备年折旧率是 6%，采用直线法计提折旧。

（2）浏阳公司某专用设备原价为 32 000 元，预计残值 3 000 元，预计清理费用 1 000 元，预计使用寿命为 5 年。

2. 要求

（1）计算该通用设备 2019 年 11 月末的净值是多少？

（2）分别采用年数总和法和双倍余额递减法计算该专用设备各年的折旧额。

（四）目的：掌握利润计量方法

1. 资料

长城公司 2019 年 12 月份发生以下经济交易与事项：

（1）根据销售合同，预收某客户的货款 5 万元，约定在次年 2 月 15 日前发货。

（2）销售甲产品一批，售价 10 万元，款项尚未收到，该批产品的生产成本为 6 万元。

（3）销售乙产品 1 000 件，单价 280 元/件，价款已通过银行收讫。该批产品的生产成本为 200 元/件。

（4）以银行存款支付产品广告费 2 万元。

（5）以银行存款支付第四季度借款利息费用 6 万元（假设各月使用借款数量基本均衡）。

（6）计提本月生产车间与管理部门用固定资产的折旧费用各 2 万元。

（7）以现金支付零星办公经费共计 0.2 万元。

（8）对外提供运输服务，收费 5 万元（已存银行）。该运输服务成本为 2 万元。

（9）计算出本月应负担的产品销售税金为 0.3 万元。

（10）飓风造成财产损失 2 万元。

（11）没收押金 0.3 万元。

（12）收回到期的应收账款 5 万元（已存银行）。

（13）以银行存款预付下年度的财产保险费 3 万元。

（14）以银行存款支付税款滞纳金 2 万元。

（15）按 25% 的所得税率计算公司本月应负担的所得税（无纳税调整事项）。

2. 要求

计算长城公司本月的营业利润、利润总额和净利润。

（五）目的：掌握利润计量方法

1. 资料

太极公司 2019 年 12 月份的月初资产总额为 2 400 万元，负债总额为 1 500 万元；月末资产总额为 2 500 万元，负债总额为 1 200 万元。12 月 10 日接受投资人追加投资 80 万元。12 月 28 日归还到期的银行借款 80 万元。12 月 30 日取得新的贷款 50 万元。

2. 要求

对太极公司 2019 年 12 月份的净收益（利润）进行计量。

案例分析

1. 资料

大林公司系一中型生产性企业，主营汽车保险杠的生产与销售。该企业的保险杠生产流水线于 2017 年年初购入并投入使用，其原始价值为 1 200 000 元，估计净残值 12 000 元，可使用 8 年。2019 年初，公司决定将生产流水线的折旧计算方法由年限平均法改为年数总和法。假设该公司 2019 年年初、年末均无在产品。2019 年度生产的保险杠 90% 已经售出。大林公司 2019 年度实现净利润 860 000 元。

2. 要求

（1）分析大林公司变更折旧计算方法的做法是否合理？

（2）假设政府经济监管部门认定该公司的做法不符合企业会计准则的要求，请问该公司 2019 年度的实际净利润应为多少？

第六章

会计记录（上）——分录记录

会计记录是将企业所发生的经济交易与事项在会计账户（账簿）中加以记载（即登记）的过程。从目前世界各国的会计实践来看，在不同国家会计记录的具体过程均有所区别，但其基本程序却大致相同，即首先针对各经济交易与事项编制会计分录，然后根据会计分录登记相关的会计账户。本章阐述会计记录的基本程序、中国企业会计实务中编制会计分录与填制记账凭证的基本方法，并着重说明企业基本经济交易与事项的会计分录。根据会计分录登记会计账户的问题，在第八章阐述。

第一节 会计记录的基本程序

会计记录的基本程序包括分录记录和账户记录。分录记录是指当经济交易与事项发生后，会计人员对其进行会计确认与计量，并将其结果编制成会计分录（在我国为填制记账凭证）的过程；账户记录是指在账户（账簿）中按借贷记账法系统地记录各项经济交易与事项的过程（主要表现为登记分类账簿）。

一、分录记录

当企业发生各种经济交易时，一般都要办理相关的凭证手续。例如，企业购买原材料时，会从销货方取得一张购货发票；企业内部的生产部门向原材料仓库申请领用原材料以用于产品生产时，也会填制一张材料领用单（领料单）；当产品生产完工后被销售时，销货企业除向对方出具销货发票外，还可能会收到购货方出具的商业汇票（以此作为将来收款的依据）或收到开户银行的收款通知单（以此作为银行存款增加的依据）。作为一种伴随经济交易而产生的原始单据，它们都是由相关的经济交易参与者（俗称"经办人员"）在经济交易发生时取得或制作（填制）的。这种原始单据详细记载了与经济交易有关的各项信息，加之经济交易参与单位及人员在其上面的签章，从而形成具有法律效力的经济交易与事项的原始证明。这种在经济交易与事项发生时取得或填制的、用以记录并证明经济交易与事项具体内容的原始证据，在会计上被称为"原始凭证"。

原始凭证伴随着经济交易的产生而形成，其所记载的都是原始的经济信息。由于企业经济交易的性质各不相同，加之企业经济活动本身的复杂性，使得原始凭证所反映的经济信息内容十分繁杂。这些过于浩繁的原始信息，无疑不能直接提供给会计信息的使用者。为了满足信息使用者的需要，企业必须借助于会计程序与方法将这些纷繁复杂的原始经济信息转化为一种系统、精简的会计信息，使之便于信息使用者的使用或利用。

企业的经济交易与事项产生以后，必然会影响到会计要素及其具体内容发生增减变化，而对这种变化的过程与结果进行记录的"工具"则是账户。因此，将原始经济信息转化为会计信息的过程就具体表现为将原始凭证信息转化为账户信息。由此，可以得出会计记录的一个框架性程序：根据原始凭证所反映的经济信息，在已经设立的会计账户中按照复式记账方法（借贷记账法）确定应借记和贷记的账户名称，并将相关金额记入在这些账户中。然而，由于原始凭证的种类繁杂、格式各异，并且一项经济交易或事项还可能会涉及几张或几十张原始凭证，因此，直接依据原始凭证信息在账户中记录经济交易会增加账户记录出现重记或漏记等错误的可能性，而且会计记录成本较高。因此，会计上在将经济交易与事项记入相关账户之前，首先需要通过编制会计分录对各项经济交易与事项应当登记的账户名称、账户方向（借或贷）以及记录金额，予以确定并做出书面记录，即编制会计分录。实际上，会计分录是对经济交易与事项的会计确认和计量结果进行初步记载。通过编制会计分录，还可以根据会计分录中各账户的对应关系以及借、贷方金额的"平衡性"，检验并保证其后所进行的账户记录的完整性与正确性。因此，对各项经济交易与事项进行会计确认和计量，并将确认与计量的结果编制成会计分录，就构成了会计记录基本程序的第一步。

二、账户记录

编制会计分录使得经济信息向会计信息的转变过程变得更加准确、便捷，同时，会计分录还有其独特的存在价值，即能够完整地反映各项经济交易与事项的来龙去脉，而这恰恰是随后的账户记录所难以做到的。但是，从会计信息角度看，分录记录所显示的会计信息过于分散而缺乏条理性或系统性。比如，会计分录虽然记录了某项经济交易引起的现金的增加或减少，但却无法提供特定期间现金增减变动的总体情况。也就是说，会计分录能够反映某一项特定经济交易所引起的会计要素变化，却无法反映某一会计要素项目在特定期间的增减变化过程与结果，而后者则恰恰是会计信息使用者在了解企业财务状况、经营业绩和现金流量时关注的首要问题。例如，会计信息使用者一般只会对企业期末结存固定资产的价值感兴趣，而很少会去深究当初固定资产是现购的还是赊购的；企业内部管理人员一般都会非常关注企业现金资产在本期的整个收入、支出与结余情况，因为这有助于加强对现金的管理和控制。

对经济交易与事项的信息进行归类,并将各个会计要素项目在特定期间的增减变动及其结果加以系统的反映,是通过账户记录来完成的。而且,这项工作以会计分录的记录结果为基础。因此,会计记录基本程序的第二步是根据已经编制的会计分录登记相关的会计账户,即"过账"(Posting)。通过账户记录,可以提供关于各个会计要素具体内容的分类信息,从而为编制财务报表并向信息使用者传递会计信息奠定基础。账户记录是会计记录的核心内容。

例6-1:2019年9月6日,晓泽公司购买设备一台,价款260 000元,设备已经验收并投入使用,但货款尚未支付。

针对该项经济交易的会计记录基本程序如图6-1所示。

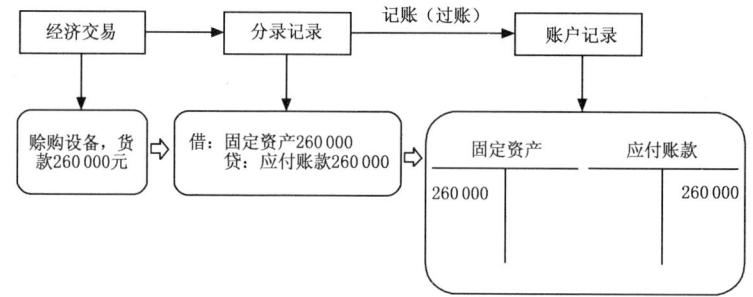

图6-1 会计记录的基本程序例示

第二节 会 计 凭 证

一、会计凭证的含义与种类

依据可靠性会计原则,对任何一项经济交易与事项进行会计记录时,都必须有真实可靠的凭据或证明作为记录的依据。这种凭据或证明,就是会计凭证。会计凭证是用来记载经济交易与事项的具体内容、作为会计记录依据的书面证明文件。

按填制程序和功能不同,会计凭证分为原始凭证和记账凭证两类。原始凭证由经济交易与事项的经办人员填制或取得,其用来作为编制会计分录(即分录记录)的依据;记账凭证由企业会计人员根据所取得的原始凭证填制,其用来作为登记账户(即账户记录)的依据。

由于会计凭证中详细记录了企业各类经济交易与事项的具体内容和经济活动基本的财务信息,因此,会计凭证处理是整个会计信息系统运行的第一环节,也是会计账户(账簿)信息和财务报表信息产生的基础。所以说,会计凭证事关整个企业会计信息的质量。

二、原始凭证

（一）原始凭证的含义与功能

原始凭证是指在经济交易与事项发生时取得或填制的、用来记录并证明经济交易与事项具体内容的证据或凭证。如企业购买商品时取得的由对方出具的购货发票，企业在销售商品时出具给购货方的销货发票，企业职工出差支付款项后取得的飞机票、火车票、住宿发票、出租车票等差旅费单据，原材料仓库验收材料后填制的收料单，生产车间领用原材料填写的领料单等。表 6-1、表 6-2、表 6-3 列示了几种原始凭证的格式。

表 6-1　　　　　　　　湖北省增值税普通发票　　　（普三）142010523101
　　　　　　　　　　　　　　发　票　联　　　　　　　No 0255542

鄂国税征票印字[2004]172号

品名及规格	货物或劳务	单位	数量	单价	金　额

购货单位：　　　　　　　　　　年　月　日

合计金额（大写）　万　仟　佰　拾　元　角　分　¥：

备　注

开票单位盖章　　　复核人　　　收款人　　　开票人

②付款方报销凭证

表 6-2　　　　　　　　武汉市统一收款收据　　　　（2004）地
　　　　　　　　　　　　　收　据　联　　　　　　　No 2162246

　　　　　　　　　　　　　　年　月　日

今收到_____

人民币（大写）_____

系　付_____

收款单位盖章有效：

开票人：　　　收款人：　　　审核人：

第二联：收据

从形成来源看，企业既有从外部取得的原始凭证（如购货交易中取得的购货发票），也有由本单位经办业务的相关部门和人员在办理经济交易与事项时自行填制的原始凭证（如领料单）。从填制手续和使用方式看，企业的原始凭证既可以是填制手续一次完成、一次性使用的凭证（如现金支票、销货发票等），也可以是针对

表 6 – 3　　　　　　　　　　经林电器制造公司领料单

领料单位：　　　　　　　　　　　　　　　　　　　　　　　　　　　　编号：
用　　途：　　　　　　　　　　年　　月　　日　　　　　　　　　　　　仓库：

材料类别	材料编号	材料名称	规格	计量单位	数量		单价	金额
					请领	实领		

记账：　　　　发料：　　　　领料单位负责人：　　　　领料：

一定时期内不断重复发生的若干项同类经济交易进行连续登记、其填制程序需要重复多次才能完成的凭证（如有些企业使用的限额领料单）。企业还可以对一定时期内若干项同类经济交易的原始凭证进行汇总，编制成汇总原始凭证（如发料汇总表），并将其作为编制会计分录和登记账户的原始依据。

企业经济活动的原始凭证，详细记载了经济活动的发生过程与具体内容。因此，原始凭证已经成为企业控制其经济活动的重要手段。许多企业往往将原始凭证种类、格式、内容与移动路径（传递过程）等的设计，与对经济活动过程的控制方式有机结合起来，以达到有效控制经济活动、实施严格内部控制的目的。从会计角度看，原始凭证记载的信息是会计信息系统运行的起点，其是否合法、真实与完整，将直接决定企业会计账户与财务报表信息的质量。

（二）原始凭证的审核

原始凭证记载着企业在特定时日所发生的经济交易与事项的详细内容。企业在取得已经发生的相关经济交易与事项的原始凭证（或相关经济交易的原始凭证按规定程序移动至会计部门）后，会计人员应及时对原始凭证进行审核，并据以编制记账凭证（会计分录）。

原始凭证的审核要点是：

1. 审核原始凭证所记载的经济交易活动是否合法、合理

企业的经济活动必须符合国家有关法律法规的要求，不能有违政府制定的各种经济政策。同时，企业的经济活动必须依照企业相关管理部门制定的经济活动计划进行，不能随意逾越项目方案、活动计划以及预算和控制额度的边界，以切实保证企业整体经济活动的有序性和效率。

2. 审核原始凭证的内容是否真实和准确

会计人员应当注意审查原始凭证所反映的经济交易与事项是否真实，是否存在弄虚作假或舞弊行为。同时，检查原始凭证对经济交易与事项内容的描述是否准确，数量关系是否清晰、正确。

3. 审核原始凭证的填制是否符合规定的要求

审核原始凭证的填制是否符合规定的要求，包括审核原始凭证上各项目的填列是否齐全、规范与正确，相关责任人是否明确（签字）等。

经审核无误的原始凭证，方可据以编制记账凭证（会计分录）和登记账户（账簿）。

三、记账凭证

（一）记账凭证的含义

会计记录基本程序的第一步是对各项经济交易与事项进行会计确认和计量，并将确认与计量的结果编制成会计分录。在我国企业的会计实务中，编制会计分录具体体现为填制记账凭证。因此，我国会计记录具体程序的第一个步骤是根据原始凭证编制记账凭证。

记账凭证是一种专门用来对原始凭证的信息内容进行整理、归类并作为过账（记账）依据的会计凭证。在记账凭证中，必须体现会计账户的名称、借贷方向、记账金额等会计分录的基本内容。

（二）记账凭证的编制

1. 记账凭证的种类与格式

在企业日常的经济活动中，有大量的经济交易与事项都会涉及货币资金（现金和银行存款）的增减。例如，企业销售一批商品并且收到对方以银行转账的方式支付的货款，这项经济交易与事项使得企业的银行存款增加；而向职工支付医药费的经济交易与事项使得企业的现金减少，等等。而有些经济交易与事项发生则不会直接引起现金或银行发生增减变化，如赊购原材料、赊销商品、生产产品领用原材料等。会计上，从与货币资金的关系出发将经济交易与事项划分为三种类型：收款交易与事项（或收款业务）、付款交易与事项（或付款业务）和转账交易与事项（或转账业务）。基于此，记录经济交易与事项的记账凭证，也相应地分为三类：收款凭证、付款凭证和转账凭证。

收款凭证是专门用来记录导致企业现金、银行存款发生增加变动的经济交易与事项的记账凭证，其基本格式如表 6-4 所示。

付款凭证是专门用来记录导致企业现金、银行存款发生减少变动的经济交易与事项的记账凭证，其基本格式如表 6-5 所示。

转账凭证是专门用来记录不影响企业现金、银行存款发生变化的经济交易与事项的记账凭证，其基本格式如表 6-6 所示。

在实际工作中，企业也可以不区分收、付、转账凭证，而采用通用格式的记账凭证。其基本格式如表 6-7 所示。

2. 记账凭证的填制方法

记账凭证必须以经审核无误的原始凭证为依据填制。用来记载和证明经济交易

174 会计学原理（第四版）

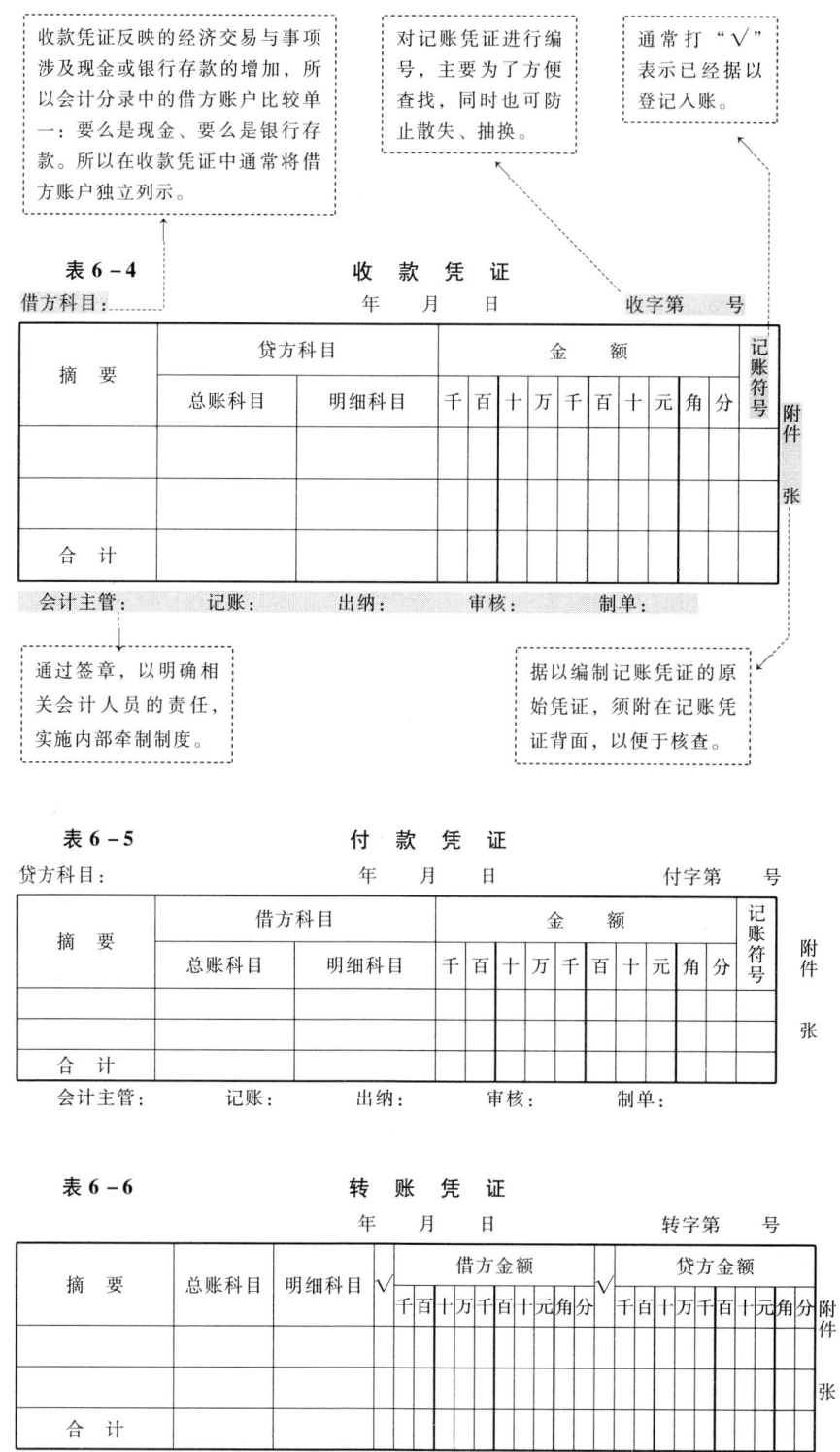

表 6-7　　　　　　　记　账　凭　证

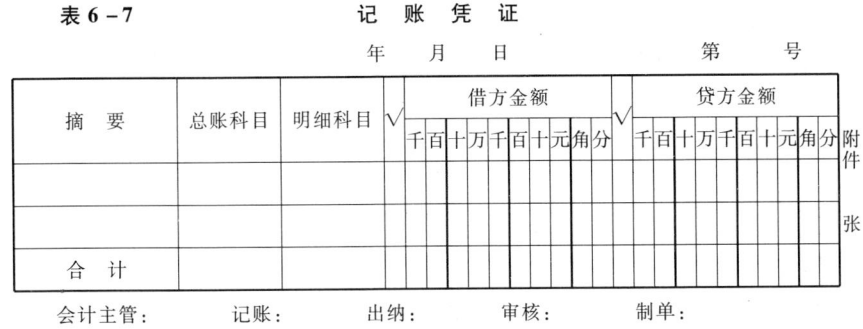

与事项内容的原始凭证经审核无误后，会计人员即可根据原始凭证的具体内容，运用已设置的会计账户和复式记账法，确定应借记、贷记的账户名称及其金额，并将据此编制的会计分录在记账凭证上予以标明或记录。在我国会计实务中，有关错账更正、期末账项调整以及损益结转事项等，可以直接填制记账凭证。

举例说明记账凭证的填制方法[①]。

例 6-2：卓越公司在 2019 年 12 月份发生以下经济交易与事项：

（1）12 月 11 日从群月公司收回上月销售商品款 50 000 元，款项已存入银行。

（2）12 月 20 日向群月公司销售价值 90 000 元的商品一批，货款暂未收到。

（3）12 月 21 日开出转账支票一张，支付所欠兰月公司的购货款 40 000 元。

要求：对上述经济交易与事项进行确认和计量，并填制记账凭证。

第一项交易与事项发生后，一方面使得卓越公司银行存款资产增加 50 000 元，另一方面使得卓越公司上个月形成的一项 50 000 元的短期债权——"应收账款"减少。按照借贷记账法编制的会计分录如下：

借：银行存款　　　　　　　　　　　　　　　　　　　　50 000
　　贷：应收账款——群月公司　　　　　　　　　　　　　　　50 000

由于这项经济交易导致银行存款增加，所以，上述会计分录需要记载在收款凭证中。卓越公司填制的收款凭证如表 6-8 所示。

表 6-8　　　　　　　卓越公司收款凭证

借方科目：银行存款　　　　2019 年 12 月 11 日　　　　收字第 26 号

摘　要	贷方科目		金　额								记账符号	附件2张
	总账科目	明细科目	千	百	十	万	千	百	十	元	角	分
收回上年销货款	应收账款	群月公司				5	0	0	0	0	0	0
合　计					¥	5	0	0	0	0	0	0

会计主管：张峰　　记账：李丽　　出纳：王雨　　审核：梅雪　　制单：刘敏杰

[①] 关于记账凭证的填制要求，可以参见第十章第五节"会计基础工作规范"的相关内容。

第二项交易发生后,卓越公司因销售商品所取得的主营业务收入增加 90 000 元,同时,形成了 90 000 元的应收账款债权资产。按照借贷记账法编制的会计分录如下:

借:应收账款——群月公司　　　　　　　　　　　　　　90 000
　　贷:主营业务收入　　　　　　　　　　　　　　　　　　　　90 000

该项交易属于不涉及现金和银行存款的转账交易,因此,应当填制转账凭证。卓越公司填制的转账凭证如表 6-9 所示。

表 6-9　　　　　　　　　　卓越公司转账凭证

2019 年 12 月 20 日　　　　　　　　　　　　转字第 34 号

摘要	总账科目	明细科目	√	借方金额	√	贷方金额	附件2张
				千百十万千百十元角分		千百十万千百十元角分	
赊销商品	应收账款	群月公司		9 0 0 0 0 0 0			
	主营业务收入					9 0 0 0 0 0 0	
合　计				¥　　9 0 0 0 0 0 0		¥　　9 0 0 0 0 0 0	

会计主管:张峰　　记账:李丽　　审核:梅雪　　制单:刘敏杰

第三项交易发生后,企业的银行存款资产减少 40 000 元,同时,原来所欠兰月公司的负债减少 40 000 元。按照借贷记账法编制的会计分录如下:

借:应付账款——兰月公司　　　　　　　　　　　　　　40 000
　　贷:银行存款　　　　　　　　　　　　　　　　　　　　　　40 000

由于这项经济交易使得企业的银行存款减少,因而,应当填制付款凭证。卓越公司填制的付款凭证如表 6-10 所示。

表 6-10　　　　　　　　　　卓越公司付款凭证

贷方科目:银行存款　　　　2019 年 12 月 21 日　　　　付字第 36 号

摘要	借方科目		金额	记账符号	附件1张
	总账科目	明细科目	千百十万千百十元角分		
归还前欠货款	应付账款	兰月公司	4 0 0 0 0 0 0		
合　计			¥　4 0 0 0 0 0 0		

会计主管:张峰　记账:李丽　出纳:王雨　审核:梅雪　制单:刘敏杰

应当指出,对于现金与银行存款之间相互转化的经济交易与事项,包括企业从银行提取现金备用和将现金存入开户银行,只需填制付款凭证而不能同时填制收款凭证①，否则会导致重复记账。当企业发生提取现金的交易与事项时，填制银行存款的付款凭证，并据以登记有关账户；发生将现金存入银行的交易与事项时，填制现金的付款凭证，并据以登记有关账户。

根据经济交易与事项及其原始凭证填制记账凭证，是会计记录程序的首要步骤，账户记录以及财务报表信息的产生皆以此为基础。同时，会计分录的编制与记账凭证的填制过程，又包含了对经济活动的初始确认与计量。因此，记账凭证的填制对整个会计信息系统至关重要，其直接影响到整个财务报表的信息质量。

（三）记账凭证的审核

记录各项经济交易与事项的记账凭证填制完成后，应当据以登记有关账户（即过账）。在过账前，为保证账户（账簿）记录的正确性，需先行对记账凭证进行审核。记账凭证的审核要点主要包括：

1. 审核记账凭证与所附原始凭证的内容是否一致。
2. 审核记账凭证所标明的账户名称、借贷方向及金额（即会计分录）是否正确。
3. 审核记账凭证的内容是否完整、控制手续是否齐备。

审核无误的记账凭证，方可用来作为登记会计账户（账簿）的直接依据。

第三节　企业基本经济交易与事项的会计分录

企业的经济交易与事项主要包括筹资交易、对外投资交易、生产经营交易、利润及其分配事项等。

一、筹资交易

企业的筹资交易主要包括以发行股票等方式吸收投资、从银行及其他金融机构借款、发行公司债券等。

例6-3：正兴公司拟增资扩股，委托券商长飞证券公司发行A股股票10 000 000股。该股票每股面值1元，发行价格为每股1.6元。根据协议，券商按照发行收入的2%收取手续费，并从发行收入中扣除。2019年8月1日股票发行完毕，该公司收到的股金已存入银行。

该项发行股票的筹资交易，一方面使得公司的银行存款资产增加，其增加的金额为10 000 000×1.6×（1-2%）=15 680 000（元）；另一方面，由于公司收到股东（投资者）的投资，该公司的实收资本（股本）——所有者权益项目同时增

---

① 从道理上讲，对于现金与银行存款之间相互转换的经济交易，既可以只填制付款凭证也可以只填制收款凭证，但不能同时填制收款凭证和付款凭证。否则，会导致重复记账。

加，增加的金额为10 000 000元（根据相关规定，股本金额等于每股面值与股份总数的乘积）。而且，股票溢价发行使得企业形成了资本溢价收入。股票发行价格超出股票面值的溢价收入部分（即股票溢价或资本溢价），属于资本公积金。该次股票发行的溢价收入为5 680 000（15 680 000 – 10 000 000）元。

按照借贷记账法，对于该项筹资交易，一方面应该记录"银行存款"账户的借方（15 680 000元），同时应记录"实收资本"（或"股本"）账户的贷方（10 000 000元）和"资本公积"账户的贷方（5 680 000元）。会计分录如下：

  借：银行存款   15 680 000
    贷：实收资本（或股本）   10 000 000
      资本公积   5 680 000

"实收资本"（或"股本"）账户属于所有者权益类账户。实收资本账户的贷方记录企业实际收到的投资者投入的资本（或股本）金，借方记录企业退回给投资者的资本（或股本）金（即"减资"），贷方余额表示企业现有的注册资本（或股本）实有数额。

"资本公积"账户属于所有者权益类账户，其贷方记录企业因资本溢价或股票溢价发行等而收到的各种资本公积金数，借方记录企业将资本公积金转作实收资本的数额，贷方余额表示企业现有的资本公积金实有数。

例6 – 4：新兴公司（该公司为有限责任公司，注册资本为3 000 000元）为A、B、C三家公司共同等额出资成立的生产性企业。按协议，A公司以一套自动生产设备投资入股。5日，新兴公司收到A公司投资的大型设备。该生产设备的评估价值为1 100 000元。

该项资本筹资交易发生后，新兴公司的固定资产增加1 100 000元。同时，由于投资协议规定的各方投入资本限额为1 000 000元，因此，新兴公司收到的A公司投入资本为1 000 000元。生产设备的实际价值超过投入资本限额的部分为资本溢价，因而，该项交易也使得新兴公司的资本公积金增加100 000（1 100 000 – 1 000 000）元。

按照借贷记账法，该项资本筹资交易应该记入"固定资产"账户的借方（1 100 000元），同时应记入"实收资本"（或"股本"）账户的贷方（1 000 000元）和"资本公积"账户的贷方（100 000元）。会计分录如下：

  借：固定资产   1 100 000
    贷：实收资本（或股本）   1 000 000
      资本公积   100 000

例6 – 5：2019年8月1日，正兴公司向市建设银行借入为期1年的短期贷款480 000元，年利率为5%。借款协议约定，借款利息于每月末支付。借入款项已存入该公司的开户银行。8月31日支付本月利息费用2 000元（以银行转账方式）。

（1）8月1日取得贷款。该项经济交易是一项负债筹资交易。该交易一方面使得企业的银行存款资产增加 480 000 元,另一方面,该项交易又使得公司形成了一项新的流动负债——短期借款。该项从银行借款形成的短期负债金额为 480 000 元。按照借贷记账法,该项借款交易应当记入"银行存款"账户的借方(480 000 元)和"短期借款"账户的贷方(480 000 元)。会计分录如下:

借:银行存款　　　　　　　　　　　　　　　　　480 000
　　贷:短期借款　　　　　　　　　　　　　　　　　480 000

(2) 8 月 31 日支付利息。该项交易发生后,企业的银行存款资产减少 2 000 元,企业的财务费用同时增加 2 000 元。按照借贷记账法,该项交易应当记入"财务费用"账户的借方(2 000 元)和"银行存款"账户的贷方(2 000 元)。会计分录如下:

借:财务费用　　　　　　　　　　　　　　　　　2 000
　　贷:银行存款　　　　　　　　　　　　　　　　　2 000

"短期借款"账户属于负债账户,其贷方记录从银行或其他金融机构取得的短期贷款,借方记录短期借款的偿还数,贷方余额表示期末时尚未偿还的短期借款数额。

"财务费用"账户属于损益类账户,其借方记录企业发生的各项财务费用(如借款利息、银行手续费等),贷方记录会计期末结转至"本年利润"账户的当期全部财务费用,该账户期末一般没有余额。

例 6-6:2019 年 8 月 5 日正兴公司接到开户银行通知,已经划转 1 800 000 元款项给市商业银行,用于偿还公司的 5 年期贷款。

该项经济交易发生后,公司的银行存款资产减少 1 800 000 元,同时,由于原来所借市工商银行的 5 年期贷款已经偿还,因而,公司的长期负债——长期借款减少 1 800 000 元。

按照借贷记账法,该项偿债交易应当记入"长期借款"账户的借方(1 800 000 元)和"银行存款"账户的贷方(1 800 000 元)。会计分录如下:

借:长期借款　　　　　　　　　　　　　　　　　1 800 000
　　贷:银行存款　　　　　　　　　　　　　　　　　1 800 000

二、投资交易

企业的对外投资交易主要包括购买股票、债券等有价证券,以货币或其他资产直接对外投资等。

例 6-7:2019 年 8 月 6 日,正兴公司购买红旗公司股票 50 000 股,共计支付款项 120 000 元。8 月 10 日,该股票价格上涨,公司将其全部抛售,收回款项 128 000 元。

(1) 8 月 6 日正兴公司购买股票的交易发生后,公司的银行存款减少 120 000 元,同时,公司短期持有的股票投资(资产)增加 120 000 元。按照借贷记账法,该项交易应当记入"交易性金融资产"账户的借方（120 000 元）和"银行存款"账户的贷方（120 000元）。会计分录如下：

  借：交易性金融资产   120 000
    贷：银行存款   120 000

（2）8月10日正兴公司将该股票出售的交易发生后，公司的银行存款资产增加 128 000 元，同时，公司短期持有的股票投资（资产）减少 120 000 元，因股票价格上升而产生的股票转让差价收入 8 000（128 000 - 120 000）元，为企业该项股票投资所获得的投资收益。按照借贷记账法，该项交易应当记入"银行存款"账户的借方(128 000 元)，同时记入"交易性金融资产"账户的贷方（120 000 元）和"投资收益"账户的贷方（8 000 元）。会计分录如下：

  借：银行存款   128 000
    贷：交易性金融资产   120 000
      投资收益   8 000

"交易性金融资产"账户属于资产类账户，其借方记录取得各种交易性金融资产的实际成本，贷方记录所转让交易性金融资产的实际成本，借方余额表示企业期末持有交易性金融资产的实际成本。

"投资收益"账户属于损益类账户，其贷方记录企业所确认的投资收益，借方记录企业所确认的投资损失，企业在一定期间的投资收益或损失应当于期末转入"本年利润"账户，因而，该账户一般没有期末余额。

例6-8：正兴公司决定以一项商标权投资于红旗公司。该商标的实际价值为 800 000 元。8月11日，以商标权投资的相关手续已经办妥。

该项投资交易发生后，本公司的无形资产减少 800 000 元，同时，公司的对外股权投资增加 800 000 元。由于该类对外投资一般不会在短期内收回，因而其属于公司的长期投资。按照借贷记账法，该项交易应当记入"长期股权投资"账户的借方（800 000 元）和"无形资产"账户的贷方（800 000 元）。会计分录如下：

  借：长期股权投资   800 000
    贷：无形资产   800 000

"长期股权投资"账户属于资产类账户，其借方记录各种长期股权投资的实际成本，贷方记录收回的长期股权投资的实际成本，借方余额表示企业期末持有长期股权投资的实际成本。

三、企业生产经营交易与事项

企业的生产经营活动主要包括商品及原材料等的采购，产品的加工与完工，商品或完工产品的销售，相关费用的发生或支付等。

（一）购货交易的记录

企业购货交易主要涉及支付所购商品或材料的买价、支付材料采购费用以及商品或材料验收入库等。

例 6-9：2019 年 8 月 15 日，正兴公司购入大型生产线，价款共计 724 700 元。全部款项均以转账支票方式付清。该批设备已经验收并投入使用。

该项购买交易发生后，企业的固定资产增加 724 700 元，同时，使得企业的银行存款减少 724 700 元。按照借贷记账法，该项交易应当记入"固定资产"账户的借方（724 700 元）和"银行存款"账户的贷方（724 700 元）。会计分录如下：

　　借：固定资产　　　　　　　　　　　　　　724 700
　　　　贷：银行存款　　　　　　　　　　　　　　　724 700

例 6-10：武科公司为一商品购销企业。2019 年 10 月 7 日，公司购入环保建材用品一批，商品总价格为 16 000 元，货款以转账支票付清。9 日，该批商品运抵企业并验收入库。

上述购货交易发生后，企业的库存商品增加 16 000 元，同时，企业的银行存款减少 16 000 元。由于从商品采购到商品达到可供使用状态（验收入库）存在时间间隔，因此，需要增设"在途物资"账户来记录该时间段货币资金与商品资金的占用情况及其变化。

（1）10 月 7 日，企业采购商品时，应将该项交易记入"在途物资"账户的借方（16 000 元）和"银行存款"账户的贷方（16 000 元）。会计分录如下：

　　借：在途物资　　　　　　　　　　　　　　16 000
　　　　贷：银行存款　　　　　　　　　　　　　　　16 000

（2）10 月 9 日，企业收到所购商品并验收入库时，应当在"库存商品"账户的借方记录商品存货的增加，并同时结转"在途物资"账户的原有记录。会计分录如下：

　　借：库存商品　　　　　　　　　　　　　　16 000
　　　　贷：在途物资　　　　　　　　　　　　　　　16 000

"在途物资"账户的借方记录企业所采购各种商品的实际成本，贷方记录完成采购手续、已经验收入库的商品的实际成本，借方余额表示期末尚未完成采购手续、正在采购途中的商品的成本（即企业在期末时仍占用在采购商品上的资金数额）。

例 6-11：洪飞公司为一生产性企业。2019 年 5 月 11 日，其向延安公司购买甲、乙两种材料。其中，甲材料 1 000 公斤，单价 100 元；乙材料 2 000 公斤，单价 150 元，价款以银行存款支付。另外，在上述两种材料的采购过程中，还支付了两种材料的运输保险费 5 000 元（以银行存款支付）。甲材料在入库前发生了挑选整理费用 800 元（以现金支付）。5 月 15 日，所采购材料收到并验收入库。

上述材料采购的交易发生后，企业的银行存款资产减少 405 000 元、现金资产减少 800 元，同时，企业能够用于生产的库存原材料增加。从会计计量角度看，企业所购甲、乙两种材料的实际采购成本按下述思路计算确定：甲、乙材料的买价直接计入各自的采购成本，运输保险费按两种材料的总买价比例分摊，入库前的挑选整理费用直接计入甲材料采购成本。计算过程如下：

材料运输保险费用分配率 = 5 000 ÷（100 × 1 000 + 150 × 2 000）
= 0.0125

甲种材料的实际采购成本 = 100 × 1 000 + 100 000 × 0.0125 + 800
= 102 050（元）

甲种材料单位成本 = 102 050 ÷ 1 000 = 102.05（元/公斤）

乙种材料的实际采购成本 = 150 × 2 000 + 300 000 × 0.0125
= 303 750（元）

乙种材料单位成本 = 303 750 ÷ 2 000 = 151.875（元/公斤）

同样道理，由于从材料采购到达到可供使用状态（验收入库）存在一定的时间间隔，因此，生产性企业需要增设"材料采购"账户[①]来记录该时间段货币资金的占用情况及其变化。

（1）5月11日，企业购买甲、乙两种材料并支付买价时，应当记录"材料采购"账户的借方（400 000元）和"银行存款"账户的贷方（400 000元）。会计分录如下：

借：材料采购——甲种材料　　　　　　　　　　　100 000
　　　　　——乙种材料　　　　　　　　　　　300 000
　　贷：银行存款　　　　　　　　　　　　　　　400 000

（2）企业为采购材料支付的运输保险费、入库前的挑选整理费用等材料费用，应当计入材料采购成本。支付采购费用的会计分录如下：

借：材料采购——甲种材料　　　　　　　　　　　2 050
　　　　　——乙种材料　　　　　　　　　　　3 750
　　贷：银行存款　　　　　　　　　　　　　　　5 000
　　　　库存现金　　　　　　　　　　　　　　　800

（3）5月15日，所购材料验收入库时，应当记录"原材料"账户的借方（405 800元）和"材料采购"账户的贷方（405 800元）。会计分录如下：

借：原材料——甲种材料　　　　　　　　　　　　102 050
　　　　——乙种材料　　　　　　　　　　　　303 750
　　贷：材料采购——甲种材料　　　　　　　　　102 050
　　　　　　　——乙种材料　　　　　　　　　303 750

"材料采购"账户用来反映企业采购材料所占用的资金情况，同时其又是一个记录材料采购成本的形成并用来计算确定材料采购成本的专门账户。该账户的借方记录企业所采购材料的买价和发生的各种采购费用，贷方记录完成采购手续并已经

[①] 也可以通过"在途物资"账户来记录。在我国企业会计实务中，原材料按计划成本核算时，通过"材料采购"账户进行记录。

验收入库的材料的采购成本,期末借方余额表示正在采购过程中的材料(即在途材料)的实际成本。

例 6-12:2019 年 8 月 17 日正兴公司购入化工原料 800 公斤,单价 800 元,货款暂未支付。

该项材料采购交易发生后,企业因购买材料但未支付货款而形成了一项债务。该债务属于应付账款短期负债,其金额为 640 000 元。对于该项交易,应当记录"材料采购"账户的借方(640 000 元)和"应付账款"账户的贷方(640 000 元)。会计分录如下:

借:材料采购——化工原料　　　　　　　　　640 000
　　贷:应付账款　　　　　　　　　　　　　　　　　640 000

"应付账款"属于负债类账户,其贷方记录因购买材料、商品等而暂时未支付的款项,借方记录原所欠购货款的偿还或支付数,期末贷方余额表示尚未偿还的应付账款数额。

(二)生产交易

企业的生产交易主要涉及生产产品领用材料、结算和支付工资费用、计算和计提职工福利费用以及生产车间制造费用的发生等。

例 6-13:振华公司甲种材料用于 A 产品生产。2019 年 8 月,甲种材料的购进、发出及结存数量情况如表 6-11 所示。该公司存货采用永续盘存制进行核算,并按后进先出法计算确定耗用材料的实际成本。

表 6-11　　　　　　本月甲种材料购进、发出及结存数量情况表

时间	交易与事项	收入			发出			结存		
		数量	单价	金额	数量	单价	金额	数量	单价	金额
1 日	月初结存							6 000	6	36 000
1 日	购进甲种材料	2 000	7	14 000				8 000		50 000
6 日	A 产品生产领用				4 000		26 000	4 000		24 000
10 日	购进甲种材料	4 000	8	32 000				8 000		56 000
15 日	A 产品生产领用				5 000		38 000	3 000		18 000
26 日	生产车间修理领用				100		600	2 900		17 400
30 日	本月发生及月末结存	6 000		46 000	9 100		64 600	2 900	6	17 400

8 月 31 日,计算本月耗用甲种材料的实际成本,并入账。

生产 A 产品所耗用甲种材料的数量为 9 000,按后进先出法计算其实际成本为:
(7×2 000+6×2 000) + (8×4 000+6×1 000) =64 000(元)

生产车间修理耗用材料的数量为 100,按后进先出法计算其实际成本为:
6×100=600(元)

该公司耗用材料的交易发生后,企业库存材料减少 64 600 元,同时,生产 A 产

品耗用甲种材料使得 A 产品生产成本增加 64 000 元，生产车间修理耗用甲种材料使得生产车间的制造费用增加 600 元。按照借贷记账法，该项交易应当记录"生产成本"账户的借方（64 000 元）、"制造费用"账户的借方（600 元）和"原材料"账户的贷方（64 600 元）。会计分录如下：

　　借：生产成本——A 产品　　　　　　　　　　　　　　　64 000
　　　　制造费用　　　　　　　　　　　　　　　　　　　　　　600
　　　贷：原材料——甲种材料　　　　　　　　　　　　　　64 600

"生产成本"账户属于成本类账户。该账户是用来反映企业在产品资金（生产资金）占用、计算确定各种产品实际生产成本的专门账户。生产成本账户的借方记录生产产品所发生的直接材料费用、直接人工费用和从"制造费用"账户转入的生产车间（或生产单位）所发生的全部制造费用，贷方记录完成生产过程并已经验收入库的产品生产成本，期末借方余额表示企业正在加工的产品（即在产品）的实际成本。

"制造费用"账户也属于成本类账户。该账户的借方记录企业的生产车间在一定期间所发生的各种制造费用，贷方记录会计期末时为计算产品生产成本而分配、结转至"生产成本"账户的全部制造费用，该账户一般没有期末余额。

例 6-14：正兴公司于 2019 年 8 月 20 日以现金支付本月员工工资费用 524 400 元。通过计算确定，生产 A、B 产品工人的工资费用分别为 228 000 和 159 600 元，车间管理人员的工资费用为 57 000 元，公司管理人员工资费用为 79 800 元。

从两个方面分析本例中的经济交易与事项：

（1）本月工资费用的支付。该项交易发生后，企业的现金资产减少 524 400 元，同时企业应当支付给员工的劳动报酬（即应付职工薪酬债务）减少 524 400 元。按照借贷记账法，企业支付工资费用的交易应当记入"应付职工薪酬"账户的借方（524 400 元）和"现金"账户的贷方（524 400 元）。会计分录如下：

　　借：应付职工薪酬　　　　　　　　　　　　　　　　　524 400
　　　贷：库存现金　　　　　　　　　　　　　　　　　　　524 400

（2）职工薪酬费用分配与计算。特定期间的工资费用总额，表示企业应当支付给员工的劳动报酬，即企业"人力消耗"。企业产品生产发生的人工消耗，应当计入产品生产成本，从产品销售收入中补偿，或作为当期费用直接计入当期损益。因此，企业计算确定特定期间的工资费用，意味着企业"费用"的发生。企业工资费用确定后，其相关的生产成本、制造费用、管理费用等增加，同时，企业对员工承担的职工薪酬债务也相应增加（未实际支付工资之前）。按照借贷记账法，工资费用分配与计算的事项发生，应当记入"生产成本"账户(387 600 元)、"制造费用"账户(57 000 元)、"管理费用"账户(79 800 元)的借方和"应付职工薪酬"账户的贷方（524 400 元）。会计分录如下：

　　借：生产成本——A 产品　　　　　　　　　　　　　　228 000
　　　　　　　　——B 产品　　　　　　　　　　　　　　159 600

制造费用		57 000
管理费用		79 800
贷：应付职工薪酬		524 400

"应付职工薪酬"账户属于负债类账户，其贷方记录企业定期计算确定的应当支付给员工的职工薪酬费用，借方记录职工薪酬的实际支付数，期末贷方余额表示员工暂时未领取的职工薪酬数额。

"管理费用"账户属于损益类账户，其借方记录企业在一定期间所发生的各种管理费用，贷方记录会计期末结转至"本年利润"账户的当期全部管理费用，该账户一般没有期末余额。

例 6-15：晨曦公司 2019 年 8 月共计生产完工甲产品 10 000 件，乙产品 20 000 件。完工产品已经验收入库。甲、乙产品的相关成本资料如表 6-12 所示。8 月 31 日，归集和分配本月制造费用（本月制造费用总数为 294 000 元），并计算本月完工产品的生产成本。

表 6-12　　　　　甲产品和乙产品生产成本资料　　　　　　　　单位：元

产品 品种	产量 （件）	产品生产成本构成				备 注
		直接材料	直接人工 （工资及福利费）	制造费用	合 计	
甲产品	10 000	560 000	392 000	176 400	1 128 400	制造费用系按甲、乙产品的生产工时分配
乙产品	20 000	640 000	256 000	117 600	1 013 600	
合 计		1 200 000	648 000	294 000	2 142 000	

（1）8 月 31 日，归集和分配本月制造费用。该会计事项发生后，"生产成本"账户借方记录的产品生产成本数额增加 294 000 元，而"制造费用"账户原来记录的当月全部制造费用从该账户的贷方被转出，即将当月全部制造费用数额从"制造费用"账户转记至"生产成本"账户。按照借贷记账法，该会计事项应当记录"生产成本"账户的借方（294 000 元）和"制造费用"账户的贷方（294 000 元）。会计分录如下：

借：生产成本——甲产品		176 400
——乙产品		117 600
贷：制造费用		294 000

（2）8 月 31 日，计算本月完工甲、乙产品的生产成本。通过计算，甲产品的实际生产总成本为 1 128 400 元，单位生产成本为 112.84（1 128 400÷10 000）元；乙产品的实际生产总成本为 1 013 600 元，单位生产成本为 50.68 元。产品完工验收入库，表明企业的产成品存货增加 2 142 000 元，同时，占用在生产过程中的资金（在产品资金）减少 2 142 000 元。按照借贷记账法，该会计事项应当记录"库存商品"账户的借方（2 142 000 元）和"生产成本"账户的贷方（2 142 000 元）。会计

分录如下：

借：库存商品——甲产品　　　　　　　　　　　　　1 128 400
　　　　　　——乙产品　　　　　　　　　　　　　1 013 600
　　贷：生产成本——甲产品　　　　　　　　　　　　1 128 400
　　　　　　　——乙产品　　　　　　　　　　　　1 013 600

（三）销售交易

企业的销售交易主要包括产品或商品的销售及其他销售、销售过程中相关费用的发生等。

例6-16：天竺公司2019年7月20日销售丁产品16 000件，售价为40元，货款640 000元暂未收到。

该项销售交易发生后，企业取得产品销售收入（主营业务收入）640 000元，同时，因为该销售货款尚未收到，因而企业的应收账款债权资产也增加640 000元。按照借贷记账法，该项交易应当记入"应收账款"账户的借方（640 000元）和"主营业务收入"账户的贷方（640 000元）。会计分录如下：

借：应收账款　　　　　　　　　　　　　　　　　　　640 000
　　贷：主营业务收入　　　　　　　　　　　　　　　　640 000

"主营业务收入"账户属于损益类账户，其贷方记录企业因销售商品或产品、提供劳务等而取得的各种营业收入，借方记录会计期末转入"本年利润"账户的当期全部营业收入数，该账户一般没有期末余额。

"应收账款"账户属于资产类账户，其借方记录企业因销售商品或产品、提供劳务等应收到而暂时未收回的款项，贷方记录实际收到的应收账款数，期末借方余额表示企业尚未收回的应收账款债权数。

例6-17：天竺公司2019年7月共计销售丁产品33 000件，31日计算确定其实际成本。公司本月丁产品的库存及其变动情况如表6-13所示。公司商品（产品）采用定期盘存制进行核算，并按先进先出法计价（假定本月丁产品的单位生产成本为20.20元）。

按先进先出法计算的本月销售丁产品的实际成本为：
20 × 6 000 + 20.2 × 27 000 = 665 400（元）

按先进先出法计算的月末结存丁产品的实际成本为：
20.2 × 3 000 = 60 600（元）

企业的产品销售出去后，其库存产品减少，同时意味着为取得收入所发生的存货资产（库存产品）消耗增加，即营业活动的成本（营业成本）增加。因此，产品销售交易除了使得企业的收入与资产（如应收账款债权）发生变动外，还导致企业的存货（库存产品）减少，营业成本（主营业务成本）增加。当本月所销售的丁产品的实际成本计算确定后，企业应当记录"主营业务成本"账户的借方（665 400元）和"库存商品"账户的贷方（665 400元）。会计分录如下：

借：主营业务成本　　　　　　　　　　　　　　　　　665 400
　　贷：库存商品——丁产品　　　　　　　　　　　　　665 400

表 6-13　　　　　　　　丁产品收入、发出及结存情况表

时间	交易与事项	收入			发出			结存		
		数量	单价	金额	数量	单价	金额	数量	单价	金额
1 日	月初结存							6 000	20	120 000
6 日	生产完工入库	4 000								
7 日	销售产品				5 000					
10 日	销售产品				2 000					
15 日	生产完工入库	14 000								
20 日	销售产品				16 000					
25 日	生产完工入库	12 000								
26 日	销售产品				10 000					
30 日	本月发生及月末结存	30 000	20.2	606 000	33 000		665 400	3 000	20.2	60 600

"主营业务成本"账户属于损益类账户，其借方记录企业当期已经销售产品或商品的实际成本，贷方记录会计期末转入"本年利润"账户的主营业务成本数，该账户一般没有期末余额。

例 6-18：天竺公司 2019 年 7 月 31 日按税法规定计算确定当月应当交纳的消费税等税金及附加计 87 200 元。

该事项发生后，企业应当交纳税金及附加的义务产生，即应交税费负债增加。同时，按企业会计准则规定，企业当期应当交纳的各种税金及附加从当期收入中扣除，因此，当期发生的税金及附加作为单独的"费用"项目计入当期利润。

按照借贷记账法，该会计事项应当记入"税金及附加"账户的借方（87 200 元）和"应交税费"账户的贷方（87 200 元）。会计分录如下：

借：营业税金及附加　　　　　　　　　　　　　　　　87 200
　　贷：应交税费　　　　　　　　　　　　　　　　　　87 200

"税金及附加"账户属于损益类账户，其借方记录企业计算确定的当期应当交纳的各种税金及附加（如消费税等），贷方记录会计期末转入"本年利润"账户的税金及附加数，该账户一般没有期末余额。

例 6-19：2019 年 7 月 25 日，天竺公司将多余乙种材料 80 公斤销售给 P 公司，价款计 1 600 元，收到 P 公司支付的现金。假设该批材料按后进先出法计算的实际成本为 1 200 元。

（1）7 月 25 日销售材料、取得收入。该项交易发生后，企业取得的收入（其他业务收入）增加 1 600 元，同时企业的现金资产也增加 1 600 元。按照借贷记账法，该项交易应当记入"现金"账户的借方（1 600 元）和"其他业务收入"账户的贷

方(1 600元)。会计分录如下：

  借：库存现金　　　　　　　　　　　　　　　　　　1 600
    贷：其他业务收入　　　　　　　　　　　　　　　　1 600

（2）7月25日售出材料，计算并结转该批材料的实际成本（出库材料入账）。材料销售交易除使企业获得收入外，还使得企业的材料消耗增加。这种为获得材料销售收入而发生的材料消耗，属于"其他业务成本"范畴。因此，该项交易使得企业的库存材料减少1 200元，其他业务成本同时增加1 200元。按照借贷记账法，该项交易应当记入"其他业务成本"账户的借方(1 200元)和"原材料"账户的贷方(1 200元)。会计分录如下：

  借：其他业务成本　　　　　　　　　　　　　　　　1 200
    贷：原材料　　　　　　　　　　　　　　　　　　　1 200

"其他业务成本"账户属于损益类账户，其借方记录企业发生与其他业务相关的成本、费用等，贷方记录会计期末转入"本年利润"账户的本期全部其他业务成本数，该账户一般没有期末余额。

例6-20：2019年8月19日，天竺公司开出转账支票一张，金额为168 000元，支付电视台黄金时段的本公司产品广告费。

该项经济交易发生后，企业的银行存款减少168 000元，同时企业用于产品销售的广告费用——销售费用增加168 000元。按照借贷记账法，该项交易应当记入"销售费用"账户的借方（168 000元）和"银行存款"账户的贷方(168 000元)。会计分录如下：

  借：销售费用　　　　　　　　　　　　　　　　　　168 000
    贷：银行存款　　　　　　　　　　　　　　　　　　168 000

"销售费用"账户属于损益类账户，其借方记录企业在产品或商品销售过程中发生的各种销售费用，贷方记录会计期末转入"本年利润"账户的本月全部销售费用数，该账户一般没有期末余额。

四、其他经济交易

其他经济交易主要有计提固定资产折旧、取得利得（或营业外收入）、发生损失（或营业外支出）、计算所得税费用等交易。

例6-21：2019年9月30日，宏达公司采用年限平均法计提固定资产折旧费用286 000元，其中，生产车间用固定资产折旧费186 000元，公司管理部门用固定资产折旧费100 000元。

企业计提固定资产折旧费用，实际上是确认和计量固定资产因耗用而减少的价值。由于固定资产的消耗必须得到补偿，因此，该项会计事项发生后，企业的固定资产价值减少286 000元，同时，企业的费用增加286 000元。

固定资产价值的增加和减少，通过设置的"固定资产"账户来记录。依照资产账户的结构，固定资产的增加记入"固定资产"账户的借方，而固定资产的减少记入"固定资产"账户的贷方。然而，固定资产的"减少"现象客观上存在两种不同情况：一是因固定资产实物形态的减少（如出售、毁损、报废等）而使得企业固定资产价值减少，二是固定资产实物形态不变但固定资产的价值减少（即折旧原因形成）。基于此，在会计上，通过设立"累计折旧"账户来专门记录企业累计提取的固定资产折旧数。实际上，累计折旧越多，固定资产的实际价值越少。因此，"累计折旧"账户从一个特定方面反映了固定资产价值的减少。同时，会计上还根据"固定资产原始价值－累计折旧＝固定资产净值"的数理原理，利用"固定资产"账户（以原始价值反映固定资产的变动）与"累计折旧"账户的"抵减"关系，来完整地反映固定资产的变动及其净值。

按照借贷记账法，该项会计事项发生后，企业应当记录"制造费用"账户（186 000元）、"管理费用"账户（100 000元）的借方和"累计折旧"账户的贷方（286 000元）。会计分录如下：

借：制造费用　　　　　　　　　　　　　　　　186 000
　　管理费用　　　　　　　　　　　　　　　　100 000
　　贷：累计折旧　　　　　　　　　　　　　　　　　286 000

"固定资产"账户的借方记录因购入、建造、投资转入、接受捐赠等形成的固定资产的原始价值，贷方记录因出售、报废、毁损、投资转出等减少的固定资产的原始价值，借方余额表示期末持有固定资产的原始价值总额。"累计折旧"账户贷方记录企业提取的固定资产折旧费用，借方记录因固定资产退出企业而对其已提累计折旧的冲销数，贷方余额表示期末持有固定资产的累计折旧总额。同一会计期末，固定资产账户的期末借方余额与累计折旧账户的期末贷方余额的差额，即为固定资产的净值。由于累计折旧账户期末余额所代表的累计折旧数量，总是以"抵减"的方式来调整固定资产账户期末余额所代表的固定资产原始价值数量，以求得固定资产的净值，因此，累计折旧账户在会计实务中被称为"抵减调整账户"。

例6－22：宏达公司2019年9月21日出租一项物品。合同约定押金为1 000元，29日归还该物品，逾期没收押金。21日出租该物品时，收到承租方交付的押金1 000元（现金）。时至30日，由于承租方仍未交还所租物品，公司决定没收全部押金。

（1）9月21日收到出租物品押金1 000元。该项经济交易发生后，企业的现金资产增加1 000元。同时，由于该款项在承租方未违约的情况下必须返还给对方，因此，在收到押金时，企业相应承担了一种应当返还资产的义务——其他应付款债务。按照借贷记账法，该项交易应当记入"库存现金"账户的借方（1 000元）和"其他应付款"账户的贷方（1 000元）。会计分录如下：

借：库存现金　　　　　　　　　　　　　　　　1 000
　　贷：其他应付款　　　　　　　　　　　　　　　　1 000

（2）9月30日没收押金1 000元。该项经济交易发生后，企业应当返还给承租方款项的义务"消失",即其他应付款债务减少1 000元。同时,该项交易也导致企业获得了一种"无代价的收入"——"营业外收入"。按照借贷记账法,该项交易应当记入"其他应付款"账户的借方(1 000元)和"营业外收入"账户的贷方(1 000元)。会计分录如下:

  借:其他应付款   1 000
    贷:营业外收入   1 000

"营业外收入"账户属于损益类账户,其贷方记录企业取得的各项利得(如罚款收入等),贷方记录会计期末转入"本年利润"账户的本月全部利得数,该账户一般没有期末余额。

例6-23:宏达公司2019年9月29日因偷漏税被税务部门罚款18 000元。该罚款于当日下午以银行存款支付。

该项经济交易发生后,企业的银行存款减少18 000元。同时,由于该项支出不可能为企业带来未来经济利益,因此,其属于"损失"(或"营业外支出")。

按照借贷记账法,该项交易应当记入"营业外支出"账户的借方(18 000元)和"银行存款"账户的贷方(18 000元)。会计分录如下:

  借:营业外支出   18 000
    贷:银行存款   18 000

"营业外支出"账户属于损益类账户,其借方记录企业发生的各种损失,贷方记录会计期末转入"本年利润"账户的本月全部损失数,该账户一般没有期末余额。

例6-24:宏达公司2019年实现利润总额2 000 000元,按所得税法规定计算确定的应纳所得税额为500 000元。

该项事项发生后,企业应当交纳所得税的债务(应交税费)增加500 000元。同时,所得税支出实际上是企业的一项费用,其应当从企业的利润总额中扣减,因此,该企业计算确定应交纳的所得税后,企业的所得税费用同时增加500 000元。

按照借贷记账法,该项交易应当记入"所得税费用"账户的借方(500 000元)和"应交税费"账户的贷方(500 000元)。会计分录如下:

  借:所得税费用   500 000
    贷:应交税费   500 000

与"税金及附加"账户一样,"所得税费用"账户也属于损益类账户,其借方记录企业计算确定的当期应当交纳的所得税数额,贷方记录会计期末转入"本年利润"账户的所得税,该账户一般没有期末余额。

五、利润及其分配事项

(一)利润的计算与结转

企业的利润总额包括营业利润以及营业外收入和营业外支出等内容。利润总额扣除所得税后的余额,即为净利润。

根据利润总额与净利润的具体计算方法,可以将利润的形成分解为若干"增加项目"和"减少项目"。利润的"增加项目"是指其发生会导致净利润增加的各项内容,如主营业务收入、其他业务收入、其他收益、投资收益、公允价值变动收益、资产处置收益、营业外收入等,而"减少项目"是指其发生会导致净利润减少的各项内容,如主营业务成本、税金及附加、其他业务成本、销售费用、管理费用、财务费用、资产减值损失、营业外支出、所得税费用等。这样,企业在一定期间的利润即按图6-2所示步骤进行计算。

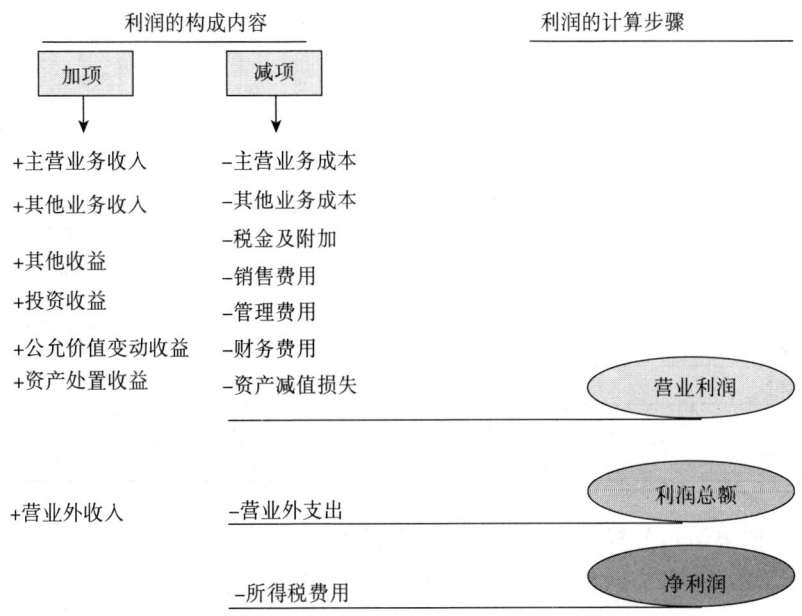

图6-2 利润构成内容的分解及其计算步骤

通过对利润构成内容的分解可以看出,利润实际上具体由7个"加项"和9个"减项"组成。这16个构成项目,实质上表明了16项与利润相关的经济交易与事项,以及16个用来记录与利润相关经济交易与事项的会计账户(均为损益类账户)。这16个账户,包括7个"收入"账户和9个"费用"账户。其账户结构具有图6-3所示的"共性"。

图6-3 损益类账户的性质及其期末结转记录

例如,"主营业务收入"账户的贷方记录主营业务收入的取得数,借方记录其转入"本年利润"账户的数额,期末无余额;"营业外支出"账户的借方记录企业发生的各种损失,贷方记录其转入"本年利润"账户的数额,期末无余额,等等。

例 6-25:2019 年 11 月 30 日公司为计算确定当期利润,对各损益类账户进行结转。期末结转前,各损益类账户的本期发生额如表 6-14 所示。

表 6-14　　　　　　　　各损益类账户的本期发生额①

账户名称	本期发生额
主营业务收入	4 480 000
主营业务成本	2 357 600
税金及附加	224 000
其他业务收入	12 000
其他业务成本	10 000
管理费用	140 000
财务费用	1 960
销售费用	136 000
投资收益	16 000(贷方)
营业外收入	800
营业外支出	1 240
所得税费用	540 540

公司于期末结转各损益类账户的会计分录如下:

(1) 结转收入等:

借:主营业务收入　　　　　　　　　　　　　　4 480 000
　　其他业务收入　　　　　　　　　　　　　　　　12 000
　　投资收益　　　　　　　　　　　　　　　　　　16 000
　　营业外收入　　　　　　　　　　　　　　　　　　 800
　　贷:本年利润　　　　　　　　　　　　　　　4 508 800

(2) 结转费用等:

借:本年利润　　　　　　　　　　　　　　　　3 411 340
　　贷:主营业务成本　　　　　　　　　　　　　2 357 600
　　　　税金及附加　　　　　　　　　　　　　　 224 000
　　　　其他业务成本　　　　　　　　　　　　　　10 000
　　　　管理费用　　　　　　　　　　　　　　　 140 000
　　　　销售费用　　　　　　　　　　　　　　　 136 000

---

① 假设该公司当月没有发生其他收益、公允价值变动收益、资产减值损失、资产处置收益等的交易事项。

财务费用	1 960
营业外支出	1 240
所得税费用[①]	540 540

"本年利润"账户属于所有者权益类账户，其用来反映企业净利润的实现过程。该账户的贷方记录期末从损益类账户转入的主营业务收入、其他业务收入、其他收益、投资收益、公允价值变动收益、资产处置收益和营业外收入，借方记录期末从损益类账户转入的主营业务成本、税金及附加、其他业务成本、销售费用、管理费用、财务费用、资产减值损失、营业外支出、所得税费用。如果转入"本年利润"账户贷方的各种收入大于转入借方的各种费用，说明企业在当期实现了利润，该净利润数额体现为"本年利润"账户的期末贷方余额；反之，说明企业在当期发生了亏损，该亏损数额体现为"本年利润"账户的期末借方余额。

年度终了，基于年度决算的原因，"本年利润"账户反映的全年实现的利润或发生的亏损均应转入"利润分配"账户。这样，"本年利润"账户在年度终了时没有余额。在年度终了前，"本年利润"账户的期末余额表示企业自年初至本月末累计实现利润（或发生亏损）数额。例如，如果"本年利润"账户7月末的贷方余额为238 000元，则说明企业当年度1—7月共计实现利润238 000元（其中可能包含某个月或某几个月企业发生了亏损）。

（二）利润分配事项

企业实现的利润总额在按规定交纳所得税后，其净利润应当进行分配。从理论上讲，企业的净利润属于投资者投入资本的"增值"，因而其所有权归属于企业的全体投资者（股东）。但是，基于公司制企业的法人地位并从企业长远发展考虑，企业实现的利润不一定当即回报给其投资者。因此，企业实现的利润除作为投资报酬分给投资者外，其余部分均留存在企业，用于企业的生产经营活动。

对企业实现净利润的分配，主要有两种方式：一是提取盈余公积金（包括法定盈余公积金和任意盈余公积金），二是向投资者支付利润（即"分红"）。在我国，盈余公积金包括法定盈余公积金和任意盈余公积金，其主要用于企业生产经营活动。企业提取盈余公积金和向投资者支付投资报酬后的剩余利润，以"未分配利润"形式存在于企业，留待以后期间再行分配。

例6-26：天洪公司2019年度实现净利润10 000 000元。公司董事会决定的收益分配方案为：(1) 分别按10%和5%的比例提取法定盈余公积金与任意盈余公积金；(2) 每10股派1.2元现金红利（假定按年末流通股股数派现，分红年度年末的流通股数为2 800万股）。

[①] 企业的所得税费用也可以单独结转。

公司该年度利润分配数额计算如下：
提取法定盈余公积金数 = 10 000 000 × 10% = 1 000 000（元）
提取任意盈余公积金数 = 10 000 000 × 5% = 500 000（元）
向投资者分配利润数 = 28 000 000 ÷ 10 × 1.2 = 3 360 000（元）
公司当年度利润分配数 = 1 000 000 + 500 000 + 3 360 000
　　　　　　　　　　　= 4 860 000（元）
公司未分配利润数 = 10 000 000 − 4 860 000 = 5 140 000（元）

该项收益分配事项发生后，企业的净利润（所有者权益要素）减少 4 860 000元，同时企业的盈余公积金（所有者权益要素）共计增加 1 500 000 元，企业应当支付给投资者的投资报酬（应付股利债务）增加 3 360 000 元。

按照借贷记账法，该项收益分配事项应当记入"利润分配"账户的借方（4 860 000 元）和"盈余公积"账户的贷方（1 500 000 元）与"应付股利"账户的贷方（3 360 000 元）。会计分录如下：

借：利润分配——提取法定盈余公积　　　　　　　　　1 000 000
　　　　　——提取任意盈余公积　　　　　　　　　　　500 000
　　　　　——应付现金股利　　　　　　　　　　　　3 360 000
　贷：盈余公积——法定盈余公积　　　　　　　　　　1 000 000
　　　　　　——任意盈余公积　　　　　　　　　　　　500 000
　　　应付股利　　　　　　　　　　　　　　　　　　3 360 000

"利润分配"账户属于所有者权益类账户，利润分配数额的增加意味着企业所有者权益的减少。该账户借方记录企业提取的盈余公积金、向投资者分配的利润等，贷方记录年末一次性地从"本年利润"账户转入、可用于分配的全年实现的利润数额。该账户的期末贷方余额表示企业留待以后期间分配的利润数（即未分配利润）。

当企业发生亏损时，该亏损数于年末一次性地从"本年利润"账户的贷方转入"利润分配"账户的借方，"利润分配"账户的贷方记录已经弥补的亏损数[①]。该账户的期末借方余额表示企业尚未弥补的亏损数。

企业的经济活动及其资金运动是一个连续不断且具有内在联系的过程，会计账户对经济交易与事项的记录同样如此。图 6−4 表示了会计账户对生产性企业主要经济交易与事项的连续记录过程。

---

① 企业的经营性亏损由以后期间实现的利润弥补，政策性亏损由政府拨款或以补贴方式弥补。

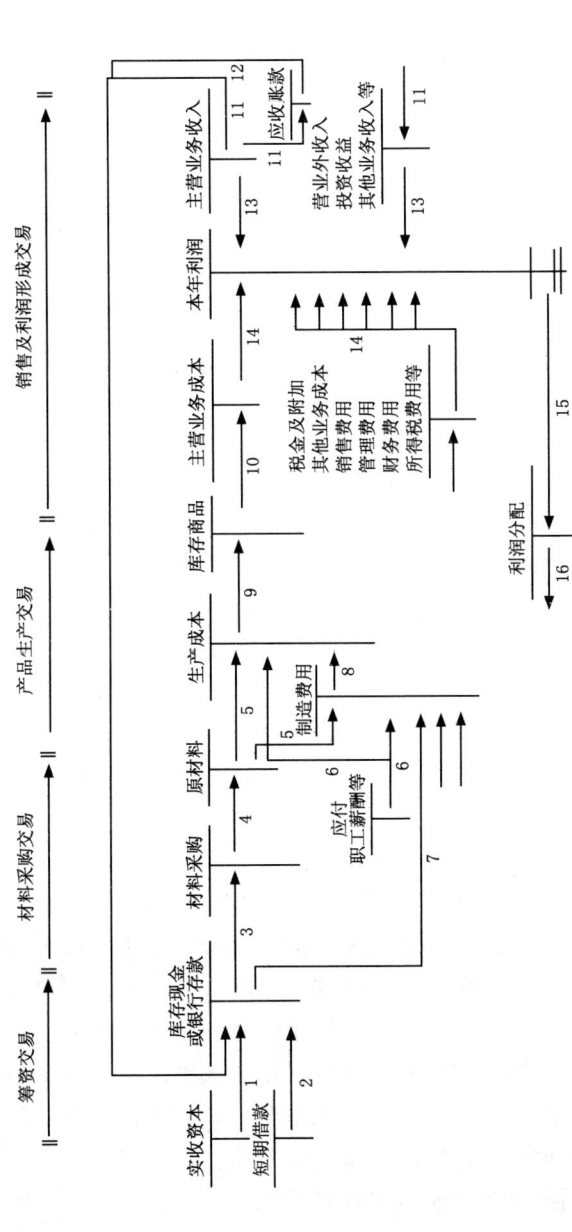

图 6-4 生产性企业主要经济交易与事项的账户记录过程

注：图中数字表明不同内容的经济交易与事项。如，"1"表示"企业收到投资的交易"，"2"表示"企业取得借款的交易"，"5"表示"产品生产耗用材料和生产车间一般耗用材料的事项"，"8"表示"月末结转全部制造费用的事项"，"13"表示"月末结转全部收入的事项"，等等。

思考题

1. 什么是会计记录?分录记录与账户记录是什么关系?
2. 原始凭证与记账凭证的主要区别是什么?
3. 记账凭证包括哪些主要内容?如何填制记账凭证?
4. 原始凭证与记账凭证各自的审核要点是什么?
5. 如何理解原始凭证信息的错误或舞弊对企业财务报表信息的不利影响?
6. 会计确认和会计计量与记账凭证的填制有何关系?
7. 生产性企业有哪些基本的经济交易与事项?
8. 记录生产性企业基本的经济交易需要设置哪些会计账户?
9. 举例说明如何在账户中记录企业的购货交易?
10. 说明固定资产账户与累计折旧账户的关系,并解释为什么需要设置累计折旧账户。

练习题

(一)目的:掌握记账凭证的填制方法

1. 资料

2019年12月18日,朗能公司副总经理赵爽准备赴外地开会,预支差旅费3 000元,财会部门当即以现金支付;12月19日,朗能公司从银行提取现金8 000元,补足库存现金;12月21日上午,赵爽回到公司报销差旅费2 250元,并退回多余现金750元;12月21日下午,公司财会部门将超过库存限额的现金1 500元送存银行。

2. 要求

根据上述经济交易与事项(代替原始凭证),编制相应的记账凭证(假设朗能公司采用收款凭证、付款凭证、转账凭证)。

(二)目的:熟悉会计记录的基本程序

1. 资料

在会计学原理课堂上,老师向大家讲授了会计记录的基本程序分为两步:首先是分录记录,然后是账户记录。课后,张明与其他几位同学正在讨论这一问题。张明同学说:"我叔叔经营着一家小型书店,他曾向我咨询如何做账。我觉得其书店的业务比较单一,主要就是购进和销售,按借贷记账法确定每项购书与售书交易应借记、贷记的账户名称与金额非常容易,一般不会出错。因此,我建议我叔叔的书店直接根据买卖业务的进货单与销货单(或有关发票)登账,而不必首先编制会计分录。而且,这种做法还可以节约成本和精力。"

2. 要求

假设你是张明的同学,请问你是否同意他的看法?阐述你的理由。

(三)目的:熟悉原始凭证的审核方法

1. 资料

2019年7月25日，晓泽（武汉）股份有限公司销售员刘刚因工作业绩突出被公司公派到海南度假，为期9天（7月25日至8月2日）。公司为其担负往返交通费、住宿费、餐饮费（餐费标准为每天50元）、旅游景点门票费。8月3日，刘刚回到公司报销旅费。他向会计人员出示了下列单据：一张7月25日武汉至海南的飞机票（750元）；一张7月30日海南至北京的飞机票（1 250元）；一张8月2日北京至武汉的火车票（275元）；一张没有加盖酒店财务章的酒店住宿费发票（1 800元）；7月25日至8月2日的餐饮发票（500元）；一张海洋馆门票（50元）；一张"天涯海角"景点门票（20元）；一张露天滑雪场门票（200元）。公司会计人员张羊和李澳受理该项旅费报销事项。

2. 要求

分析并确定该公司能为刘刚报销的旅费数额。

（四）目的：掌握筹资与投资交易的会计分录

1. 资料

新华公司某月发生下列经济交易：

（1）3日接银行通知，市工商银行借入的1年期贷款3 000 000元已经到账。

（2）5日收到云天公司投入的自动化生产设备一台，价值600 000元（系追加投资）。

（3）12日公司发行3年期债券8 000 000元，款项已经全部收到。

（4）18日购入长江电力股票200 000股，实际支付款项879 000元（该股票不准备长期持有）。

（5）24日根据投资协议将价值1 200 000元的全新生产线投入利民公司（占公司股本的45%）。

（6）28日出售长江电力股票50 000股（系本月18日购入），实际收到款项298 450元。

（7）30日接银行通知，本月短期借款的利息费用1 200元已经扣款。

2. 要求

对上述经济交易进行确认和计量，并编制会计分录。

（五）目的：掌握购货交易的会计分录

1. 资料

宝塔公司某月发生以下经济交易：

（1）5日购入设备一套，价值46 000元，货款暂未支付。

（2）10日从向阳公司购入A、B两种原材料，其中，A材料1 000公斤，单价5元；B材料2 000公斤，单价8元。货款以支票付清。

（3）11日以现金支付A、B材料运费900元。

（4）13日所购A、B材料验收入库，计算结转其实际成本。

2. 要求

对上述经济交易进行确认和计量，并编制会计分录。

（六）目的：掌握生产交易的会计处理

1. 资料

紫阳公司 6 月发生下列经济交易：

（1）5 日以现金支付生产车间修理费用 200 元。

（2）6 日生产甲、乙产品领用 C、D 材料分别为 1 000 公斤和 2 000 公斤。该公司存货实行永续盘存制，并采用先进先出法进行计量。C、D 两种材料的购进与领用记录如下：

时间	交易与事项	收入			发出			结存		
		数量	单价	金额	数量	单价	金额	数量	单价	金额
4.1	月初结存 C 材料（无 D 材料）							4 000	7	
4.3	购进 C 材料	2 000	8	16 000						
5.2	甲产品领用 C 材料				5 000					
5.8	购进 D 材料	5 000	9	45 000						
5.9	乙产品领用 D 材料				3 000					
5.18	购进 C 材料	2 000	9	18 000						
5.25	购进 D 材料	1 000	10							
6.6	甲产品领用 C 材料				1 000					
6.6	乙产品领用 D 材料				2 000					

（3）15 日支付职工工资 70 000 元。

（4）30 日支付本月水电费 120 000 元。其中，生产车间用水电 98 000 元，公司管理部门用水电 22 000 元。

（5）30 日计算确定本月的工资费用为 81 000 元，其中，生产甲产品职工工资 36 000 元，乙产品职工工资 30 000 元，车间管理人员工资 5 000 元，公司管理人员工资 10 000 元。

（6）30 日按本月工资费用的 14% 计算确定本月的职工津贴。

（7）30 日计提本月固定资产折旧费 32 000 元，其中生产用固定资产折旧费 24 000 元，管理部门用固定资产折旧费 8 000 元。

（8）30 日归集并分配本月的制造费用（该公司按产品直接材料成本的比例分配制造费用）。

（9）30 日计算并结转本月完工产品的生产成本。本月投产甲、乙产品各 500 件，已经全部完工并验收入库（假设本月月初无在产品）。

2. 要求

对上述经济交易与事项进行确认和计量,并编制会计分录。

(七)目的:掌握销售交易及其他交易的会计处理

1. 资料

长春公司某月发生以下经济交易:

(1)3日销售A产品100件,每件售价120元,货款中8 000元已收到存入银行,余款待收。

(2)14日对外提供运输服务收费1 000元,收到现金。该项运输服务共计发生费用680元,以现金支付。

(3)18日向冲天公司交付A产品200件,价款共计24 000元。本公司上月已经收到预付的该商品货款。

(4)24日以银行存款支付新产品的展销费用50 000元。

(5)25日收到环保部门罚款通知,当日以银行存款支付排污罚款10 000元。

(6)30日计算确定本月销售商品的实际成本。该公司采用加权平均法计量发出商品的实际成本。本月共计销售A产品300件。该产品的平均单位生产成本为86元。

2. 要求:对上述经济交易与事项进行确认和计量,并编制会计分录。

(八)目的:掌握利润与利润分配事项的会计处理

1. 资料

光明公司某年度有关经济交易与事项如下:

(1)12月31日结转有关收入、费用等账户。有关损益类账户的余额如下:

主营业务收入	3 245 000元
主营业务成本	2 405 980元
税金及附加	320 600元
销售费用	120 000元
管理费用	401 908元
财务费用	43 078元
其他业务收入	6 790元
其他业务成本	5 739元
营业外收入	130 650元
营业外支出	87 900元
投资收益	65 910元(贷方)

(2)12月31日计算本月所得税费用数额(所得税率为25%),并结转所得税费用。

(3)12月31日一次结转全年实现的净利润(公司1—11月份累计的净利润为4 327 890元)。

(4)12月31日公司确定的当年度利润分配方案为:计提10%和5%的法定盈

余公积和任意盈余公积，暂不向股东分配利润。

2. 要求

对上述经济交易与事项进行确认和计量，并编制会计分录。

案例分析（一）

1. 资料

会计学专业学生正在学习会计学原理课程中的"经济交易与事项的分析和处理"内容。某日，唐老师在批改作业时，发现存在以下问题：

（1）部分同学将"结转验收入库原材料实际成本"的会计分录做成"借：材料采购，贷：原材料"；

（2）部分同学将"计提固定资产折旧"的会计分录做成"借：制造费用、管理费用等，贷：固定资产"；

（3）部分同学将"结转完工入库产品的实际成本"的会计分录做成"借：生产成本，贷：制造费用"；

（4）部分同学将"结转已售产品的生产成本"的会计分录做成"借：主营业务成本，贷：生产成本"；

（5）部分同学将"结转本期主营业务收入"的会计分录做成"借：本年利润，贷：主营业务收入"；

（6）部分同学将"结转本期所得税费用"的会计分录做成"借：所得税，贷：应交税费"；

（7）部分同学将"结转已售原材料的实际成本"的会计分录做成"借：其他业务成本，贷：材料采购"；

（8）部分同学将"结转本期全部制造费用"的会计分录做成"借：制造费用，贷：库存现金、银行存款等"；

（9）部分同学将"年末一次结转全年实现净利润"的会计分录做成"借：利润分配，贷：本年利润"；

（10）部分同学将"没收出租包装物押金"的会计分录做成"借：库存现金，贷：营业外收入"。

2. 要求

（1）根据会计确认与经济交易分析和处理的基本原理，分析存在上述问题的主要原因。

（2）列示各经济交易或事项的正确会计分录。

案例分析（二）

1. 资料

五洲公司正在建造一栋生产用厂房，某日从原材料仓库领取5吨钢材作建筑用。

月末会计人员计算耗用原材料成本时，误将该批钢材（成本为 31 000 元）列为公司管理部门一般性耗用。其在记账凭证中编制的会计分录为"借：管理费用 31 000，贷：原材料 31 000"。该项错误未被会计稽核人员发现（审核失误），当期财务报表已经编制并报送。

2. 要求

分析该项错误可能导致的后果（对相关会计信息的影响）。

第七章

会计记录（下）——账户记录

会计记录基本程序的第二步是根据会计分录登记相关的会计账户。前已述及，在我国企业的会计实务中，会计分录是在记账凭证上标明或记录的。因此，我国企业会计记录具体程序的第二步是根据审核无误的记账凭证登记有关的会计账户。在会计实务中，账户体现为账簿及其账页。本章主要阐述会计账簿的体系结构、账簿的登记方法、账簿记录的调整事项、账簿记录的核对与结算等基本问题。

第一节 账簿的体系结构与登记方法

一、会计账簿的体系结构

会计账簿简称"账簿"（或"账"），是以会计凭证为依据，连续、系统、分类地记录各种经济交易与事项的簿籍。在实务工作中，账簿是由若干张具有特定格式的账页组成，账页的格式实际上是账户结构的具体体现。会计账簿是会计账户的具体表现形式，是由多个会计账户所形成的"集合"。账簿记录提供的信息资料，是企业编制财务报表的基础。

企业应当结合会计信息使用者的需要和企业内部经营管理的具体要求，建立完整的会计账簿体系。在我国，企业应当设立分类账和序时账（日记账）两类账簿。在分类账中，强调按类别、分类地记录企业的经济交易与事项；在序时账中，则强调按经济交易与事项发生的时间先后顺序进行记录。分类账包括总分类账和明细分类账。总分类账是由总分类账户组成的账簿，基于满足会计信息使用者的信息需要而设立。总分类账全面提供关于各个会计要素及其具体项目增减变动的系统化的信息，这些信息是编制财务报表所需的经济活动的基本信息。从这种意义上讲，总分类账是企业最重要的会计账簿，居账簿体系的核心地位。明细分类账基于企业内部财产管理、财务管理等的特殊需要而设立。在内容上，明细分类账提供的信息是对总分类账所提供信息的一种补充或详细说明。在我国，企业一般设立现金日记账和银行存款日记账两种特种序时账簿，逐日逐笔记录影响现金、银行存款发生变动的收款与付款经济交易与事项。其目的在于强化对流动性较强的现金和银行存款的日常管理，预防舞弊发生。

我国企业的会计账簿体系如图7-1所示。

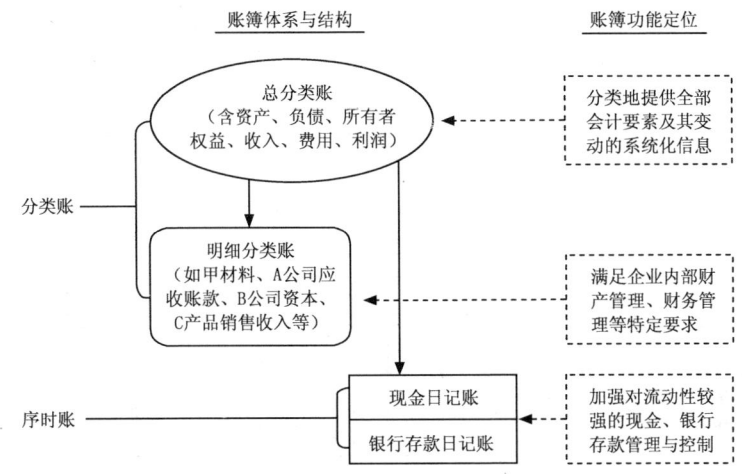

图7-1 我国企业会计账簿的体系结构

二、会计账簿的登记方法

会计账簿根据审核无误的记账凭证（或同时参考有关原始凭证）进行登记。记账时，应当将经济交易与事项的内容和金额，正确地记录在记账凭证上所标明的账户中。

（一）分类账

1. 总分类账

总分类账在账簿体系中的核心地位，使得总分类账簿的登记成为账户记录的主要内容。总分类账账页采用三栏式格式，即"借方栏""贷方栏""余额栏"等三栏[①]。总分类账的登记方式有两种：一种是根据记账凭证直接在总分类账中逐项记录所发生的经济交易与事项；一种是先定期（如10天、15天等）对所发生的经济交易与事项进行汇总（如编制记账凭证汇总表或汇总记账凭证），然后再将汇总结果记入总分类账。根据记账凭证（包括收款凭证、付款凭证和转账凭证）直接登记总分类账，是总分类账登记的基本方法。

例7-1：2019年9月1日，吉利公司从市工商银行取得1年期贷款860 000元。将该项经济交易记入总分类账户的过程与结果如图7-2所示。

---

① 由于账户的基本结构由记录增加、减少和余额（增减变动结果）的三部分构成，因此，三栏式是各种账簿（包括总账、明细账、日记账等）账页的基本格式。

收 款 凭 证

借方科目：银行存款　　　　　2019年9月1日　　　　　　收字第18号

摘　要	贷方科目		金　额	记账符号	附件2张
	总账科目	明细账科目	千百十万千百十元角分		
取得1年期贷款	短期借款	市工商银行	8 6 0 0 0 0 0 0	√	
合　　计			￥8 6 0 0 0 0 0 0		

会计主管：王羊　记账：赵六　出纳：李香　审核：刘诚　制单：赵丹

总 分 类 账

会计科目：银行存款　　　　　　　　　　　　　　　　　第11页

2019年		凭证		摘　要	借　方	贷　方	借或贷	余　额
月	日	字	号		千百十万千百十元角分	千百十万千百十元角分		千百十万千百十元角分
9	1			月初余额			借	7 6 3 4 5 1 0 8 0
9	1	收	18	取得贷款	8 6 0 0 0 0 0 0		借	8 4 9 4 5 1 0 8 0

总 分 类 账

会计科目：短期借款　　　　　　　　　　　　　　　　　第67页

2019年		凭证		摘　要	借　方	贷　方	借或贷	余　额
月	日	字	号		千百十万千百十元角分	千百十万千百十元角分		千百十万千百十元角分
9	1			月初余额			贷	1 0 0 0 0 0 0 0 0
9	1	收	18	取得贷款		8 6 0 0 0 0 0 0	贷	1 8 6 0 0 0 0 0 0

图7-2　总分类账的登记过程与方法

　　在记录总分类账的过程中，对于每一项经济交易与事项，都必须在两个或两个以上的总分类账户中按"有借必有贷、借贷必相等"的规律进行登记。因此，总分类账的记录过程体现了复式记账的基本要求。

2. 明细分类账

　　明细分类账户是根据企业内部管理的要求、对某一总分类账户的内容进行细分而设立的账户，明细分类账簿由明细分类账户组成。例如，企业对原材料按其品种作了进一步划分，设立了"甲种材料""乙种材料""丙种材料"等明细账户，因而企业建立了材料明细分类账簿。明细分类账提供的信息是对相关总分类账的进一步补充或详细说明，相对于总分类账而言，其提供的信息资料更具体、更详尽。

　　依照明细分类账户所记录的会计要素的内容不同，明细分类账簿的账页可以有三种格式，即"三栏式""数量金额栏式"和"多栏式"。三栏式账页体现了账户的基本结构，因此，它是账页的基本格式。其他格式的账页实际上是在三栏式账页格式的基础上演变出来的。企业的债权债务、所有者权益等明细分类账账页采用三栏式格式,即借、贷、余额等三栏;原材料、产品(或商品)等存货明细分类账账页采用数量金额栏式格式,其实物数量与金额同时列示在增加、减少和余额等栏中;生产成本、费用等明细分类账账页采用多栏式格式,其账页的某一栏(通常为借方栏)需要细分为若干专栏,分专栏记录不同费用项目的发生数。明细分类账的格式如表7-1、表7-2、表7-3所示。

表7-1　　　　　　　　　明细分类账(三栏式)

总账科目:＿＿＿＿＿＿＿＿＿
明细科目:＿＿＿＿＿＿＿＿＿

年		凭证		摘要	借方	贷方	借或贷	余额
月	日	字	号		千百十万千百十元角分	千百十万千百十元角分		千百十万千百十元角分

表7-2　　　　　　　　　明细分类账(数量金额式)

总账科目:＿＿＿＿＿＿＿＿＿　　　　　　　　　　　　　　　计量单位:＿＿＿＿＿＿＿
明细科目:＿＿＿＿＿＿＿＿＿

年		凭证		摘要	收入			发出			结存		
月	日	字	号		数量	单价	金额	数量	单价	金额	数量	单价	金额
						千百十元角分	千百十元角分		千百十元角分	千百十元角分		千百十元角分	千百十元角分

表7-3　　　　　　　　　明细分类账(多栏式)

总账科目:＿＿＿＿＿＿＿＿＿
明细科目:＿＿＿＿＿＿＿＿＿

年		凭证		摘要	借方			合计	余额
月	日	字	号		千百十元角分	千百十元角分	千百十元角分	千百十元角分	千百十元角分

明细分类账根据记账凭证并参考相关原始凭证的内容进行登记。其具体记录方法与总分类账相同。由于总分类账同其所属明细分类账之间是一种控制与被控制的关系,其记录的对象相同、记录的原始凭证也相同,因此,总分类账与所属明细分类账之间应遵循"平行登记"原则,相互联系地加以记录。所谓平行登记,就是当

一项经济交易发生后,应当同时登记相关总分类账及其所属的明细分类账,总分类账与明细分类账的记录方向(借或贷)相同,记入总分类账的金额等于记入相关明细分类账的金额之和。

(二)日记账

日记账用来严格按时间顺序逐笔记录某一资金项目的变动或某类经济交易与事项的发生情况,其目的是满足企业特殊的管理要求。我国企业一般设置现金日记账和银行存款日记账等特种日记账。设置现金日记账和银行存款日记账,主要是基于现金和银行存款的流动性易于导致舞弊,以及企业强化现金资产控制的客观需要。

现金日记账和银行存款日记账一般都采用三栏式格式,如表7-4、表7-5所示。

表7-4　　　　　　　　　　　现 金 日 记 账　　　　　　　　　　第　　页

年		凭证		摘要	借方	贷方	余额
月	日	字	号		千百十万千百十元角分	千百十万千百十元角分	千百十万千百十元角分

表7-5　　　　　　　　　　　银 行 存 款 日 记 账　　　　　　　　第　　页

年		凭证		摘要	结算凭证		借方	贷方	余额
月	日	字	号		种类	号码	百十万千百十元角分	百十万千百十元角分	百十万千百十元角分

现金日记账用来序时、逐项记录现金的收款和付款交易与事项,因此,其根据现金收款凭证和现金付款凭证登记。从银行提取现金的交易,则根据银行存款付款凭证记入现金日记账(借方栏)。同样,银行存款日记账用来序时、逐项记录银行存款的收款和付款交易与事项,因此,其根据银行存款收款凭证和银行存款付款凭证登记。将现金存入银行的交易,则根据现金付款凭证记入银行存款日记账(借方栏)。现金和银行存款日记账的具体登记方法与总分类账相同。

例7-2:2019年10月22日,晓泽公司接到开户银行通知,应付朗能公司购货款23 800元已经支付。该项经济交易发生后,应当根据银行通知单等原始凭证编制付款凭证。由于该项经济交易使得晓泽公司的银行存款资产减少23 800元,应付账款债务同时减少23 800元,所以,应当同时记录"银行存款"和"应付账款"总分类账。该项经济交易还应当记入"银行存款日记账"和"应付账款——朗能公司"明细分类账。有关账户的记录过程与结果如图 7-3 所示。

付 款 凭 证

贷方科目：银行存款　　　2019 年 10 月 22 日　　　付字第 6 号

摘 要	借方科目		金　额	记账符号	附件1张
	总账科目	明细账科目	千百十万千百十元角分		
归还朗能公司货款	应付账款	朗能公司	2 3 8 0 0 0 0	√	
合　计			¥　　2 3 8 0 0 0 0		

会计主管：刘铁　　记账：陈强　　出纳：张章　　审核：梅劲　　制单：胡硕

会计科目：银行存款　　　**总 分 类 账**　　　第 15 页

2019年	凭证字号	摘要	借方 千百十万千百十元角分	贷方 千百十万千百十元角分	借或贷	余额 千百十万千百十元角分
月 日						
10 1		月初余额			借	9 9 5 2 6 0 0 0
10 9	收 7	取得借款	3 7 0 0 0 0 0 0		借	1 3 6 5 2 6 0 0 0
10 22	付 6	归还货款		2 3 8 0 0 0 0	借	1 3 4 1 4 6 0 0 0

会计科目：应付账款　　　**总 分 类 账**　　　第 46 页

2019年	凭证字号	摘要	借方 千百十万千百十元角分	贷方 千百十万千百十元角分	借或贷	余额 千百十万千百十元角分
月 日						
10 1		月初余额			贷	6 0 0 5 0 0 0 0
10 10	付 2	赊购商品		1 2 5 9 0 0 0	贷	6 1 3 0 9 0 0 0
10 22	付 6	归还货款	2 3 8 0 0 0 0		贷	5 8 9 2 9 0 0 0

总账科目：应付账款　　　**明 细 分 类 账**
明细科目：朗能公司　　　　　　　　　　　第 58 页

2019年	凭证字号	摘要	借方 千百十万千百十元角分	贷方 千百十万千百十元角分	借或贷	余额 千百十万千百十元角分
月 日						
10 1		月初余额			贷	1 2 8 3 0 0 0 0
10 22	付 6	归还货款	2 3 8 0 0 0 0		贷	1 0 4 5 0 0 0 0

银 行 存 款 日 记 账　　　第 12 页

2019年	凭证字号	摘要	结算凭证 种类 号码	借方 百十万千百十元角分	贷方 百十万千百十元角分	余额 百十万千百十元角分
月 日						
10 1		月初余额				9 9 5 2 6 0 0 0
10 9	收 7	取得借款		3 7 0 0 0 0 0 0		1 3 6 5 2 6 0 0 0
10 22	付 6	归还货款			2 3 8 0 0 0 0	1 3 4 1 4 6 0 0 0

图 7-3　账户记录的过程与结果

第二节　账簿记录的调整

一、账簿记录调整的依据

会计信息使用者对信息的客观需要使得企业必须定期结算账户记录、计算特定期间的损益数量。会计期间假设不仅为定期结账提供了理论依据，同时也为"跨期项目"的产生奠定了基础。跨期项目是指经济交易与事项发生所引起的、同时影响到几个会计期间会计确认与计量事项的收入和费用项目。例如，企业预付下一季度的房屋租金，该项经济交易涉及本月和下一季度各月的会计确认与计量事项，因此，预付房屋租金属于跨期项目；企业预收次月交货的商品货款，该项经济交易涉及本月及次月两个期间的会计处理，因而，预收销售商品货款也属于跨期项目。从内容来看，跨期项目包括跨期收入项目和跨期费用项目。

跨期项目产生的客观原因是与收入或费用项目相关的货币资金收付时间同其受益期不相一致。如企业在预付下一季度的房屋租金时，其现金或银行存款的支付时间在本月，而其受益期却是下一季度的各个月份。然而，在会计上，权责发生制原则要求按收入权利的形成时间、费用发生的责任期间来进行确认，因此，在各个会计期末必须对这些跨期项目予以调整，以便正确确定各个期间的收入、费用和利润数额[①]。

就跨期项目的形成方式来看，跨期项目主要包括递延项目和应计项目[②]。

二、账簿记录调整方法

（一）递延项目

递延项目（Deferrals）是指在费用的受益期或收入权利形成之前预先支付或收取货币资金而形成的跨期项目。其包括预付费用（Prepaid Expenses）和未实现收入（Unearned Revenues）。

1. 预付费用

预付费用是指预先支付货币资金而由其后几个会计期间共同受益的项目。预付项目的发生，会导致相关经济利益在未来期间流入企业。典型的预付费用项目有预付租金、预付保险费等。预付费用也称"递延费用"，因为已经支付的货币资产需要被递延至其后的几个会计期间来共同分摊。在我国，预付费用也称为"待摊费用"，即已经支付但需等待至以后的受益期间共同摊销的费用。摊销期间超过一年的，称为"长期待摊费用"。

预付费用项目的会计处理包括两个方面：一是在预付项目实际支付现金或银行存款时，在有关账户中进行记录；二是在受益期的各个会计期末对预付项目进行调整。对预付项目的期末调整，实际上是按一定比例分摊当期应当负担的费用数额并将其记入账户。

例 7-3：2019 年 6 月 12 日，沙湖公司以银行存款预付 7—9 月的办公房屋租金 6 000 元。

[①] 有些跨期项目（如设备修理费等）可以采用不同的方法来处理，从而会对资产、利润等利润信息产生不同影响。因此，这些跨期项目的处理方法已经构成会计政策的内容。

[②] 实际上还包括估计项目（Estimated Items），如折旧费用、坏账损失等。

此项经济交易发生后，企业的银行存款资产减少6 000元，同时预付费用项目增加6 000元。按权责发生制会计原则分析，该项预付费用应当在7月、8月和9月之间分摊，各月均摊2 000元。相关会计分录如下：

（1）6月12日支付房屋租金：

借：预付房租（或预付账款）　　　　　　　　　　　　　　6 000
　　贷：银行存款　　　　　　　　　　　　　　　　　　　　　6 000

（2）7、8、9月月末按权责发生制进行账项调整（调整分录相同）：

借：房租费（或管理费用）　　　　　　　　　　　　　　　　2 000
　　贷：预付房租（或预付账款）　　　　　　　　　　　　　　2 000

2. 未实现收入

未实现收入是指预先收取货币资金而在其后会计期间确认收入的项目，也称"递延收入"。例如，企业预先收取房屋租金，该预收款项是一种"未实现"的收入，其必须递延至之后的实际出租期才能真正实现。按权责发生制，房屋租金收入应当由实际出租期的各个月份共同享有。在租赁期开始前，预收房屋租金实际上形成企业的一项负债。

例7-4：2019年10月1日，沙湖公司收到光明公司预先支付的仓库租金30 000元（款项已存入银行）。按合同规定，仓库租期为10月、11月、12月三个月。

该项经济交易发生后，公司的银行存款资产增加30 000元，未实现的租金收入同时增加30 000元。按权责发生制原则，该项租金收入应递延至10—12月份确认，各期应当确认的收入金额为10 000元。相关会计分录如下：

10月1日预收租金时：

借：银行存款　　　　　　　　　　　　　　　　　　　　　30 000
　　贷：未实现收入（或递延收入、预收账款）　　　　　　　30 000

10月末的调整分录为（11、12月末相同）：

借：未实现收入（或递延收入、预收账款）　　　　　　　　　10 000
　　贷：租金收入（或其他业务收入）　　　　　　　　　　　10 000

（二）应计项目

应计项目是指费用的责任已经产生、取得收入的权利已经形成但在以后的会计期间才实际支付或收到货币资金的跨期项目。其包括应计费用和应计收入。

1. 应计费用

应计费用（Accrued Expenses）是指当期承担费用的责任已经发生但需在未来会计期间实际支付现金或银行存款的费用项目。应付利息费用、应付工资费用等是典型的应计费用项目。企业发生应计费用，表明企业因在当期已经受益而增加了企业的当期费用，同时，由于尚未实际支付现金或银行存款，因而企业承担的负债也相应增加。应计费用在会计上被视作一种负债。

例 7-5：2019 年 8 月 1 日，沙湖公司取得市农业银行短期贷款 300 000 元。合同约定的年利率为 5%，贷款期限为 8 月 1 日至 10 月 31 日，利息按月结算，期满时一次还本付息。

该项经济交易发生后，企业的银行存款资产增加 300 000 元，同时短期借款增加 300 000 元。由于贷款必须付息，因此，企业除还本外还有承担偿付利息费用的责任。按权责发生制原则，由于该公司 8 月至 10 月均使用该借款，因而 8 月至 10 月必须承担相应的利息费用。各月应当负担的借款利息费用是 1 250（300 000×5%÷12）元。有关会计分录如下：

（1）8 月 1 日，取得借款：

借：银行存款　　　　　　　　　　　　　　　　　300 000
　　贷：短期借款　　　　　　　　　　　　　　　　　300 000

（2）8 月末，计算确定应计利息费用（期末调整）：

借：利息费用（或财务费用）　　　　　　　　　　 1 250
　　贷：应付利息　　　　　　　　　　　　　　　　　 1 250

9 月、10 月末的调整分录同上。

（3）10 月 31 日，一次还本付息：

借：短期借款　　　　　　　　　　　　　　　　　300 000
　　应付利息（或预提费用）　　　　　　　　　　　 3 750
　　贷：银行存款　　　　　　　　　　　　　　　　　303 750

2. 应计收入

应计收入（Accrued Revenues）是指当期取得收入的权利已经形成但需在以后某一会计期间才能实际收到现金或银行存款的收入项目。例如，企业出租房屋给洗染店，合同约定租期 6 个月，每月租金 2 000 元，租期届满时一次收取现金。对于该企业而言，在房屋租期中的每个月，应当计算其已经取得但尚未实际收到款项的租金收入，即"应计收入"。

例 7-6：2019 年 3 月 1 日，沙湖公司与明达服装有限责任公司签订租赁协议，将本公司设备一台出租给明达公司使用。合同约定租期为 3—12 月，租金 8 000 元于租期届满时一次性收取。按权责发生制原则，该公司 3—12 月各月均实现了设备出租收入 800 元，应当予以确认。相关会计分录如下：

（1）3 月末确认设备租金收入，进行期末调整：

借：应计收入（或应收账款）　　　　　　　　　　　 800
　　贷：租金收入（或其他业务收入）　　　　　　　　 800

4—12 月各月月末的调整分录同上。

（2）12 月末租期届满，实际收到全部租金时：

借：银行存款　　　　　　　　　　　　　　　　　 8 000
　　贷：应计收入（或应收账款）　　　　　　　　　　 8 000

递延项目与应计项目的期末调整，必然会影响到财务报表及其结果。其对资产负债表和利润表的影响及其结果如表 7-6 所示。

表 7-6　　　　　递延项目与应计项目调整对财务报表的影响

资产负债表	利润表	
	收　入	费　用
资　产	应计收入： 借记资产账户 贷记收入账户	预付费用： 借记费用账户 贷记资产账户
负　债	未实现收入： 借记负债账户 贷记收入账户	应计费用： 借记费用账户 贷记负债账户

第三节　账簿记录的核对与结算

一、账簿记录的核对

账户记录是编制财务报表的依据。会计期末，企业应当对账户（账簿）记录进行核对，以确保其准确无误。通常，账户记录的核对简称"对账"，包括记账凭证与账簿之间的核对（账证核对）、不同账簿之间的核对（账账核对）、账簿记录与财产物资实际情况之间的核对（账实核对）等内容。

（一）账证核对

账簿记录中的数据来源于记账凭证及其所附的原始凭证，因此，定期将账簿记录与相关会计凭证进行核对，有助于发现过账中可能所存在的错误。对于所发现的记账错误，应根据错账的具体情况采取相应的措施予以更正，以确保账证相符。一般来讲，账证核对包括以下内容：总账与相关的记账凭证相互核对；明细账与相关的记账凭证及所附的原始凭证相互核对；现金、银行存款日记账与相关的收、付款凭证相互核对。在进行账证核对时，应逐项检查账簿记录和会计凭证在所记账户名称、记账方向以及金额等方面是否一致。在核对方法上，账证核对既可以采用全面检查的方法（即逐项对每项经济交易与事项的账簿记录进行检查），也可以采用抽查的方法（即随机地选取部分经济交易与事项的账簿记录进行检查）；既可以采用顺查法（即根据记账凭证检查账簿记录是否有错），也可以采用逆查法（即根据账簿记录检查作为记账依据的会计凭证是否有错）。

（二）账账核对

为满足会计信息使用者的要求，企业建立了以总分类账为主体的账簿体系。会计期间终了，企业应当根据账簿之间的关联关系检查账簿记录的正确性。例如，根据总分类账与所属明细分类账之间的控制与被控制关系，核对两者的相关数据是否一致。账账核对主要包括总分类账本身的核对和总分类账与其他账簿之间的核对。

1. 总分类账核对

总分类账中记录了企业在一定会计期间所发生的全部经济交易与事项，并且是按照"有借必有贷、借贷必相等"的方式予以记录的，因此，同一会计期间全部账户的本期借方发生额合计必然等于其本期贷方发生额合计。由于总分类账户记录是按照借贷记账法予以登记的，所以，可以利用借贷记账法的试算平衡原理检查总分类账户记录的正确性。根据试算平衡原理设计的"试算平衡表（Trial Balance）"如表 7-7 所示。

表 7-7   阳能公司试算表

2019 年 8 月 31 日

总分类账户	期初余额		本期发生额		期末余额	
	借方	贷方	借方	贷方	借方	贷方
库存现金	3 286.20		589 736.50	588 383.65	4 639.05	
银行存款	993 658.31		9 246 205.55	8 694 366.50	1 545 497.36	
应收账款	1 006 572.50		5 600 000.00	6 008 717.46	597 855.04	
应收票据	1 073 703.48		1 259 000.00	1 104 019.55	1 228 683.93	
其他应收款	3 490.87		34 589.00	35 934.27	2 145.60	
交易性金融资产	540 000.00		80 000.00	—	620 000.00	
原材料	1 504 500.22		2 190 000.00	2 042 289.54	1 652 210.68	
库存商品	908 883.90		1 876 930.00	2 005 354.00	780 459.90	
长期股权投资	—					
固定资产	3 247 351.50		621 000.00	613 099.35	3 255 252.15	
累计折旧		579 000.69	18 530.53	97 300.56		657 770.72
短期借款		2 000 000.00		400 000.00		2 400 000.00
应付账款		860 587.45	1 432 306.45	1 659 619.00		1 087 900.00
应付票据		—				—
应付职工薪酬		351 505.70	438 698.12	488 000.78		400 808.36
应付股利		—				—
应交税费		259 805.77	978 843.77	929 088.00		210 050.00
其他应付款		1 243.00	3 481.10	5 643.00		3 404.90
长期借款		1 500 000.00	—	—		1 500 000.00

续表

总分类账户	期初余额		本期发生额		期末余额	
	借方	贷方	借方	贷方	借方	贷方
实收资本		3 500 000.00	—	—		3 500 000.00
资本公积		560 000.00				560 000.00
盈余公积		293 745.80				293 745.80
本年利润		32 648.66	4 570 395.64	4 767 901.00		230 154.02
利润分配	340 210.94		—	—	340 210.94	
生产成本	316 879.15		4 213 222.00	3 713 222.00	816 879.15	
制造费用			376 400.21	376 400.21		
主营业务收入			4 751 301.00	4 751 301.00		
其他业务收入			12 310.00	12 310.00		
主营业务成本			2 859 000.00	2 859 000.00		
税金及附加			310 400.00	310 400.00		
销售费用			651 100.95	651 100.95		
管理费用			635 902.04	635 902.04		
财务费用			64 300.12	64 300.12		
投资收益			—	—		
其他业务成本			8 600.00	8 600.00		
所得税费用			32 892.53	32 892.53		
营业外收入			4 290.00	4 290.00		
营业外支出			8 200.00	8 200.00		
合　计	9 938 537.07	9 938 537.07	42 867 635.51	42 867 635.51	10 843 833.80	10 843 833.80

试算平衡表简称"试算表"，在我国也称为"总分类账户本期发生额和余额对照表"。利用试算平衡表检查总分类账记录是否正确时，主要是验证试算平衡表中本期借方发生额合计是否等于本期贷方发生额合计（如表7－7中的借方、贷方本期发生额合计是否为42 867 635.51）。如果两者不相等，说明本期账簿记录肯定存在错误；两者相等，说明本期账簿记录可能正确也可能有错，因为重记、漏记经济交易与事项或者记录某项经济交易与事项时记入不同账户借方与贷方的金额出现等额差错时，并不影响全部账户借方、贷方本期发生额合计数之间的平衡关系。当确定账簿记录存在错误时，应当通过错账查找方法进一步查明错账的具体情况。

2. 总分类账与其他账簿的核对

在总分类账记录准确无误的前提下，还需要将总分类账与相关明细分类账、现金及银行存款日记账核对。总分类账与所属明细分类账核对时，先编制"明细分类账户记录汇总表"（或称"明细分类账户发生额与余额明细表"），再将其与总分类账户的本期发生额与期末余额进行核对，验证其是否一致。假设首佳公司2019年8月编制的"原材料"明细分类账户记录汇总表的格式如表7-8所示①。对账时，将该表中各明细分类账户的期初余额合计715 796元、本期借方发生额合计7 673 724元、本期贷方发生额合计2 687 520元、期末余额5 702 000元分别与首佳公司"原材料"总分类账户（表7-9）的记录核对，即可验证明细分类账户记录是否有误。

表7-8　　　　　首佳公司"原材料"明细分类账户记录汇总表

2019年8月

明细账户	计量单位	期初余额		本期发生额				期末余额	
				借方		贷方			
		数量	金额	数量	金额	数量	金额	数量	金额
甲种材料	公斤	36 000	576 000	496 070	5 456 770	30 000	480 000	502 070	5 552 770
乙种材料	公斤	4 282	77 076	83 900	1 498 454	84 699	1 512 955	3 483	62 575
丙种材料	公斤	8 960	62 720	95 800	718 500	92 640	694 565	12 120	86 655
合　计		49 242	715 796	675 770	7 673 724	207 339	2 687 520	517 673	5 702 000

表7-9　　　　　　　　　　首佳公司总分类账

会计科目：原材料　　　　　　　　　　　　　　　　　　　　　　　　　　　　　第26页

2019年		凭证字号	摘要	借方	贷方	借或贷	余额
月	日			千百十万千百十元角分	千百十万千百十元角分		千百十万千百十元角分
8	1		月初余额			借	7 1 5 7 9 6 0 0
			（略）				
8	31		月末结账	7 6 7 3 7 2 4 0 0	2 6 8 7 5 2 0 0 0	借	5 7 0 2 0 0 0 0 0

总分类账与现金或银行存款日记账核对时，将现金或银行存款日记账中计算出的本期发生额及期末余额分别与"现金"或"银行存款"总分类账户的相应记录予以对比，以确定现金或银行存款日记账记录是否存在错误。

（三）账实核对

从理论上讲，账簿记录所提供的信息应当与企业财产物资的实际情况相吻合。

---

① 除存货外，其他明细分类账户记录汇总表不需要列示"数量"，只需汇总明细分类账户的期初期末余额及本期发生额。

然而，许多客观与主观原因往往使得账实并不一致。因此，为确保企业会计信息真实可靠，企业必须定期对企业财产物资进行清理检查，并做到账实相符。

账实核对通常是结合企业的财产清查工作进行的。财产清查是基于强化企业财产管理而定期或不定期地对企业财产物资进行的清理、核查工作。通过对企业财产物资进行清查，可以发现企业财产管理存在的漏洞，防止舞弊与资产流失，从而加强对财产的管理与控制。在财产清查过程中，需要将财产物资（如现金、银行存款、原材料、库存商品、固定资产等）的账面数量与其实有数量进行对比，确定是否存在"盘盈"或"盘亏"现象①。盘盈是指财产物资的实有数大于其账面数的情况，而盘亏是指财产物资的实有数小于其账面数的情况。盘盈意味着企业获得了一项额外的"收益"，而盘亏则意味着企业发生了一项"损失"。对于在财产清查过程中发现的盘盈及盘亏问题，企业管理部门应当认真查明原因并及时予以处理。会计上，对于发现的盘盈与盘亏数量以及企业管理部门关于盘盈或盘亏的处理结论，应当设立专门的账户——"待处理财产损溢"账户进行记录。

企业在进行财产清查前，应先核对账簿记录，并保证其正确无误。由于财产物资的内容不同、特征各异，针对不同的财产物资应采用不同的清查方法。如对现金、存货、固定资产等具有实物形态的资产，可以采用实地盘点方法进行清查，对银行存款、债权、债务等则采用双方核对账目的方法进行核实。在财产清查过程中，对于查证、核实的财产物资的实有数量以及盘盈、盘亏情况，需要及时填写有关原始表格或单据，如"财产盘存单""账存实存对比表"等。在账实不符而需要调整有关账户的记录时，这些原始表格或单据，就是会计记录的原始凭证。

对财产清查过程及结果的会计记录，主要包括两方面内容：(1) 在财产清查过程中发现盘盈或盘亏时，在"待处理财产损溢"账户记录发现的盘盈或盘亏数量，同时调增或调减相关财产物资的账面数额；(2) 在企业管理部门对盘盈或盘亏做出处理结论或意见时，在"待处理财产损溢"账户记录处理的盘盈或盘亏数量（即冲销原来的盘盈或盘亏记录），同时记录该处理结论或意见对相关资产、收入、费用等的影响结果（如有关责任人赔偿而形成债权、列作当期管理费用、转作利得等）。

例7-7：2019年5月26日，晓泽公司进行财产清查。当日发现A材料短缺18公斤（假设该材料实际单位成本为32元）。经查，A材料短缺系保管员张力过失造成。5月31日，公司下达书面通知，责成保管员张力赔偿该材料损失576元。

(1) 5月26日，记录A材料短缺576元：

借：待处理财产损溢　　　　　　　　　　　　　　　　576
　　贷：原材料——A材料　　　　　　　　　　　　　　　　576
(2) 5月31日，记录应收保管员张力的赔偿款项576元：

借：其他应收款——张力　　　　　　　　　　　　　576

---

① 库存现金盘盈被称为"长款"，而盘亏则称为"短款"。

贷：待处理财产损溢　　　　　　　　　　　　　　　　　　　　576

　　例7-8：2019年5月28日，晓泽公司发现一批账外原材料，其可变现净值为129 300元。5月31日公司决定将此项盘盈冲减管理费用。

　　（1）5月28日，记录原材料盘盈129 300元：

　　借：原材料　　　　　　　　　　　　　　　　　　　　　　　129 300
　　　　贷：待处理财产损溢　　　　　　　　　　　　　　　　　　　　129 300

　　（2）5月31日，记录原材料盘盈冲减管理费用129 300元：

　　借：待处理财产损溢　　　　　　　　　　　　　　　　　　　　129 300
　　　　贷：管理费用　　　　　　　　　　　　　　　　　　　　　　　129 300

　　"待处理财产损溢"账户属于双重性账户，其借方记录在财产清查中发现的盘亏数和盘盈的处理数（冲销数），贷方记录在财产清查中发现的盘盈数和盘亏的处理数（冲销数），期末借方余额表示待处理财产盘亏数大于盘盈数的差额，期末贷方余额表示待处理财产盘盈数大于盘亏数的差额。

二、错账的更正方法

　　错账是指在根据记账凭证登记账户时所出现的账簿记录错误，如记错账户、借贷方向有误、金额多记或少记等。为保证账簿记录清晰、完整、正确，账簿记录发生错误时，"不准涂改、挖补、刮擦或者用药水消除字迹，不准重新抄写[①]"，而必须按规定的方法予以更正。

　　错账更正方法的选择取决于产生错账的具体原因及错账类型。错账的两种基本类型及其所采用的更正方法如下：

　　（一）根据正确的记账凭证记账，过账后账簿记录出错

　　这种情况下，记账凭证没有错误，仅仅是在登记账簿时出错。此时，应当采用"划线更正法"进行错账更正。其具体做法是：将错误的文字或数字用一条红色横线划销，但必须保证原有字迹仍可辨认，以备查考；然后，在划线的上方用蓝字填写正确的文字或数字（在同一行的上方位置），并由错账更正人员在更正处盖章，以明确责任。在使用划线更正法时需要注意：对于文字错误，可只划去错误的部分，不必将与错字相关联的其他文字划去；但对于数字错误，应将错误的数额全部划线，不得只更正错误数额中的个别数字。

　　例7-9：记账员张芬在根据一张正确的记账凭证登记"应收账款"总分类账户时，误将应记入"借方"栏的金额386 952.75元误记为389 652.75元，采用划线更正法更正如表7-10所示：

---

　　① 引自我国《会计基础工作规范》第六十二条。

表7-10　　　　　　　　　　　　总　分　类　账

会计科目：应收账款　　　　　　　　　　　　　　　　　　　　　　　　第8页

2019年		凭证		摘　要	借　方	贷　方	借或贷	余　额
月	日	字	号					
6	1			月初余额			借	300 000
6	5	转	2	赊销商品	张芬 386 952.75 ~~389 652.75~~		借	张芬 686 952.75 ~~689 652.75~~

说明：表中划销错误数字的横线为红色线，虚线框为印章。

（二）根据存在错误的记账凭证记账，过账后账簿记录出错

此种情况即根据错误记账凭证过账而导致错账。根据记账凭证错误的具体影响效果，该种类型的错账又可分为三种情况：

第一种情况：记账凭证中的账户名称或借贷方向（无论金额是否有错）有误而导致错账。这种情况下的错账，实际上是"记错了地方"。出现第一种情况的错账，应采用"红字更正法"更正。其具体做法是：先用红字金额填制一张与原错误记账凭证内容完全相同的记账凭证，并据以用红字登记入账，以冲销原有的错误账簿记录[①]；然后，再用蓝字填制一张正确的记账凭证，据以用蓝字登记入账，即达到更正目的。

例7-10：2019年10月31日，会计师陈敏检查出一笔"10月18日销售商品360 000元但货款暂未收到"的经济交易，已被编制成"借记应付账款账户360 000元、贷记库存商品账户360 000元"的转账凭证，并已入账。现更正该项记账错误。更正步骤如下：

第一步：用红字金额填制一张与原错误记账凭证内容完全相同的记账凭证，并过账（如图7-4所示）。

第二步：用蓝字填写一张正确的记账凭证，并据以用蓝字登记入账。当完成上述第一步后，实际上意味着原有经济交易尚未入账，此时，按正常要求填制记账凭证并入账。该步骤完成后，错账即被更正（如图7-5所示）。

第二种情况：记账凭证中的账户和记账方向正确，但所记金额大于应记的正确金额，过账后导致错账。这种情况造成的结果仅仅是使得账户金额多记。第二种情况也采用红字更正法进行更正。其具体做法是：将多记的金额用红字填制一张与原来错误记账凭证所记载的账户名称、借贷方向均相同的记账凭证，并据以用红字登记入账。这种更正方法的实质是将账户中金额的多记部分冲销，从而达到更正目的。

[①] 在会计上，通常用红字表示冲销。

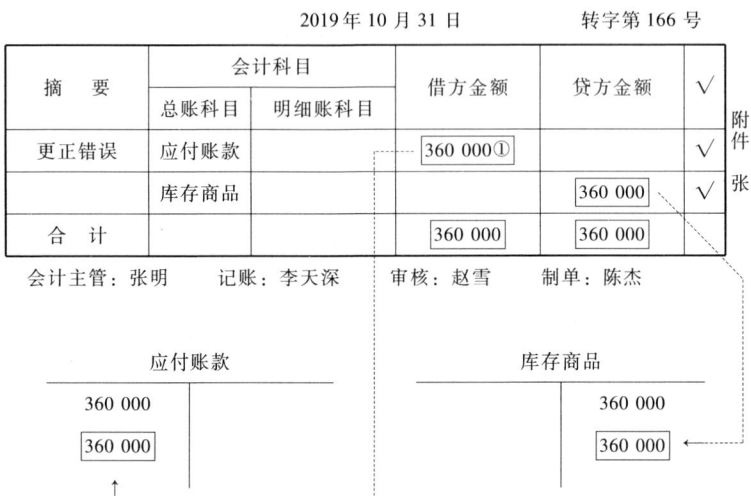

图 7-4　采用红字更正法的第一步骤

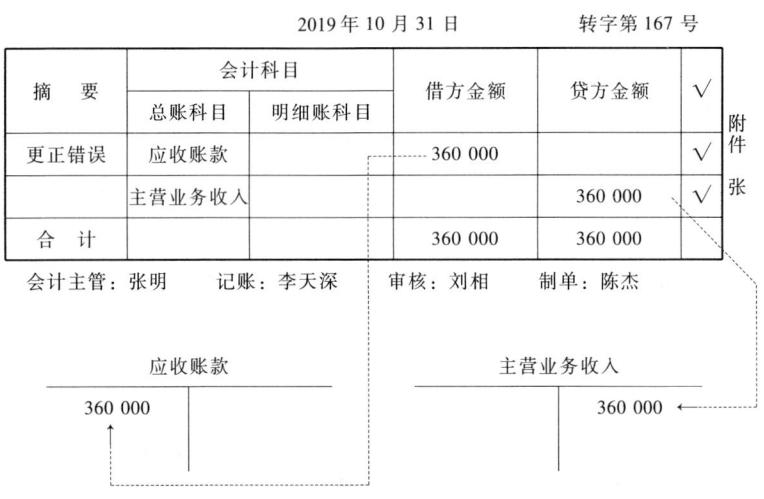

图 7-5　采用红字更正法的第二步骤

第三种情况：记账凭证中的账户和记账方向正确，但所记金额小于应记的正确金额，过账后导致错账。这种情况造成的结果仅仅是使得账户金额少记。第三种情况采用"补充登记法"进行更正。其具体做法是：将少记的金额用蓝字填制一张与原来错误记账凭证所记载的账户名称、借贷方向均相同的记账凭证，并据以用蓝字登记入账。这种更正方法的实质是将账户中金额的少记部分补记入账，以达到更正

---

① 本教材在记账凭证和账簿中用数字加方框表示红字。

目的。在第三种情况下,一项经济交易实际上被"分两次"记入相关账户。

三、账簿记录的结算

企业的经济活动本身是一个"川流不息"的过程,为了不断改进管理工作,获得最大经济利益,企业需要不断地"总结经验、吸取教训"。为此,企业应当定期地对已经发生的经济活动及其效果进行总结,特别是计算确定企业所实现的利润。

会计期间假设为企业定期结算账目(即结账)提供了依据。结账(Closing)是指对账户记录进行结算,即在会计期末(如月末、季末、年末)对各个账户的本期发生额和期末余额进行计算。结账的主要内容包括:

(1)结账前,检查当期发生的各项经济交易与事项是否已经全部入账;
(2)按照应计基础(权责发生制)调整有关账项(如预付费用、应计费用等);
(3)将各损益类账户的本期发生额结转至"本年利润"账户;
(4)计算各个账户的本期发生额和期末余额(年终结账时应将各账户余额转记至下一年启用的新账簿中);
(5)做出结账标志。如表 7-11 所示("本年累计"下的横线为红色线)。

表 7-11　　　　　　　　百舸公司总分类账

会计科目:产成品　　　　　　　　　　　　　　　　　　　　　　第 17 页

2019年		凭证		摘　要	借　方	贷　方	借或贷	余　额
月	日	字	号					
11	1			承前页	850 125	680 700	借	900 000
11	30	转	58	结转完工产品成本	642 380		借	1 542 380
11	30	转	49	结转销售产品成本		919 160	借	623 220
11	30			本年累计	1 492 505	1 599 860	借	623 220
12	31	转	43	结转完工产品成本	980 540		借	1 603 760
12	31	转	67	结转销售产品成本		1 046 000	借	557 760
12	31			本年累计	2 473 045	2 645 860	借	557 760
				结转下年			借	557 760

思考题

1. 如何理解账户与账簿的基本关系?
2. 如何理解总分类账在整个账簿体系中的主体地位?
3. 总分类账、明细账、日记账登记的依据是什么?举例说明如何根据记账凭证登记相关账簿?

4. 结合会计假设、权责发生制等理解跨期项目的期末调整事项。
5. 递延项目与应计项目调整对财务报表有何影响？
6. 试算平衡表的理论基础是什么？如何应用试算平衡表？
7. 期末核对账簿记录的目的是什么？对账包括哪些主要内容？
8. 错账的主要原因有哪些？如何使用不同的错账更正方法？
9. 结账工作的主要内容是什么？

练习题

（一）目的：掌握会计账簿的登记方法

1. 资料

（1）韶能公司2019年5月1日相关总账的余额分别为[①]：

库存现金：借方余额1 000元；银行存款：借方余额780 000元；应收账款：借方余额180 000元；原材料：借方余额50 000元；应付职工薪酬：贷方余额90 000元。

（2）相关明细账的期初余额分别为：

应收账款——晓泽公司：借方余额160 000元；原材料——乙材料：30 000元。

（3）2019年5月韶能公司发生如下几笔经济交易：

①5月2日，从晓泽公司处收到4月份的赊销商品款120 000元，存入银行。

②5月3日，从银行提取现金90 000元，并将其用于发放上月职工工资。

③5月6日，为生产A产品领用乙材料26 000元。

2. 要求

（1）对上述经济交易与事项进行确认和计量，并编制相关的记账凭证。

（2）根据记账凭证，登记相关的分类账和日记账[②]。

（二）目的：掌握期末账项调整的方法

1. 资料

五台公司2019年1月1日相关账户的期初余额及有关说明如下：

会计账户	金额	描述
预付账款	1 200	2018年12月25日，D公司以银行存款支付2019年全年的报刊订阅费。
固定资产	90 000	该固定资产预计使用寿命15年，预计净残值为0。
短期借款	120 000	2019年1月1日，D公司向银行借入短期银行借款120 000元，年利率10%；根据借款协议，该借款到期一次还本付息。
预收账款	60 000	2019年1月1日，D公司将一栋楼房租给Z公司使用，并且预收了第一季度的租金60 000元。

[①] 因本期经济交易而发生变化的会计账户，若相关资料中没有列出其期初余额，则表明其期初余额为0。

[②] 仅需登记那些因本期经济交易而导致金额发生变化的分类账和日记账。

2. 要求

根据上述资料分析,五台公司在 2019 年 1 月 31 日应对哪些账户记录进行期末调整(此处假定以一个月作为一个会计期间)?如何调整?

(三)目的:掌握期末账项调整的方法

1. 资料

大创公司于 2019 年 1 月 1 月购入专用设备一台,价值890 000 元。4 月 1 日发生维护费用 36 000 元,7 月 3 日再次发生维护费用 35 000 元。根据该专用设备的特征,估计其每隔 3 个月均会发生相近数额的维护费用。针对此类维护费用的处理方法,公司会计师们提出了不同看法。会计师李鸣认为,4 月 1 日发生的维护费用系 1—3 月使用该设备造成的,因此,其属于应计费用,公司自 1 月起即应开始预提该设备的维护费用,4 月 1 日实际发生时予以冲抵;会计师张鸣则认为,设备在全新时并非必须发生该项支出,4 月 1 日发生的该项维护支出的受益期实际上是 4—6 月,因此,4 月 1 日支付的设备维护费应当在 4—6 月间摊销,其属于预付费用。

2. 要求

假如你是该公司总会计师,应如何评价两位会计师的观点?你的最终决策又是什么?

(四)目的:掌握错账更正方法

1. 资料

长武公司是一家生产性企业,其会计人员李芬在对账的过程中发现了如下几项错误:

(1)2 日,长武公司以现金支付生产车间设备修理费 600 元,针对该项经济交易编制的会计分录如下(已过账):

借:销售费用 600
  贷:库存现金 600

(2)3 日,长武公司以银行存款 250 000 元购买了一台机器设备。根据该项购货交易编制的记账凭证是正确的,但在登记"固定资产"账户的时候,却将金额错写为 520 000 元。

(3)6 日,生产产品领用原材料 20 000 元,针对该项经济交易编制的会计分录如下(已过账):

借:生产成本 2 000
  贷:原材料 2 000

(4)15 日,企业销售商品,取得收入 15 000 元,货款已存入银行。针对该项经济交易编制的会计分录如下(已过账):

借:银行存款 150 000
  贷:主营业务收入 150 000

2. 要求

(1) 分析上述账簿记录错误的原因。
(2) 对上述账簿记录错误进行更正。

案例分析

1. 资料

会计（2）班学习完"会计记录（下）"一章后，举办了一次小型讨论会。关于各种会计账簿，几位同学提出了以下观点：

(1) "针对现金和银行存款同时登记总分类账和日记账，显得有点重复，而且增加了会计信息加工成本。"

(2) "现金和银行存款日记账是由出纳人员登记的，而出纳人员又直接进行现金和银行存款的收支工作，这不符合'不相容职务分离'的内部控制原则。"

(3) "对于大型企业，为了降低会计信息提供成本，对于总账的登记应该采用定期汇总登记（即先对记账凭证进行汇总，再根据汇总后的凭证登记总账）的方法。"

(4) "对于各个明细账，也可以通过编制试算平衡表的方法对其进行检验。"

(5) "会计记录的期末账项调整体现了对权责发生制原则的遵循与应用。"

2. 要求

对上述各位同学的观点进行评价。

第八章

会计报告

会计信息系统对企业经济交易与事项的处理，是通过会计确认、计量、记录、报告四个环节来完成的。会计报告是会计信息系统运行的最后一个环节，也是最为重要的环节，因为其担负着满足会计信息使用者需要、实现会计目标的"重任"。会计报告是以财务报告为信息载体，向企业的利益相关者提供关于企业财务状况、经营业绩和现金流量信息的过程。本章阐述财务报告及其财务报表的主要信息内容，并着重说明资产负债表、利润表（收益表）等基本财务报表的结构、编制方法、信息含量等基本问题。

第一节 财务报告与财务报表

会计是以提供具有决策有用性的会计信息为目标的经济信息系统。这个特殊的信息系统采用特定的方式与方法，对企业的经济活动与资金运动数据进行分析、整理、加工，最终又以会计特有的披露方式将其提供给企业的会计信息使用者，如投资者、债权人、政府机构、企业内部的管理者、工会组织及社会公众等。针对这一过程，如果把企业经济活动与资金运动的原始数据及其他信息比作会计信息系统加工的"原材料"，把记账凭证和会计账簿等会计资料所显示的、作为"阶段性成果"的初步信息（如已经分类的信息）看作是会计信息系统的"在产品"，那么，在会计报告阶段产生的财务报告（特别是财务报表）无疑就是会计信息系统的"完工产品"。实际上，整个会计信息系统就是为生成符合会计信息使用者要求的财务报表而设计和运转的。

一、财务报告

财务报告（Financial Reports）是企业对外揭示并传递经济信息的手段，也称为"财务会计报告"。由于财务报告信息直接影响会计信息使用者的利益，因此，财务报告必须对企业自身的财务状况、经营业绩和现金流量等相关信息予以"充分披露（Full Disclosure）"，尽可能地降低会计信息的"不对称性"。同时，企业披露财务报告信息还必须遵守相关的会计法律法规制度。

作为全面披露企业财务活动及经济活动信息的对外报告,财务报告具有完整的报告体系框架。从财务报告披露的时间看,财务报告分为年度、半年度(中期)、季度和月度财务报告;从财务报告的构成看,财务报告包括财务报表、财务报表附注和其他财务报告等主要内容。

(一)财务报表

财务报表(Financial Statements)(或称会计报表)是财务报告的主要内容。它是企业向投资者、债权人等会计信息使用者提供的关于企业财务状况、经营业绩和现金流量信息的文字与表格文件。财务状况(Financial Position)是指企业在特定时日的资产规模与结构、产权关系及权益构成的基本状况;经营业绩即经营成果,是指企业在一定期间所发生的费用、取得的收入以及实现的利润或亏损,其表明企业的盈利情况;现金流量(Cash Flows)是指企业在经营、投资和筹资等活动中形成的现金流入与现金流出及现金净流量情况,其表明企业的财务(或理财)能力。财务报表同时也是财务报告形成的基础。财务报告正是在财务报表基础上的拓展,其通过较为详细的文字分析与说明,使财务报表更容易被会计信息使用者理解和接受。

在我国会计中,企业财务报表体系由资产负债表、利润表(收益表)、现金流量表和所有者权益(股东权益)变动表等报表构成。在美国会计中,财务报表体系包括资产负债表(反映期末的财务状况)、收益表(反映特定期间的盈利即净收益)、综合收益表(反映特定期间的综合收益即权益中非业主交易引起的变动总额)、现金流量表(反映期内现金流转)和股东权益变动表(反映期内业主的投资和对业主的分派)。

(二)财务报表附注

财务报表附注是财务报告的重要组成部分。它是为了便于会计信息使用者理解财务报表的内容而对财务报表产生的基础、依据、原则和方法以及主要项目等所做的解释和说明。财务报表附注的主要内容有:

1. 财务报表的编制基础;

2. 遵循企业会计准则的声明;

3. 重要会计政策的说明,包括财务报表项目的计量基础和会计政策的确定依据等;

4. 重要会计估计的说明,包括下一会计期间内很可能导致资产、负债账面价值重大调整的会计估计的确定依据等;

5. 会计政策和会计估计变更以及差错更正的说明;

6. 对已在资产负债表、利润表、现金流量表和所有者权益变动表中列示的重要项目的进一步说明,包括终止经营税后利润的金额及其构成情况等;

7. 或有和承诺事项、资产负债表日后非调整事项、关联方关系及其交易等需要说明的事项。

财务报表附注主要是对财务报表的信息进行补充说明。财务报表附注包括了所有在财务报表正文中未提供但与公司财务状况、经营成果和现金流量密切相关、有助于会计信息使用者更好地理解企业提供的财务报表且可以公开的重要信息。

（三）其他财务报告

除财务报表及其附注信息外，其他与财务报表相关的信息和资料也应当作为财务报告的信息内容予以披露。这些信息有助于企业的信息使用者对企业的财务状况、经营业绩和现金流量等情况进行深入、详尽的了解。其他与财务报表相关的信息不一定是能够以"货币"来计量的信息，但这些信息对于投资者、债权人等进行相关经济决策具有重要价值。

随着社会经济的发展，企业财务报告体系从内容到结构、从披露观念到方法技术，都处于演进与变革之中。受经济、政治、文化等影响，不同学者以及会计准则制定机构对财务报告体系结构与内容的看法尚存在差距。在我国，企业财务报告体系经历了较长时期的发展。从1993年开始，为适应市场经济发展的需要，我国借鉴经济发达国家及国际会计准则的先进经验，设计了与国际会计惯例基本一致的财务报告体系。此后，随着我国经济与资本市场的发展，财务报告体系也在不断改进和完善。我国现行的企业财务报告体系及其主要内容如表8-1所示。

表8-1　　　　　　　　我国企业财务报告体系及其结构

财务报告	财务报表	基本报表	资产负债表
			利润表
			现金流量表
			所有者权益变动表
		附表	（依企业所在行业规定）
	财务报表附注		财务报表编制基础、重要会计政策说明、重要会计估计说明、会计政策和会计估计变更以及差错的说明等
	其他财务报告		其他应当在财务报告中披露的相关信息和资料

二、财务报表

（一）财务报表体系

从理论上讲，财务报表应当揭示企业在一定会计期间全部经济活动的价值变化内容与结果，而这种价值变化及其结果实际上体现在资产、负债、所有者权益、收入、费用和利润等会计要素及其变动上。因此，企业最基本的财务报表是反映资产、负债和所有者权益要素的"财务状况表"和反映收入、费用和利润要素的"经营业绩表"。前者即为资产负债表，而后者即为利润表（或收益表）。

然而，会计目标的实现必须以满足会计信息使用者的要求为前提。基于此，在资产负债表和利润表的基础上，衍生出了"现金流量表"及其他财务报表。现金流量表是资本市场发展的必然结果。企业经济活动对资本市场及其融资、投资功能的依赖，使得现金流量信息成为衡量企业财务状况与经营业绩之形成"内因"及"外因"的重要依据。

企业财务报表体系经历了一个演变与发展过程。在不同的历史发展阶段，财务报表体系的结构、特征、不同报表的地位等都存在差异。比如，在20世纪40年代以前，资产负债表是财务报表体系的核心。然而，随着对"收益"概念的重视，20世纪40年代开始，利润表（收益表）逐渐取代了资产负债表的主体地位，成为最重要的财务报表。时至20世纪70年代，适应资本市场发展的要求，现金流量表又开始成为财务报表中的"新宠"，成为主要的财务报表。

我国企业会计准则规定的财务报表体系如图8-1所示。

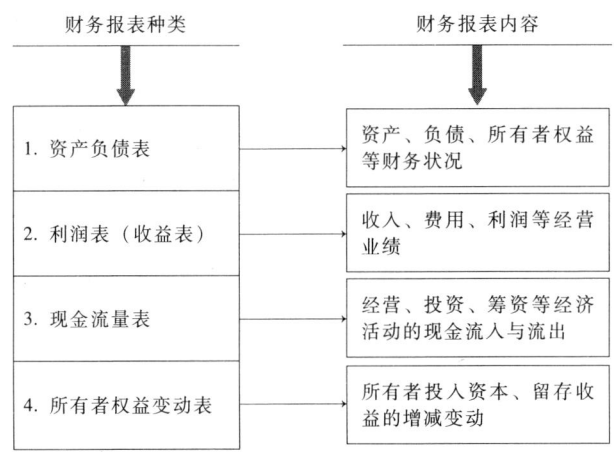

图8-1 我国企业财务报表体系与结构

（二）财务报表编制

财务报表的编制（Preparation）实际上是对企业经济交易与事项进行再确认的过程。其具体内容是根据会计信息使用者的要求，将账户记录的企业经济活动信息进行"深加工"，并以简洁、明了的方式反映在具有特定格式的财务报表中。

由于财务报表信息的使用或利用涉及不同利益相关者的经济利益，因此，财务报表必须严格依照规定的程序产生。企业的经济活动产生后，首先应当对经济活动的相关数据资料进行收集、整理和分析，并确认其是否进入会计信息系统予以加工；对于应当进入会计信息系统的经济交易与事项，先以特定方式（如在记账凭证或分录簿中编制会计分录）作出初步记录，再据此在特定的账户中作出完整和相互关联的记录；会计期末，对账户的记录进行总结计算，并对其正确性进行核查，然后根据账户记录及其他相关资料，编制财务报表。企业会计信息加工与财务报表的产生过程如图8-2所示。

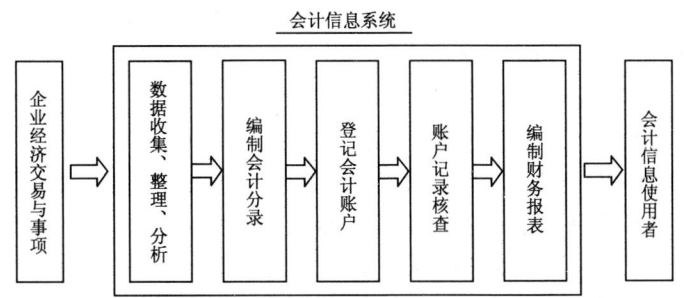

图8-2　企业会计信息加工与财务报表的产生过程

正是由于企业（特别是公开发行证券的公司）财务报表信息的"公共"属性，各国政府或其会计准则制定机构均采用不同方式对财务报表的产生程序以及财务报表的编制要求，做出了硬性规定。我国于2000年6月21日由国务院颁布了《企业财务会计报告条例》，对财务会计报告的构成、财务会计报告的编制、财务会计报告的对外提供以及相关法律责任等进行了规范。总体上讲，企业财务报表的编制应当符合以下要求：

1. 财务报表的编制必须符合企业会计准则或国家统一会计法规的要求；
2. 财务报表的编制必须根据真实的经济交易与事项以及完整、准确的账户（账簿）记录等资料，并依照会计准则或国家统一会计法规规定的编制基础、编制依据、编制原则与方法，做到内容完整、数字真实、计算准确而不遗漏或者任意取舍相关数据；
3. 企业应当依照会计准则和国家统一会计法规的要求对财务报表项目进行合理的确认和计量，不随意改变相应的会计确认和计量的标准与方法；
4. 财务报表的编制应当以全面的资产清查和债务核实为基础，并确保账户（账簿）记录完整、正确；
5. 企业必须按规定的结账日（如年度结账日为公历年度每年的12月31日等）进行结账，不得提前或者延误，以保证财务报表真实可靠。

（三）财务报表披露

企业会计信息的使用者包括企业内部管理层和投资者、债权人、政府及其经济监管机构等外部使用者两类。因而，企业应当提供（包括向外界提供）财务报告，以满足投资者等各类会计信息使用者的需要。我国上市公司的财务报告（含财务报表），还必须在中国证券监督管理委员会指定的披露上市公司信息的报刊刊登（实为向社会公开企业的会计信息）。按有关法律规定，公开发行证券公司的财务报表须经具有执业资格的注册会计师（CPA）进行审计①。注册会计师对企业的财务报表进行审计，主要是确认被审计单位采用的会计处理方法是否遵循了会计准则及有关规定、财务报表反映的内容是否符合被审计单位的实际情况、财务报表内容是否完整、是否表达清楚、是否无重要遗漏、财务报表项目的分类和编制方法是否符合规定的要求等。注册会计师在实施必要的审计程序后，应当出具对被审计单位财务报表发表审计意见的审计报告。审计报告具有法律效力。

企业披露财务报表信息，必须符合"及时性"要求。比如，按相关法律法规要求，上市公司的年度财务报表应当于报告年度结束后不超过4个月的时间内报出，半年度中期财务报表应当于报告期结束后不超过2个月的时间内报出。要求企业及时提供财务报表，目的在于保证会计信息对于投资者等信息使用者而言真正具有"决策有用性"。

第二节 资产负债表

一、资产负债表的含义

资产负债表（Balance Sheet）是反映企业在一定时日的资产、负债和所有者权益状况的财务报表，也称为"财务状况表（Statement of Financial Position）"。资产负债表完整反映了企业在某一时日（如月末、季末或年末）的资产、负债和所有者权益的总额及其构成的情况，可以用来帮助会计信息使用者了解企业所拥有经济资源总体与具体情况、分析企业的资本结构、评价企业的财务风险和判断企业的偿债能力。资产负债表是企业基本的财务报表。

资产负债表的建立以"资产＝负债＋所有者权益"会计等式为基础。首先，资产负债表的信息指标（项目）取决于资产、负债和所有者权益要素的内容，资产负债表项目是资产、负债、所有者权益要素内容的具体表现；其次，资产负债表所揭示的资产信息与其对应的负债和所有者权益信息，在内容上应当体现资产与其产权（要求权）之间的"辩证关系"，两者相互印证；最后，在同一报告日，资产信息所显示的企业资产总额与负债、所有者权益信息所显示的产权总额应当存在等量关系。

二、资产负债表的结构

资产负债表的结构包括两层含义：一是资产负债表如何体现资产、负债、所有者权益三者之间的基本关系，二是资产负债表如何揭示各个会计要素具体内容的逻辑与结构关系。前者决定资产负债表的基本结构，而后者决定各会计要素具体项目

---

① 如有需要，其他企业的财务报表也可委托注册会计师进行审计。

的排列顺序。

资产负债表的基本结构分为"账户式"和"报告式"两种。账户式资产负债表将资产要素与负债和所有者权益要素分左右两方对应列示，体现"资产＝负债＋所有者权益"会计等式的基本关系。因其类似于账户结构的"左借右贷"，故而得名。我国会计规范要求企业编制账户式资产负债表。报告式资产负债表将资产、负债、所有者权益要素依自上而下的次序加以列示，体现"资产－负债＝所有者权益"会计等式的基本思路。

无论在何种结构的资产负债表中，资产要素的具体项目按其流动性强弱顺序依次排列。资产项目的流动性是指资产变现的时间或期限长短，能够快速变现的资产（如货币资产、应收账款等）被视为流动性强的资产，而变现时间或期限较长的资产（如固定资产等被视为流动性弱的资产）。在确定资产负债表具体项目的次序时，应先流动资产而后长期资产，先现金资产，后存货资产。对于负债要素，由于企业主要关心其需要偿还债务的时间，因此，负债具体项目的次序依照负债的偿还期长短确定，企业必须在短期内偿还的负债（短期负债）优先列示，而长期负债居后。

我国的资产负债表（账户式）的结构与格式如表8-2所示。

表8-2　　　　　　　　　资　产　负　债　表

编制单位：武汉星空公司　　　　2019年12月31日　　　　　　　　　　　　单位：元

资　产	年初数	期末数	负债及所有者权益（或股东权益）	年初数	期末数
流动资产：			流动负债：		
货币资金	14 282 934.22	108 002 101.76	短期借款		15 000 000.00
交易性金融资产			交易性金融负债		
应收票据		7 200 000.00	应付票据		1 500 000.00
应收账款	8 554 879.65	16 900 959.44	应付账款	2 499 199.37	4 898 113.93
预付账款	25 269 377.67	49 675 833.23	预收账款	21 863 891.56	20 378 124.08
应收利息			应付职工薪酬	5 074 003.33	7 000 499.76
应收股利			应交税费	4 121 995.70	4 651 947.24
其他应收款	1 967 644.99	3 750 891.22	应付利息		55 860.75
存货	43 621 453.36	50 392 375.54	应付股利		
一年内到期的非流动资产			其他应付款	12 148 512.07	5 535 727.45
其他流动资产	407 649.14	429 519.48	一年内到期的非流动负债		

续表

资产	年初数	期末数	负债及所有者权益（或股东权益）	年初数	期末数
流动资产合计	94 103 939.03	235 951 680.67	其他流动负债	146 810.65	170 871.25
			流动负债合计	82 410 272.87	42 635 283.62
非流动资产：			非流动负债：		
债权投资			长期借款	17 000 000.00	
其他债权投资			应付债券		
长期股权投资	3 942 138.28	7 234 768.73	长期应付款		
长期应收款			专项应付款		
其他权益工具投资			预计负债		
投资性房地产			递延所得税负债		
固定资产	79 883 198.64	90 319 806.04	其他非流动负债		
在建工程	8 953 751.30	3 513 838.00	非流动负债合计	17 000 000.00	
无形资产	4 916 501.34	4 812 309.18	负债合计	99 410 272.87	42 635 283.62
开发支出			所有者权益（或股东权益）：		
商誉			实收资本（或股本）	60 000 000.00	85 000 000.00
长期待摊费用	700 000.00	800 000.00	资本公积	40 092.81	152 962 341.53
递延所得税资产			减：库存股		
其他非流动资产			盈余公积	14 318 353.14	21 564 756.79
非流动资产合计	98 395 589.56	106 680 721.95	未分配利润	18 730 809.77	40 470 020.68
			所有者权益（或股东权益）合计	93 089 255.72	299 997 119.00
资产总计	192 499 528.59	342 632 402.62	负债和所有者权益（或股东权益）总计	192 499 528.59	342 632 402.62

在表8-2中，资产负债表提供了两个不同时日的数量信息，其目的在于方便信息使用者将有关财务状况进行比较。这种格式的资产负债表又称为"比较资产负债表"。

三、资产负债表的编制

（一）资产负债表信息的数据来源

资产负债表包括两类信息，一是资产负债表项目，二是与项目对应的价值（货币）数量。前者说明"是什么"，后者说明"是多少"。资产负债表项目的形成，以资产、负债、所有者权益要素及其内容为基础，而其有关货币数量信息已经通过日常的会计记录记入了相关的资产账户、负债账户和所有者权益账户。因此，资产负债表信息的数据源自于资产账户、负债账户和所有者权益账户的日常记录及其结果。

从每一个账户看，账户提供的信息包括"两类四种"，即账户发生额和余额两类，本期借方发生额、本期贷方发生额、期初余额、期末余额四种。在资产负债表中，投资者等需要的数量信息主要是"期末数"和"年初数"，因此，资产负债表各项目"期末数"栏的数量金额可以根据账户的期末余额确定。而资产负债表的"年初数"，实际上是本企业上年末资产负债表的"期末数"。

资产负债表信息的数据来源如图 8 - 3 所示。

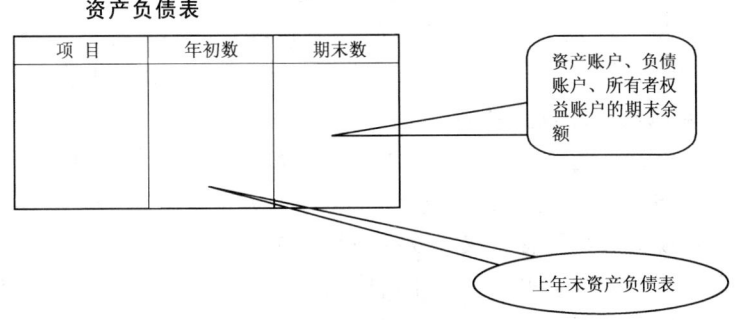

图 8 - 3 资产负债表信息的数据来源

（二）资产负债表项目金额的填列方法

资产负债表项目的数量金额有"年初数"和"期末数"两种。

资产负债表项目的"年初数"，应当根据上年末资产负债表中的"期末数"填列。如果本年度资产负债表中各个项目的名称和内容与上年度不一致，应对上年年末资产负债表各项目的名称和数字按照本年度的规定进行调整，以保证资产负债信息的一致性，并先行填入资产负债表的"年初数"栏目中。

资产负债表项目"期末数"的填列分三种情况：

1. 根据账户（总分类账户或明细账户）的期末余额直接填列。即当资产负债表项目的内容与相应账户的内容、口径一致时，该项目的期末数可以根据对应账户的期末余额直接填列。如应收票据、短期借款、应付票据、应付职工薪酬、实收资本（或股本）、资本公积、盈余公积等资产负债表项目。

2. 根据账户（总分类账户及明细账户）的期末余额分析、计算后填列。即当资产负债表项目的内容与相应账户的内容、口径不一致时，该项目的期末数应当根据几个相关总分类账户或明细账户的期末余额，经分析、调整、计算后填列。如货币资金、存货、应收账款等资产负债表项目。

3. 根据资产负债表中其他相关项目的数据计算填列。如各种"合计""总计"

数等。

四、资产负债表的信息含量

资产负债表提供企业在某一会计期末的财务状况，包括企业的资产、负债和所有者权益情况。资产负债表主要提供以下基本信息：

1. 企业资产规模与结构的信息

投资者、债权人等会计信息使用者根据资产负债表所提供的企业资产总额、流动资产与长期资产数额以及各项资产的具体数额，可以了解企业的资产规模的大小，并分析和判断企业资产分布（或构成）的合理性。比如，流动资产占总资产的比例是否合理，流动资产中应收账款、存货的比例是否过高等。应收账款比例过高意味着企业的现金收入偏低，"收益质量"不高，同时，坏账损失风险大；存货比例过高往往意味着产品（或商品）存在积压问题或材料储备不合理而影响资金使用效率。企业资产的结构与分布，实质性地体现了企业经济资源配置的合理性。

2. 企业权益构成与产权关系的信息

资产负债表提供了企业负债（债权人权益）数额、所有者权益数额以及各项负债、所有者权益的具体数额。通过这些信息，可以分析、判断企业融资结构与融资风险。比如，负债数额与所有者权益数额的比例结构，说明了企业全部资金来源中借入资金与自有资金的数量关系；企业负债数额占总权益（或总资产）的比例，表明了企业的债权保证程度；企业所有者权益占总权益（或总资产）的比例，揭示了所有者对企业资产的净权益。又如，短期负债占总负债的比例，反映了企业对流动性资产的依赖程度；所有者权益中各项目的结构比例，则反映了投资者投资的安全性与其投资权益的实现（或保证）程度。

3. 企业偿债能力的信息

结合资产负债表提供的资产与负债信息，可以分析、判断企业的偿债能力。企业的偿债能力包括长期偿债能力、短期偿债能力和债务支付能力等方面。资产负债表中揭示的负债总额与总资产的比例，反映企业的实力，负债比例越低，表明企业实力越强，债务偿还能力越强，财务风险（或偿债风险）越小[1]。企业流动资产（或者速动资产[2]）与短期负债的比例，反映企业短期债务的清偿能力，该比例越大，说明企业可以变现的资产数额大，可以随时用来变现还债。企业现金类资产（现金与有价证券之和）与流动负债的比例，则表明了企业资产的"直接偿债能力"，同时也反映了企业的"财务弹性（Financial Flexibility）"（指企业在面临突发性现金需要时，能够在资金调度上作出迅速反应、采取有效行动的能力）。

---

[1] 显然，企业的债权人希望企业维持一个较低水平的负债率，但投资者却希望企业保持较高的负债率，以实现以较少资本取得企业控制权的目的。

[2] 速动资产是指流动资产中变现能力强、流动性能好的资产，即流动资产扣除存货项目后的余额。

第三节 利 润 表

一、利润表的含义

利润表也称为收益表（Income Statement），是反映企业在一定会计期间（如月度、季度或年度）经营业绩（或经营成果）的财务报表。它全面揭示了企业在某一特定时期实现的各种收入、发生的各种费用、成本或支出，以及企业实现的利润或发生的亏损情况。通过利润表，可以了解企业的经营业绩，评价企业的收入与费用水平，分析和判断企业的获利能力（或盈利能力）。

利润表是根据"收入－费用＝利润"的基本关系来编制的。利润表的内容取决于收入、费用、利润等会计要素及其内容，利润表项目是收入、费用和利润要素内容的具体体现；在同一会计期间，利润表中所显示的收入数额与费用数额之差应当等于利润数额。

二、利润表的结构

将收入、费用与利润等要素的具体内容体现在利润表中，有两种基本方式：一种是依据利润的构成、按照利润的计算程序（或步骤）来确定利润表的结构及各项目的次序，采用这种方式的利润表称为多步式利润表[①]；另一种是将计入利润的各种"收入"项目和各种"费用"项目分别汇集，最后将"收入"总额与"费用"总额加以比较并计算出利润数额，采用这种方法的利润表称为单步式利润表。在现行国内外会计实务中，一般均采用多步式利润表的结构与格式。

多步式利润表的结构与格式如表 8－3 所示[②]。

表 8－3　　　　　　　　　　　　　利　润　表

编制单位：武汉星空公司　　　　　　　2019 年 12 月　　　　　　　　　　　单位：元

项　　目	本期金额	上期金额
一、营业收入	19 954 490.75	239 453 889.88
减：营业成本	12 700 528.58	152 406 343.87
税金及附加	111 350.08	1 336 201.87
销售费用	300 000.00	1 200 000.00

---

① 多步式利润表因利润计算需经过多个步骤而得名，如先计算营业利润，再计算利润总额，最后计算出净利润。

② 按我国现行会计准则要求，利润表中还需在"四、净利润"后，计算列示"五、其他综合收益"和"六、综合收益总额"，再计算"七、每股收益"。本表为了简化而省去了上述内容。

续表

项　　目	本期金额	上期金额
管理费用	705 201.01	10 726 842.14
研发费用		1 100 000.00
财务费用	100 000.00	1 142 392.07
其中：利息费用	90 000.00	1 022 390.07
利息收入	10 000.00	120 002.00
加：其他收益		
投资收益		
公允价值变动收益	77 958.60	778 587.82
资产减值损失		-1 457 369.55
资产处置收益		
二、营业利润	6 115 369.67	44 522 264.51
加：营业外收入		204 000.00
减：营业外支出	20 179.12	401 525.04
三、利润总额	6 095 190.55	44 321 139.47
减：所得税费用	198 568.52	15 335 524.91
四、净利润	5 896 622.03	28 985 614.56
（一）持续经营净利润		
（二）终止经营净利润		
五、其他综合收益的税后净额		
六、综合收益总额	5 896 622.03	28 985 614.56
七、每股收益：		
（一）基本每股收益	—	0.40
（二）稀释每股收益	—	0.40

三、利润表的编制

与资产负债表类似，利润表也包括两类信息，一是利润表项目，二是与项目对应的价值（货币）数量。利润表项目的形成，以收入、费用、利润要素及其内容为基础，其有关货币数量信息已经通过日常的会计记录记入了相关的损益类账户。因此，利润表信息的数据源自于损益类账户的日常记录及其结果。并且，由于构成会计期间利润总额具体内容的各项收入、费用、成本、支出等，其发生数额均被记录为相关损益类账户的"本期发生额"，因而，利润表各项目的货币数量信息应当根据损益类账户的本期发生额确定。

在我国企业编制的利润表中，需要提供"本月数""本年累计数"等货币数量

信息。利润表各项目的"本月数",根据相关损益类账户的本月发生额确定。具体而言,利润表项目"本月数"的填列方法如下:

1. "营业收入"项目的"本月数"根据"主营业务收入"和"其他业务收入"两个账户的本月发生额计算后填列,"营业成本"项目的"本月数"根据"主营业务成本"和"其他业务成本"两个账户的本月发生额计算后填列;

2. "营业利润""利润总额""净利润"项目的"本月数"根据表内其他相关项目计算确定;

3. 其他项目的"本月数"根据相应账户的"本月发生额"直接填列。

利润表项目"本年累计数"的确定,应当以上一会计期间的利润表为基础,分项加计"本月数"求得。如果是企业编制的年度利润表,应将"本月数"栏视同并更改为"上年数",并填列上年度全年实际发生的累计数额。同样,当上年度利润表与本年度利润表的项目名称和内容不一致时,应按规定对其进行调整,以保证利润表信息的"一致性"。

利润表信息的数据来源如图 8-4 所示。

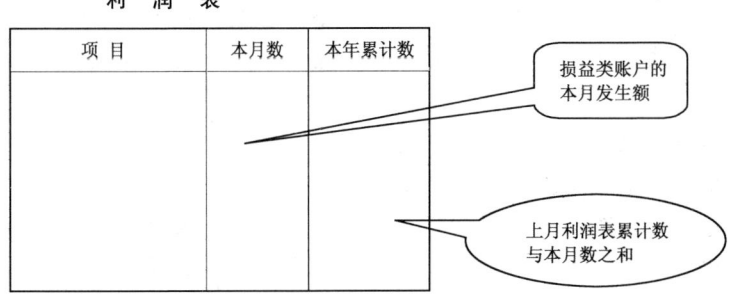

图 8-4 利润表信息的数据来源

四、利润表的信息含量

利润表提供企业在某一会计期间的收入取得、费用发生以及利润或亏损的形成情况。利润表主要提供以下基本信息:

1. 企业收入构成与收入水平的信息

利润表提供企业在一定会计期间所取得的主营业务收入和其他业务收入数额。其中,主营业务收入数额表明企业的销售规模与市场占有份额,同时,根据主营业务收入的增长幅度还可以判断企业的发展趋势。

2. 企业费用构成与费用水平的信息

利润表提供企业在一定会计期间的营业成本以及管理费用、销售费用、财务费用等期间费用情况。信息使用者可以据此确定企业的费用水平,比较费用的增长幅度以判断企业对费用的控制能力。

3. 企业的利润数额及其构成的信息

利润表提供了企业在一定会计期间所实现的经营利润（营业利润）、利润总额以及净利润等信息。经营利润是工商企业的主要利润来源，通过经营利润的数额及其增减变动情况，可以判断企业真正获利能力或盈利水平。同时，利润总额及净利润数额又是衡量企业经营业绩的重要标志。

4. 企业获利能力的信息

将利润表提供的利润数额与其收入数额比较，以及将利润表提供的利润数额与资产负债表提供的资产、净资产、实收资本（或股本）等数据比较（如计算净资产收益率、每股收益等指标），可以更加全面地评价企业的经营业绩，准确地判断企业的获利能力。

第四节　现金流量表

一、现金流量表的含义

从企业经济活动及其资金运动情况看，企业在某一时日（如会计期末、期初）的财务状况（即资产、负债、所有者权益状况）实际上是企业经济活动的结果。尽管企业在某一时日的财务状况可以通过资产负债表来反映，但相对于某一会计期间的企业期初财务状况如何"演变"为期末财务状况的变动过程，资产负债表却无法揭示。这种期初至期末企业财务状况的演变过程，在20世纪80年代及以前是通过"财务状况变动表"来反映的。1988年和1992年，美国财务会计准则委员会和国际会计准则委员会先后发布"现金流量表"会计准则，要求以现金流量表取代原来的财务状况变动表。我国现行企业会计准则中也包含了《企业会计准则第31号——现金流量表》。现金流量表强调通过企业经济活动中现金的流转来揭示企业的财务状况变动，以报告企业理财过程的详细信息。现金流量表在一定程度上是资本市场发展而催生的产物。

现金流量表（Statement of Cash Flow）是反映一定时期内（如月度、季度或年度）企业经营活动、投资活动和筹资活动对其现金及现金等价物所产生影响的财务报表，用来揭示企业经营活动、投资活动和筹资活动所引起的各种现金流入、现金流出与现金净流量情况。

现金流量表中使用的"现金"概念，包括库存现金、银行存款和其他货币资金，而"现金等价物"主要是指企业持有的、能随时转换为已知金额现金的有价证券。企业应当根据具体情况确定现金等价物的具体范围，并且其划分标准应当符合"一致性"原则的要求。

二、现金流量表的内容与结构

现金流量表分别企业的经营活动、投资活动和筹资活动来揭示现金的流入量、流出量及净流量。在其结构安排上，国内外的会计实务中基本上采用了相同的观点与方法。现金流量表的结构与格式如表8-4所示。

表8-4　　　　　　　　　　　现　金　流　量　表
编制单位：武汉星空公司　　　　　　　2019年度　　　　　　　　　　　　　单位：元

项　　目	金　　额
一、经营活动产生的现金流量：	
销售商品、提供劳务收到的现金	258 885 978.96
收到的税费返还	—
收到的其他与经营活动有关的现金	3 769 999.43
现金流入小计	262 655 978.39
购买商品、接受劳务支付的现金	148 615 880.60
支付给职工以及为职工支付的现金	17 944 298.48
支付的各项税费	33 785 860.39
支付的其他与经营活动有关的现金	44 463 750.06
现金流出小计	244 809 789.53
经营活动产生的现金流量净额	17 846 188.86
二、投资活动产生的现金流量：	
收回投资所收到的现金	—
取得投资收益所收到的现金	—
处置固定资产、无形资产和其他长期资产而收回的现金净额	2 500.00
收到的其他与投资活动有关的现金	—
现金流入小计	2 500.00
购建固定资产、无形资产和其他长期资产所支付的现金	44 558 970.87
投资所支付的现金	—
支付的其他与投资活动有关的现金	—
现金流出小计	49 308 970.87
投资活动产生的现金流量净额	-49 306 470.87
三、筹资活动产生的现金流量：	
吸收投资所收到的现金	180 019 606.12
取得借款所收到的现金	70 000 000.00
收到的其他与筹资活动有关的现金	
现金流入小计	250 019 606.12
偿还债务所支付的现金	122 000 000.00
分配股利、利润或偿付利息所支付的现金	1 220 156.57
支付的其他与筹资活动有关的现金	1 620 000.00
现金流出小计	124 840 156.57
筹资活动产生的现金流量净额	125 179 449.55
四、汇率变动对现金的影响	
五、现金及现金等价物净增加额	93 719 167.54
加：期初现金及现金等价物余额	14 282 934.22
六、期末现金及现金等价物余额	108 002 101.76

现金流量表的编制方法有两种，即"直接法"和"间接法"。直接法是通过现金收入和现金支出的主要类别来反映来自于企业经营活动的现金流量。采用直接法编制现金流量表时，有关现金流量的信息可以从账户等会计记录中直接获得，也可以在利润表中营业收入、营业成本等数据的基础上，通过调整存货和经营性应收应付项目的变动以及固定资产折旧、无形资产摊销等项目后获得。采用间接法编制现金流量表，则是以本期净利润为起点，通过调整不涉及现金的收入、费用、营业外收支以及应收、应付等项目的增减变动，来计算经营活动现金流量。我国的企业会计制度要求采用直接法编制现金流量表。

三、现金流量表的信息含量

现金流量涉及企业经济活动及其资金运动的各个层面、各个环节，因此，分析企业的现金流量具有重要意义。现金流量表主要提供以下基本信息：

1. 企业持有现金数量的信息

会计信息使用者通过现金流量表提供的企业持有现金的数量，评价其合理性。在企业，现金是流动性最强、变现能力最强的资产，其可以用来满足企业生产经营活动的各种需要，也是企业偿还债务的基本保证。因而，企业持有足够的现金资产可以确保必要的债务偿付能力与支付能力，降低财务风险，提高财务弹性。然而，由于现金资产不能直接盈利，持有过多的现金会相应降低企业的收益水平。因此，企业应当在权衡收益与风险的基础上，确定合理的现金持有数量（或数量区间）。

2. 企业现金流入流出结构的信息

企业的经营活动、投资活动、筹资活动都会导致现金流入与流出，从而影响企业的现金流量。基于此，企业的三类经济活动对现金流入与流出的影响如何控制才能使企业处于稳健、高效的经营状态，必须对现金流入流出结构进行分析。一般而言，在现金流入和流出总量中，如果经营活动和筹资活动引起的现金流入和现金流出所占比重较大，则表明企业的现金流入流出结构相对合理。否则，应对企业的现金流入流出结构进行适当调整。

3. 企业收益质量的信息

按会计原则，企业收益依据权责发生制来计算。在现金流量表中，现金流量是以现金收付制为基础计算的。一般来讲，收益增加，现金净流量也会增加，但企业获得收益与其所获得的现金数量并不一定同步。会计信息使用者通过分析利润表中收益（利润）数量和现金流量表中现金流量净额，可以评价企业的收益质量。

4. 企业"创造"现金能力的信息

现金流量是企业经济活动的"血液"，这种血液的再生能力，实际上代表了企业的获利能力与发展能力。会计信息使用者通过分析现金流量表中企业经营活动所产生现金流量净额的增加幅度，可以判断企业现金的"再生能力"，从而对企业的发展潜力做出准确评价。

第五节 财务报表信息的初步利用

财务报告是企业投资者、债权人、政府经济监管机构等外部信息使用者和企业管理层了解和判断企业经济活动情况的基本依据。借助于企业财务报表所披露的财务状况、经营业绩和现金流量等信息,可以确定企业的偿债能力、盈利能力和资金营运能力,并进而做出正确的经济决策。利用财务报表信息进行有关决策,主要是通过计算和分析有关财务指标来进行的。

企业基本的财务指标主要包括三大类,即偿债能力指标、盈利能力指标和资金营运能力指标。

一、企业偿债能力分析

偿债能力是企业偿还各种到期债务的能力。分析企业的偿债能力主要包括分析其短期偿债能力和长期偿债能力。短期偿债能力是指企业偿还其短期银行借款、应付账款等流动负债的能力,而长期偿债能力则是指企业偿还长期借款、长期债券等长期负债的能力。衡量企业偿债能力的财务指标主要有流动比率、速动比率、资产负债率、利息保障倍数等。

(一) 流动比率

流动比率(Current Ratio)是企业流动资产与流动负债的比率。其计算公式为:

$$流动比率 = \frac{流动资产}{流动负债}$$

计算公式中的流动资产主要包括现金、银行存款、交易性金融资产、各种应收款项、存货、待摊费用等,流动负债主要包括短期借款、各种应付及应交款项等。计算流动比率时,一般采用流动资产和流动负债的期末数。根据本章表8-2所列示的武汉星空公司2015年12月31日的资产负债表(本节举例均使用武汉星空公司的财务报表数据),计算出该公司2015年年末的流动比率为5.53 (235 951 680.67 ÷ 42 635 283.62)。这表明该公司每1元的流动负债有5.53元流动资产作保障,该比率偏高。一般而言,流动比率越高,企业的短期偿债能力越强。但过高的流动比率也可能意味着企业的资金过多地滞留在流动资产上,未能有效地加以利用。根据西方国家的一般经验,企业的流动比率保持在2:1左右较为合适,但对不同行业、不同时期的企业而言,不可一概而论。

(二) 速动比率

速动比率(Quick Ratio)是企业的速动资产与流动负债的比率,也称"酸性试验(Acid-test Ratio)"。其计算公式为:

$$速动比率 = \frac{速动资产}{流动负债} = \frac{流动资产 - 存货}{流动负债}$$

计算公式中的速动资产是指企业能够快速变现的流动资产,主要包括现金、银行存款、交易性金融资产、应收票据、应收账款等,亦即流动资产扣除存货后的流动资产。用速动比率来衡量企业的短期偿债能力比流动比率更准确,因为其排除了变现能力较差的存货。一般情况下,速动比率越高,企业的短期偿债能力越强。但如果速动资产中的应收账款质量较差,则会影响依据速动比率判断企业短期偿债能力的可信性。因此,速动比率高低的合理性应当根据企业的具体情况确定。在西方国家,一般认为速动比率为1:1时较为合理。根据表8-2计算的武汉星空公司2015年年末的速动比率为4.35〔(235 951 680.67-50 392 375.54)÷42 635 283.62〕,该比率偏高。

(三) 资产负债率

资产负债率是企业负债总额与资产总额的比率。该比率反映了企业全部资本中债务资本融资所占的比重,因而揭示了企业的长期债务偿还能力和债权人权益保障程度。其计算公式为:

$$资产负债率 = \frac{负债总额}{资产总额}$$

企业的资产负债率较高,表明企业利用债务融资的比重较大,企业较大程度地运用了财务杠杆进行生产经营活动,但企业每单位资产所承担的债务责任也较大,企业长期偿债能力受到影响。反之,资产负债率较低,则表明每单位资产所承担的债务责任较小,企业长期偿债能力较强。根据表8-2计算的武汉星空公司2015年年末的资产负债率为12.44%(42 635 283.62÷342 632 402.62),说明企业资产总额中仅有很少部分来源于债务融资,资产负债率偏低。企业的资产负债率较低时,尽管企业的长期偿债能力很强,其承担的风险较小,但同时也说明企业未能很好地利用债务资本进行经营活动,企业管理层缺乏积极的进取精神。

(四) 利息保障倍数

利息保障倍数(Times Interest Earned Ratio)是税前利润加利息费用之和与利息费用的比率。其计算公式为:

$$利息保障倍数 = \frac{税前利润 + 利息费用}{利息费用}$$

计算公式中的税前利润是指扣除所得税前的企业利润总额。利息费用包括列入财务费用中的利息费用和计入固定资产成本的资本化利息。该比率反映了企业以其经营所得支付债务利息的能力。利息保障倍数较低时,说明企业难以保障用经营所得来按时支付债务利息,企业的偿债能力偏弱。一般而言,企业的利息保障倍数应当大于1,否则,企业将无法保证支付债务及利息。根据表8-3计算的2015年武汉星空公司的利息保障倍数为39.8〔(44 321 139.47+1 142 392.07)÷1 142 392.07〕[①]。该公司利息保障倍数较高,偿债能力较强。

---

① 假设该公司的财务费用均为利息费用。

二、企业盈利能力分析

盈利能力是指企业获取利润的能力。利润是企业生存与发展的基本条件,也是企业利益相关者实现其权益或利益的基础。因此,企业的投资者、债权人等十分关注企业的获利能力。衡量企业获利能力的基本财务指标主要有净资产收益率(股东权益报酬率)、销售净利率、每股收益、每股净资产等。

(一)净资产收益率

净资产收益率是企业一定时期的净利润与所有者权益平均总额的比率,也称股东权益报酬率(Net Income to Average Common Stockholder's Equity)。其计算公式为:

$$净资产收益率 = \frac{净利润}{所有者权益平均总额}$$

$$所有者权益平均总额 = \frac{期初所有者权益 + 期末所有者权益}{2}$$

净资产收益率是评价企业盈利能力的一个重要财务比率,反映企业投资者(股东)获得投资报酬的多寡。净资产收益率越高,说明企业的盈利能力越强。根据表 8-2 和表 8-3 计算的武汉星空公司 2015 年的净资产收益率为 14.75% [2 895 614.56 ÷ (93 089 255.72 + 299 997 119.00) ÷ 2]。该公司盈利能力较强。

(二)销售净利率

销售净利率(Net Income to Net Sales)是企业净利润与销售收入净额的比率。其计算公式为:

$$销售净利率 = \frac{净利润}{销售收入净额}$$

计算公式中的销售收入净额是指产品或商品销售收入扣除销售退回、销售折扣与折让后净额。销售净利率表明企业净利润占销售收入的比例,其可以衡量企业通过销售获取利润的能力。由于产品的生产与销售或商品购销是工商企业的基本的经济活动,因此,销售净利率说明了企业获取利润的基本能力。该比率越高,企业的盈利能力越强。根据表 8-3 计算的武汉星空公司 2015 年度的销售净利率为 12.10% (28 985 614.56 ÷ 239 453 889.88),说明该公司每 100 元销售收入可提供 12.10 元的净利润。

(三)每股收益

每股收益(Earnings Per Share,EPS)是指股份公司的净利润与其发行在外的普通股平均股数的比率,也称"每股盈余"。如果该公司发行了优先股,计算每股收益的净利润还应当扣除优先股股利。每股收益的计算公式为:

$$每股收益 = \frac{净利润 - 优先股股利}{发行在外的普通股平均股数}$$

每股收益表明股份公司发行在外的每股普通股股票所获得的利润,其说明股份公司的盈利能力大小。每股收益越大,公司的盈利能力越强。假设武汉星空公司为股份有限公司,其股本全部为普通股股票,根据表 8-2 和表 8-3 计算的该公司 2015 年度的每股收益为 0.40 [28 985 614.56 ÷ (60 000 000 + 85 000 000) ÷2] 元。该公司获利能力较强。

(四) 每股净资产

每股净资产是企业的所有者权益总额与发行在外的普通股股数的比率,也称"每股账面价值"。其计算公式为:

$$每股净资产 = \frac{所有者权益总额}{发行在外的普通股股数}$$

公司的每股净资产比率越大,表明公司的股票价值越高。投资者等可以通过分析公司近几年每股净资产的变动趋势,来判断公司的发展前景和盈利能力。根据表 8-2 计算的武汉星空公司 2015 年度每股净资产为 3.53 (299 997 119.00 ÷ 85 000 000) 元。

三、企业资金运营能力分析

资金运营能力是指企业管理层合理、高效地利用经营资金的能力。营运能力说明企业资金的使用效率和理财水平。由于企业的盈利能力、偿债能力等都直接依赖于企业资金的有效使用与运转,因此,会计信息的使用者都十分关注企业资金的运营能力。衡量企业资金运营能力的基本财务指标主要有应收账款周转率、存货周转率、总资产周转率等。

(一) 应收账款周转率

应收账款周转率 (Accounts Receivable Turnover) 是企业一定时期的赊销收入净额与应收账款平均余额的比率。赊销收入净额是指赊销收入数额扣除销售退回、折让与折扣的净额。应收账款平均余额是指应收账款(含应收票据等)期末余额与期初余额的平均数。应收账款周转率的计算公式为:

$$应收账款周转率(次) = \frac{赊销收入净额}{应收账款平均余额}$$

一般而言,应收账款周转率越高,企业的平均收账期越短,说明应收账款的收回速度快。否则,企业的营运资金过多地滞留在应收账款上,从而影响企业资金的正常周转,降低资金的使用效率。假设武汉星空公司 2015 年度的销售收入中赊销部分占 60%,根据表 8-2 和表 8-3 计算的该公司的 2015 年度的应收账款周转率为 2.67 次[239 453 889.88 × 60% ÷ (8 554 879.65 + 25 269 377.67 + 7 200 000 + 16 900 959.44 + 49 675 833.23) ÷2]。该公司应收账款周转率较低(相当于 135 天周转一次)。

(二) 存货周转率

存货周转率 (Inventory Turnover) 是销售成本与平均存货的比率。平均存货是期初存货与期末存货的平均数。存货周转率的计算公式为:

$$存货周转率（次）=\frac{销售成本}{存货平均数量}$$

一般来讲，存货周转率越大，说明存货周转速度越快，存货的占用水平越低，流动性越强，存货转化为现金或应收账款的数量越多。提高存货周转率，可以提高企业的资产变现能力。根据表 8-2 和表 8-3 计算的武汉星空公司 2015 年度的存货周转率为 3.24 次［152 406 343.87÷（43 621 453.36+50 392 375.54）÷2］。

（三）总资产周转率

总资产周转率（Total Assets Turnover）是企业销售收入净额与资产平均总额的比率。资产平均总额是期初与期末资产总额的平均数。总资产周转率的计算公式为：

$$总资产周转率（次）=\frac{销售收入净额}{资产平均总额}$$

总资产周转率说明企业总资产的利用效率。如果该比率较低，说明企业利用其资产进行经营活动的效率较差。根据表 8-2 和表 8-3 计算的武汉星空公司 2015 年度的总资产周转率为 0.89 次［239 453 889.88÷（192 499 528.59+342 632 402.62）÷2］。该公司的总资产利用率不太理想。

借助于财务报表信息，分析判断企业的偿债能力、盈利能力和资金运营能力，是评价企业经营业绩的主要方式。在我国，为了规范企业经营业绩评价工作，政府有关部门先后数次制定并修订了企业经营业绩评价指标体系。1993 年，财政部在其颁布的《企业财务通则》中设计了一套企业财务业绩评价指标体系；1995 年，财政部制定并颁布了《企业经济效益评价指标体系（试行）》，1999 年，财政部、国家统计局、原国家计委、原国家经贸委等联合颁布实施《国有资本金绩效评价规则》，其中确立了一整套国有资本金绩效评价指标体系；2002 年 2 月 22 日，财政部、原国家经贸委、中共中央企业工作委员会、劳动和社会保障部、原国家计委等联合发布了《企业绩效评价操作细则（修订）》。修订后的《企业绩效评价操作细则》所确定的企业绩效评价指标体系，由反映企业财务效益状况、资产营运状况、偿债能力状况和发展能力状况等四方面内容的基本指标、修正指标和评议指标三个层次共 28 项财务及非财务指标构成。其中，基本指标包括反映财务效益状况的净资产收益率和总资产报酬率、反映资产运营状况的总资产周转率（次）和流动资产周转率（次）、反映偿债能力状况的资产负债率和已获利息倍数（即利息保障倍数）、反映发展能力状况的销售（营业）增长率和资本积累率等，修正指标包括资本保值增值率、主营业务利润率、盈余现金保障倍数、成本费用利润率、存货周转率（次）、应收账款周转率（次）、不良资产比率、现金流动负债比率、速动比率、三年资本平均增长率、三年销售平均增长率、技术投入比率等，评议指标包括经营者基本素质、产品市场占有能力（服务满意度）、基础管理水平、发展创新能力、经营发展战略、在岗员工素质、技术装备更新水平（服务硬环境）、综合社会贡献等。

思考题

1. 会计报告、财务报告、财务报表之间是什么关系？
2. 账户、财务报表项目、财务报表要素、会计等式之间是什么关系？
3. 结合企业的资金运动规律，如何理解财务报表体系及其结构？
4. 举例说明资产负债表能够提供哪些信息？
5. 举例说明利润表（收益表）能够提供哪些信息？

6. 如何理解会计确认、会计计量、会计记录、会计报告之间的关系？
7. 简述会计凭证、会计账簿、财务报表之间的关系。
8. 如何分析和判断企业偿债能力、盈利能力和资金运营能力？

练习题

（一）目的：掌握资产负债表的基本原理与编制方法

1. 资料

会计学专业大学三年级张明同学到街道办的红旗服装加工厂实习。假设你作为该厂的会计主管，让小张试着编制红旗服装加工厂的资产负债表。表中除了所有者权益项目的金额错误以外，其他项目的金额均无错误，具体见下表：

假设你在阅读小张编制的资产负债表后，认为存在一些问题。

2. 要求

（1）说明上表中哪些项目不应该列示在资产负债表中？为什么？

（2）请你替小张编制一张正确的资产负债表。

资 产 负 债 表

编制单位：红旗服装加工厂　　　2019 年 12 月 31 日　　　　　　　　　　单位：元

资 产	金 额	负债及所有者权益	金 额
库存现金	3 000	负债：	
原材料	1 000	应收账款	3 000
建筑物	44 000	销售收入	59 000
销售费用	2 500	所得税	800
设备	10 000	应付账款	9 000
应付票据	16 000	所有者权益：	
管理费用	4 000	实收资本	8 700
资产总计	80 500	负债和所有者权益合计	80 500

（二）目的：掌握资产负债表和利润表的编制方法

1. 资料

天天留学咨询服务中心于2019年1月1日正式开业，其主营业务为向客户提供出国留学咨询服务。开业日，该服务中心的资产负债表如下：

资 产 负 债 表

编制单位：天天留学咨询服务中心　　2019年1月1日　　　　　　　　　　　　单位：元

资产	金额	负债及所有者权益	金额
货币资金	20 000	所有者权益：	
备用材料	50 000	实收资本	270 000
固定资产	200 000		
资产总计	270 000	负债及所有者权益合计	270 000

该服务中心在1月份发生了以下经济交易：
(1) 向银行借款80 000元；
(2) 以现金支付装修工人劳务费1 000元；
(3) 向甲客户提供咨询服务，收到客户以转账支票支付的服务费35 000元；
(4) 购买办公设备一批，价值12 000元，款项尚未支付；
(5) 支付员工当月工资5 000元。

2. 要求
(1) 编制该中心2019年1月31日的资产负债表。
(2) 编制该中心2019年1月份的利润表。
(三) 目的：学习财务报表信息的基本分析方法
1. 资料
泰华公司2019年12月31日的资产负债表和2019年度的利润表如下：

资 产 负 债 表

编制单位：泰华公司　　　　　　2019年12月31日　　　　　　　　　　　　单位：万元

资产	年初数	年末数	负债及所有者权益	年初数	年末数
流动资产	1 000	1 200	流动负债	700	1 000
其中：存货	360	400	长期负债	300	200
应收账款	240	200	负债合计	1 000	1 200
长期资产	1 800	1 800	所有者权益合计	1 800	1 800
资产合计	2 800	3 000	负债及所有者权益合计	2 800	3 000

利 润 表

编制单位：泰华公司　　　　　　2019 年度　　　　　　　　　　　　单位：万元

项　　　目	本期金额
一、营业收入	1 000
减：营业成本	600
税金及附加	200
销售费用	40
管理费用	100
研发费用	—
财务费用	20
加：其他收益	—
投资收益	20
公允价值变动收益	160
资产减值损失	—
资产处置收益	—
二、营业利润	220
加：营业外收入	100
减：营业外支出	20
三、利润总额	300
减：所得税费用	102
四、净利润	198
（一）持续经营净利润	198
（二）终止经营净利润	—
五、其他综合收益的税后净额	—
六、综合收益总额	198
七、每股收益：	
（一）基本每股收益	0.198（元）
（二）稀释每股收益	0.198（元）

2. 要求

假设你是该企业的利益相关者，请根据所提供的资料对泰华公司 2019 年的财务状况和经营业绩进行简要评价（假定该公司所在行业的平均销售净利率为 20%）。

案例分析

1. 资料

张同学和龚同学在学习会计学原理后，对会计有了一定的认识。张同学的父亲是一家国有企业的负责人，而龚同学的母亲恰好是一家私营企业的老板。一次，这两位同学碰在一起，聊起了财务报表和会计信息披露的话题。张同学说："现在企业干什么都需要看绩效，国有企业尤其如此，对国有企业负责人的评价标准就是看企业的盈利状况如何、盈利数量多少。上市的国有企业，利润指标更为重要。所以在三种基本财务报表中，利润表应该是最重要的"。龚同学听后，想到母亲为企业现金存量不足而屡屡发愁，觉得张同学说得并不对，他辩驳道："企业最关键的会计指标应该是现金存量和现金流量，即使企业每年都有盈利，但是如果收不回现金的话，一样可能破产。而且，现金是企业变现能力最强的资产，因此在企业资产中处于最重要地位。所以，我说呀，财务报表体系中现金流量表最重要"。两位同学谁也没有办法说服对方，于是找到会计学原理课程任课教师评理。

2. 要求

假设你是该课程任课教师，请你就该问题发表高见。

第九章

会计循环

从技术层面上看,会计信息系统由会计记录和会计报告过程组成,而会计确认和会计计量则贯穿会计信息处理全过程。在我国企业会计实务中,会计信息处理过程表现为填制记账凭证、登记会计账簿和编制财务报表。实际上,特定企业在不同会计期间的会计信息处理过程是重复进行的,具有"循环"特征。本章主要阐述会计循环的基本过程,并通过综合案例予以说明。

第一节 会计循环过程

一、会计循环的含义

以实现提供经济信息功能为目的的会计信息系统,对企业经济交易与事项所进行的确认、计量、记录和报告实际上是一个连续不断、周而复始的过程。企业首先需要以会计确认的方式对其经济活动数据进行"过滤",认定并接受应当由会计系统加以处理的原始经济数据而排除其他数据。与此同时,对经济交易与事项涉及的价值数量关系进行计算和衡量,确定与财务状况、经营业绩和现金流量等有关的货币化数量结果。其次,对于上述经济交易与事项的确认内容和计量结果,通过账户(账簿)做出全面、完整而相互关联的记录。在会计期间终了,将账户中记录的企业经济活动信息按会计信息使用者的要求进行汇总、浓缩,并主要以财务报表方式披露企业的财务状况、经营业绩和现金流量信息。企业会计信息的这一处理过程,在会计上称为"会计循环(Accounting Cycle)"[1]。

会计循环实际上就是会计信息系统的运行过程,包括原始信息的输入、信息加工与转换、会计信息的输出。从会计方法运用的角度看,会计循环也就是在一个特定会计期间企业对其经济活动进行确认、计量、记录和报告的完整过程。

---

[1] 在我国,也称之为"会计核算形式"或"会计核算组织程序"等。

二、企业会计循环的基本过程

企业会计循环的基本过程包括分析经济交易、记录经济交易、期末账项调整、核对账户记录、结算账户记录、编制财务报表。

（一）分析经济交易

经济交易的相关原始信息最初反映在发票、收据、出库单、入库单等原始单据或凭证上，所以，首先应当对原始凭证所记载的经济信息进行分析，并运用会计确认标准判断和决定是否应将相关的经济交易与事项纳入会计信息系统予以反映。这就是会计上的初始确认过程。经初步认定后，同时还应当对于那些应该被纳入会计信息系统的交易项目采用相应的会计计量方法进行价值计量。

分析经济交易是一个对企业经济活动进行识别和判断的过程。企业所发生的经济活动应否进入会计信息系统，对哪些会计要素产生影响，属于何种会计要素的哪一项目，应当记入什么账户，其导致的价值数量变化是多少，等等，都是分析经济交易时应当确定和解决的问题。对经济交易与事项进行分析和判断，是记录经济交易的前提和基础。

（二）记录经济交易

对经济交易与事项发生所导致的会计要素的变化结果，应当在会计账户中加以记录。会计实务中，在将经济交易记入账户前，先需要编制会计分录，标明经济交易应当记入的账户名称、借贷方向及其金额。因此，对经济交易与事项的会计记录，包括分录记录和账户记录两个具体环节。分录记录是账户记录的基础。

分录记录提供单项经济交易的详细信息，账户记录则将单项经济交易信息按会计要素的具体内容（项目）进行汇总，其可以提供分类的、系统的经济活动信息。

（三）期末账项调整

为了正确计算期间损益，在期末结账前，应当按照权责发生制原则对那些在平时的会计记录中未能予以反映的收入和费用进行确认，并过入相应的账户。通过这种期末账项调整，把那些应该由本期享有的收入或负担的费用计入本期的损益中去，而不论其是否已经实际收付。期末应当调整的收入与费用项目主要包括应计未付费用、应计未收收入、预付费用摊销、递延收入分配等。

（四）核对账户记录

账户（账簿）记录资料是企业编制财务报表的直接依据，因此，为了确保财务报表提供的会计信息能够真实、可靠地反映企业的财务状况、经营业绩和现金流量，企业必须于会计期末对各类账户（账簿）记录的正确性进行检查。核对账目的主要内容包括"账证核对""账账核对"和"账实核对"。若在核对过程中发现错账，企业则应采用规定的错账更正方法对原有会计记录进行调整、更正，使其能够准确反映企业经济活动的真实情况。

（五）结算账户记录

当账户（账簿）记录核对无误后，应对各个账户记录正式结账。结算实际上是对各个账户所记录的经济活动情况进行分类总结，为编制财务报表提供资料来源。在结账时，应当逐一计算各个账户的本期发生额及余额，包括总分类账户、明细账户等。

（六）编制财务报表

当各个账户（账簿）的本期发生额及余额计算确定以后，即可根据会计信息使用者的要求对账簿记录中的各类信息进行筛选、浓缩，并确定应当列入财务报表相关项目的内容与金额，编制财务报表。从会计确认的角度看，财务报表的编制包含了会计再确认过程。

三、我国企业会计循环的具体过程

从我国企业实际情况看，会计循环的具体过程表现为：首先对经济交易进行确认和计量，并根据其结果编制记账凭证（即会计分录），然后根据记账凭证登记会计账簿（账户），期末调整有关账项并核对账目和结算各个账户的日常记录，最后根据审核无误的账簿记录编制财务报表。我国企业会计循环的具体过程如图 9-1 所示。

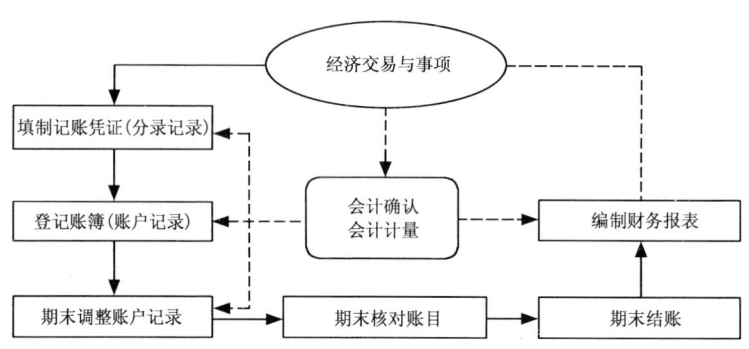

图 9-1 我国企业会计循环的具体过程

由于会计是一种国际性的商业语言，会计信息的产生受到具有国际化发展趋势的会计准则的制约和规范，因此，不同国家的会计循环过程大同小异。与外国（如美国）企业相比，我国企业的会计循环过程具有如下主要特征：

（1）分录记录体现在所填制的记账凭证中。在我国，填制记账凭证实际上就是编制会计分录，记账凭证上主要说明经济交易应当记录的账户名称、借贷方向及其金额。同时，证明经济交易内容的原始凭证，以记账凭证的附件形式存在。

（2）记账凭证过入总分类账的具体方式在部分企业存在差异。一般情况下，企业根据经济交易与事项发生后所填制的记账凭证，逐项登记总分类账。然而，在我国部分企业，为了简化总分类账的登记工作，先定期（如 10 天或 15 天）对记账凭证进行汇总,编制"记账凭证汇总表"(也称"会计科目汇总表")或汇总记账凭证,再据以登记有关总分类账户①。

第二节 综合案例

一、案例资料

(一) 企业概况

大地有限责任公司成立于 2019 年 9 月,主营 A、B 产品生产和销售,属典型制造性企业。该公司按现代企业制度要求设立了股东会、董事会、监事会,具有较为完善的公司治理结构。该公司严格按照财政部《企业内部控制规范》要求,建立健全了内部控制制度,并确保其有效运行。该公司现任董事长为张平先生,总经理为杨阳先生。

大地有限责任公司内部设置"财务部"负责企业的会计与财务管理工作,唐瑭先生为该部门负责人。会计工作岗位设置及分工情况如下:

(1) 记账员李路:会计师,主要负责总分类账登记、财务报表编制等工作。

(2) 记账员赵成:会计师,主要负责记账凭证编制等工作。

(3) 出纳员王旺:助理会计师,主要负责现金、银行存款的管理以及日记账登记工作。

(4) 稽核员丁定:会计师,主要负责账目稽查工作。

(二) 账户余额资料

大地有限责任公司 2019 年 10 月初有关账户的余额资料如表 9-1 所示。

表 9-1 大地有限责任公司账户期初余额资料 单位:元

总 账	借方余额	明细账	借方余额	总 账	贷方余额	明细账	贷方余额
库存现金	25 000			短期借款	4 165 000		
银行存款	1 820 000			应付账款	1 700 000	汉时公司	1 500 000
应收账款	3 500 000	天成公司	2 000 000			美华公司	200 000
		大明公司	1 500 000	应付职工薪酬	80 000		
原材料	2 100 000	甲材料	1 600 000				
		乙材料	500 000	股本	7 000 000	蓝天公司	3 500 000
库存商品	1 200 000	A 产品	1 200 000			太和公司	3 500 000
固定资产	5 000 000			资本公积	400 000		
				累计折旧	300 000		

---

① 在我国,总分类账登记的直接依据不同,则形成不同的"会计核算形式",如记账凭证核算形式、科目汇总表核算形式、汇总记账凭证核算形式等。

（三）经济交易与事项

大地有限责任公司于 2019 年 10 月份发生下列经济交易与事项（代替原始凭证）：

（1）10 月 1 日，接银行通知，天成公司 2 000 000 元货款已经到账。

（2）10 月 3 日，销售给天成公司 3 000 件 A 产品，单位售价 280 元，货款 840 000 元收到存入银行（系转账支票付款）。

（3）10 月 5 日，开出转账支票一张，金额为 100 000 元，支付电视台产品广告费。

（4）10 月 6 日，开出金额为 200 000 元的转账支票一张，支付美华公司货款。

（5）10 月 10 日，从本市桑叶公司购入乙材料 10 000 公斤，单价 10.8 元，货款 108 000 元以银行存款（开出转账支票）支付，材料已经验收入库。

（6）10 月 15 日，用现金支付生产车间设备修理费用 500 元。

（7）10 月 19 日，收到环保部门罚单，开出转账支票支付罚款 40 000 元。

（8）10 月 21 日，以现金支付职工李阳保险金 680 元。

（9）10 月 23 日，销售给大明公司 4 000 件 B 产品，单位售价 80 元，货款 320 000 元暂未收到。

（10）10 月 25 日，开出转账支票一张，预付第二年度上半年房租租金 60 000 元。

（11）10 月 25 日，销售给天成公司 5 000 件 A 产品，单位售价 280 元，货款 1 400 000 元收到存入银行（系转账支票付款）。

（12）10 月 31 日，预提本月银行借款利息 28 000 元。

（13）10 月 31 日，计提本月固定资产折旧 40 000 元。其中，生产用固定资产折旧 30 000 元，行政管理部门用固定资产折旧 10 000 元。

（14）10 月 31 日，结算本月工资费用：生产 A 产品工人工资 120 000 元，B 产品工人工资 80 000 元，车间管理人员工资 20 000 元，行政管理人员工资 80 000 元。并按工资总额的 14% 计提职工福利费用。

（15）10 月 31 日，计算并结转本月耗用材料的实际成本（A 产品耗用甲材料 10 000 公斤、乙材料 8 000 公斤；B 产品耗用甲材料 6 000 公斤。该企业采用加权平均法计算确定耗用材料的实际成本）。

（16）10 月 31 日，归集并分配本月制造费用（A、B 产品按生产工人工资比例进行分配）。

（17）10 月 31 日，本月投产 A 产品 5 000 件、B 产品 10 000 件全部完工入库，计算结转其实际生产成本。

（18）10 月 31 日，计算结转本月所销售 A、B 产品的生产成本（该企业采用加权平均法计算确定销售产品的实际成本）。

（19）10 月 31 日，结转各种收入与费用，计算本月利润。

（20）10 月 31 日，按 25% 计算本月所得税数额，并将其转入本年利润账户，计算本月净利润。

注：所有金额计算结果精确至分。

二、会计循环过程及结果

（一）填制记账凭证

根据经济交易与事项所涉及的原始凭证，经审核后编制的记账凭证如下：

收 款 凭 证

借方科目：银行存款　　　　2019 年 10 月 1 日　　　　收字第 1 号

摘 要	贷方科目		记账符号	金 额	附件1张
	总账科目	明细账科目			
收回天成公司货款	应收账款	天成公司	√	2 000 000	
合　　计				￥2 000 000	

会计主管：唐瑭　　记账：李路　　出纳：王旺　　审核：丁定　　制证：赵成

收 款 凭 证

借方科目：银行存款　　　　2019 年 10 月 3 日　　　　收字第 2 号

摘 要	贷方科目		记账符号	金 额	附件3张
	总账科目	明细账科目			
销售 A 产品	主营业务收入		√	840 000	
合　　计				￥840 000	

会计主管：唐瑭　　记账：李路　　出纳：王旺　　审核：丁定　　制证：赵成

付 款 凭 证

贷方科目：银行存款　　　　2019 年 10 月 5 日　　　　付字第 1 号

摘 要	借方科目		记账符号	金 额	附件2张
	总账科目	明细账科目			
支付广告费	销售费用		√	100 000	
合　　计				￥100 000	

会计主管：唐瑭　　记账：李路　　出纳：王旺　　审核：丁定　　制证：赵成

付 款 凭 证

贷方科目：银行存款　　　　2019 年 10 月 6 日　　　　付字第 2 号

摘 要	借方科目		记账符号	金 额	附件2张
	总账科目	明细账科目			
支付美华公司货款	应付账款	美华公司	√	200 000	
合　　计				￥200 000	

会计主管：唐瑭　　记账：李路　　出纳：王旺　　审核：丁定　　制证：赵成

付 款 凭 证

贷方科目：银行存款　　　　　2019 年 10 月 10 日　　　　　付字第 3 号

摘　要	借方科目		记账符号	金　额
	总账科目	明细账科目		
购入乙材料	原材料	乙材料	√	108 000
合　计				￥108 000

附件 3 张

会计主管：唐瑭　　记账：李路　　出纳：王旺　　审核：丁定　　制证：赵成

付 款 凭 证

贷方科目：现金　　　　　2019 年 10 月 15 日　　　　　付字第 4 号

摘　要	借方科目		记账符号	金　额
	总账科目	明细账科目		
支付车间修理费	制造费用		√	500
合　计				￥500

附件 1 张

会计主管：唐瑭　　记账：李路　　出纳：王旺　　审核：丁定　　制证：赵成

付 款 凭 证

贷方科目：银行存款　　　　　2019 年 10 月 19 日　　　　　付字第 5 号

摘　要	借方科目		记账符号	金　额
	总账科目	明细账科目		
支付环保罚款	营业外支出		√	40 000
合　计				￥40 000

附件 2 张

会计主管：唐瑭　　记账：李路　　出纳：王旺　　审核：丁定　　制证：赵成

付 款 凭 证

贷方科目：库存现金　　　　　2019 年 10 月 21 日　　　　　付字第 6 号

摘　要	借方科目		记账符号	金　额
	总账科目	明细账科目		
李阳保险金	应付职工薪酬		√	680
合　计				￥680

附件 5 张

会计主管：唐瑭　　记账：李路　　出纳：王旺　　审核：丁定　　制证：赵成

转 账 凭 证

2019 年 10 月 23 日　　　　　转字第 1 号

摘　要	总账科目	明细账科目		借方金额	贷方金额
销售 B 产品	应收账款	大明公司	√	320 000	
	主营业务收入		√		320 000
合　计				￥320 000	￥320 000

附件 2 张

会计主管：唐瑭　　记账：李路　　审核：丁定　　制证：赵成

付 款 凭 证

贷方科目：银行存款　　　　2019 年 10 月 25 日　　　　　　付字第 7 号

摘　要	借方科目		记账符号	金　额
	总账科目	明细账科目		
预付房租费	预付账款		√	60 000
合　计				￥60 000

附件 2 张

会计主管：唐瑭　　记账：李路　　出纳：王旺　　审核：丁定　　制证：赵成

收 款 凭 证

借方科目：银行存款　　　　2019 年 10 月 25 日　　　　　　收字第 3 号

摘　要	贷方科目		记账符号	金　额
	总账科目	明细账科目		
销售 A 产品	主营业务收入		√	1 400 000
合　计				￥1 400 000

附件 2 张

会计主管：唐瑭　　记账：李路　　出纳：王旺　　审核：丁定　　制证：赵成

转 账 凭 证

2019 年 10 月 31 日　　　　　　转字第 2 号

摘　要	总账科目	明细账科目	√	借方金额	贷方金额
预提本月利息	财务费用		√	28 000	
	应付利息		√		28 000
合　计				￥28 000	￥28 000

附件 张

会计主管：唐瑭　　记账：李路　　审核：丁定　　制证：赵成

转 账 凭 证

2019 年 10 月 31 日　　　　　　转字第 3 号

摘　要	总账科目	明细账科目	√	借方金额	贷方金额
计提折旧费	制造费用		√	30 000	
	管理费用		√	10 000	
	累计折旧		√		40 000
合　计				￥40 000	￥40 000

附件 1 张

会计主管：唐瑭　　记账：李路　　审核：丁定　　制证：赵成

转 账 凭 证

2019 年 10 月 31 日　　　　　　　　　　　　　　转字第 4 号

摘　要	总账科目	明细账科目	√	借方金额	贷方金额
结算本月工资	生产成本	A 产品	√	120 000	
	生产成本	B 产品	√	80 000	
	制造费用		√	20 000	
	管理费用		√	80 000	
	应付职工薪酬		√		300 000
合　计				￥300 000	￥300 000

附件 1 张

会计主管：唐瑭　　记账：李路　　审核：丁定　　制证：赵成

转 账 凭 证

2019 年 10 月 31 日　　　　　　　　　　　　　　转字第 5 号

摘　要	总账科目	明细账科目	√	借方金额	贷方金额
计提职工福利费	生产成本	A 产品	√	16 800	
	生产成本	B 产品	√	11 200	
	制造费用		√	2 800	
	管理费用		√	11 200	
	应付职工薪酬		√		42 000
合　计				￥42 000	￥42 000

附件 1 张

会计主管：唐瑭　　记账：李路　　审核：丁定　　制证：赵成

转 账 凭 证

2019 年 10 月 31 日　　　　　　　　　　　　　　转字第 6 号

摘　要	总账科目	明细账科目	√	借方金额	贷方金额
结转耗用材料	生产成本	A 产品	√	881 080	
的实际成本	生产成本	B 产品	√	480 000	
	原材料	甲材料	√		1 280 000
	原材料	乙材料	√		81 080
合　计				￥1 361 080	￥1 361 080

附件 1 张

会计主管：唐瑭　　记账：李路　　审核：丁定　　制证：赵成

转 账 凭 证

2019 年 10 月 31 日　　　　　　　　　　　　　　转字第 7 号

摘　要	总账科目	明细账科目	√	借方金额	贷方金额
汇集与分配	生产成本	A 产品	√	31 980	
制造费用	生产成本	B 产品	√	21 320	
	制造费用		√		53 300
合　计				￥53 300	￥53 300

附件 1 张

会计主管：唐瑭　　记账：李路　　审核：丁定　　制证：赵成

转 账 凭 证

2019 年 10 月 31 日　　　　　　　　　　　转字第 8 号

摘　要	总账科目	明细账科目	√	借方金额	贷方金额
计算并结转完工	库存商品	A 产品	√	1 049 860	
产品生产成本	库存商品	B 产品	√	592 520	
	生产成本	A 产品	√		1 049 860
	生产成本	B 产品	√		592 520
合　计				¥1 642 380	¥1 642 380

附件 2 张

会计主管：唐瑭　　记账：李路　　审核：丁定　　制证：赵成

转 账 凭 证

2019 年 10 月 31 日　　　　　　　　　　　转字第 9 号

摘　要	总账科目	明细账科目	√	借方金额	贷方金额
计算并结转销售	主营业务成本		√	1 919 160	
产品生产成本	库存商品	A 产品	√		1 682 160
	库存商品	B 产品	√		237 000
合　计				¥1 919 160	¥1 919 160

附件 1 张

会计主管：唐瑭　　记账：李路　　审核：丁定　　制证：赵成

转 账 凭 证

2019 年 10 月 31 日　　　　　　　　　　　转字第 10 号

摘　要	总账科目	明细账科目	√	借方金额	贷方金额
结转各种收入	主营业务收入		√	2 560 000	
	本年利润		√		2 560 000
合　计				¥2 560 000	¥2 560 000

附件　张

会计主管：唐瑭　　记账：李路　　审核：丁定　　制证：赵成

转 账 凭 证

2019 年 10 月 31 日　　　　　　　　　　　转字第 11 号

摘　要	总账科目	明细账科目	√	借方金额	贷方金额
结转各种费用、成本、支出	本年利润		√	2 188 360	
	主营业务成本		√		1 919 160
	管理费用		√		101 200
	财务费用		√		28 000
	销售费用		√		100 000
	营业外支出		√		40 000
合　计				¥2 188 360	¥2 188 360

附件　张

会计主管：唐瑭　　记账：李路　　审核：丁定　　制证：赵成

转 账 凭 证

2019 年 10 月 31 日　　　　　　　　　　　转字第 12 号

摘　　要	总账科目	明细账科目	√	借方金额	贷方金额
计算本月所得税	所得税费用		√	92 910	
	应交税费		√		92 910
合　　计				￥92 910	￥92 910

附件 1 张

会计主管：唐瑭　　记账：李路　　审核：丁定　　制证：赵成

转 账 凭 证

2019 年 10 月 31 日　　　　　　　　　　　转字第 13 号

摘　　要	总账科目	明细账科目	√	借方金额	贷方金额
结转所得税	本年利润		√	92 910	
	所得税费用		√		92 910
合　　计				￥92 910	￥92 910

附件 1 张

会计主管：唐瑭　　记账：李路　　审核：丁定　　制证：赵成

（二）登记账簿

根据记账凭证登记总分类账、明细分类账以及现金和银行存款日记账（包含调整事项、收入与费用结转事项入账）如下：

1. 总分类账

会计科目：现金　　　　　　　　　　　　　　　　　　　　　　　　第 1 页

2019年		凭证		摘　　要	借　方	贷　方	借或贷	余　　额
月	日	字	号					
10	1			月初余额			借	25 000
10	15	付	4	支付车间修理费		500	借	24 500
10	21	付	6	李阳报销医药费		680	借	23 820
10	31			月末结账	0	1 180	借	23 820

会计科目：银行存款　　　　　　　　　　　　　　　　　　　　　　第 2 页

2019年		凭证		摘　　要	借　方	贷　方	借或贷	余　　额
月	日	字	号					
10	1			月初余额			借	1 820 000
10	1	收	1	收回天成公司货款	2 000 000		借	3 820 000
10	3	收	2	销售 A 产品	840 000		借	4 660 000
10	5	付	1	支付产品广告费用		100 000	借	4 560 000
				转次页	2 840 000	100 000	借	4 560 000

会计科目：银行存款　　　　　　　　　　　　　　　　　　　　　　　　　　　　　第 3 页

2019年		凭证		摘要	借方	贷方	借或贷	余额
月	日	字	号					
				承前页	2 840 000	100 000	借	4 560 000
10	6	付	2	支付美华公司货款		200 000	借	4 360 000
10	10	付	3	购入乙材料		108 000	借	4 252 000
10	19	付	5	支付环保罚款		40 000	借	4 212 000
				转次页	2 840 000	448 000	借	4 212 000

会计科目：银行存款　　　　　　　　　　　　　　　　　　　　　　　　　　　　　第 4 页

2019年		凭证		摘要	借方	贷方	借或贷	余额
月	日	字	号					
				承前页	2 840 000	448 000	借	4 212 000
10	25	付	7	预付房租费		60 000	借	4 152 000
10	25	收	3	销售A产品	1 400 000		借	5 552 000
10	31			月末结账	4 240 000	508 000	借	5 552 000

会计科目：应收账款　　　　　　　　　　　　　　　　　　　　　　　　　　　　　第 5 页

2019年		凭证		摘要	借方	贷方	借或贷	余额
月	日	字	号					
10	1			月初余额			借	3 500 000
10	1	收	1	收回天成公司货款		2 000 000	借	1 500 000
10	23	转	1	销售B产品	320 000		借	1 820 000
10	31			月末结账	320 000	2 000 000	借	1 820 000

会计科目：原材料　　　　　　　　　　　　　　　　　　　　　　　　　　　　　　第 6 页

2019年		凭证		摘要	借方	贷方	借或贷	余额
月	日	字	号					
10	1			月初余额			借	2 100 000
10	10	付	3	购入乙材料	108 000		借	2 208 000
10	31	转	6	结转耗用材料成本		1 361 080	借	846 920
10	31			月末结账	108 000	1 361 080	借	846 920

会计科目：库存商品　　　　　　　　　　　　　　　　　　　　　　　　　　　　第 7 页

2019年		凭证		摘　要	借　方	贷　方	借或贷	余　额
月	日	字	号					
10	1			月初余额			借	1 200 000
10	31	转	8	结转完工产品成本	1 642 380		借	2 842 380
10	31	转	9	结转销售产品成本		1 919 160	借	923 220
10	31			月末结账	1 642 380	1 919 160	借	923 220

会计科目：预付账款　　　　　　　　　　　　　　　　　　　　　　　　　　　　第 8 页

2019年		凭证		摘　要	借　方	贷　方	借或贷	余　额
月	日	字	号					
10	25	付	7	预付房租费	60 000		借	60 000
10	31			月末结账	60 000	0	借	60 000

会计科目：固定资产　　　　　　　　　　　　　　　　　　　　　　　　　　　　第 9 页

2019年		凭证		摘　要	借　方	贷　方	借或贷	余　额
月	日	字	号					
10	1			月初余额			借	5 000 000
10	31			月末结账	0	0	借	5 000 000

会计科目：累计折旧　　　　　　　　　　　　　　　　　　　　　　　　　　　　第 10 页

2019年		凭证		摘　要	借　方	贷　方	借或贷	余　额
月	日	字	号					
10	1			月初余额			贷	300 000
10	31	转	3	计提折旧费		40 000	贷	340 000
10	31			月末结账	0	40 000	贷	340 000

会计科目：短期借款　　　　　　　　　　　　　　　　　　　　　　　　　　　　　　　第 11 页

2019年		凭证		摘　要	借　方	贷　方	借或贷	余　额
月	日	字	号					
10	1			月初余额			贷	4 165 000
10	31			月末余额	0	0	贷	4 165 000

会计科目：应付账款　　　　　　　　　　　　　　　　　　　　　　　　　　　　　　　第 12 页

2019年		凭证		摘　要	借　方	贷　方	借或贷	余　额
月	日	字	号					
10	1			月初余额			贷	1 700 000
10	6	付	2	支付美华公司货款	200 000		贷	1 500 000
10	31			月末结账	200 000	0	贷	1 500 000

会计科目：应付职工薪酬　　　　　　　　　　　　　　　　　　　　　　　　　　　　　第 13 页

2019年		凭证		摘　要	借　方	贷　方	借或贷	余　额
月	日	字	号					
10	1			月初余额			贷	80 000
10	21	付	6	李阳报销医药费	680		贷	79 320
10	31	转	4	结算本月工资		300 000	贷	379 320
10	31	转	5	计提职工福利费		42 000	贷	421 320
10	31			月末结账	680	342 000	贷	421 320

会计科目：应付职工薪酬　　　　　　　　　　　　　　　　　　　　　　　　　　　　　第 14 页

2019年		凭证		摘　要	借　方	贷　方	借或贷	余　额
月	日	字	号					

会计科目：应交税费　　　　　　　　　　　　　　　　　　　　　　　　　第 15 页

2019年		凭证		摘　要	借　方	贷　方	借或贷	余　额
月	日	字	号					
10	31	转	12	计算本月所得税		92 910	贷	92 910
10	31			月末结账	0	92 910	贷	92 910

会计科目：应付利息　　　　　　　　　　　　　　　　　　　　　　　　　第 16 页

2019年		凭证		摘　要	借　方	贷　方	借或贷	余　额
月	日	字	号					
10	31	转	2	预提本月利息		28 000	贷	28 000
10	31			月末结账	0	28 000	贷	28 000

会计科目：股本　　　　　　　　　　　　　　　　　　　　　　　　　　　第 17 页

2019年		凭证		摘　要	借　方	贷　方	借或贷	余　额
月	日	字	号					
10	1			月初余额			贷	7 000 000
10	31			月末结账	0	0	贷	7 000 000

会计科目：资本公积　　　　　　　　　　　　　　　　　　　　　　　　　第 18 页

2019年		凭证		摘　要	借　方	贷　方	借或贷	余　额
月	日	字	号					
10	1			月初余额			贷	400 000
10	31			月末结账	0	0	贷	400 000

会计科目：本年利润　　　　　　　　　　　　　　　　　　　　　　　　　　　　　　第 19 页

2019年		凭证		摘　要	借　方	贷　方	借或贷	余　额
月	日	字	号					
10	31	转	10	结转各种收入		2 560 000	贷	2 560 000
10	31	转	11	结转各种成本、费用	2 188 360		贷	371 640
10	31	转	13	结转所得税	92 910		贷	278 730
10	31			月末结账	2 281 270	2 560 000	贷	278 730

会计科目：生产成本　　　　　　　　　　　　　　　　　　　　　　　　　　　　　　第 20 页

2019年		凭证		摘　要	借　方	贷　方	借或贷	余　额
月	日	字	号					
10	31	转	4	结算本月工资	200 000		借	200 000
10	31	转	5	计提职工福利费	28 000		借	228 000
10	31	转	6	结转耗用材料成本	1 361 080		借	1 589 080
10	31	转	7	分配制造费用	53 300		借	1 642 380
10	31	转	8	结转完工产品成本		1 642 380	平	0
10	31			月末结账	1 642 380	1 642 380	平	0

会计科目：制造费用　　　　　　　　　　　　　　　　　　　　　　　　　　　　　　第 21 页

2019年		凭证		摘　要	借　方	贷　方	借或贷	余　额
月	日	字	号					
10	15	付	4	支付车间修理费	500		借	500
10	31	转	3	计提折旧费	30 000		借	30 500
10	31	转	4	结算本月工资	20 000		借	50 500
10	31	转	5	计提职工福利费	2 800		借	53 300
10	31	转	7	分配制造费用		53 300	平	0
10	31			月末结账	53 300	53 300	平	0

会计科目：主营业务收入　　　　　　　　　　　　　　　　　　　　　　　　　　　　第 22 页

2019年		凭证		摘　要	借　方	贷　方	借或贷	余　额
月	日	字	号					
10	3	收	2	销售A产品		840 000	贷	840 000
10	23	转	1	销售B产品		320 000	贷	1 160 000
10	25	收	3	销售A产品		1 400 000	贷	2 560 000
10	31	转	10	转入本年利润账户	2 560 000		平	0
10	31			月末结账	2 560 000	2 560 000	平	0

会计科目：主营业务成本　　　　　　　　　　　　　　　　　　　　　　　第 23 页

2019年		凭证		摘　要	借　方	贷　方	借或贷	余　额
月	日	字	号					
10	31	转	9	已售产品生产成本	1 919 160		借	1 919 160
10	31	转	11	转入本年利润账户		1 919 160	平	0
10	31			月末结账	1 919 160	1 919 160	平	0

会计科目：销售费用　　　　　　　　　　　　　　　　　　　　　　　　　第 24 页

2019年		凭证		摘　要	借　方	贷　方	借或贷	余　额
月	日	字	号					
10	5	付	1	支付产品广告费用	100 000		借	100 000
10	31	转	11	转入本年利润账户		100 000	平	0
10	31			月末结账	100 000	100 000	平	0

会计科目：管理费用　　　　　　　　　　　　　　　　　　　　　　　　　第 25 页

2019年		凭证		摘　要	借　方	贷　方	借或贷	余　额
月	日	字	号					
10	31	转	3	计提折旧费	10 000		借	10 000
10	31	转	4	结算本月工资	80 000		借	90 000
10	31	转	5	计提职工福利费	11 200		借	101 200
10	31	转	11	转入本年利润账户		101 200	平	0
10	31			月末结账	101 200	101 200	平	0

会计科目：财务费用　　　　　　　　　　　　　　　　　　　　　　　　　第 26 页

2019年		凭证		摘　要	借　方	贷　方	借或贷	余　额
月	日	字	号					
10	31	转	2	预提本月利息	28 000		借	28 000
10	31	转	11	转入本年利润账户		28 000	平	0
10	31			月末结账	28 000	28 000	平	0

会计科目：营业外支出　　　　　　　　　　　　　　　　　　　　　　　　　第27页

2019年		凭证		摘　要	借　方	贷　方	借或贷	余　额
月	日	字	号					
10	19	付	5	支付环保罚款	40 000		借	40 000
10	31	转	11	转入本年利润账户		40 000	平	0
10	31			月末结账	40 000	40 000	平	0

会计科目：所得税费用　　　　　　　　　　　　　　　　　　　　　　　　　第28页

2019年		凭证		摘　要	借　方	贷　方	借或贷	余　额
月	日	字	号					
10	31	转	12	计算本月所得税	92 910		借	92 910
10	31	转	13	转入本年利润账户		92 910	平	0
10	31			月末结账	92 910	92 910	平	0

2. 明细分类账

总账科目：应收账款

明细科目：天成公司

2019年		凭证		摘　要	借　方	贷　方	借或贷	余　额
月	日	字	号					
10	1			月初余额			借	2 000 000
10	1	收	1	收回货款		2 000 000	平	0
10	31			月末结账	0	2 000 000	平	0

总账科目：应收账款

明细科目：大明公司

2019年		凭证		摘　要	借　方	贷　方	借或贷	余　额
月	日	字	号					
10	1			月初余额			借	1 500 000
10	23	转	1	销售产品	320 000		借	1 820 000
10	31			月末结账	320 000	0	借	1 820 000

总账科目：应付账款

明细科目：汉时公司

2019年		凭证		摘　要	借　方	贷　方	借或贷	余　额
月	日	字	号					
10	1			月初余额			贷	1 500 000
10	31			月末结账	0	0	贷	1 500 000

总账科目：应付账款

明细科目：美华公司

2019年		凭证		摘　要	借　方	贷　方	借或贷	余　额
月	日	字	号					
10	1			月初余额			贷	200 000
10	6	付	2	支付货款	200 000		平	0
10	31			月末结账	200 000	0	平	0

总账科目：股本

明细科目：蓝天公司

2019年		凭证		摘　要	借　方	贷　方	借或贷	余　额
月	日	字	号					
10	1			月初余额			贷	3 500 000
10	31			月末结账	0	0	贷	3 500 000

总账科目：股本

明细科目：太和公司

2019年		凭证		摘　要	借　方	贷　方	借或贷	余　额
月	日	字	号					
10	1			月初余额			贷	3 500 000
10	31			月末结账	0	0	贷	3 500 000

总账科目：原材料
明细科目：甲种材料　　　　　　　　　　　　　　　　　　　　　　　计量单位：公斤

2019年		凭证		摘要	收入			发出			结存		
月	日	字	号		数量	单价	金额	数量	单价	金额	数量	单价	金额
10	1			月初余额							20 000	80	1 600 000
10	31	转	6	耗用				16 000	80	1 280 000	4 000	80	320 000
10	31			月末结账	0	0	0	16 000	80	1 280 000	4 000	80	320 000

总账科目：原材料
明细科目：乙种材料　　　　　　　　　　　　　　　　　　　　　　　计量单位：公斤

2019年		凭证		摘要	收入			发出			结存		
月	日	字	号		数量	单价	金额	数量	单价	金额	数量	单价	金额
10	1			月初余额							50 000	10	500 000
10	10	付	3	购入	10 000	10.8	108 000				60 000		608 000
10	31	转	6	耗用				8 000	10.135	81 080	52 000	10.135	526 920
10	31			月末结账	10 000	10.8	108 000	8 000	10.135	81 080	52 000	10.135	526 920

总账科目：生产成本
明细科目：A产品

2019年		凭证		摘要	借方				贷方	借或贷	余额
月	日	字	号		材料	人工	费用	合计			
10	31	转	4	结算工资		120 000				借	120 000
10	31	转	5	计提福利费		16 800				借	136 800
10	31	转	6	耗用材料	881 080					借	1 017 880
10	31	转	7	分配制造费用			31 980	1 049 860		借	1 049 860
10	31	转	8	完工产品入库					1 049 860	平	0
10	31			月末结账	881 080	136 800	31 980	1 049 860	1 049 860	平	0

总账科目：生产成本
明细科目：B产品

2019年		凭证		摘要	借方				贷方	借或贷	余额
月	日	字	号		材料	人工	费用	合计			
10	31	转	4	结算工资		80 000				借	80 000
10	31	转	5	计提福利费		11 200				借	91 200
10	31	转	6	耗用材料	480 000					借	571 200
10	31	转	7	分配制造费用			21 320	592 520		借	592 520
10	31	转	8	完工产品入库					592 520	平	0
10	31			月末结账	480 000	91 200	21 320	592 520	592 520	平	0

总账科目：库存商品
明细科目：A 产品　　　　　　　　　　　　　　　　　　　　　　　　计量单位：件

2019年		凭证		摘要	收入			发出			结存		
月	日	字	号		数量	单价	金额	数量	单价	金额	数量	单价	金额
10	1			月初余额							5 700	210.53	1 200 000
10	31	转	8	完工入库	5 000	209.97	1 049 860				10 700	210.27	2 249 860
10	31	转	9	已销产品				8 000	210.27	1 682 160	2 700	210.27	567 700
10	31			月末结账	5 000	209.97	1 049 860	8 000	210.27	1 682 160	2 700	210.27	567 700

总账科目：库存商品
明细科目：B 产品　　　　　　　　　　　　　　　　　　　　　　　　计量单位：件

2019年		凭证		摘要	收入			发出			结存		
月	日	字	号		数量	单价	金额	数量	单价	金额	数量	单价	金额
10	31	转	8	完工入库	10 000	59.25	592 520				10 000	59.25	592 520
10	31	转	9	已销产品				4 000	59.25	237 000	6 000	59.25	355 520
10	31			月末结账	10 000	59.25	592 520	4 000	59.25	237 000	6 000	59.25	355 520

3. 现金日记账和银行存款日记账

现金日记账　　　　　　　　　　　　　　　　　　　　第78页

2019年		凭证		摘要	借方	贷方	余额
月	日	字	号				
10	1			月初余额			25 000
10	15	付	4	支付车间修理费		500	24 500
10	21	付	6	支付李阳保险金		680	23 820
10	31			月末结账	0	1 180	23 820

银行存款日记账　　　　　　　　　　　　　　　　　　第80页

2019年		凭证		摘要	借方	贷方	余额
月	日	字	号				
10	1			月初余额			1 820 000
10	1	收	1	收回天成公司货款	2 000 000		3 820 000
10	3	收	2	销售A产品	840 000		4 660 000
10	5	付	1	支付产品广告费用		100 000	4 560 000

续表

2019年		凭证		摘　要	借　方	贷　方	余　额
月	日	字	号				
10	6	付	2	支付美华公司货款		200 000	4 360 000
10	10	付	3	购入乙材料		108 000	4 252 000
10	19	付	5	支付环保罚款		40 000	4 212 000
10	25	付	7	预付房租费		60 000	4 152 000
10	25	收	3	销售A产品	1 400 000		5 552 000
10	31			月末结账	4 240 000	508 000	5 552 000

（三）期末结账

计算总分类账和明细分类账各账户、现金日记账与银行存款日记账的本期发生额及期末余额。结账结果详见各账簿及账页。

（四）期末核对账簿记录

经核对，期末时该公司账证、账账、账实相符。其中，该公司编制的试算平衡表如下：

大地有限责任公司试算平衡表

2019年10月　　　　　　　　　　　　　　　　　　　　单位：元

项　目	期初余额		本期发生额		期末余额	
总账	借方	贷方	借方	贷方	借方	贷方
库存现金	25 000		0	1 180	23 820	
银行存款	1 820 000		4 240 000	508 000	5 552 000	
应收账款	3 500 000		320 000	2 000 000	1 820 000	
原材料	2 100 000		108 000	1 361 080	846 920	
库存商品	1 200 000		1 642 380	1 919 160	923 220	
预付账款	0		60 000	0	60 000	
固定资产	5 000 000		0	0	5 000 000	
累计折旧		300 000	0	40 000		340 000
短期借款		4 165 000	0	0		4 165 000
应付账款		1 700 000	200 000	0		1 500 000
应付职工薪酬		80 000	680	342 000		421 320
应交税费		0	0	92 910		92 910
应付利息		0	0	28 000		28 000
股　本		7 000 000	0	0		7 000 000

续表

总账\项目	期初余额		本期发生额		期末余额	
	借方	贷方	借方	贷方	借方	贷方
资本公积		400 000	0	0		400 000
本年利润			2 281 270	2 560 000		278 730
生产成本	0		1 642 380	1 642 380		
制造费用			53 300	53 300		
主营业务收入			2 560 000	2 560 000		
主营业务成本			1 919 160	1 919 160		
销售费用			100 000	100 000		
管理费用			101 200	101 200		
财务费用			28 000	28 000		
营业外支出			40 000	40 000		
所得税费用			92 910	92 910		
合计	13 645 000	13 645 000	15 389 280	15 389 280	14 225 960	14 225 960

（五）编制资产负债表和利润表

在核对账目的基础上，大地有限责任公司编制2019年10月的资产负债表、利润表（现金流量表略）[①]如下：

资　产　负　债　表

编制单位：大地有限责任公司　　　　2019年10月31日　　　　　　　　单位：元

资　　产	期末数	负债及所有者权益	期末数
流动资产：		流动负债：	
货币资金	5 575 820	短期借款	4 165 000
交易性金融资产		交易性金融负债	
应收票据		应付票据	
应收账款	1 820 000	应付账款	1 500 000
预付账款	60 000	预收账款	
应收利息		应付职工薪酬	421 320
其他应收款		应交税费	92 910
存货	1 770 140	应付利息	28 000
其他流动资产		应付股利	

---

① 为了简化起见，本案例中编制的资产负债表只列示"期末数（年末数）"而未列示"年初数"，利润表中只列示"本期数"而未列示"本年累计数"，并列示了未分配利润信息。

续表

资产	期末数	负债及所有者权益	期末数
流动资产合计	9 225 960	其他流动负债	
非流动资产：		流动负债合计	6 207 230
债权投资		非流动负债：	
其他债权投资		长期借款	
长期股权投资		长期应付款	
其他权益工具投资		预计负债	
固定资产	4 660 000	其他非流动负债	
在建工程		非流动负债合计	
无形资产		负债合计	6 207 230
商誉		所有者权益：	
长期待摊费用		实收资本（或股本）	7 000 000
其他非流动资产		资本公积	400 000
非流动资产合计	4 660 000	盈余公积	
		未分配利润	278 730
		所有者权益合计	7 678 730
资产总计	13 885 960	负债和所有者权益总计	13 885 960

利 润 表

编制单位：大地有限责任公司　　　　　2019 年 10 月　　　　　单位：元

项 目	本期金额
一、营业收入	2 560 000
减：营业成本	1 919 160
税金及附加	0
销售费用	100 000
管理费用	101 200
研发费用	0
财务费用	28 000
加：其他收益	0
投资收益	0
公允价值变动收益	0
资产减值损失	0
资产处置收益	0
二、营业利润	411 640
加：营业外收入	0
减：营业外支出	40 000
三、利润总额	371 640

续表

项　目	本期金额
减：所得税费用	92 910
四、净利润	278 730
（一）持续经营净利润	278 730
（二）终止经营净利润	0
五、其他综合收益的税后净额	0
六、综合收益总额	278 730
七、每股收益：	
（一）基本每股收益	—
（二）稀释每股收益	—

附　录

国外企业会计循环过程
——以美国企业为例

在美国，企业会计循环的基本过程与我国企业相同，但具体流程稍有差异。当经济交易与事项发生以后，先根据确认和计量结果在"日记账"（分录簿）中编制会计分录，再过账，即将分录簿内容记入分类账（总账和明细账）；会计期末，先编制试算平衡表，再依据权责发生制（应计基础）进行账项调整，然后编制"调整后试算表"；最后，根据试算表和账户资料，编制资产负债表、收益表（利润表）等财务报表，并结转损益类账户（有些企业还编制"结账后试算表"）。美国企业的会计循环过程如附图9-1所示。

美国企业会计循环的主要步骤如下：

1. 分析经济交易，登记日记账（即分录簿）

在美国，会计循环过程的起点同样是分析经济交易并编制会计分录。与我国不同的是，美国企业的会计分录编制是在"日记账簿"中进行的。日记账簿被称为"原始分录簿（Book of Original Entry）"，简称"分录簿"。分录簿是将各项经济交易与事项记入总分类账户的直接依据。

美国的"日记账簿"不同于我国的"日记账"，其实际上相当于我国企业的记账凭证，其基本功能是体现分录记录，即编制会计分录。在美国企业会计实务中，日记账簿分为"普通日记账（General Journal）"和"特种日记账（Special Journal）"。普通日记账用来反映全部经济交易与事项发生后所编制的会计分录。特种日记账是用来记录某一特定类型经济交易的原始分录簿，如"销货日记账""购货日

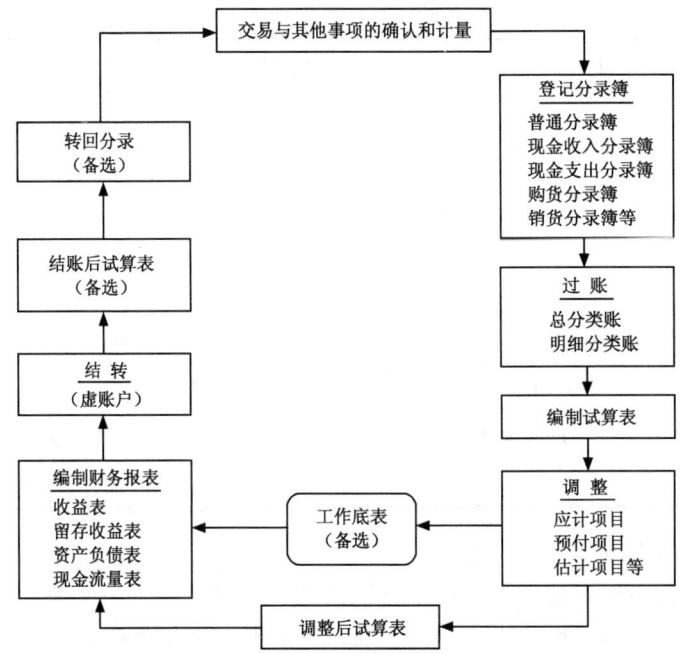

附图 9-1　美国企业的会计循环过程

记账""现金收入日记账""现金支出日记账"等。特种日记账的记录结果可以用来作为汇总登记有关总分类账的依据。使用特种日记账,可以节省编制会计分录和过账的时间,满足管理方面的要求。

在美国企业中,当经济交易发生后,需要根据相关的原始凭证对其进行会计确认和计量,并确定应借记和贷记的账户名称及其金额,然后按照经济交易发生的先后顺序在日记账(分录簿)中编制会计分录,并在会计分录之后对相应的经济交易内容做出简要说明。

美国戈雷公司的普通日记账(分录簿)如附表 9-1 所示。

附表 9-1　　　　　　　　戈雷公司普通日记账
(Gelei Company General Journal)　　　　　第 7 页 (Page 7)

日期 (Date)		账户名称与说明 (Account Titles and Explanation)	过账依据 (Post. Ref.)	借方 (Debit)	贷方 (Credit)
2019 年 8 月	2 日	卡车 (Trucks)	015	5 000	
		现金 (Cash)	001		5 000
		记录购入 4 台运输车			

续表

日期 (Date)		账户名称与说明 (Account Titles and Explanation)	过账依据 (Post. Ref.)	借方 (Debit)	贷方 (Credit)
	3日	预付租金（Prepaid Rent）	027	1 200	
		现金（Cash）	001		1 200
		已支付的3个月房屋租金			
	3日	库存物品（Supplies on Hand）	029	1 400	
		应付账款（Accounts Payable）	046		1 400
		记录购入备用的物品			

2. 登记分类账簿

在日记账簿中对经济交易进行序时记录之后，需要将日记账簿中各会计分录的金额转记到相关的分类账户中，即"过账"。与我国的分类账登记类似，美国企业的分类账户也是用来提供会计要素某一具体内容的系统信息，每一个分类账户都要对某一特定要素项目的增减变化过程和结果进行连续、系统地记录。

分类账簿分为总分类账和明细分类账两种。总分类账对所属明细分类账起控制作用，属于"控制账户"。

在过账时，除了将日记账簿中各会计分录的金额以及其对应的交易日期转记到分类账簿中以外，还应将日记账簿的页码（表明分录的位置）记载在分类账户的相关栏目内。同时，将分类账户的代码记入到日记账簿的相关栏目内，以反映相关数据的来龙去脉。

根据附表9-1戈雷公司日记账登记总分类账，其结果如附表9-2所示。

附表9-2　　　　　戈雷公司总分类账（General Ledger）

现　金（Cash）　　账户编号：001（Account No. 001）

日　期 (Date)		说　明 (Explanation)	过账依据 (Post. Ref.)	借方 (Debit)	贷方 (Credit)	余额 (Balance)	
2019年 8月	1日	期初余额				16 000	Dr.
	2日	购买卡车	G7		5 000	11 000	Dr.
	3日	支付3个月房租	G7		1 200	9 800	Dr.

卡 车（Trucks） 账户编号：015（Account No. 015）

日期 (Date)		说明 (Explanation)	过账依据 (Post. Ref.)	借方 (Debit)	贷方 (Credit)	余额 (Balance)	
2019年 8月	1日	期初余额				260 000	Dr.
	2日	购买卡车	G7	5 000		265 000	Dr.

预付租金（Prepaid Rent） 账户编号：027（Account No. 027）

日期 (Date)		说明 (Explanation)	过账依据 (Post. Ref.)	借方 (Debit)	贷方 (Credit)	余额 (Balance)	
2019年 8月	1日	期初余额				100	Dr.
	3日	支付3个月房租	G7		1 200	1 300	Dr.

库存物品（Supplies on Hand） 账户编号：029（Account No. 029）

日期 (Date)		说明 (Explanation)	过账依据 (Post. Ref.)	借方 (Debit)	贷方 (Credit)	余额 (Balance)	
2019年 8月	1日	期初余额				240 000	Dr.
	3日	购买物品	G7	1 400		241 400	Dr.

应付账款（Accounts Payable） 账户编号：046（Account No. 046）

日期 (Date)		说明 (Explanation)	过账依据 (Post. Ref.)	借方 (Debit)	贷方 (Credit)	余额 (Balance)	
2019年 8月	1日	期初余额				40 000	Cr.
	3日	购买物品	G7		1 400	41 400	Cr.

3. 编制调整前试算表

期末，当全部经济交易均已记入账户后，编制"试算表（Trial Balance）"。由于此时尚未根据应计基础对有关跨期项目进行调整，因此，该试算表被称为"调整前试算表（Unadjusted Trial Balance）"。

美国安迪生快运公司是一家新成立的主要提供快速运输业务的小型企业。2019年9月该公司编制的调整前试算表如附表9-3所示。

附表9-3　　　　　安迪生快运公司调整前试算表

2019年9月30日

账户名称 （Account Titles）	借方余额 （Debit）	贷方余额 （Credit）
现金（Cash）	$ 8 250	
应收账款（Account Receivable）	5 200	
库存物品（Supplies on Hand）	1 400	
预付保险费（Prepaid Insurance）	2 400	
预付租金（Prepaid Rent）	1 200	
卡车（Trucks）	40 000	
应付账款（Account Payable）		$ 730
未实现运费收入（Unearned Delivery Fees）		4 500
股本（Capital）		50 000
股东提款（Drawing）	3 000	
服务收入（Service Revenue）		10 700
广告费用（Advertising Expense）	50	
燃料费用（Gas and Oil Expense）	680	
工薪费用（Salaries Expense）	3 600	
公用事业费用（Utilities Expense）	150	
保险费用（Insurance Expense）	0	
房租费用（Rent Expense）	0	
物品消耗（Supplies Expense）	0	
折旧费用（Depreciation Expense）	0	
累计折旧（Accumulated Depreciation）	0	
应付工薪（Salaries Payable）	0	
合　计（Totals）	$ 65 930	$ 65 930

4. 期末调整有关账项

期末按应计基础调整有关账项，主要涉及与费用、收入相关的应计项目、预付项目和估计项目等。假设安迪生快运公司2019年9月末编制的调整分录如附表9-4所示（该公司据此调整了相关账户记录）。

附表 9-4　　　　安迪生快运公司普通日记账　　　　第 99 页（Page 99）

日　期 (Date)		账户名称与说明 (Account Titles and Explanation)	过账依据 (Post. Ref.)	借方 (Debit)	贷方 (Credit)
2019 年 9 月	30 日	保险费用 (Insurance Expense)		200	
		预付保险费（Prepaid Insurance）			200
		记录 9 月份保险费用			
	30 日	房租费用（Rent Expense）		400	
		预付租金（Prepaid Rent）			400
		记录 9 月份房屋费用			
2019 年 9 月	30 日	物品消耗（Supplies Expense）		500	
		库存物品（Supplies on Hand）			500
		记录 9 月份物品消耗			
	30 日	折旧费用（Depreciation Expense）		750	
		累计折旧 (Accumulated Depreciation)			750
		记录 9 月份卡车折旧费用			
	30 日	未实现运费收入 (Unearned Delivery Fees)		1 500	
		服务收入（Service Revenue）			1 500
		确认和记录 9 月份运费收入			
	30 日	应收账款（Account Receivable）		1 000	
		服务收入（Service Revenue）			1 000
		记录 9 月份已经完成运输服务但尚 未收到款项的服务收入			
	30 日	工薪费用（Salaries Expense）		180	
		应付工薪（Salaries Payable）			180
		确认和记录 9 月份未支付的工薪 费用			

5. 编制调整后试算表

在将调整分录过入相关账户后，应当编制"调整后试算表"。安迪生快运公司编制的调整后试算表如附表 9-5 所示。

附表 9-5　　　　　　　　安迪生快运公司调整后试算表
2019 年 9 月 30 日

账户名称 （Account Titles）	借方余额 （Debit）	贷方余额 （Credit）
现金（Cash）	$ 8 250	
应收账款（Account Receivable）	6 200	
库存物品（Supplies on Hand）	900	
预付保险费（Prepaid Insurance）	2 200	
预付租金（Prepaid Rent）	800	
卡车（Trucks）	40 000	
应付账款（Account Payable）		$ 730
未实现运费收入（Unearned Delivery Fees）		3 000
股本（Capital）		50 000
股东提款（Drawing）	3 000	
服务收入（Service Revenue）		13 200
广告费用（Advertising Expense）	50	
燃料费用（Gas and Oil Expense）	680	
工薪费用（Salaries Expense）	3 780	
公用事业费用（Utilities Expense）	150	
保险费用（Insurance Expense）	200	
房租费用（Rent Expense）	400	
物品消耗（Supplies Expense）	500	
折旧费用（Depreciation Expense）	750	
累计折旧（Accumulated Depreciation）		750
应付工薪（Salaries Payable）		180
合　计（Totals）	$ 67 860	$ 67 860

在美国企业的会计实务中，试算表（包括调整前和调整后的试算表）的编制可以通过"工作底表（Work Sheet）"来完成。该工作底表可以将调整前的账户记录、调整分录记录、调整后的账户记录、资产负债表和收益表编制需要的基本数据等全面、清晰地反映出来。安迪生快运公司 2019 年 9 月份可以编制如附表 9-6 所示的"工作底表"。

6. 编制财务报表

安迪生快运公司 2019 年 9 月份根据试算表和账户资料，编制的收益表和资产负债表分别如附表 9-7 和附表 9-8 所示。

附表 9-6　安迪生快运公司工作底表（Worksheet）
2019 年 9 月

账户名称 (Account Titles)	试算表 (trial balance) 借方(Debit)	试算表 贷方(Credit)	调整 (adjustments) 借方(Debit)	调整 贷方(Credit)	调整后试算表 (adjusted trial balance) 借方(Debit)	调整后试算表 贷方(Credit)	收益表 (income statement) 借方(Debit)	收益表 贷方(Credit)	资产负债表 (balance sheet) 借方(Debit)	资产负债表 贷方(Credit)
现金（Cash）	8 250				8 250				8 250	
应收账款（Account Receivable）	5 200		(6) 1 000		6 200				6 200	
库存物品（Supplies on Hand）	1 400			(3) 500	900				900	
预付保险费（Prepaid Insurance）	2 400			(1) 200	2 200				2 200	
预付租金（Prepaid Rent）	1 200			(2) 400	800				800	
卡车（Trucks）	40 000				40 000				40 000	
应付账款（Account Payable）		730				730				730
未实现运费收入（Unearned Delivery Fees）		4 500	(5) 1 500			3 000				3 000
股本（Capital）		50 000				50 000				50 000
股东提款（Drawing）	3 000				3 000				3 000	
服务收入（Service Revenue）		10 700		(5) 1 500 (6) 1 000		13 200		13 200		

续表

账户名称 (Account Titles)	试算表 (trial balance)		调整 (adjustments)		调整后试算表 (adjusted trial balance)		收益表 (income statement)		资产负债表 (balance sheet)	
	借方 (Debit)	贷方 (Credit)	借方 (Debit)	贷方 (Credit)	借方 (Debit)	贷方 (Credit)	借方 (Debit)	贷方 (Credit)	借方 (Debit)	贷方 (Credit)
广告费用 (Advertising Expense)	50				50		50			
燃料费用 (Gas and Oil Expense)	680				680		680			
工薪费用 (Salaries Expense)	3 600		(7) 180		3 780		3 780			
公用事业费用 (Utilities Expense)	150				150		150			
保险费用 (Insurance Expense)			(1) 200		200		200			
房租费用 (Rent Expense)			(2) 400		400		400			
物品消耗 (Supplies Expense)			(3) 500		500		500			
折旧费用 (Depreciation Expense)			(4) 750		750		750			
累计折旧 (Accumulated Depreciation)				(4) 750		750				750
应付工薪 (Salaries Payable)				(7) 180		180				180
	65 930	65 930	4 530	4 530	67 860	67 860	6 510	13 200	61 350	54 660
净收益 (Net Income)							6 690			6 690
							13 200	13 200	61 350	61 350

附表 9-7　　　　　　　　安迪生快运公司收益表
2019 年 9 月

收入（Revenues）：
　服务收入（Service Revenue）　　　　　　　　　　　　　　　　　　　　$ 13 200
费用（Expenses）：
　广告费用（Advertising Expense）　　　　　　$ 50
　燃料费用（Gas and Oil Expense）　　　　　　680
　工薪费用（Salaries Expense）　　　　　　　　3 780
　公用事业费用（Utilities Expense）　　　　　　150
　保险费用（Insurance Expense）　　　　　　　200
　房租费用（Rent Expense）　　　　　　　　　　400
　物品消耗（Supplies Expense）　　　　　　　　500
　折旧费用（Depreciation Expense）　　　　　　750
　费用合计（Total expenses）　　　　　　　　　　　　　　　　　　　　　　6 510
净收益（Net Income）　　　　　　　　　　　　　　　　　　　　　　　　　$ 6 690

附表 9-8　　　　　　　安迪生快运公司资产负债表
2019 年 9 月 30 日

　　　　　　　资产（Assets）
现金（Cash）　　　　　　　　　　　　　　　　　　　　　　　　　　　　$ 8 250
应收账款（Account Receivable）　　　　　　　　　　　　　　　　　　　　6 200
库存物品（Supplies on Hand）　　　　　　　　　　　　　　　　　　　　　900
预付保险费（Prepaid Insurance）　　　　　　　　　　　　　　　　　　　2 200
预付租金（Prepaid Rent）　　　　　　　　　　　　　　　　　　　　　　　800
卡车（Trucks）　　　　　　　　　　　　　　　$ 40 000
减：累计折旧（Accumulated Depreciation）　　　　750　　　　　　　　　　39 250
资产总额（Total assets）　　　　　　　　　　　　　　　　　　　　　　　$ 57 600
　　　　负债及股东权益（Liabilities and Owner' Equity）
负债（Liabilities）：
　应付账款（Account Payable）　　　　　　　　　　　　　　　　　　　　$ 730
　未实现运费收入（Unearned Delivery Fees）　　　　　　　　　　　　　　3 000
　应付工薪（Salaries Payable）　　　　　　　　　　　　　　　　　　　　　180
　总负债（Total liabilities）　　　　　　　　　　　　　　　　　　　　　$ 3 910
股东权益（Owner' Equity）：
　股本（Capital）　　　　　　　　　　　　　　　　　　　　　　　　　　53 690
负债与股东权益总额（Total liabilities and owner' equity）　　　　　　　　$ 57 600

注：股本金额 53 690 = 50 000 + 6 690 - 3 000。

7. 结转过渡性账户

企业编制财务报表后，应当对过渡性账户进行结转。过渡性账户又称"虚账户

(Nominal Accounts, Temporary Accounts)",其主要指记录直接计入当期损益的有关收入和费用的账户。计入当期损益的收入和费用,应当分别从有关收入、费用账户结转至"损益"账户(Income Summary Account)。损益账户的余额,也应当结转至相应股东权益账户。

在美国,有些企业在结转过渡性账户后,还编制"结账后试算表(Post-closing Trial Balance)"。

思考题

1. 如何理解会计循环的含义?
2. 如何理解和描述企业会计循环的基本过程?
3. 我国企业会计循环的具体过程与特征是什么?
4. 会计循环与会计确认、计量、记录和报告是什么关系?
5. 美国企业会计循环的具体过程与特征是什么?

练习题

目的:掌握会计循环过程与方法

1. 公司背景资料

(1) 阳光公司于2016年成立,主要生产实木家具,属中型企业。按现代企业制度的要求,该公司设立了股东会、董事会、监事会,具有较为完善的公司治理结构。现任公司董事长为唐谋,总经理为诸葛亮。

(2) 阳光公司严格依照财政部《企业内部控制规范》,建立健全了内部会计控制制度,并确保其有效运行。公司内部设置"会计部"负责企业的会计工作,刘钡为该部门的负责人。会计岗位设置及分工情况如下:出纳员张菲(助理会计师,负责现金、银行存款管理和登记其日记账)、记账员关云常(助理会计师,主要负责编制记账凭证等)、记账员赵子农(会计师,主要负责登记总分类账等)、稽核周毓(会计师,主要负责账目稽核等)。

(3) 截至2018年底,阳光公司的注册资本总额已达到30 000 000元。

2. 公司2019年12月初有关账户的余额资料如下(单位:元):

(1) 总账借方余额:

科目名称	余额	科目名称	余额	科目名称	余额
库存现金	2 000	银行存款	5 000 000	应收账款	7 000 000
原材料	1 000 000	库存商品	900 000	预付长期待摊费用	15 000
长期股权投资	8 000 000	固定资产	24 000 000		

(2) 总账贷方余额：

科目名称	余　额	科目名称	余　额	科目名称	余　额
累计折旧	4 700 000	短期借款	60 000	应付账款	200 000
		应付职工薪酬	1 140 000	应交税费	60 000
应付利息	2 000	实收资本	30 000 000	资本公积	755 000
盈余公积	7 200 000	本年利润	800 000	利润分配	1 000 000

(3) 明细账借方余额：

应收账款（澜湖公司）6 000 000　　　应收账款（星光公司）1 000 000

原材料（甲种材料，1 000公斤）　　　原材料（乙种材料，500公斤）
　　　800 000　　　　　　　　　　　　　　　200 000

A产品（600件）600 000　　　　　　　B产品（500件）300 000

生产成本（A产品）0　　　　　　　　生产成本（B产品）0

(4) 明细账贷方余额：

应付账款（春华公司）150 000　　　　应付账款（秋实公司）50 000

3. 阳光公司2007年12月所发生的经济交易与事项（代替原始凭证）如下：

(1) 1日，职工张明报销保险金3 000元，会计部审核后签发现金支票支付。

(2) 2日，用银行存款偿付前欠春华公司的购货款150 000元。

(3) 2日，从银行提取现金1 000 000元，准备发放工资。

(4) 3日，以现金发放应付上月职工工资1 000 000元。

(5) 4日，收到投资者追加投入的机器设备一台，投资各方确认的价值为280万元；另外还接受投资者以专利权进行的投资，作价20万元。根据协议，投资者在企业注册资本中所占的份额共计270万元。

(6) 4日，销售人员李胜因出差预借差旅费600元，企业会计部门当即以现金支付。

(7) 4日，购买500公斤甲种材料，买价及运费等合计390 000元，单位成本为每公斤780元；另外，购入乙种材料200公斤，买价及运费合计76 000元，单位成本为每公斤380元。上述原材料均已验收入库且款项均以银行存款付清。

(8) 5日，生产A产品领用甲种材料1 200公斤，生产B产品领用乙种材料600公斤。假设阳光公司对发出原材料采用先进先出法计价，则生产A产品耗用材料的实际成本为956 000（1 000×800+200×780）元，生产B产品耗用材料的实际成本为238 000（500×400+100×380）元。

(9) 6日，收到澜湖公司偿付的前欠购货款6 000 000元，已存入银行。

(10) 8日，向秋实公司购入汽车一台，车价150 000元，购置税等费用计21 000元，款项尚未支付。

(11) 10日，李胜出差回来报销差旅费400元，并以现金退回原预支差旅费200元。

（12）12 日，销售 A 产品 500 件，单价 1 800 元；销售 B 产品 300 件，单价 1 000 元，货款共计 1 200 000 元已收到存入银行。

（13）12 日，用银行存款支付销售产品的运杂费 10 000 元。

（14）15 日，向星光公司销售甲种材料 100 公斤，售价为 90 000 元，货款尚未收到。所计算确定的该批材料的实际成本为 78 000 元。

（15）18 日，以银行存款 329 000 元购买设备一台。

（16）20 日，公司因故被处以罚款 5 000 元，已用银行存款交纳。

（17）28 日，发现账外设备一台，其重置价值为 20 000 元。公司决定将该项盘盈资产作营业外收入处理。

（18）31 日，摊销应由本月负担的公司行政管理部门房租费用 15 000 元。

（19）31 日，针对短期借款，预提本月应负担的借款利息费用 1 000 元。

（20）31 日，收到邑东公司分来的投资收益 160 000 元，已存入银行（阳光公司持有邑东公司 1% 的股权）。

（21）31 日，结算本月员工的工资费用：生产 A 产品工人的工资为 120 000 元，生产 B 产品工人的工资为 80 000 元，车间管理人员的工资为 10 000 元，公司管理人员的工资为 90 000 元。

（22）31 日，按工资总额的 14% 计提职工福利费。

（23）31 日，提取本月固定资产折旧费用 100 000 元。其中，车间生产用固定资产折旧 80 000 元，公司行政管理用固定资产折旧 20 000 元。

（24）31 日，汇集全月制造费用，并按 A、B 两种产品的直接人工比例（3∶2）在两种产品之间分配。

（25）31 日，本月投产的 A、B 两种产品全部完工入库，其中 A 产品 1 000 件，B 产品 600 件。

（26）31 日，按产品销货收入（不包括材料销售收入）的 5% 计算营业税金 60 000（1 200 000×5%）元。

（27）31 日，计算结转本月已售 A 产品的生产成本 500 000 元，B 产品生产成本 180 000 元（阳光公司对发出商品采用先进先出法计价）。

（28）31 日，将各损益类账户的余额结转至"本年利润"账户，计算本期损益。

（29）31 日，按 25% 的税率计提应交所得税 124 500 元，并将其转入"本年利润"账户。

（30）31 日，提取法定盈余公积金 37 350 元和任意盈余公积金 18 675 元。

（31）31 日，根据公司股东会决议，决定以现金方式向投资者分红，总额为 50 000 元。

（32）31 日，将"本年利润"账户中所结算出的本年净利润转入到"利润分配——未分配利润"明细账户中，同时，将"利润分配"账户下其他明细账户的余额转入到"利润分配——未分配利润"明细账户中(以确定经过一系列利润分配后公司的未分配利润数额)。

4. 要求

(1) 根据所给资料,列示该公司编制的收款凭证、付款凭证和转账凭证。

(2) 列示该公司所登记的日记账、明细账和总账的结果。

(3) 列示阳光公司 2019 年 12 月份的"试算平衡表"。

(4) 列示阳光公司 2019 年 12 月份的资产负债表和利润表。

(5) 假设记账员将第 13 项交易重复记账一次,请问会导致该月份哪些会计资料(或信息)出现何种结果的错误?

(6) 假设记账员误将第 14 项交易中的材料实际成本计算为 87 000 元,请问会对该公司当月的财务报表产生什么影响?

第十章

会计规范

企业会计行为不仅影响企业经营管理的效果,而且影响社会经济资源的配置效率。为此,各国政府均以不同方式对企业会计行为进行约束[①]。本章主要阐述我国会计法律法规制度体系及其构成,并简要介绍我国颁布的会计法、企业财务会计报告条例、企业会计准则、会计基础工作规范等会计规范的主要内容。

第一节 会计规范体系

一、会计规范的含义与目标

规范意指"标准""法式",如道德规范、技术规范等。会计规范是关于经济组织(或单位)会计行为的标准或法式。如我国针对企业等经济组织的会计机构及其会计人员的会计核算、会计监督行为所制定的《中华人民共和国会计法》,针对企业会计确认、计量、记录和报告行为所制定的《企业会计准则》,美国财务会计准则委员会针对企业会计确认、计量与报告行为所制定的"财务会计准则公告"及其"解释",以及国际会计准则理事会发布的《国际财务报告准则》(IFRS)等,均属于会计规范的内容。

会计规范可以按不同标准进行分类。从规范的对象或内容看,会计规范包括关于会计组织的规范、关于会计人员素质的规范、关于会计信息加工与披露的规范、关于会计职业道德的规范等;从规范的形成方式看,会计规范分为从会计实践中自发形成的规范和由人们通过一定形式制定的规范两类,前者有如源自于长期会计实务经验总结的各种"会计惯例",后者包括由国家立法机构、政府部门、会计专业团体以及企业自身等制定的各种法律、法规和制度;从规范的制约方式看,会计规范分为强制(他律)性会计规范、自律性会计规范以及他律与自律相结合的会计规

[①] 《中华人民共和国会计法》等法律法规不仅适用于企业单位,也适用于非企业的经济组织(如政府机构、社会团体、事业单位等)。

范等。在我国，全国人民代表大会、国务院及其下属政府部门或机构等制定和颁布的会计法律、法规与制度等，均属于强制性会计规范。

在会计规范体系中，关于企业经济组织的会计确认、计量、记录和报告的规范（即企业会计准则）是核心会计规范。基于企业会计信息在社会经济活动的特殊功能，各国政府都十分重视企业会计准则的制定。而且，从会计规范的演变历史来看，一旦关于会计组织、会计人员素质、会计职业道德等基础性会计规范建立健全后，会计规范建设的重点便集中在企业会计准则上。美国一般公认会计原则（GAAP）的制定与发展、我国企业会计制度的改革历程等，均证明了这点。

会计规范的目的在于对经济组织及其会计人员的会计行为进行约束和引导，使之符合社会经济制度合理安排的需要。从微观角度看，制定科学的会计规范可以保证企业等经济组织所提供的会计信息的真实性，并确保其财产安全、完整；从宏观层面看，会计规范本身已经成为社会经济制度的重要组成部分，其关系到经济资源能否得到合理配置、经济利益分配格局是否符合"公平"原则。从另一方面看，会计规范不仅是企业等经济组织实施会计行为的依据和标准，同时也是评价企业等经济组织会计行为与会计工作质量的依据和标准。

二、我国会计法律法规制度体系结构

我国的会计法律法规制度体系是指针对企业等经济组织或单位及其会计机构、会计人员的会计行为所制定的法律、法规和制度等的总称。在我国，会计法律法规制度主要包括由全国人民代表大会通过并颁布的《中华人民共和国会计法》，国务院颁布的《企业财务会计报告条例》，财政部制定并发布的《企业会计准则》《会计基础工作规范》，中国证券监督管理委员会制定并发布的《上市公司信息披露管理办法》等等。同时，我国的《公司法》《证券法》《税法》《注册会计师法》《审计法》以及《总会计师条例》《股票发行与交易管理暂行条例》等法规，也对我国企业等经济组织及其会计行为产生重大影响。

我国的会计法律法规制度建设始于新中国成立之际。与我国的社会经济制度与经济体制的建立和发展相适应，我国会计法律法规制度建设同样取得了历史性的成就。改革开放以来，经过 40 多年的改革和发展，我国的会计法律法规制度体系已基本形成，其主要包括以下五类基本内容：

（一）会计基本法律

会计基本法律是指国家以法律形式对会计行为所做的规范，其中最主要的是由全国人民代表大会常务委员会通过的《中华人民共和国会计法》（以下简称《会计法》）。《会计法》最初产生于 1985 年，作为我国的第一部会计法律，其在随后的 1993 年、1999 年和 2017 年分别进行了修订。《会计法》作为我国会计工作的根本大法，概括性地规范了会计核算、会计监督的内容和要求、会计机构和会计人员的设置、相关会计行为的法律责任等内容。《会计法》作为我国会计工作的一个纲领性文件,是从事会计工作所必须遵循的最高行为准则。它是制定其他一切会计行政法规、规章、准则、制度的法律依据,属于会计法律法规制度体系中最高层次的规范。

除了《会计法》以外,规范会计行为的专业基本法律还包括《中华人民共和国注册会计师法》《中华人民共和国审计法》等。另外,其他一些经济法律的相关条款也对会计行为做出了规定,如《中华人民共和国公司法》《中华人民共和国证券法》以及各项税法等。

(二) 会计行政法规

会计行政法规主要是指由国务院颁布的《企业财务会计报告条例》等。《企业财务会计报告条例》由国务院于2000年6月21日颁布,2001年1月1日起开始实施。为了实现"规范企业财务会计报告,保证财务会计报告的真实、完整"这一立法初衷,该条例对1992年发布的《企业会计准则》中所确定的资产、负债、所有者权益、收入、费用、利润等六大会计要素进行了重新定义,并且就财务会计报告的编制、对外提供以及在报告编制、对外提供过程中的法律责任等问题做出了规定。作为《会计法》的配套法规,《企业财务会计报告条例》对《会计法》中有关财务会计报告的内容进行了较为详细的规定,同时也为进一步完善会计准则和会计制度奠定了基础[①]。

(三) 会计准则

会计准则作为企业会计确认、计量、记录和报告的标准和规则,是对《会计法》和《企业财务会计报告条例》的进一步具体化,它们在指导具体的会计工作中发挥着巨大的作用,因此构成了我国会计法律法规制度体系的重要组成部分。在我国,新中国成立后,规范企业会计实务的标准是政府制定、颁布的"企业会计制度"。1993年开始,我国借鉴发达国家会计准则的经验,采用会计制度[②]与会计准则相结合的规范模式。2007年开始,为了适应经济全球化和会计准则国际趋同的客观要求,我国取消了企业会计制度,以单一形式的企业会计准则规范企业的会计行为。截至2019年,我国财政部共计发布了1项《企业会计准则——基本准则》和《企业会计准则——存货》等42项具体会计准则。同时,财政部还于1997年5月制定并颁布了《事业单位会计准则(试行)》,对事业单位的会计确认、计量与披露等行为进行了规范;2012年12月又发布了修订后的《事业单位会计准则》,并从2013年开始正式实施。2015年10月,财政部正式颁布了《政府会计准则——基本准则》,2017年1月1日起施行。截至2019年,我国财政部共计发布了《政府会计准则第1号——存货》等9项政府具体会计准则。此外,由中国证券监督管理委员会

[①] 刘玉廷:"中国的会计改革与发展",《会计论坛》,2003年第2辑。

[②] 会计制度概念有狭义与广义之分。狭义的会计制度是指关于经济交易与事项如何记录和报告的制度规定,而广义的会计制度即我国相关法律法规中使用的"国家统一的会计制度"概念,其指国务院财政部门依法制定的关于会计核算、会计监督、会计机构和会计人员以及会计工作管理的制度。

制定并发布的《上市公司信息披露管理办法》、《公开发行证券的公司信息披露内容与格式准则》、《公开发行证券的公司信息披露编报规则》等,也属于这一层次的规范会计行为的规章。

(四)综合性会计规范

综合性会计规范是指会计工作的一些基本制度。它规定了从事会计工作所必须遵循的基本原则和基本规程,主要包括由财政部颁布的《会计基础工作规范》以及由财政部和国家档案局联合颁布的《会计档案管理办法》等。《会计基础工作规范》主要是对会计机构和会计人员的设置、会计凭证的填制、会计账簿的登记、财务报表的编制、会计监督、内部会计管理制度等内容做出详细的或原则性的规定。《会计档案管理办法》(1998年发布、2019年修订、2016年开始实施)则主要是对会计档案的管理范围、管理方法、保管期限、销毁程序等问题做出规定。

(五)单位内部会计制度

鉴于各经济组织或单位具体情况的特殊性,其应在遵守全国性统一会计法律法规制度的前提下,结合自身的特点和经营管理目标,制定出适合于本单位的内部会计规范。

以企业会计准则核心的我国会计法律法规制度体系及其结构如图10-1所示。

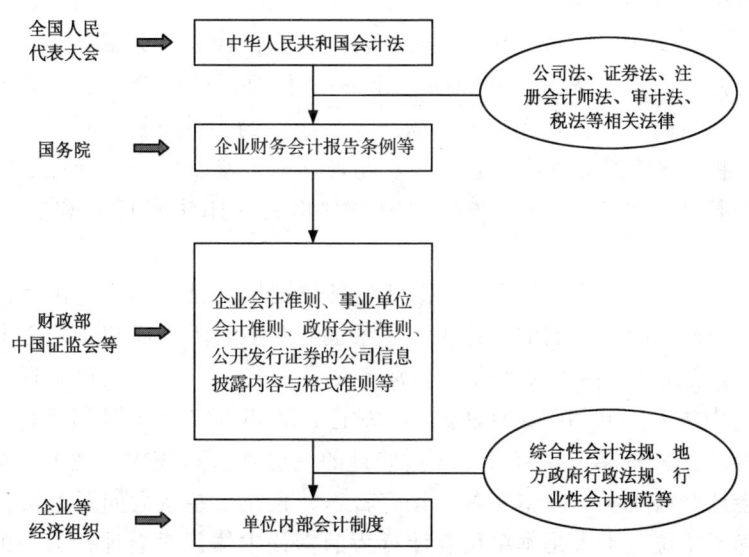

图10-1 我国会计法律法规制度体系及其基本结构

第二节 会 计 法

一、我国会计法的制定与完善

从新中国成立到 20 世纪 70 年代末，我国一直实行的是高度集中的计划经济体制。在这一经济体制下，我国对国营企业执行的始终是单一的会计制度模式，无会计法律可依，没有科学的会计法制体系[①]。20 世纪 70 年代末、80 年代初，为了适应我国经济改革开放的要求，会计工作的法制化、规范化建设工作也开始加快步伐。1980 年 8 月，部分全国人大代表在五届人大三次会议上提出了制定《会计法》的建议。在随后的 10 月，财政部就召开了全国会计工作会议，并就《中华人民共和国会计法（讨论稿）》进行了讨论。1985 年 1 月 21 日，《中华人民共和国会计法》经第六届全国人民代表大会常务委员会第九次会议审议通过，并于同年 5 月 1 日起正式实施。中华人民共和国的第一部《会计法》由此诞生！

此后，随着改革开放的不断深化和社会主义市场经济体制的逐步建立，社会经济生活的各个领域都出现了许多新的事物，从而也带来了许多新的问题。为了适应新的经济形势，1993 年 12 月 29 日，第八届全国人民代表大会常务委员会第五次会议通过了经修改的《中华人民共和国会计法》。修改后的《会计法》改变了会计立法的目的，提出以"维护社会主义市场经济秩序"为会计立法的目的，而且其适用范围进一步扩大至全部企业、事业单位；与此同时，修改后的《会计法》还对会计行为中的法律责任做出了进一步的规定，对相关的违法责任人和执法人进行了明确[②]。

20 世纪 90 年代后期，我国社会主义市场经济体制已经确立，国际的经济交往更加频繁。与此同时，我国的会计规范体系也处在不断的发展和完善之中。1999 年 10 月 31 日，第九届全国人民代表大会常务委员会第十二次会议讨论通过了经过全面修订的《中华人民共和国会计法》，并决定于 2000 年 7 月 1 日起施行。这一次修订是对《会计法》的第二次修订，经过修订的《会计法》集中体现了"规范会计行为，保证会计资料真实、完整"的立法宗旨，并且在一些重大问题上实现了突破[③]。例如，明确了单位负责人是本单位会计行为的责任主体，对会计行为中的法律责任做出了更加细化的规定，加大了对会计违法犯罪行为的惩治力度等等。2017 年 11 月，全国人大常委会围绕"取消会计从业资格证书"再次对《会计法》进行了修订。可以说，再次修订后的《会计法》更好地适应了新的经济发展形势，对于规范

[①] 郭道扬：《会计大典（第二卷）——会计史》第 407 页，中国财政经济出版社 1999 年版。
[②] 郭道扬：《会计大典（第二卷）——会计史》第 408—409 页，中国财政经济出版社 1999 年版。
[③] 刘玉廷："中国的会计改革与发展"，《会计论坛》2003 年第 2 辑。

会计行为、促进会计职能的发挥起到了重要的推动作用。作为整个会计规范体系的基础,《会计法》是制定其他会计法规、制度的根本依据。

二、我国《会计法》的主要内容

《中华人民共和国会计法》共分 7 章计 52 条,分别就立法宗旨、适用范围、单位会计行为责任主体、会计核算、会计监督、会计机构和会计人员、法律责任等问题做出了规定。

第一章"总则"部分,主要就立法宗旨、适用范围、会计工作管理体制等做出规定。《会计法》的立法目的是:"为了规范会计行为,保证会计资料真实、完整,加强经济管理和财务管理,提高经济效益,维护社会主义市场经济秩序"。《会计法》适用于"国家机关、社会团体、公司、企业、事业、单位和其他组织"[①] 办理会计事务。《会计法》第四条规定:"单位负责人对本单位的会计工作和会计资料的真实性、完整性负责",从而明确了经济组织或单位的会计责任承担者是"单位负责人"。单位负责人是指单位法定代表人或者法律、行政法规规定代表单位行使职权的主要负责人。这一规定是新的《会计法》的一大突破,它明确了企业会计行为的最终责任主体,从而保证了各项会计工作能够顺利进行。此外,总则部分还对会计人员履行职责的法律保障和奖励问题做出了明确规定:"任何单位或者个人不得以任何方式授意、指使、强令会计机构、会计人员伪造、变造会计凭证、会计账簿和其他会计资料,提供虚假财务会计报告";"任何单位或者个人不得对依法履行职责、抵制违反本法规定行为的会计人员实行打击报复";"对认真执行本法,忠于职守,坚持原则,做出显著成绩的会计人员,给予精神或者物质的奖励"。

第二章"会计核算"部分,主要对会计核算的内容、会计年度、记账本位币、会计凭证的填制、会计账簿的登记与核对、财务会计报告的编制、会计档案的管理等问题做出了原则性规定。会计核算实际上是指对经济交易与事项所进行的会计确认、计量、记录和报告。《会计法》规定的会计核算范围是:(1)款项和有价证券的收付;(2)财物的收发、增减和使用;(3)债权债务的发生和结算;(4)资本、基金的增减;(5)收入、支出、费用、成本的计算;(6)财务成果的计算和处理;(7)需要办理会计手续、进行会计核算的其他事项。《会计法》明确规定"会计凭证、会计账簿、财务会计报告和其他会计资料,必须符合国家统一的会计制度的规定",并规定"任何单位和个人不得伪造、变造会计凭证、会计账簿及其他会计资料,不得提供虚假的财务会计报告",以防止单位的"假账"行为。

第三章"公司、企业会计核算的特别规定"部分,在第二章法律规定的基础上对公司、企业的会计核算,特别是对资产、负债、所有者权益、收入、费用和利润等会计要素的确认、计量、记录等问题做出了原则性规定,同时还规定公司、企业

---

① 会计法将这些组织统称为"单位"。

不得存在下列"不法行为"：（1）随意改变资产、负债、所有者权益的确认标准或者计量方法，虚列、多列、不列或者少列资产、负债、所有者权益；（2）虚列或者隐瞒收入，推迟或者提前确认收入；（3）随意改变费用、成本的确认标准或者计量方法，虚列、多列、不列或者少列费用、成本；（4）随意调整利润的计算、分配方法，编造虚假利润或者隐瞒利润；（5）违反国家统一的会计制度规定的其他行为。

第四章"会计监督"部分，主要就单位内部会计监督制度做出了明确规定。《会计法》规定：各单位应当建立、健全本单位内部会计监督制度，单位内部会计监督制度应当符合下列要求：（1）记账人员与经济业务事项和会计事项的审批人员、经办人员、财物保管人员的职责权限应当明确，并相互分离、相互制约；（2）重大对外投资、资产处置、资金调度和其他重要经济业务事项的决策和执行的相互监督、相互制约程序应当明确；（3）财产清查的范围、期限和组织程序应当明确；（4）对会计资料定期进行内部审计的办法和程序应当明确。同时，《会计法》第二十八条还规定："单位负责人应当保证会计机构、会计人员依法履行职责，不得授意、指使、强令会计机构、会计人员违法办理会计事项"；"会计机构、会计人员对违反本法和国家统一的会计制度规定的会计事项，有权拒绝办理或者按照职权予以纠正"。在本章，《会计法》还对单位会计行为的政府监督（财政、审计、税务、人民银行、证券监管、保险监督等部门对各单位会计活动的监督）和社会监督（注册会计师审计）的监督行为主体、行为内容和行为要求等做出了规定。

第五章"会计机构和会计人员"部分，主要对会计机构的设置、会计人员的配备、会计人员的从业资格与任职条件、稽核制度、会计工作交接等问题做出了规定。比如，《会计法》规定："各单位应当根据会计业务的需要，设置会计机构，或者在有关机构中设置会计人员并指定会计主管人员；不具备设置条件的，应当委托经批准设立从事会计代理记账业务的中介机构代理记账"；"国有的和国有资产占控股地位或者主导地位的大、中型企业必须设置总会计师"；"出纳人员不得兼任稽核、会计档案保管和收入、支出、费用、债权债务账目的登记工作"；"会计人员应当具备从事会计工作所需要的专业能力。担任单位会计机构负责人（会计主管人员）的，应当具备会计师以上专业技术职务资格或者从事会计工作三年以上经历"，等等。

第六章"法律责任"部分，具体界定了会计违法行为的类别，并对各类违反《会计法》的行为应承担的行政责任和刑事责任做出了详细规定，同时明确了相关行政监管部门的法律责任。《会计法》认定的违反该法律的行为主要有：（1）不依法设置会计账簿的；（2）私设会计账户的；（3）未按照规定填制、取得原始凭证或者填制、取得的原始凭证不符合规定的；（4）以未经审核的会计凭证为依据登记会计账簿或者登记会计账簿不符合规定的；（5）随意变更会计处理方法的；（6）向不同的会计资料使用者提供的财务会计报告编制依据不一致的；（7）未按照规定使用会计记录文字或者记账本位币的；（8）未按照规定保管会计资料，致使会计资料毁损、灭失的；（9）未按照规定建立并实施单位内部会计监督制度或者拒绝依法实施的监督或者不如实提供有关会计资料及有关情况的；（10）任用会计人员不符合《会计法》规定的。按《会计法》规定，"伪造、变造会计凭证、会计账簿，编制虚假财务会计报告，构成犯罪的，依法追究刑事责任"；"隐匿或者故意销毁依法应当保存的会计凭证、会计账簿、财务会计报告，构成犯罪的，依法追究刑事责任"；"授意、指使、强令会计机构、会计人员及其他人员伪造、变造会计凭证、会计账簿，编制虚假财务会计报告或者隐匿、故意销毁依法应当保存的会计凭证、会计账簿、财务会计报告，构成犯罪的，依法追究刑事责任"。

第七章"附则"部分，主要对《会计法》中使用的"单位负责人""国家统一的会计制度"等相关用语进行界定，并规定了《会计法》的施行日期。

第三节 企业财务会计报告条例

一、企业财务会计报告条例的目的与特征

我国《企业财务会计报告条例》（以下简称"《条例》"）于2000年6月21日以国务院令的形式颁布，2001年1月1日正式实施。该《条例》所称的"财务会计报告"，是指企业对外提供的反映企业某一特定日期财务状况和某一会计期间经营成果、现金流量的文件。该《条例》的基本目的是为了规范企业财务会计报告的编制与提供，确保财务会计报告信息真实、完整。

从法律效力来看，《企业财务会计报告条例》属于国务院颁布的最高层次的政府行政法规，具有权威性和强制性。从规范的内容来看，该《条例》主要对企业财务会计报告的内容、编制与对外提供等进行规定，确保了企业财务会计信息的质量，为满足投资者等会计信息使用者的要求奠定了基础。同时，由于该《条例》确立了一个企业财务会计报告的体系框架，因此，其对我国企业会计准则与会计制度的制定与进一步完善，将产生重大影响。

二、企业财务会计报告条例的主要内容

《企业财务会计报告条例》共分6章计46条，分别就目的、财务会计报告的构成、财务会计报告的编制、财务会计报告的对外提供、法律责任等进行了规定。

第一章"总则"部分，主要对《条例》的目的、适用范围、财务会计报告概念的含义、企业财务会计报告的责任人等进行了界定。该《条例》规定，各企业（包括公司）编制和对外提供财务会计报告，应当遵守本《条例》[①]；企业负责人对本企业财务会计报告的真实性、完整性负责。

---

① 本《条例》暂不适用于不对外筹集资金、经营规模较小的企业。

第二章"财务会计报告的构成"部分,主要规定了财务会计报告体系结构及其基本内容。其主要内容如下:

(1) 企业财务会计报告分为年度、半年度、季度和月度财务会计报告。

(2) 企业财务会计报告应当包括会计报表、会计报表附注和财务情况说明书等内容[①]。其中,会计报表应当包括资产负债表、利润表、现金流量表及相关附表。

(3) 资产负债表是反映企业在某一特定日期财务状况的报表,其应当按照资产、负债和所有者权益等要素分类列示。该《条例》明确界定了资产、负债、所有者权益等会计要素的定义与构成内容。

(4) 利润表是反映企业在一定会计期间经营成果的报表,其应当按照各项收入、费用以及构成利润的各个项目分类分项列示。该《条例》明确界定了对收入、费用、利润等会计要素的定义。

(5) 现金流量表是反映企业一定会计期间现金和现金等价物流入和流出的报表,其应当按照经营活动、投资活动和筹资活动的现金流量分类分项列示。该《条例》明确界定了经营活动、投资活动和筹资活动的定义。

(6) 年度、半年度会计报表至少应当反映两个年度或者相关两个期间的比较数据。

(7) 会计报表附表、会计报表附注、财务情况说明书等的基本内容。

第三章"财务会计报告的编制"部分,主要对财务会计报告编制的准备工作、编制要求等进行了规定。该《条例》规定,企业应当根据真实的交易、事项以及完整、准确的账簿记录等资料,并按照国家统一的会计制度规定的编制基础、编制依据、编制原则和方法,编制财务会计报告;企业应当依照有关法律、行政法规和本《条例》规定的结账日进行结账,不得提前或者延迟(年度结账日为公历年度每年的12月31日,半年度、季度、月度结账日分别为公历年度每半年、每季、每月的最后一天);企业应当按照规定的会计报表格式和内容并根据登记完整、核对无误的会计账簿资料及其他相关资料编制会计报表,做到内容完整、数字真实、计算准确,不得漏报或任意取舍。

第四章"财务会计报告的对外提供"部分,主要规定了企业财务会计报告对外报送的对象、时间及其相关要求。该《条例》规定,企业应当依照法律、行政法规和国家统一会计制度有关财务会计报告提供期限的规定,及时对外提供财务会计报告;企业应当依照企业章程的规定,向投资者提供财务会计报告;须经注册会计师审计的财务会计报告,应当连同注册会计师及其会计师事务所出具的审计报告一并对外提供;接受企业财务会计报告的组织或个人,在企业财务会计报告未正式对外披露前,应当对其内容保密。

第五章"法律责任"部分,主要规定了违反本《条例》的行为内容及其相应的

---

① 指企业的年度或半年度财务会计报告,季度和月度财务会计报告通常仅指会计报表。

法律责任。该《条例》规定的违规行为主要有：(1) 随意改变会计要素的确认和计量标准；(2) 随意改变财务会计报告的编制基础、编制依据、编制原则和方法；(3) 提前或延迟结账日；(4) 在编制年度财务会计报告前，未按规定全面清查资产、核实债务；(5) 拒绝财政部门和其他有关部门对财务会计报告依法进行检查，或不如实提供有关情况。企业编制、对外提供虚假或隐瞒重要事项的财务会计报告，构成犯罪的，依法追究刑事责任。

第六章"附则"部分，主要说明《条例》的实施时间和其他注意事项。

第四节 会计准则与会计制度

一、会计准则及其产生与发展

为企业的利益相关者及时提供关于企业财务状况、经营业绩和现金流量的会计信息，是企业会计工作的主要内容。会计准则是企业确认和计量经济交易与事项、编报财务报表以提供会计信息所应当遵循的标准和规则。以会计准则作为企业会计信息处理的标准和依据，始于20世纪30年代。当时，美国意识到其自由的资本主义经济需要政府进行干预，同时，也开始真正重视统一会计标准对于企业特别是股票上市交易的公众公司的规范作用。之后，随着社会经济的发展，会计准则作为经济利益分配制度的一个重要组成部分以及其对社会经济资源优化配置的基础作用，被更加重视。

总体上看，美国的经济发展水平决定了其会计理论、会计准则以及会计实务水平等在国际上处于领先地位。另外，随着资本的国际流动与经济全球化的发展趋势，国际会计准则委员会及其制定的国际会计准则与国际财务报告准则，正发挥着越来越大的作用。

(一) 美国的一般公认会计原则

"一般公认会计原则 (GAAP)"是美国会计标准的总称。美国作为最早系统制定统一会计标准的国家，其会计准则的制定开始于20世纪30年代。可以说，会计准则的产生是当时社会经济环境造就的结果。在20世纪30年代以前，随着资本主义经济的迅猛发展，社会化大生产的规模不断扩大，企业的大量经营资金都需要从资本市场筹集，这无形中极大地促进了美国证券市场的发展。而另一方面，由于所有权与经营权分离，企业的投资者并不直接参与企业的经营管理，其对企业经济活动情况的了解只能借助于企业对外披露的财务报表。在当时，由于不同企业的会计信息处理和财务报表编报并没有统一的标准可依，而且，企业"内部人"的自利动机又往往"引诱"企业经营者提供虚假的会计信息。这些缺乏可比性甚至是虚假的会计信息进入资本市场，显然会导致投资者的非理性投资行为，从而使得社会经济资源的配置失效。在投资者狂热的投机行为、边际贸易和不受政府控制的非法买卖的支撑下①，美国股市仍然出现了空前的繁荣，并于 1929 年达到了极致。也正是在这个时候，严重的经济泡沫最终破裂。1929 年 10 月美国股市崩溃，在其后的几年时间里，美国出现了空前的经济危机，大量的企业和银行倒闭，投资额急剧下降，证券市场基本关闭。为了整顿和恢复经济，美国从 20 世纪 30 年代开始有组织地着手会计准则的研究和制定工作，以期通过制定和颁布统一的会计标准来规范各企业的会计行为，提高企业会计信息的质量。1933 年和 1934 年，美国相继通过了《证券法》和《证券交易法》，明确规定所有上市企业都必须提供统一的会计信息，并授权证券交易委员会（SEC）负责制定统一的会计准则。实际上，证券交易委员会作为美国制定统一会计标准的法定机构，其只行使了会计准则的认定权，而将会计准则的制定权授予了美国的民间会计职业团体——美国会计师协会（AIA）。

美国会计师协会（AIA）② 于 1938 年成立了第一个专门负责制定会计准则的机构——会计程序委员会（CAP）。该机构在其存在的 1938 年至 1959 年间，先后发布了 51 份《会计研究公报（ARB）》。这些研究公报所归纳的会计实务中的各项惯例以及对特殊问题的说明和所提出的若干会计规则，都构成了实质上的有"相当权威支持"的会计准则。

1959 年，美国注册会计师协会（AICPA）成立会计原则委员会（APB）取代会计程序委员会负责会计准则的制定工作。相比其前任会计程序委员会，会计原则委员会开始重视制定会计准则所依据的会计基本理论问题的研究。1959 年至 1973 年间，会计原则委员会共发布了 31 份《会计原则委员会意见书（APB Opinions）》和 4 份"说明（Statements）"。会计原则委员会所发布文告的权威性和强制力都得到了认可和提高。

1973 年，在充分调查研究的基础上，美国成立了独立的会计准则制订机构——财务会计准则委员会（FASB），直至现在。新成立的财务会计准则委员会，在组织形式上不再隶属于美国注册会计师协会，而是归属于由若干职业团体③的代表组成的财务会计基金会（FAF）。财务会计基金会只负责任命财务会计准则委员会的委员和对其提供资金支持，而不干预会计准则制定事宜，因此，财务会计准则委员会实际上是美国会计准则制定的最高机构。

财务会计准则委员会成立后，主要在以下方面做了大量且富有成效的工作：（1）重视对会计准则所依据的财务会计基本理论的系统研究，先后发布了 8 份"财务会计概念公告（SFAC）"（截至 2010 年），建立了较为科学的财务会计理论体系；（2）发布了 168 份"财务会计准则公告（SFAS）"（截至 2009 年）和 48 份对财务

---

① 郭道扬：《会计大典（第二卷）——会计史》第 412 页，中国财政经济出版社 1999 年版。
② 美国会计师协会于 1957 年更名为现在的美国注册会计师协会（AICPA）。
③ 这些职业团体主要包括美国注册会计师协会、财务经理协会、全美会计师协会（NAA）、美国会计学会、证券业协会和三个非营利组织等。

会计准则的"解释（SFAS' Interpretations）"（截至 2006 年）；（3）建立了一套严密的会计准则制定工作程序，以确保所制定会计准则的科学性和适用性；（4）成立"紧急问题工作组（EITF）"，以便为会计实务中出现的新问题提供会计准则"执行指南"；（5）财务会计准则委员会的专职和兼职委员来自于会计职业界和其他职业，从而使其具有较为广泛的代表性，同时也使得所制定的会计准则能够被社会认同。

财务会计准则委员会于 2009 年启动了针对财务会计准则的修订、更新（Update）工作。至 2019 年底，其更新的会计准则（Accounting Standards Updates）达到 173 份，其中仅 2019 年就更新了《会计准则更新 2019 - 12：所得税（主题 740）：简化所得税会计》等 12 份会计准则。

会计程序委员会的《会计研究公报》、会计原则委员会的《会计原则委员会意见书》以及财务会计准则委员会的《财务会计准则公告》和《解释》等，共同构成了美国现行的"一般公认会计原则"的主要内容。虽然美国的会计准则是由民间职业组织制定，但由于其得到美国证券交易委员会的支持，因而，其具备了相当的"权威性"，也使得各个公司（特别是公开发行证券的公司）在对外提供财务报表时都不得不遵循这些会计标准。

除财务会计准则委员会制定和发布"财务会计准则公告"外，美国政府会计准则委员会（GASB）也于 1984 年成立，并开始研究、制定和发布政府与非营利组织（No - profit Organization）会计准则。这些会计准则同样构成美国一般公认会计原则（GAAP）的内容。

在世界多数国家中，美国的财务会计准则一直被认为具有较高的质量。美国自身也一直"以此为荣"。然而，2001 年美国爆发的"安然事件"，却不得不提前终结美国财务会计准则的"神话"。2002 年，《萨班斯 - 奥克斯利法案（Sarbanes - Oxley Act of 2002）》问世，标志着美国会计审计行业长期以来的以"自律"为主的监管体制，开始转型为以政府监管和法律监管为主的新的监管体制。

（二）国际会计准则与国际财务报告准则

20 世纪 50 年代开始，世界各国之间的经济交往日益频繁，跨国公司、合资公司等国际经济联合体开始大量涌现。与此同时，许多企业也走出国门，到他国资本市场去寻求和筹集资金。此时，作为"一种商业语言"的会计信息便成为不同利益相关者进行"经济交流"的基础。然而，各个国家或地区的政治、经济、法律和文化等环境的不同，导致了其会计准则之间存在差异，这无疑给分布于世界各国的不同利益相关者理解会计信息和以此为依据进行投资或信贷决策造成了障碍。为此，世界上许多国家和地区，开始意识到建立一套国际通用的会计标准对促进资本的国际流动和国际经济一体化的重要性。在这种背景下，1973 年 6 月，由澳大利亚、加拿大、法国、德国、日本、墨西哥、荷兰、英国、美国等 9 个国家的 16 个会计职业团体在英国伦敦联合发起成立了国际会计准则委员会（IASC）。此后，国际会计准则委员会发展迅速，至 2000 年底，其会员已经扩大至 104 个国家或地区的 143 个会计职业团体。我国于1998年5月1日正式加入国际会计准则委员会并成为其"观察员"。

国际会计准则委员会成立伊始，就把"制定和公布编制财务报表应当遵守的会计准则并推动这些准则在世界范围内被接受和遵循"作为其工作目标。至2000年，国际会计准则委员会共计发布了41份"国际会计准则（IAS）"和33项"解释公告"。其间，国际会计准则委员会在不断提高国际会计准则的质量、推动国际会计准则在世界范围内的运用等方面取得了显著成就。比如，1990年开始，国际会计准则委员会实施了一项提高"财务报表可比性"计划，对10余项已经发布的国际会计准则进行修订。国际会计准则委员会还积极与证券委员会国际组织（IOSCO）合作，制定了一套得到后者及国际资本市场认可的"核心准则"。国际会计准则委员会也十分重视对财务会计基本理论的研究，其于1989年7月公布了名为《编报财务报表的框架》的公告，该公告阐述的会计理论体系是国际会计准则制定的理论依据。

为了适应世界经济发展的新形势、加强与世界各国会计准则制定机构的联系、促使会计的国际协调工作能够在更大的范围内进行，2001年初，国际会计准则委员会改组完毕并正式按新的模式运行。新的国际会计准则理事会（IASB）主要由理事会、解释委员会和咨询委员会等机构组成。国际会计准则理事会负责发布其会计准则——"国际财务报告准则（IFRS）"。至2019年底，新的国际会计准则理事会已经颁布了17份"国际财务报告准则"，并于2010年11月与美国财务会计准则委员会（FASB）共同发布了《财务报告概念框架》，用于更好地指导国际财务报告准则的制定。不过，2018年3月IASB再次发布了修订后的《财务报告概念框架》，以替代2015年与FASB共同发布的"联合概念框架"。

国际会计准则理事会的成功改组与运行，标志着会计准则的国际协调已经进入实质性阶段。越来越多的国家或者国际组织开始积极支持国际会计准则理事会所从事的会计准则的国际协调工作，一些国家或地区以及其会计准则制定机构甚至决定在某一个特定的期限内开始全部或部分采用国际财务报告准则。会计准则的国际协调以及会计准则全球化，是经济全球化过程中的一个不可或缺的环节。

二、我国会计准则与会计制度的发展历程

从1949年新中国成立至20世纪70年代末，我国实行高度集中统一的计划经济体制。在这种经济体制下，我国的国营企业实行"统一领导、分级管理"的财务会计管理体制。与此相适应，我国从建国初期开始就一直采用由政府制定的统一会计制度来规范企业的会计行为。在这一时期，我国的会计规范适应计划经济体制的需要，以统一的预算会计制度和一系列统一的、分行业的企业会计制度为主要内容。会计制度不仅是各单位进行会计工作的重要依据，也成为我国经济管理制度的重要内容。

20世纪70年代末，我国开始实行经济体制改革和对外开放政策，经济体制由原来高度集权的计划经济逐步向社会主义市场经济转变。同时，我国与其他国家的经济交往也日益增多，外国资本大量涌入我国，外商投资企业和中外合资、合作企业不断增多，非国有经济迅速发展。在这种条件下，我国原有的与计划经济体制相适应的会计模式已经越来越难以适应经济发展的需要，构造市场导向型的会计模式被提上议事日程[①]。在会计制度建设方面，我国于1983年3月和4月，分别制定了《中外合资经营企业会计制度（试行草案）》和《中外合资经营企业会计科目和会计报表（试行草案）》。1992年6月，基于外商投资企业类型不断增加的现实，又颁布了适用于所有外商投资企业的《外商投资企业会计制度》。随着经济体制改革的进一步深化和企业体制改革的不断深入，建立一个既符合中国现行经济体制又与国际惯例相协调的会计制度体系已经迫在眉睫。1992年6月，财政部结合股份制试点的情况制定并发布了《股份制试点企业会计制度》。同年11月，又发布了《企业财务通则》和《企业会计准则》以及与之配套的分行业财务制度和会计制度（简称"两则两制"），并决定于1993年7月1日起全面实施。

1992年发布的《企业会计准则》是新中国成立以来我国发布的第一份会计准则，它是我国自20世纪80年代开始借鉴西方会计准则、研究和制定我国会计准则的标志性成果。从内容看，该项会计准则主要就企业进行会计确认、计量和报告的基本要求和基本内容做出原则性的规定，因此，属于"会计基本准则"。由于会计准则是国际上关于企业编报财务报表的会计规范的通用形式，因此，《企业会计准则》的发布是我国在会计核算规范体系与国际惯例协调过程中迈出的重要一步。与此同时，考虑到会计基本准则尚不能直接用来指导企业的会计实务处理，为避免企业会计制度的约束范围出现"真空地带"，确保会计工作的正常秩序，财政部以《企业会计准则》为依据，分别制定了13个分行业的会计制度以规范各单位的会计行为。"两则两制"的发布和实施，标志着我国的会计核算模式正向国际化方向迈进，原来适应计划经济体制的财务会计核算模式开始转化为适应社会主义市场经济体制的会计模式。

20世纪90年代后半期，随着我国证券市场的进一步发展，我国内地越来越多企业的股票在上海或者深圳证券交易所发行并上市交易。同时，还有一些企业开始到中国香港等境外或国外的资本市场去筹集资金。一方面，基于建立现代企业制度的要求，我国国有企业逐步加快了企业股份制改造的进程；另一方面，企业股权多元化使得与企业有利益关系的群体对企业会计信息的数量和质量都提出了较高的要求。为此，从促进企业深化改革、维护投资者合法权益的角度出发，我国又制定和发布了一系列旨在提高会计信息质量且在内容上与国际会计惯例保持一致的具体会计准则与会计制度。比如，1997年，财政部发布了第一项具体会计准则——《关联

[①] 陈毓圭、李书锋："中国会计准则建设与国际协调"，《会计论坛》2002年第1辑。

方关系及其交易的披露》，1998年开始相继发布《现金流量表》《债务重组》《投资》等具体会计准则，以《股份有限公司会计制度》替代原来的《股份制试点企业会计制度》等。

20世纪末期，我国分行业、分所有制执行不同的会计标准在一定程度上影响了不同企业提供的会计信息的可比性，也给会计标准的国际协调造成了一定障碍。同时，这种状况还使得同样面临市场竞争的企业未能"处于同一起跑线上"，加之部分企业经营者出于利益动机而肆意"左右"财务报表信息，因而，企业会计信息失真现象大量存在，财务造假案件接连不断。1999年，我国重新修订了《中华人民共和国会计法》，加大了对违法会计行为处罚力度。2000年6月21日，国务院颁布了《企业财务会计报告条例》，旨在"规范企业财务会计报告、保证财务会计报告的真实、完整"。与此同时，财政部对原有的各种不同会计制度进行"整合"，于2000年12月29日正式发布了国家统一的、打破行业和所有制界限的《企业会计制度》（适用于除金融保险企业和小企业以外的其他所有企业），并于2001年1月1日起暂在股份有限公司范围内施行（同时废止原来的《股份有限公司会计制度》），且逐步推广至其他企业。从内容上来看，《企业会计制度》是在融合原《股份有限公司会计制度》和已经发布的具体会计准则内容的基础上建立起来的，因而其对提高会计信息质量、实现会计标准的国际协调将起到积极的促进作用。2001年，财政部又发布了《无形资产》《中期财务报告》《存货》等新的具体会计准则，并对《债务重组》《现金流量表》《投资》《非货币性交易》等具体会计准则进行了修订。2001年11月和2004年4月，财政部又分别发布了《金融企业会计制度》和《小企业会计制度》，分别就金融保险企业和小企业的会计核算行为做出了具体规定。2004年8月，财政部还发布了《民间非营利组织会计制度》。除此之外，针对特殊行业、特殊业务的专业会计核算办法也在陆续出台。2005年，财政部相继发布了"企业会计准则——基本准则"和"资产减值""企业合并""合并财务报表""生物资产""石油天然气开采""捐赠与补助""投资性房地产"等具体会计准则的征求意见稿，以及"外币折算""分布报告""财务报表列报"等具体会计准则的草案。2006年2月，我国正式发布由一个基本准则和38个具体准则构成的企业会计准则，于2007年开始正式实施，同时取消了《企业会计制度》。此后，财政部会计准则委员会对部分会计准则进行了修订，并制定了新的具体会计准则。截至2019年底，具体会计准则增加至42个。

在我国，政府以法规形式制定并发布统一的企业会计准则和企业会计制度[①]。会计准则和会计制度是企业会计确认、计量、记录和报告规范的两种不同形式。两者目的相同，但侧重点有别。会计准则与会计制度的目的都在于规范企业会计行为、

[①] 我国财政部于1997年发布、1998年1月1日实施《事业单位会计准则（试行）》，2012年5月修订、2013年1月起施行。随着2007年我国《企业会计准则》的全面实施，原有的《企业会计制度》正式退出历史舞台。本部分主要讨论以营利为目的的企业组织的会计准则。

提高会计信息的可比性、确保会计信息真实可靠,但会计准则主要是针对企业会计确认、计量和报告的行为规范,而会计制度依据会计准则制定并主要针对会计记录和报告的具体行为做出详细规定。

我国的企业会计制度主要是针对各项经济交易与事项如何设置账户以及如何在账户中进行登记、各种财务报表如何编报等所做的具体规定。在我国,企业会计制度可以作为企业会计人员记录经济交易与事项的直接依据。例如,我国 2000 年颁布、2001 年 1 月 1 日实施的《企业会计制度》主要包括两大内容,即"会计科目"(账户)和"会计报表"。其中,会计账户部分详细说明了企业应当设立的各种账户的名称、账户的结构和账户功能,以及各种不同经济交易与事项发生时在账户中进行记录的具体做法;会计报表部分则详细列示了各种财务报表的格式,阐述了各种财务报表每一项目数据的取得和填列方法,规定了财务报表附注的具体内容。

会计准则与会计制度的基本关系如图 10 - 2 所示。

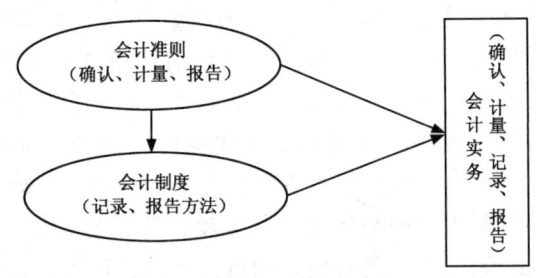

图 10 - 2 我国企业会计准则与会计制度的基本关系

三、我国企业会计准则体系与结构

我国的企业会计准则分为三个层次:第一个层次为会计基本准则,第二个层次为具体会计准则,第三个层次为会计准则应用指南。

1992 年 11 月,我国发布的第一份《企业会计准则》(实际上属于会计基本准则),其主要内容有:(1)会计假设;(2)会计的一般原则;(3)会计要素确认和计量原则;(4)财务报表原则。

2006 年 2 月,我国重新颁布《企业会计准则——基本准则》(2014 年 7 月修订)。其主要内容有:(1)会计目标;(2)会计的前提条件,包括会计实体、持续经营、会计分期、货币计量、权责发生制等;(3)会计信息的质量要求,包括真实性(如实反映)、相关性、明晰性、可比性、实质重于形式、重要性、稳健性、及时性等;(4)会计要素及其确认标准,包括资产、负债、所有者权益、收入、费用、利润等要素的确认;(5)会计计量属性与原则,包括历史成本、重置成本、可变现净值、现值、公允价值等;(6)财务会计报告原则。

实际上,我国会计基本准则主要界定了会计准则制定所依据的财务会计基本理论的内容和观点,因此,它是制定具体会计准则的理论基础。从功能看,其类似于美国的"财务会计概念公告"、国际会计准则理事会的"财务报表概念框架"。

具体会计准则是针对特定经济交易或事项的会计确认、计量和报告行为所作的具体规定，如针对投资交易制定的"投资"会计准则，针对收入交易制定的"收入"会计准则等。具体会计准则仅对经济交易的会计确认、计量和报告做出规定，而不涉及经济交易与事项的记录问题，即不涉及记录经济交易的账户设置和账户登记等问题。如《企业会计准则第1号——存货》，主要包括"总则""确认""计量""披露"等章节内容。

从内容来看，具体会计准则主要包括关于一般交易或事项与特殊交易或事项如何确认、计量和披露的会计准则和关于财务报告的会计准则。截至2019年底，我国的具体会计准则包括存货、长期股权投资、投资性房地产、固定资产、生物资产、无形资产、非货币性资产交换、资产减值、职工薪酬、企业年金基金、股份支付、债务重组、或有事项、收入、建造合同、政府补助、借款费用、所得税、外币折算、企业合并、租赁、金融工具确认和计量、金融资产转移、套期保值、原保险合同、再保险合同、石油天然气开采、会计政策与会计估计变更和差错更正、资产负债表日后事项、财务报表列报、现金流量表、中期财务报告、合并财务报表、每股收益、分部报告、关联方披露、金融工具列报、首次执行企业会计准则、公允价值计量、合营安排、其他主体中权益的披露、持有待售的非流动资产、处置组和终止经营等。具体会计准则是以会计基本准则为依据，对各项经济交易或事项如何确认、计量和报告所做的具体规定，因而，其具有较强的可操作性，可以直接用于指导会计实务。

《企业会计准则——应用指南》是对各项具体会计准则中涉及的会计问题予以进一步说明，或提出指引性意见。比如，《企业会计准则第7号——非货币性资产交换》应用指南，分别对"非货币性资产交换的认定""商业实质的判断""换入资产或换出资产公允价值的可靠计量""非货币性交换资产的会计处理"等问题，进行了详细说明。我国的《企业会计准则——应用指南》还以附录的方式列示了"会计科目和主要账务处理"。

此外，财政部会计准则委员会针对会计准则执行过程中出现的具体问题，还不定期地通过发布《企业会计准则解释》进行解答和说明。2007年至2019年，已经发布13份《企业会计准则解释》。

我国企业会计准则体系及其结构如图10-3所示。

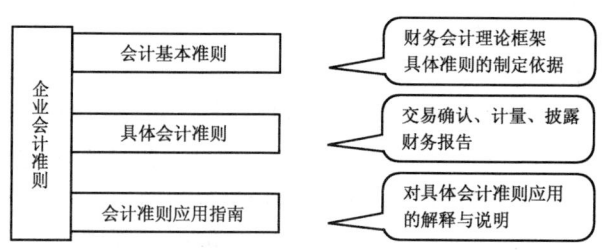

图10-3 我国企业会计准则体系与结构

第五节 会计基础工作规范

一、会计基础工作的内容与重要性

会计基础工作是企业等经济组织或单位会计信息系统运行的制度基础与环境条件，其主要包括会计基础工作管理体制、经济组织或单位会计机构的设置、会计人员的配备与聘用、会计工作岗位设置、会计职业道德、会计记录与报告的技术性规范、会计监督机制、单位内部会计管理制度的建立等方面的工作内容。

会计基础工作是会计工作的基本环节。作为会计信息系统运行最直接的制度基础和环境条件，会计基础工作直接关系到会计信息质量。就现实来看，企业会计信息失真均与其会计基础工作水平有直接关系。会计基础工作扎实、会计管理制度健全的企业单位，一般不会出现"账目混乱、财产不实、数据失真"的现象。相反，会计基础工作不到位、会计管理制度不健全或"有名无实"的企业单位，往往会出现"会计信息失真""管理混乱"甚至"资产流失"现象。

会计基础工作也是企业等经济组织或单位经济管理工作的重要基础。高水平的会计基础工作除了可以确保经济管理所需会计信息真实可靠外，其本身已构成经济管理工作的重要基础。有效的财产管理、财务活动控制、经营管理与决策都必须建立在扎实的会计基础工作之上。而且，会计的内部牵制等管理制度，已经成为经济管理制度的重要内容。

因此，我国一直十分重视强化会计基础工作的制度建设。早在1984年4月，针对部分单位（特别是企业）不重视会计基础工作、会计人员素质不高甚至蓄意进行会计舞弊等情况，财政部颁布了《会计人员工作规则》，对会计人员岗位责任制、使用会计科目、填制会计凭证、登记会计账簿、编制财务报表、管理会计档案、办理会计交接等问题做出了具体规定。这是一个全面规范各单位会计基础工作的重要规章，其对强化会计基础工作建设起到了积极作用。之后，为了适应社会经济环境及会计环境的变化，在总结《会计人员工作规则》及其他会计基础工作规章、制度实施情况的基础上，基于"加强会计基础工作、建立规范的会计工作秩序、提高会计工作水平"的目的，财政部于1996年6月17日颁布了《会计基础工作规范》。该规范以《会计法》所规定的基本原则和要求为依据，吸收《会计人员工作规则》中科学、合理的部分，并在充分考虑新的经济形势发展对会计工作的客观要求之后，对会计基础工作的管理、会计机构和会计人员、会计人员职业道德、会计核算、会计监督、单位内部会计管理制度建设等问题做出了全面而具体的规定。2019年3月14日，财政部发布"关于修改《代理记账管理办法》等2部部门规章的决定"，对《会计基础工作规范》中涉及会计从业资格证书以及代理记账的部分条款进行了修订。《会计基础工作规范》一方面为各基层单位和会计人员开展会计基础工作提出要求和示范，使加强和改进会计基础工作有明确的目标和具体努力方向，以切实推动会计基础工作的逐步规范化、科学化、现代化；另一方面，为各级管理和监督部门管理会计基础工作、检查会计基础工作情况提供政策依据和评价标准，从而督促各单位不断改进和加强会计基础工作[①]。

二、会计基础工作规范的主要内容

《会计基础工作规范》（以下简称"《规范》"）共6章计101条，分别以"总则""会计机构和会计人员""会计核算""会计监督""内部会计管理制度""附则"等为题对各项会计基础工作做出了具体规定。本节以下部分从"会计基础工作的综合性规范"和"会计记录与报告的技术性规范"两个方面对规范的主要内容予以说明。

（一）会计基础工作的综合性规范

会计基础工作的综合性规范包括《规范》对会计基础工作管理体制、经济组织或单位会计机构的设置、会计人员的配备与聘用、会计工作岗位设置、会计职业道德、会计监督机制、单位内部会计管理制度等做出的具体规定。

1. 关于会计基础工作管理体制

制定《规范》的目的是为了加强会计基础工作，建立规范的会计工作秩序，提高会计工作水平，因此，国家机关、社会团体、企业、事业单位、个体工商户和其他组织的会计基础工作，都应当符合《规范》的有关规定。《规范》规定，各单位必须重视和加强会计基础工作，严格执行会计法律法规制度，保证会计工作依法有序地进行；单位领导人（即单位负责人）对本单位的会计基础工作承担责任。在我国，省、自治区、直辖市政府的财政部门负责对会计基础工作的管理和指导，并通过政策引导、经验交流、监督检查等措施，促进基层单位加强会计基础工作，不断提高会计工作水平；国务院各业务主管部门根据职责权限管理本部门的会计基础工作。

2. 关于会计机构的设置和会计人员的配备与聘用

《规范》规定，各单位应当根据会计业务的需要设置会计机构，不具备单独设置会计机构条件的单位应当在有关机构中配备专职会计人员；设置会计机构的，应当配备会计机构负责人；在有关机构中配备专职会计人员的，应当在专职会计人员中指定会计主管人员。同时，会计机构负责人、会计主管人员的任免，应当符合《中华人民共和国会计法》和有关法律的规定。没有设置会计机构或配备会计人员的单位，应当根据《代理记账管理办法》委托会计师事务所或者持有代理记账许可证书的代理记账机构进行代理记账。大、中型企业单位等，应当根据法律和政府有

[①] 中华人民共和国财政部：《企业会计制度（2001）》，经济科学出版社2001年版，第532页。

关规定设置总会计师，总会计师由具有会计师以上专业技术资格的人员担任。

会计人员应当具备必要的专业知识和专业技能，熟悉国家有关法律、法规、规章和国家统一会计制度，遵守职业道德。会计机构负责人、会计主管人员应当具备下列基本条件：（1）坚持原则，廉洁奉公；（2）具备会计师以上专业技术职务资格或者从事会计工作不少于三年；（3）熟悉国家财经法律、法规、规章和方针、政策，掌握本行业业务管理的有关知识；（4）有较强的组织能力；（5）身体状况能够适应本职工作的要求。

3. 关于会计岗位设置

各经济组织或单位应当根据其实际情况和会计业务的需要设置会计工作岗位。会计工作岗位一般可分为会计机构负责人或者会计主管人员、出纳、财产物资核算、工资核算、成本费用核算、财务成果核算、资金核算、往来结算、总账报表、稽核、档案管理等。应用计算机技术进行会计信息处理的单位，可以根据需要设置相应工作岗位，也可以与其他工作岗位相结合。根据实际情况与需要，会计工作岗位可以"一人一岗""一人多岗"或者"一岗多人"。但现金或银行存款出纳人员不得兼管稽核、会计档案保管和收入、费用、债权债务账目的登记工作。同时，会计人员的工作岗位应当实行"定期轮换制度"。国家机关、国有企业、事业单位任用会计人员应当实行回避制度。

各单位会计工作的交接应当依照法律和有关规定进行。会计人员工作岗位变动或者因故离职，必须将本人所经管的会计工作全部移交给接替人员。会计工作接替人员应当认真接管移交工作，并继续办理移交的未了事项。会计人员办理移交手续前，必须及时做好编制"移交清册"等工作。办理交接手续时，还必须有监交人负责监交。会计机构负责人、会计主管人员交接，由单位负责人负责监交。移交人员对所移交的会计凭证、会计账簿、财务报表和其他有关会计资料的合法性、真实性承担法律责任。

4. 关于会计职业道德

会计职业道德是指会计人员从事会计工作所应遵循的基本道德规范。会计人员在会计工作中应当遵守职业道德，树立良好的职业品质、严谨的工作作风，严守工作纪律，努力提高工作效率和工作质量。《规范》确定的会计职业道德的主要内容有：（1）热爱本职工作，努力钻研业务，使自己的知识和技能适应所从事工作的要求；（2）熟悉财经法律、法规、规章和国家统一会计制度，并结合会计工作进行广泛宣传；（3）按照会计法律、法规和国家统一会计制度规定的程序和要求进行会计工作，保证所提供的会计信息合法、真实、准确、及时、完整；（4）办理会计事务应当实事求是、客观公正；（5）熟悉本单位的生产经营和管理情况，运用掌握的会计信息和会计方法，为改善单位内部管理、提高经济效益服务；（6）保守本单位的商业秘密。

5. 关于会计监督机制

各单位的会计机构、会计人员对本单位的经济活动进行会计监督,确保其合法性和有效性。会计监督的主要依据有:(1)财经法律、法规、规章;(2)会计法律、法规和国家统一会计制度;(3)各省、自治区、直辖市财政厅(局)和国务院业务主管部门根据《会计法》和国家统一会计制度制定的具体实施办法或者补充规定;(4)各单位根据《会计法》和国家统一会计制度制定的单位内部会计管理制度;(5)各单位内部的预算、财务计划、经济计划、业务计划等。

会计机构、会计人员应当对原始凭证进行审核和监督,对伪造、变造、故意毁灭会计账簿或者"账外设账"行为和指使、强令编造、篡改财务报告的行为以及违反单位内部会计管理制度的经济活动予以制止和纠正。会计机构、会计人员还应当对单位的财务收支活动进行监督。

《规范》规定,各单位必须依照法律和国家有关规定接受财政、审计、税务等政府机构的监管,如实提供会计凭证、会计账簿、财务报表和其他会计资料以及有关情况,不得拒绝、隐匿、谎报。

6. 关于单位内部会计管理制度

《规范》规定,各单位应当根据《会计法》和国家统一会计制度的规定,结合单位性质和经济活动内容的特征及其管理的需要,建立健全相应的内部会计管理制度。单位内部的会计管理制度主要包括以下内容:

(1)单位内部会计管理体系。主要内容包括单位负责人、总会计师对会计工作的领导职责,会计部门及其会计机构负责人、会计主管的职责、权限,会计部门与其他职能部门的关系,会计核算的组织形式与工作程序等。

(2)会计人员岗位责任制度。主要内容包括会计人员的工作岗位设置,各会计工作岗位的职责和标准,各会计工作岗位的人员和具体分工,会计工作岗位轮换办法,对各会计工作岗位的考核办法等。

(3)账务处理程序制度。主要内容包括会计科目及其明细科目的设置和使用,会计凭证的格式、审核要求和传递程序,会计核算方法,会计账簿的设置,编制财务报表的种类和要求,单位会计指标体系等。

(4)内部牵制制度。主要内容包括内部牵制制度的原则,组织分工,出纳岗位的职责和限制条件,有关岗位的职责和权限等。

(5)内部稽核制度。主要内容包括稽核工作的组织形式和具体分工,稽核工作的职责、权限,审核会计凭证和复核会计账簿、会计报表的方法等。

(6)原始记录管理制度。主要内容包括原始记录的内容和填制方法,原始记录的格式,原始记录的审核,原始记录填制人的责任,原始记录签署、传递、汇集要求等。

(7)定额管理制度。主要内容包括定额管理的范围,制定和修订定额的依据、程序和方法,定额的执行,定额考核和奖惩办法等。

(8)计量验收制度。主要内容包括计量检测手段和方法,计量验收管理的要求，计量验收人员的责任和奖惩办法等。

（9）财产清查制度。主要内容包括财产清查的范围，财产清查的组织，财产清查的期限和方法，对财产清查中发现问题的处理办法，对财产管理人员的奖惩办法等。

（10）财务收支审批制度。主要内容包括财务收支审批人员和审批权限，财务收支审批程序，财务收支审批人员的责任等。

（11）成本核算制度。主要内容包括成本核算的对象，成本核算的方法和程序，成本分析等。

（12）财务会计分析制度。主要内容包括财务会计分析的主要内容，财务会计分析的基本要求和组织程序，财务会计分析的具体方法，财务会计分析报告的编写要求等。

（二）会计记录与报告的技术性规范

从表现形式上看，对经济交易与事项的会计处理过程实际上是会计确认、计量融汇于会计记录和会计报告的过程。在我国，会计记录和报告具体体现为填制会计凭证、登记会计账簿和编制财务报表。企业如何对经济交易与事项进行记录和报告具有较强的技术性。会计记录与报告的技术性规范实质上是对填制会计凭证、登记会计账簿、编制财务报表等的技术性要求。

1. 关于会计凭证填制

会计凭证分为原始凭证和记账凭证。

原始凭证的功能在于证明经济交易与事项的具体内容，因此，《规范》规定企业等经济组织或单位办理经济交易与事项时，必须取得或填制原始凭证，而且，原始凭证必须内容完备、手续齐全、金额正确。为了保持原始凭证的原有记录情况，不得对原始凭证进行涂改、挖补，即使发现原始凭证有错误，也只能由开出单位重开或者更正，更正处应加盖开出单位的公章。

会计机构、会计人员要根据审核无误的原始凭证填制记账凭证。记账凭证是登记账户（账簿）的直接依据。记账凭证应当内容完备、手续齐全，其发生错误时应当重新填制（记账前）或按规定方法更正（记账后）。为了保证记账凭证的完整性，便于记账凭证与会计账簿的核对，应当对记账凭证连续编号。若一笔经济交易与事项需要填制两张以上的记账凭证，则可采用分数编号法编号。

《规范》还规定，填制会计凭证时应做到字迹清晰、工整，并符合以下要求：

（1）阿拉伯数字应当一个一个写，不得连笔写。阿拉伯金额数字前面应当书写货币币种符号或者货币名称简写和币种符号。币种符号与阿拉伯金额数字之间不得留有空白。凡阿拉伯数字前写有币种符号的，数字后面不再写货币单位。

（2）所有以元为单位（其他货币种类为货币基本单位）的阿拉伯数字，除表示单价等情况外，一律填写到角分；无角分的，角位和分位可写"00"，或者符号"--"；有角无分的，分位应当写"0"，不得用符号"--"代替。

（3）汉字大写数字金额如零、壹、贰、叁、肆、伍、陆、柒、捌、玖、拾、佰、仟、万、亿等，一律用正楷或者行书体书写，不得用0、一、二、三、四、五、七、八、九、十等简化字代替，不得任意自造简化字。大写金额数字到元或者角为止的，在"元"或者"角"字之后应当写"整"字或者"正"字；大写金额数字有分的，分字后面不写"整"或者"正"字。

（4）大写金额数字前未印有货币名称的，应当加填货币名称，货币名称与金额数字之间不得留有空白。

（5）阿拉伯金额数字中间有"0"时，汉字大写金额要写"零"字；阿拉伯数字金额中间连续有几个"0"时，汉字大写金额中可以只写一个"零"字；阿拉伯金额数字元位是"0"，或者数字中间连续有几个"0"、元位也是"0"但角位不是"0"时，汉字大写金额可以只写一个"零"字，也可以不写"零"字。

各单位应当根据会计业务需要设计科学、合理的会计凭证传递程序，同时，对各类会计凭证要妥善保管。特别是，记账凭证应当连同所附原始凭证（或者原始凭证汇总表），依编号顺序，折叠整齐，按期装订成册，并加具封面，注明单位名称、年度、月份和起讫日期、凭证种类、起讫号码，由装订人在装订线封签外签名或者盖章。

2. 关于会计账簿登记

企业等经济组织或单位应当按照国家统一会计制度的规定、会计业务及内部经济管理的需要设置会计账簿。账簿主要包括分类账（总账与明细账）、日记账（现金和银行存款日记账）及其他辅助性账簿。《规范》对账簿的启用、登记、错账更正、对账和结账等做出了具体规定。

现金和银行存款日记账必须采用订本式账簿。启用会计账簿时，应当在账簿封面上注明使用单位的名称和账簿名称，并填写账簿扉页上的"启用表"。启用表的内容包括启用日期、账簿页数、记账人员和会计机构负责人、会计主管人员的姓名，启用表上应加盖名章和单位公章。记账人员或者会计机构负责人、会计主管人员发生变动时，应注明交接日期、接办人员或者监交人员姓名，并由交接双方人员签名或者盖章。

会计账簿应根据审核无误的会计凭证进行登记。基本要求如下：

（1）登记账簿时，应当将会计凭证日期、编号、业务内容摘要、金额和其他有关资料逐项记入账内，并做到数字准确、摘要清楚、登记及时、字迹工整。登记完毕后，要在记账凭证上签名或者盖章，并注明已经登账的符号，表示已经记账；

（2）账簿中书写的文字和数字上面要留有适当空格，一般应占格距的1/2（以便为改错预留空间）；

（3）登记账簿要用蓝黑或者碳素墨水书写，不得使用圆珠笔（银行的复写账簿除外）或者铅笔书写；

（4）下列情况可以用红色墨水记账：

①按照红字冲账的记账凭证,冲销错误记录;
②在不设借贷等栏的多栏式账页中,登记减少数;
③在三栏式账户的余额栏前,如未印明余额方向的,在余额栏内登记负数余额;
④按照国家统一会计制度规定可以用红字登记的其他会计记录。

(5) 各种账簿按页次顺序连续登记,不得跳行、隔页。如果发生跳行、隔页,应当将空行、空页划线注销,或者注明"此行空白""此页空白"字样,并由记账人员签名或者盖章。

(6) 凡需结出余额的账户,结出余额后,应当在"借或贷"等栏内写明"借"或者"贷"等字样。没有余额的账户,应当在"借或贷"等栏内写"平"字,并在余额栏内用"0"表示。现金日记账和银行存款日记账必须逐日结出余额。

(7) 每一账页登记完毕结转下页时,应当结出本页合计数及余额,写在本页最后一行和下页第一行有关栏内,并在摘要栏内注明"过次页"和"承前页"字样;也可以将本页合计数及金额只写在下页第一行有关栏内,并在摘要栏内注明"承前页"字样。

对需要结计本月发生额的账户,结计"过次页"的本页合计数应当为自本月初起至本页末止的发生额合计数;对需要结计本年累计发生额的账户,结计"过次页"的本页合计数应当为自年初起至本页末止的累计数;对既不需要结计本月发生额也不需要结计本年累计发生额的账户,可以只将每页末的余额结转次页。

账簿记录发生错误,不准涂改、挖补、刮擦或者用药水消除字迹,也不准重新抄写,而必须按照相应错账更正方法予以更正。

企业等经济组织或单位应定期对账目进行核对,包括账证核对、账账核对和账实核对。对账工作每年至少进行一次。

企业等经济组织或单位应按照规定定期结账。结账前,必须将本期所发生的各项经济交易与事项全部登记入账。结账时,应当结出每个账户的期末余额。需要结出当月发生额的,应当在摘要栏内注明"本月合计"字样,并在下面通栏划单红线;需要结出本年累计发生额的,应当在摘要内注明"本年累计"字样,并在下面通栏划单红线;十二月末的"本年累计"就是全年累计发生额,全年累计发生额下面应当通栏划双红线。年度终了结账时,所有总账账户都应当结出全年发生额和年末余额。年度终了,要把各账户的余额结转到下一会计年度,并在摘要栏内注明"结转下年"字样;在下一会计年度新建有关会计账簿的第一行余额栏内填写上年结转的余额,并在摘要栏注明"上年结转"字样。

3. 关于财务报告编制

财务报告是企业等经济组织或单位提供会计信息的主要方式。《规范》规定,财务报告包括财务报表及其说明,财务报表包括主表、附表和附注。对外报送的财务报告应当根据国家统一会计制度规定的格式和要求编制;单位内部使用的财务报告,其格式和要求由各单位自行规定。

财务报表应当根据登记完整、审核无误的会计账簿记录和其他有关资料编制，做到数字真实、计算准确、内容完整、说明清楚。任何人不得篡改或者授意、指使、强令他人篡改财务报表数字。

对外报送财务报告必须依照国家规定的报送期限。对外报送的财务报告，应当依次编定页码，加具封面，装订成册，加盖公章。封面上应当注明单位名称、单位地址、财务报告所属年度或季度或月度、送出日期等，并由单位负责人（单位领导人）、总会计师、会计机构负责人、会计主管人员签名或者盖章。单位负责人对财务报告的合法性、真实性负法律责任。

思考题

1. 什么是会计规范？会计规范的基本功能是什么？
2. 简要描述我国会计法律法规制度体系的构成及其相互关系。
3. 我国会计法的立法目的与基本内容是什么？
4. 我国企业财务会计报告条例出台的目的及其主要内容是什么？
5. 简述我国企业会计准则的发展过程及其现状。
6. 我国会计基础工作规范对企业编制记账凭证、登记账簿和编制财务报表有哪些基本要求？
7. 我国现行会计法律法规制度体系存在哪些问题？你认为应当如何改进和完善？

练习题

（一）目的：熟悉会计法及相关法规

1. 资料

M公司是一家上市公司。2003年，其因提供虚假财务报告而引起投资者的不满，在对公司进行责任界定的问题上，不同的投资者有着不同的看法。

第一种观点：M公司的主要领导人员负责企业全局的工作，财务报告的报送也是其管理工作内容的一部分，所以，该公司的主要领导人理应对会计信息失真负有全部责任。

第二种观点：财务报告具体是由会计人员提供的，所以会计信息失真的全部责任应由会计人员承担。

第三种观点：虽然财务报告具体是由会计人员编制的，但是会计人员直接受M公司高层管理人员的领导，会计信息的质量实质上受制于单位主要领导人员，因此，单位领导人应对会计信息的质量问题负主要责任；但另一方面，会计人员作为会计信息的直接提供者，当发现会计信息质量存在问题时，应及时采取措施予以更正或者报请有关负责人予以处理，而此时会计人员面对着失真的会计信息却"不作为"，所以也应负有一定的责任。

2. 要求

评价上述不同观点,并说明理由。

(二) 目的:理解会计准则与会计制度的关系

1. 资料

目前,我国会计准则和会计制度作为会计规范的两种形式同时并存。对此,有人认为,会计制度的可操作性强,符合我国大多数会计人员的阅读习惯,所以应取消会计准则,仅以会计制度指导会计行为;但也有人认为,会计准则是国际通用的会计规范形式,为了使会计信息能够成为真正意义上的国际通用商业语言,应该取消会计制度,建立和完善会计准则体系,以便与国际惯例接轨。

2. 要求

谈谈你对此问题的看法。

(三) 目的:熟悉会计法及会计控制基本规范

1. 资料

刘剩决定以 10 万元资金投资创办一家印务社,主要经营打字、复印、设计与制作名片等业务。该印务社由于地处一所高校与一所职业高中之间,生意兴隆。近日,刘剩聘用了一名专职记账员,并由其助理兼任出纳员(保管现金和银行存款)。同时,还决定聘任你为该社财务顾问。该社目前的员工有刘剩(董事长兼经理)、王纲(经理助理兼出纳员)、李朋(记账员)、张章、钱前、唐瑭。

2. 要求

(1) 该社的记账工作是否应当遵守我国颁布的《会计法》及会计准则与会计制度的规定?

(2) 作为财务顾问,请你提出该社会计岗位设置及其分工的具体方案。

(3) 作为财务顾问,请你帮助设计一套现金内部控制制度。

(四) 目的:熟悉会计法及相关法规

1. 资料

某地区在政府组织的会计大检查中,发现下列违规行为(已查实):

(1) 汪洋公司在 2018 年度伪造会计凭证累计 37 张。

(2) 焦城变电站销毁 2017 年度原始凭证 9 张。

(3) 长河公司拒不接受本次会计大检查。

(4) 大洋公司提供的 2018 年度财务报告中,虚增利润达 1 200 万元。

(5) 武汉天成电器公司北京分公司仅使用日文记账和编制财务报表。

2. 要求

分析并确定上述违规行为的法律责任(必须相应提供法律法规依据)。

案例分析

1. 资料

某公司 2019 年 7 月 9 日以银行存款 450 000 元购买了一台机器设备，并收到购货发票、运费通知单各一张。另外，企业的设备管理部门已出具该设备的验收证明一张。针对该项交易，其编制的记账凭证如下（假设会计部门已根据该记账凭证过账）：

付 款 凭 证

贷方科目：银行存款　　　　　2019 年 7 月 9 日　　　　　付字第　　号

摘　要	借方科目		金　　额									记账符号	附件
	总账科目	明细账科目	千	百	十	万	千	百	十	元	角	分	
购买设备	固定资产	机器设备				4	5	0	0	0	0	0		张
合　计						¥ 4	5	0	0	0	0	0		

会计主管：张枫　　记账：李芬　　出纳：刘丽　　审核：刘丽　　制单：陈燕

2. 要求

（1）若不考虑金额本身的正确性，以上记账凭证在填制方面还存在哪些问题？

（2）针对上述记账凭证中的金额错误（从而也导致账簿记录错误），会计员陈燕和李芬打算用涂改液修改原有记录，她们的做法是否正确？如果不正确，你对陈燕和李芬应提出何种更正建议？

（3）如果会计员陈燕采纳了你的建议，并编制了相关记账凭证以更正错误，但此时她并没有在该记账凭证后面附上原始凭证，她的这种做法是否存在问题？